변신

: 되기의 유물론을 향해

로지 브라이도티 지음

김은주 옮김

변신

: 되기의 유물론을 향해

Metamorphoses: Towards a Materialist Theory of Becoming

꿈꾼문고

아네커에게

차례

일러두기

1. 원문의 이탤릭체가 강조의 의미일 경우 고딕체로 표기했습니다.
2. 본문의 각주는 별도의 표시가 없는 경우 원문의 주이며, 옮긴이 주는 각주 말미에 (옮긴이)로 표시했습니다.

감사의 말

나는 먼저 위트레흐트 대학 여성학과 동료들인 베르테커 발데이크, 로제마리 바위케마, 글로리아 베커르, 미스하 페터르스에게 감사를 전한다. 그들은 내게 성장 가능하고 기운을 북돋을 수 있는 작업 환경을 제공해주었다.

1995년 내게 안식년을 부여해준 학과장 비허르 즈바넨뷔르흐와 학과장 리트 스헨케벨트-판 더르 뒤선에게 특히 도움을 받았다. 그 시간들 덕분에 이 책을 위한 기초적인 연구를 할 수 있었다. 나는 안식년을 미국 프린스턴 고등연구소의 사회학 연구원으로서 보냈다. 그 기간 동안 내게 펠로십을 제공해준 연구소에 감사한다. 또한 네덜란드 미국 연구 교류 위원회, 특히 풀브라이트 위원회 및 얀 펠트하위스에게 감사한다. 제공받은 시니어 풀브라이트 연구 기금 덕분에 1년간 연구에 몰두할 수 있었다. 프린스턴 고등연구소에서 조앤 스콧을 멘토이자 참고인으로 둔 것은 가장 큰 행운이었다. 언제나 영감을 주는 원천인 조앤 스콧은 나의 지적 발전에 강한 영향을 남겼다. 또한 마이클 왈저, 앨버트 허시먼, 클리퍼드 기어츠, 에벌린 해먼즈, 메리 푸비, 피터 갤리슨, 캐리 존스와의 대화도 내게 큰 도움이 되었다. 연구소에서 내 작업은 정말로 환상적인 도서관 사서 팀 덕분에 가능했다. 엘리엇 쇼어, 마샤 터커, 리베카 부시비, 파리다 카심, 팻 버나드에게 진심으로 감사한다.

또한 1996년 멜버른 대학 철학과를 몇 달 동안 방문한 것은 매우 도움이 되었다. 멜버른 대학 인문학부의 T. 코디 교수와 대학원생들에게 감사한다. 공식적으로 방문 펠로십을 부여해주어 멜버른 체류가 매우 용이했다. 네덜란드 연구 기구NWO와 호주 연구 협회가 양국 교류의 일환으로 호주 체류를 공동으로 후원해준 데에도 감사하고 싶다.

1996년 빈 인문과학연구소를 한 달간 방문하여 크게 덕을 보았다. 코르넬리아 클링거 박사는 엄청난 도움을 주었고, 연구소 환경은 매우 고무적이었다. 또한 같은 해에 운 좋게도, 유네스코-모스트UNESCO-MOST 프로그램의 후원을 받아 프랑크푸르트의 사회생태학 연구소에서 열린 '사회과학 개념으로서의 지속 가능성' 심포지엄에 참여했다. 에곤 베커 교수와 토마스 얀 박사의 높은 기준과 지적 리더십에 감사한다.

유목적 학자로서 나는 1998년 10월 2주간 부에노스아이레스 대학 인문학부의 젠더 연구 협동 센터를 방문하여 짧은 시간에 많은 것을 배웠다. 노라 도밍게스 박사와 마리아 루이사 페메니아스 박사가 이를 잊을 수 없는 사건으로 만들어주었다. 이번 방문을 후원한 위트레흐트 대학의 문화 역사 연구소^{OGC}에 감사드린다.

1997년 10월, 남아프리카공화국 케이프타운에 있는 웨스턴케이프 대학의 젠더 학과를 2주간 방문한 것 또한 내게 매우 중요했다. 이는 웨스턴케이프 대학과 위트레흐트 대학 간 유닛윈^{UNITWIN} 교류의 후원을 받았다. 특히 모든 차이를 만든 데니즈 존스와 웬디 우드워드, 로다 카달리, 그리고 젠더 학과의 모든 직원과 학생들에게 감사한다. 위트레흐트 대학에서는 로제마리 바위케마와 레네이 롬컨스가 크게 지원해주었다.

1998년부터 지금까지 런던 경제 대학의 젠더 연구소 객원 교수로 있는 것을 영광스럽게 생각한다. 이는 위트레흐트 대학의 문화 역사 연구소에서 또한 재정 지원을 받았다. 이에 대해서도 감사한다. 런던 경제 대학에서 나는 헨리에타 무어, 앤 필립스, 토니 기든스 교수뿐만 아니라 젠더 연구소의 모든 직원 및 학생들과 사유를 자극할 수 있는 교류를 나눈 것을 행운으로 생각한다.

위트레흐트 대학에서, 일 때문에 바빴을 때 원고를 살아 있게 해준 인내심 있고 헌신적인 연구 조교들인 에스터르 캅타인, 이베터 판 더르 린더, 미스하 페터르스 그리고 특히 내가 아주 어려웠을 때 만난 티티아 블랑크스마와 클레어 니들러에게 오랫동안 의지했다.

나는 동료들 중에서 연구소장으로서 내 일을 용이하게 해주고 연구와 집필을 자유롭게 하게 해준 네덜란드 여성학 연구소 담당자 베로니커 스휘트헌스와 트뤼더 오르스홋에게 특히 신세를 지고 있다. 에스터르 퐁크와 여성학 연구를 위한 아테나^{ATHENA} 네트워크의 유럽 파트너들, 특히 가브리엘레 그리핀, 니나 뤼케, 하리에트 실리위스, 디아나 안데르스에게도 감사한다. 내 여동생 조반나는 위트와 지지를 보냈을 뿐 아니라, 뛰어난 통찰력과 높은 수준의 과학 정보를 제공했다. 빌럼 판 던 아커르와 하리 쿠네만은 내 일에 대해 비판과 지지를 보냈고, 그 밖의 많은 친구들과 동료들도 때로는 멀리서 때로는 가까이에서 그랬다. 너무 이른 나이에 세상을 떠난 캐시 애커와 클레어 듀천에게 깊은 애정을 담아 마음을 전한다. 내가 특별히 감사하고 싶은 친구는 볼로냐에 있는 안나마리아 탈리아비니인데, 그는 내 생각에 끊임없이 자극을 주고 정보를 제공했으며 도전하게 했다. 그의 탐구적이고 빠른 사유와 재치, 그와 주고받은 이메일 토론 없이 이 텍스트는 완성될 수 없었을 것이다.

마지막으로 앞서 말씀드린 분들만큼이나 중요한, 내 인생의 동반자이자, 변화가 삶의 방식이고 변형이 윤리적 문제인 아네커 스멜릭에게 감사한다.

프롤로그

"나는 뿌리내려 있다. 하지만 나는 흘러간다."

버지니아 울프, 『파도』, p. 69.

이 시대는 이상한 시기이고, 이상한 일들이 일어나고 있다. 끊임없이 팽창하나 경련적인 변화의 물결의 시대다. 이와 같은 변화가 모순적 효과를 동시적으로 확대한다. 빠르게 움직이는 변화의 시대가 권력관계의 잔인함을 지워내지는 않고, 오히려 다양한 방식들로 권력관계들을 강화하면서 내파의 지점으로 이끈다.

이렇게 빠른 변화의 시기에 사는 것은 짜릿한 일일지 모르나, 이러한 변화들을 재현하고 변화들이 초래하는 모순, 역설, 부당함에 생산적으로 관여하는 일은 우리 자신에게 영원한 도전이다. 급변하는 상황들을 설명하는 것은 힘든 일이다. 변화의 속도를 피하는 것은 훨씬 더 어렵다. 복잡함을 좋아하지 않는 한, 21세기에 편안함을 느낄 수는 없다. 변형, 변신, 돌연변이, 변화의 과정은 사실상 대부분의 동시대 주체들의 삶에서 익숙해졌다. 그러나 이들을 통제하고 돌보리라 기대되는 과학, 사회, 정치 제도들에서도 변형, 변신, 돌연변이, 변화의 과정은 중요한 관심사이다.

세 번째 밀레니엄의 새벽에 유일한 상수가 변화라면, 도전은 개념보다는 과정에 대한 사유에 있다. 이는 사회, 정치 이론뿐만 아니라 문화 비평에서 표준이 된 이론 언어와 관습에서도 간단하지 않으며 특별히 환영받을 일도 아니다. 많은 급진적인 비평가들의 지속적인 노력에도 불구하고, 선형성과 객관성이라는 정신적 습관은 우리의 사유에 대해 헤게모니적 지배를 지속하고 있다. 그에 따라 A와 B 사이에서 일어나는 과정보다는, A가 아니면 B라는 개념에 대해 생각하거나 B의 개념을 A가 아닌 것으로 생각하는 것이 훨씬 더 쉽게 여겨진다. 흐름과 상호연결을 통해 사유하는 것은 여전히 어려운 과제로 남아 있다. 이론적 이성이 개념에 얽매여 있고 본질적인 관념에 고정되어 있다는 사실은 데이터, 경험 및 정보의 흐름 사이에 있는 유동성, 즉 과정들에 대한 적절한 표현을 찾기 어렵게 만든다. 이로 인해, 과정들은 이를 '문제'로 분류하는 공간적이고 은유적인 재현의 양태로 동결되는 경향이 있다. 나는 이것이 이리가레Irigaray가 제안한 쟁점들 중 하나, 특히 개념적 사고의 고정성과 치명적인 관성에 맞서는 '유체의 역학'에 대한 찬양이라고 생각한다(Irigaray 1997). 들뢰즈Deleuze 또한 철학을 이성, 로고스, 현존의 형이상학, 동일자의 논리(몰적, 정주定住적, 다수자성이라고도 부름)에 대한 준準종교적 신념에 묶는 개념적 유대 관계를 느슨하게 만들어내면서 이러한 도전을 계속한다.

내 작업의 출발점은 새로운 밀레니엄을 위한 의제의 꼭대기에 놓아야 할 질문이다. 요점은 우리가 누구인지를 아는 것이 아니라, 즉 고전적 양태로 존재하기Being보다 오히려 결국에 우리가 돌연변이, 변화, 변형을 어떻게 재현하고 무엇이 되기를 원하는가를 아는 것이다. 또는 로리 앤더슨Laurie Anderson이 현명하게 말했듯, 요즘에는 분위기moods가 존재의 방식modes보다 훨씬 중요하다. 그것은 변화를 창출하고 즐기기 위해 노력하는 사람들에게 분명한 이점이며, 그렇지 않은 사람들에게는 커다란 불안감의 원천이다.

그러므로 이 책의 목적 중 하나는 우리가 되기becoming의 과정 중에 있을 때 혼종적 혼합체의 종류에 대한 사회적 위치들, 대안적 재현들, 새로운 형상들의 필요성을 탐구하고 이를 위한 설명을 제공하는 것이다. 형상화figuration는 사유의 비유적 방식이 아니라, 오히려 위치 지어지거나 내장된embedded 그리고 체현된embodied 위치들에 대한 좀 더 유물론적인 지도 그리기라 하겠다. 카르토그라피 cartography(지도 제작)는 현재에 이론적 기반을 두고 정치적 정보를 지닌 읽기를 하는 것이다. 카르토그라피 접근법은 뛰어난 도구들과 창의적인 이론적 대안들, 이 둘 모두를 제공하는 기능을 수행한다. 이렇게 카르토그라피 접근법은 내 두 가지 주요 요구 사항들에 부응하는데, 즉 공간(지리 정치적 또는 생태학적인 차원)과 시간(역사적이고 계보학적인 차원) 모두의 용어로 위치를 설명하는 것과, 제한하는 권력(포테스타스potestas)의 관점에서뿐만 아니라 힘 기르기 empowering 하는 또는 긍정적인 권력(포텐티아potentia)의 관점에서 이러한 위치들의 대안적인 형상 또는 재현 체제를 제공하는 것이다. 나는 이러한 카르토그라피적 태도를 윤리적 책임과 정치적 힘 기르기로서 유목적 주체성을 설명하는 방법으로 향하는 첫 번째 움직임으로 간주한다.

내게 형상화란 정치적 정보가 담긴 지도를 가지고 위치 지어진 우리 자신의 관점을 개략적으로 나타내는 것을 의미한다. 형상은 역동적이고 변화하는 실재entity로서 주체를 보는 다층적이고 탈중심적인 시각의 관점에서 우리의 이미지를 제공한다. 하나의 인격의 정체성에 대한 정의는 자연과 기술, 남성과 여성, 백인과 흑인 사이에서 그리고 사이 내에서 연결되고 흐르는 공간에서 일어난다. 우리는 전이, 혼종화 및 유목화의 영구적인 과정에서 살고 있으며, 이들 사이 상태들과 단계들은 이론적 재현의 확립된 양태들에 저항한다.

형상은 살아 있는 지도이자 자아에 대한 변형적 설명이다. 그것은 은유가 아니다. 유목민, 노숙자, 망명자, 난민, 보스니아 전쟁 강간 희생자, 떠돌아다니는 이주자, 불법 이민자는 은유가 아니다. 여권이 없거나, 아니면 너무 많은 것은 유목적 주체에 대한 일부 비평가들의 주장처럼(Boer 1996; Gedalof 1999; Felski 1997) 결코 동등한 것도, 단순히 은유적인 것도 아니다. 이것들은 매우 특정한 지리 정치적, 역사적 위치이자 당신의 신체에 새겨진 역사이다. 사람은 형상화에 의해 힘을 얻기도 하고 아름답게 될 수도 있지만, 대부분의 사람들은 그렇지 않다. 어떤 사람들은 그저 죽어버린다. 형상화는 이러한 각각의 위치를 정의하는 권력관계의 카르토그라피를 그리려 한다. 형상화는 꾸미거나 은유하지 않는다. 형상화는 단지 다른 사회 경제적, 상징적인 위치들을 표현한다. 형상화는 권력관계들의 카르토그라피적 지도를 그려내어 저항의 가능한 자리들과 전략들을 식별하는 데 도움을 줄 수 있다. 다른 말로 표현하자면, 포스트구조주의 세대에 의해 새롭게 제기된, 적절한 재현을 찾는 작업은 자기 참조적인 텍스트로의 후퇴도 아니고, 누스바움-Nussbaum이 독단적으로 주장한 비정치적 체념의 형태도 아니다(1999). 주체의 비통일적 시각과 비선형성은 누스바움과 같은 신자유주의자들이 두려워하는 것처럼 사회적 무정부주의는 말할 것도 없고, 결코 인지적 또는 도덕적 상대주의로 귀결되는 것이 아니다. 나는 오히려 주체의 비통일적 시각과 비선형성을, 정치적 실천을 재구성하고 정치적 주체성을 재정립하기 위한 중요한 자리들로 본다. 이에 따라 이 책은 문화적, 정치적, 인식적, 윤리적 관심의 측면에서 현재를 카르토그라피적으로 읽어내기와 관련될 것이다.

변화가 가속화되는 이 시대에 비록 모순적이긴 하지만, 많은 전통적 기준과 오래된 습관들이 재구성되고 있다. 이와 같은 시기에는 더 많은 개념적 창조성이 필요하다. 관성, 노스탤지어, 아포리아 및 (포스트모더니티의 역사적 조건에 의해 유발된) 다른 형태의 비판적 **정체**stasis를 가로지르는 개념적 도약을 가져오기 위해 이론적인 노력이 필요하다. 깊이 자리를 잡은 변형의 과정이 필요하며, 우리 자신에 대해 다르게 생각하는 법을 배워야 한다. 대안적 형상화를 위한 이러한 탐구는 우리 자신이 거주하는 사회적, 상징적 위치들과 우리가 이미 되고 있는 유목적 주체의 종류를 재현하는 창의력을 표현한다. 보다 이론적인 맥락에서 형상화의 탐구는 명제의 내용들과 생각의 형식들을 재조합하여, 이 둘 모두를 유목적인 복잡성에 맞추려고 시도한다. 따라서 이는 또한 상상과 이성을 분리하려는 방식에도 도전한다.

결과적으로 이 책의 중심 관심사 중 하나는 포스트산업 문화의 사회, 문화 및 정치 영역에서 주체성의 구조적 변형을 수반하는 재현의 범위에서의 결함에 있다. 변화에 적절하게 대처하는 것은 오랫동안 정립돼온 사유의 습관을 흔드는 도전이다. 오래된 습관 중에서도 가장 지속적인 것은 차이를 가치 저하적 용어로 다루어 부정적으로 재현하는 것이다. 그러므로 내 모든 책들을 관통하는 일종의 빨간 실 같은 것이 된 나의 주요한 질문은 차이 안에 축적된 것처럼 보이는 부정적인 것으로부터 차이가 어떻게 자유로울 수 있는가 하는 것이다. 퇴적의 역사적 과정, 즉 독소의 점진적인 축적과 같이 차이의 개념은 독이 되어왔고 열등한 것이 되어왔다. 차이가 난다는 것은 가치가 적다는 것을 의미한다. 차이를 부정적인 것으로 여기는 방식을 어떻게 청산할 수 있는가? 차이의 긍정성, 때로는 '순수한 차이'라고 불리는 것을 생각할 수 있는가? 긍정적인 차이에 대한 생각을 용이하게 할 수 있는 조건은 무엇인가? 이러한 질문에 대한 포스트구조주의 철학의 구체적인 기여는 무엇인가?

2000년이 되어 포스트구조주의 철학자들이 이론적, 정치적 의제에 '차이'를 둔 이래로, 사회적 맥락은 상당히 바뀌었다. 유전학, 분자생물학, 진화론, DNA의 전제적 권위로 보호를 받는 생물학적 본질주의의 복귀는 '차이' 개념에 대한 인플레이션과 재조정을 야기했다. 오늘날 유럽의 정치적 스펙트럼 우측에서, 동시대의 인종차별은 차이를 부정하기보다 환영한다. 그러나 이 반동적 담론에서 정체성의 차이는 정체성의 정의定義를 위한 국가적, 지역적, 지방적 요소들 또는 때로는 도시에 기반한 요소들(프랑스 국민전선, 이탈리아 북부 '동맹lega', 오스트리아 하이더 현상 참조)을 확고한 신념에 필수적으로 결부시킨다. 자기 영토의 고정관념에 의존하고 있는 이 '차이'에 대한 생각은 결정론적이고 배타적이며 내적으로 외국인혐오적이다. 또한 이 맥락에서 차이란 이항 대립에 의해 지배되는 가치의 위계질서에 색인된 용어이다. 그것이 전달하는 것은 권력관계와 국가, 지역, 지방 또는 현지 수준에서의 배제의 구조적 패턴이다. '차이'에 대한 본질주의적 개념의 정치적, 사회적 퇴보로 내가 간주하는 것 때문에, 나는 급진적 (포스트구조주의적) 비판의 방향으로 의제를 재설정하는 것이 중요하다고 생각한다. '차이' 개념은 유전학자나 향수를 불러일으키는 여러 표지brand들을 붙인 요즘 만연한 우월주의자들(백인, 남성, 기독교인)에게 맡기기에는 너무나 중요하다.

그러므로 이것은 철학책이라기보다는 철학에 관한 책이다. 동시대 문화에서 활동하는 정치와 문화 세력들 일부에 대한 단일한 카르토그라피를 제공하는 것을 목표로 하고 있다. 여기에서 나는 질 들뢰즈와 뤼스 이리가레의 차이의 철학을 특별히 참조하여, 유목적 사유에 대한 나 자신의 여러 가지 변주를 제시할 것이다. 일반적인 주체와 특히 유목적 주체에 대한 동시대 페미니즘 철학의 양상을 탐색한 후에(1장과 2장), 동시대 문화와 문화 연구를 탐구할 것이다(3장). 나는 동시대 대중문화의 더 현저한 측면들, 특히 기술과 테크노 신체들의 강력한 유혹(4장과 5장)과 함께 종종 그것들의 재현과 함께하는 고딕 또는 괴물의 사회적 상상계에 대해 읽을 것이다(4장). 나는 괴물, 돌연변이 또는 혼종과 같은 타자들에 매혹된 지금의 문화는 정체성의 빠른 변형 속도에 대한 깊은 불안감과 사회적 상상계의 빈곤 그리고 진행 중인 변형들에 창조적으로 대처할 수 없는 우리의 무능력을 표현한다고 주장할 것이다. 그 중심에는 기술 문화에 의해 유도된 사회적, 문화적, 상징적 돌연변이가 자리 잡고 있다. 전반적으로 주체에 대한 비통일적 시각이 비판적 이론과 문화적 실천에 기여할 수 있는 중요하고 독창적인 공헌을 강조하려고 노력할 것이다. 주체성에 대한 유목적 이해를 바탕으로, 나는 동시대의 문화적, 사회적 현상을 긍정적으로 조명하고, 창조적이고 긍정적인 잠재력을 강조하고자 노력할 것이다. 다양한 각도에서 유목적 주체의 문제를 다루면서, 나는 이 역사적 상황에 대한 적절한 카르토그라피를 산출하고, 동시에 새로운 권력관계 운영의 논리를 폭로하기 위해 시도할 것이다. 따라서 이 책은 차이의 철학과 특히 체현embodiment, 내재immanence, 성차sexual differences, 리좀학, 기억과 지속, 지속 가능성 같은 개념에 의해 영감을 얻어 나 자신이 만든 지그재그의 유목민 트랙을 따라 걷는 것과 같다.

나는 또한 체현의 문제를 강조하고, 신체를 재현하고 사유하는 다양한 형식을 요청할 것이다. 나는 이것을 '급진적 내재성radical immanence'의 관점에서 언급할 텐데, 이것은 내가 신체로부터의 도피가 아니라 신체를 통한 사유를 하고 싶다는 것을, 결과적으로 경계와 한계에 직면하는 것을 의미한다. 신체에 대해 생각할 때 나는 육화된enfleshed 유물론 또는 체현된embodied 유물론의 개념을 참조한다(나는 두 개념을 구별 않고 사용한다). 나는 18세기 이래로 바슐라르Bachelard, 캉길렘Canguilhem, 푸코Foucault, 라캉Lacan, 이리가레, 들뢰즈로 이어지는 프랑스의 전통, 즉 유럽 철학의 유물론의 근원으로 눈을 돌렸다. 나는 이들을 섹슈얼리티, 욕망, 성애적 상상계의 문제에 우선순위를 두는 '신체적 유물론' 학파라고 부른다. 나는 이를 성차의 육체적 페미니즘과 연결한다. 이 대륙의 전통은 지구화 시대에 포스트산업 사회에서 일어나는 변화와 변형을 설명하는 데 유용한, 주체에 대한 대안적 관점과 분석 도구를 제공한다. 들뢰즈의 되기 이론과 이리가레의 성차 이론에 대한 나의 비판적 해석을 통해서, 유목론은 성차 페미니즘의 실천과 양립할 수 없는 것이 아니라, 서로를 보완하고 생산적인 동맹을 맺을 수 있다고 주장할 것이다.

지난 30년 동안 포스트모더니스트들과 페미니스트들이 '비통일적'이고 분열된 주체, 과정 중이고 매듭지어진knotted 주체, 리좀적이고 전이적이며 유목적인 주체에 대한 문제에 찬성하거나 반대하거나 또는 결론 내리지 못하거나 하면서 논쟁을 벌인 후, 분열, 복잡성, 다중성의 문제는 비판 이론에 잘 알려졌어야 했다. 그러나 이러한 개념들의 편재적인 성격과 용어들의 급진적인 매력은 당면한 문제, 즉 주체의 통일성 상실이 정확히 어떤 의미가 있는가에 대한 합의를 이끌어내지 못한다. 동시대 문화와 정치에서 비통일적 주체가 제기하는 윤리적, 정치적 문제에 대해 상호 간의 많은 의견 불일치와 주장이 제기되었다(Nussbaum 1999). 다시 말해서 유목적 주체성에 관한 토론의 일부인 '그래서 뭐?'라는 질문은 그 어느 때보다 열려 있는 반면, 우리의 역사적 조건의 역설과 모순은 우리 주변에 쌓여 있다. 이 비통일적 주체에 대해 우리는 정확히 무엇을 할 수 있을까? 이는 누구에게나 좋을까? 어떤 종류의 정치적, 윤리적 행위자성이 이 주체와 결부될 수 있을까? 얼마나 즐거울 수 있을까? 유목적 주체성이 제공할 수 있는 가치, 규범, 기준은 무엇일까? 나는 '그래서 뭐?'라는 질문이 언제나 타당하고 훌륭하며, 종종 안개가 드리워진 듯한 비판 이론의 밑바닥에서 환영할 만한 안도감을 주는 것이라고 생각하고 싶다.

　방향 설정에서는 비판적이지만, 이 책은 결코 부정적이지 않다. 나는 변형 과정이 진행 중이며 지식의 변형적 재점유의 동등한 과정들이 이제 막 시작되었다고 믿는다. 그와 함께, [지금의] 우리가 되어온, 내부의 모순을 지닌 다면적인 주체들을 표현하기 위한 대안적 형상화에 대한 탐구도 이루어진다. (몇 가지 예를 들면) 이른바 자유 국경과 강화된 통제, 고도의 기술 및 통신과 더불어, 탈식민주의 혹은 포스트페미니즘 다민족 사회에서 우리가 어떻게 살아가는지와 우리가 체험하는 이 친숙함을 어떻게 재현하는지 사이에는 눈에 띄는 차이가 있다. 이러한 상상계의 빈곤은 포스트모던 시대의 특징인 정신분열증적 양태로 서로 다른 시간대에서 동시에 살아가는 '시차증' 문제로 읽힐 수 있다. 이 틈을 적합한 형상화로 채우는 것이 현재의 가장 큰 도전이다. 그리고 나는 미래를 향한 이보다 더 큰 도전을 생각할 수 없다.

무엇이 적절한 새로운 형상화인가 하는 것은 집단 토론과 대면, 공개 토론의 대상이 되어야 하며, 개인 혼자만이 결정할 수는 없다. 비판과 담론의 교환이 오늘날 비판 이론의 핵심에 있어야 한다고 믿는다. 내가 독자들에게 하고자 하는 첫 번째 질문은 카르토그라피적이다. 내가 여기서 제시하는 포스트산업 문화에 대한 의견에 동의하는가? 우리는 같은 세상에, 같은 시간대에 살고 있는가? **당신**이 사는 세상의 종류에 대해 어떻게 설명하겠는가? 그러한 카르토그라피를 그리는 것이 오늘날 철학적 대화의 시작이다. 나의 기획은 결과적으로, 공공 영역을 재구성하고 시대의 모순된 요구에 적합한 공개 담론을 개발하기 위해 다른 철학적 전통에서 만들어진 다른 시도들(Fraser 1996)과 힘을 합친다.

나의 철학적 유목주의의 카르토그라피적 접근은 우리가 권력관계를 가장 '외적인', 집단적인, 사회적인 현상인 동시에 가장 친밀한 또는 '내적인' 현상으로 생각할 것을 요구한다. 혹은 오히려 권력은 가장 '내적인' 힘과 가장 '외적인' 힘 사이에 끊임없이 흐르는 과정이다. 푸코가 우리에게 가르쳤듯이, 권력은 위치, 지위이지, 대상 또는 본질이 아니다. 주체성은 일정한 흐름 또는 상호연결의 효과이다. 들뢰즈의 되기의 다중 주체들이나 이리가레의 '잠재적 여성성virtual feminine'과 같은, 차이에 대한 프랑스 철학이 나에게 매력적인 것은 정체성과 권력 문제의 표면에서 멈추지 않고 개념적 근원들과 씨름하고 있다는 점 때문이다. 그렇게 함으로써, 그들은 정체성에 대한 심리사회학적 논의를 주체성의 문제, 즉 권력과 자격의 문제들로 밀고 나간다. 나는 주체성의 이 과정을 개인주의 또는 특수성과 혼동하지 않는 것이 특히 중요하다고 생각한다. 주체성은 사회적으로 매개되는 과정이다. 따지고 보면, 새로운 사회적 주체들의 출현은 항상 집단적인 기획이며, 자아에게는 '외부적'이면서 동시에 자아의 심층적인 구조도 동원한다. 주체성의 '분열된' 특성에 대한 정신분석 이론과의 대화는 결과적으로 나의 의제에서 중요하게 다루어지며, 책 전체에 걸쳐 진행될 것이다.

이것은 내가 형상화 문제에 관해 강조하고자 하는 점으로 되돌아오게 한다. 정치적 허구는 현재의 이론적 체계보다 더 효과적일 수 있다. 유목적 주체와 같이 우상 파괴적이고 신화적인 인물의 선택은 결과적으로 이론적, 특히 철학적 사고의 안정적이고 전통적인 성질에 반하는 움직임이다. 유목주의는 또한 서양 철학의 '숨겨진' 면, 반로고스중심주의의 저류와 교차 참조적인데, 이에 대해 샤틀레Châtelet는 니체Nietzsche에 의해 가장 훌륭하게 상징화된 '악마적' 전통으로 묘사했다(Châtelet 1970). 들뢰즈는 형이상학의 중력에서 벗어나 철학을 재위치시키는 계보학적 실천으로서 유목적 사유를 찬양하며, 철학적 반反기억에 기댄다(Deleuze 1973b). 들뢰즈는 특히 주체에 대한 모델로서 의식의 합리성에 대한 지배에 도전하고, 철학적 주체를 다시 상상해내기에 분투한다. 이리가레의 기획이 이와 유사하다. 그녀는 사유의 팔루스로고스중심적 구조와 이론적 재현의 체계적인 여성성 배제에 비판의 초점을 맞추고 있다. 이리가레가 페미니스트들이 자신들의 특수한 상상계 속에서 다시 형상화해야 하는 잠재적 '여성성', 즉 아직 닿은 적 없는 그 원천으로부터 영감을 얻는 반면, 들뢰즈는 되기의 성차화된sexed

과정 측면에서 주체의 심층적인 변형에 모든 희망을 두고 있다(2장 참조). 그럼에도 불구하고, 이리가레와 들뢰즈는 권력, 지식, 욕망의 관계에 완전히 몰두해 있는 실재로서의 주체의 이미지를 다시 발명하려는 노력이라는 지점에서 융합된다. 이것은 정동적이고 긍정적이고 역동적인 구조로서의 주체에 대한 긍정적인 시각을 의미하며, 제도화된 철학에 의해 전통적으로 투사된 합리주의적 이미지와 충돌한다.

따라서 유목적 형상화에 대한 나의 선택은 또한 하나의 규율로서의 철학의 제도에 대척해 나 자신을 위치시키는 방식이다. 그 방식은 철학의 제도에 거주하는 방법이지만 '내부의 외부자'로서 거주하는 것으로, 비판적으로 말하되 깊이 연루되는 것이다. 마지막으로 중요한 것은, 이 형상화는 상상적 견인력을 갖고 있어서, 역사적 상황을 보여주는 초국가적인 운동에 적합하다는 것이다.

유목적 '되기'에서 마찬가지로 중요하게 여겨지는 것은 과정 자체의 복잡성을 적절히 반영하는 사유 양식을 찾는 것이다. 예를 들어 '동물 되기'라는 것은 인간 중심의 세계관이 다른 유형의 감각들, 다른 정동들affects로 산산조각 난 곳, 카프카Kafka 또는 울프Woolf와 같은 텍스트들의 생산과 글쓰기에 대한 들뢰즈의 특정 접근법에 관련된다(4장 참조). '되기'는 반복에 관한 것이지만, 비지배적인 종류의 기억에 관한 것이기도 하다. '되기'는 상호연결성을 유지하고 발생시키는 능력과 친밀감에 관한 것이다. 강렬하고 때때로 폭력적일 수 있지만 연결의 흐름들이 전유적일 필요는 없다. 그럼에도 불구하고 연결의 흐름들은 의사소통의 과정 그리고 경험 상태들의 상호 오염을 표시한다. 이와 같이 '되기'의 단계는 재생산이나 모방이 아니라 오히려 공감의 근접성과 강렬한 상호연결성이다. 학계 철학자들이 선호하는 선형성과 자기 투명성이라는 언어로 이러한 과정을 표현하는 것은 불가능하다. 이리가레의 '여성적 글쓰기écriture féminine'와 마찬가지로 '되기'는 철학적 시험의 수행을 의문시하면서 로고스중심주의의 인력引力에서 벗어나게 한다. '탈영토화' 또는 '리좀적'이라고도 알려진 이 유목적 스타일은 단순한 수사학적 부가가 아니라 '되기' 개념의 필수 요소이다.

　이러한 복잡성을 제대로 다루기 위해 나는 학계의 독자에게 암시적이거나 연상적이라는 인상을 줄 스타일을 선택했다. 그 스타일은 내 의도적인 선택이며, 때로는 정합성이 떨어질 위험도 수반한다. 이는 단순한 수사학적 장치가 아닌 더 심층적인 개념으로서의 스타일에 대한 나의 관심과 관련이 있다. 이리가레와 들뢰즈와 같은 철학자들이 자신의 이론들을 자주 제시하는 시적 '방법들'을 옹호하기로 선택하면서, 나는 언어와 학술적 글쓰기의 텍스트 장치 및 공공 정치 토론의 갱신에 관한 요구에도 동참할 것이다.

　결과적으로 이론적 유목주의에 모순되지 않으면서 이를 반영하는 태도 안에서 이론적 스타일을 재구성하는 일에 전념하려 한다. 선형적인 것과 이원적인 것 자체를 남겨두는 스타일 안에서 선형성과 이원적 사유를 공격한다는 것은 말 그대로 모순이 될 수 있다. 이것이 바로 포스트구조주의 세대가 그들 철학의 형식과 스타일, 내용을 혁신하기 위해 열심히 노력한 이유이기도 하다. 이는 학계에서 엇갈린 환영을 받아왔다. 잘해봐야 '나쁜 시'라고 평가되고, 최악의 경우엔 불투명하고 암시적인 혼란으로 여겨지는, 내용과 형식의 이원론을 거부하는 새로운 철학적 스타일에 대한 탐구는 현재 과학 담론의 지배적 분위기와 충돌해왔다. 세 번째 밀레니엄 여명의 신新결정주의적, 의사擬似자유주의적 맥락에서 '과학적 명료성'을 새롭게 강조하는 것은 '스타일'을 기껏해야 장식적인 개념으로 삼는 유전적, 분자적, 진화적 강경파의 부활을 동반했다. 동시대 과학 담론의 전제적인 경향이 반反포스트구조주의자들의 입장과 어떻게 힘을 합쳤는지는 내가 여기에서 보여주는 것보다 더 주목할 만한 현상이다. 이러한 환원들이 '프랑스' 철학자들뿐만 아니라 그들에게 체계적으로 반대되는 '과학'의 암묵적 정의에도 해를 끼친다고만 말해두자. 그러한 공격적인 접근은 동시대 연구 양상을 제대로 다루지 않는 과학의 독단적인 시각을 재구축한다. 그것은 모든 면에서 퇴보한 것이다. 유목적으로 생각하는 것은 또한 완곡하고 우의적인 교차 참조들의 위험을 감수하는 것을 의미한다. 그러므로 선형성에 대한 나의 싸움은 여전히 열린 채 남아 있다.

더 많은 페미니즘적 맥락에서 린다 알코프Linda Alcoff가 관대하게 언급한 것처럼 이러한 스타일의 선택은 "이론의 다양한 페미니즘적 양상들에서 가치를 발견하고자 하는" 나의 바람을 표현한다. "…이것은 단지 스타일의 차이일 뿐만 아니라, 중요하게는 정치적 이해의 차이인데, 그것이 일관적이지도 안정적이지도 않기 때문에 우리의 저항 양태가 어느 쪽도 될 필요가 없다는 사실을 인정하는 다른 담론의 견해에 부분적으로 근거해 있다."(Alcoff 2000: 870) 실제로, 내가 유목적 스타일을 선택한 것은 많은 페미니즘 이론이 전통적인 학문적 글쓰기와 공유하고 있는 경쟁적이고 비판적이며 설교적인 고상한 어조를 거부하는 제스처로서 의도한 것이다. 결과적으로 내가 그러한 비판적 이성의 판단적 행사行使로 전달되는 '사유의 이미지'를 받아들이기를 거부하는 것과 관계가 있다. 나는 비판적 사색가를 판사, 도덕적 중재자 또는 대제사장으로 가정하는 것을 지시하지 않는다. 비판적 철학자의 과제에 대한 나의 이해로부터 제도적 이성의 규약에 맞선 반작용적 배치보다 더 제거할 수 있는 것은 없었다. 비록 위험하긴 하지만 관습에 얽매이지 않는 사유 양식을 채택하기로 한 나의 결정은 그러한 신념과 관련이 있다. 정합성을 없애는 것으로 여겨지더라도 이원적 체계, 판단적 자세, 과거의 향수에 대한 유혹에서 벗어나 활력을 불어넣고 영감을 주는 힘으로 보상받을 수 있기를 희망한다. 이것이 성공하든 성공하지 못하든, 독자들은 애초에 내가 이 스타일을 채택하도록 이끈 이유를 고려하는 것이 중요하겠다.

이성과 상상력의 분리를 거부하는 것은 또한 작가와 독자 사이의 협약 조항을 변경한다. 철학적 텍스트가 연결 모델로 접근된다면, 철학적 텍스트는 연결을 유지하고 그것들에 의해 생성되는 집중 요소에 양도된다. 작가/독자라는 이원적 쌍은 그에 따라 재결합되며, 철학을 하는 적절한 방법으로서 새로운 비인격적 양태가 필요하다. 이 비인격적인 스타일은 저자의 '의도'와 독자의 '수용'의 측면에서뿐 아니라, 가능한 상호연결의 보다 넓고 복잡한 집합에서 연결망을 그릴 수 있게 한다는 점에서 오히려 '포스트인격적 post-personal'이다. 주체가 갖게 되는 힘의 네트워크의 복잡성은 확립된 것, 즉 헤게모니, 계급 차별, 문화, 인종, 성적 관행 등을 모호해지게 하는 것과 같다. 스타일의 문제는 이 기획에 매우 중요하다. 강도적 양태의 독자로서 우리는 지적 에너지의 변환기이자, 우리가 교환하고 있는 '통찰insights'의 중앙처리장치이다. 이러한 '내적' 시선'in'-sights이 우리를 진리의 신화적인 '내부' 저수지 쪽으로 밀어 넣는 것으로 생각해서는 안 된다. 그와 반대로, 내적 시선은 외부 텍스트 경험의 복합적 방향으로 우리를 추돌시키는 사유에 더 가깝다. 사유는 더 높은 정도, 더 빠른 속도, 다방향적인 방식의 삶이다.

나는 포스트모더니즘의 허공을 가로지르는 팽팽한 줄 위를 걷고 있는 곡예사의 형상에 『부조화의 패턴Patterns of Dissonance』을 헌정했다. 『유목적 주체Nomadic Subjects』에서는 일련의 음악과 영토의 변이를 통해 춤을 췄다. 『변신』은 팽팽한 줄도 거미줄도 아니며, 오히려 번지점프 줄로서, 허공 속에서 감질나게 매달려 재빨리 그 속에 던져지지만 언제나 항상 안전하게 되돌아온다. 그것은 나 자신의 중심적인 생각, 희망, 갈망을 중심으로 한 특유의 여정과 모순적인 우곡紆曲을 표시하는 로드맵으로 읽힌다. 이는 변화들, 변형들, 되기들의 궤적을 그리는 지도다. 각 장들은 항상 선형이 아닌 방향으로 서로 분리되어 뻗어간다. 독자들은 때때로 인내심을 갖고 정해진 목적지가 없는 여행의 스트레스를 견뎌야 할 것이다. 이 책은 탐험과 위험, 신념과 욕망에 대한 책이다. 왜냐하면 이 시대는 이상한 시기이고, 이상한 일들이 일어나고 있기 때문이다.

1장 여성 되기 또는 재고된 성차

"나는 불타오르는 폭풍들과 다른 재난 현상들로 가득 찬 폭력적
인 존재다. 내가 글을 쓰기 위해서는, 마치 내 몸이 음식인 것처
럼 나 자신을 먹어야 하기 때문에, 이를 시작하고 다시 시작하는
것 이상은 할 수 없다."

캐시 애커, 「백인 세계의 종말」, p. 66.

"만약 여러분이 치키타 바나나처럼 보이고, 루스 베이더 긴즈버
그처럼 생각하고, 도로시 파커처럼 말하고, 힐러리 클린턴의 정
치적 통찰력과 애니타 힐의 용기를 가지고 있고, 발레리 솔라니
스만큼 화가 난, 근육을 단련하는 레즈비언 크로스드레서라고
상상해보라. 그러면 여러분은 정말로 걱정해야 할 것이다."

마샤 터커, 「거인 닌자 돌연변이 바비 인형들의 공격」, p. 28.

페미니즘은 로고스의 위기에 대한 감각뿐 아니라, 갱신된 개념적 창의성과 현재에 대해 정치적 정보를 지닌 카르토그라피의 필요성을 포스트구조주의 철학과 공유하고 있다. 페미니즘 실천의 목적 중 하나는 차이의 개념뿐만 아니라 자아와 타자의 변증법에서 구축되는 가치 저하적이고 억압적인 내포들을 타도하는 것이다. 이러한 가치들의 변환을 통해 복잡성 안에서 각 주체의 특이성을 집합적으로 재평가하기를 가능하게 함으로써 차이의 긍정성을 재언명할 수 있다. 즉, 페미니즘의 주체는 남성의 보완적이고 반사적인 specular 타자로서 대문자 여성이 아니라, 여성성의 제도로부터 거리를 둔 복잡하고 다층적인 체현된 주체이다. '그녀'는, 보편적인 자세를 취하며 자신의 남성성을 주창하는 지배적 주체로부터 권력을 빼앗긴 반사상reflection과 더 이상 일치하지 않는다. 사실 대문자 그녀She는 더 이상 하나의 소문자 그녀she가 아니라, 전혀 다른 이야기의 주체일지 모른다. 과정 중인 주체, 돌연변이, 대타자의 타자이자, 본질적 변신을 이미 겪어낸 주체, 여성 형태로 주조되어 체현된 주체인 포스트 대문자 여성이다.

성차에 대한 페미니즘 철학은 역사적으로 서구 인본주의의 쇠퇴와 위기, 팔루스중심주의의 비판, 유럽 정체성의 위기 등에 내장되어 있다. 인본주의의 거부로 이어진 '인간의 죽음'을 선언한 철학적 세대는 유럽의 개념의 붕괴를 특징지었고 또한 서구 담론과 특히 철학의 지리 정치학적 특수성의 일괄 묶음을 해체하는 데 기여했다. 이리가레는 시공간 좌표들과 민족성, 특히 종교를 포함한 많은 구성 관계들을 다루기 위해 개입의 범위를 넓힌다. 가치 저하적인 '차이' 개념은 그 개념이 유럽 철학사의 핵심과 유럽 사상의 '형이상학적 카니발리즘'의 핵심에 닿아 있다는 사실에 의해 근본 개념이 된다. 이는 사유가 계층적, 배타적 방식들에 의해 식민화되었고, 이러한 사유가 계몽주의처럼 유럽이 자랑스러워할 수 있는 역사적 사건들뿐만 아니라 유럽 파시즘이나 식민주의와 같은 우리 역사의 어두운 장에서도 구성적 역할을 했음을 의미한다. 유럽에서 차이의 역사는 치명적인 배제와 죽음을 초래하는 자격 박탈 disqualifications 중 하나였기 때문에, 이 개념은 비판적 지식인들이 스스로 책임을 지게끔 하였다. 페미니즘 윤리학과 위치의 정치학은 이러한 도전을 직면하는 데 영감을 줄 수 있다.

위치의 정치학은 팔루스중심적 주체의 이항 대립 개념으로 이해된 여성들의 다양성을 '성차'의 범주 내에서 이해하는 방법을 가리킨다. 페미니즘에서 이러한 생각들은 한 개인의 정체성의 자리에 불가피하게 거주하는 권력 위치를 폭로하는 실천으로 여겨진 인식론적, 정치적 책임과 쌍을 이룬다. 권력 차이들을 해소하는 관계적이고 집단적인 활동으로서의 (한 개인의 체현되고 내장된 위치들에 대한) 책임의 실천은 기억과 서술이라는 두 가지 중요한 개념과 연결되어 있다. 기억과 서술은 말로 표현되는 과정, 즉 상징적 재현을 가져오는 과정을 활성화시키고, 그것(상징적 재현)은 정의상 의식을 벗어난다.

사실상 '위치'는 스스로 임명하고 스스로 고안한 주체 위치가 아니다. 위치는 공동으로 공유하고 건설해내고 함께 점거한 시공간 영토이다. 다시 말해, 우리 위치의 많은 부분들은 그것이 너무 익숙하고 너무 가까워 심지어 볼 수조차 없기 때문에 자기 관찰을 할 수 없다. '위치의 정치학'은 결과적으로 정치적 각성(Grewal and Kaplan 1994)을 필요로 하는 의식화 과정과 그에 따른 타자들의 개입을 가리킨다. '위치의 정치학'은 자기비판의 한 형태, 즉 비판적이고 계보학적인 자기 서사를 바탕으로 한 권력의 카르토그라피로서, 관계적이고 외부 지향적이다. 이것은 '체현된' 설명들이 우리 자신과 세계에 대한 우리의 지식을 조명하고 변형한다는 것을 의미한다. 따라서 흑인 여성의 텍스트와 경험은 백인 여성들에게 자신들의 위치들, 진실들, 담론들의 한계를 보게 한다. 페미니즘 지식은 우리 자신의 실존의 측면들, 특히 우리가 전에 알아차리지 못했던, 권력과 함께하는 우리 자신의 함의를 끌어내는 쌍방향적 과정이다. 들뢰즈의 언어에 따르면, 이는 우리를 '탈영토화시킨다'. 우리를 익숙하고 친숙하고 알고 있는 것들로부터 멀어지게 하고, 외부의 빛을 드리운다. 푸코의 언어에 따르면, 그것은 미시정치학이며, 체현된 자아에서 출발한다. 그러나 페미니스트들은 푸코나 들뢰즈가 그들의 철학에서 이론화하기 전부터 이에 대해 잘 알고 있었다.

우머니스트womanist, 레즈비언, 사이보그, 부적절한/전유될 수 없는inappropriate(d) 타자, 유목적 페미니스트 등과 같은 대안적 페미니스트 주체성의 '형상화'가 고전적 '은유'와 다른 점은 자신의 위치에 대한 책임감을 정확히 환기시키는 데 있다. 이러한 형상화는 물질적으로 내장된 카르토그라피를 표현하며 자기반사적이지, '타인'을 은유화하는 과정에 기생하지 않는다. 더욱이 자기반사는 개인의 활동이 아니라, 사회적 교류망에 의존하는 상호작용 과정이다. 이 과정에서 출현하는 형상화는 이전에 맹점이었던 곳에서 자신의 실천의 측면을 밝히는 스포트라이트 역할을 한다. 그 연장선으로 주체의 새로운 형상들(유목민, 사이보그, 흑인 등)은 개념적 **페르소나**personae와 같은 기능을 한다. 이와 같이, 형상화는 은유가 아니라, 오히려 중요한 수준에서 자신의 권력관계에 대한 설명을 구체화하고 있는, 물질적으로 내장된 것이다. 창조적 수준에서 형상화는 자신이 거주하는 권력의 변화, 변형 또는 긍정적인 해체의 속도를 표현한다. '형상화'는 팔루스중심적 체계가 되기를 원하지 **않는** 것을 향한 주체 위치의 변신 단계들을 물질적으로 체현한다.

포스트모더니티의 변화하는 풍경 속에서 새로운 대안 주체들의 영역이 실제로 출현했다. 그들은 다층적이며 내부적으로 모순적인 주체 위치들로 경쟁하고 있고, 이는 권력관계에 덜 좌지우지되지 않는다. 그들은 혼종이고 사회 범주들 사이에 있으며, 이에 대해 사스키아 사센Saskia Sassen이 시사하는 바와 같이(1994), '주변인', '이민자' 또는 '소수자'와 같은 사회학적 범주의 측면에서 전통적 서술을 하는 것은 적절하지 않다. '서로 다른 타자들'의 관점에서 보면, 이 서로 다른 차이들의 인플레이션적 생산은 자본주의적 착취의 논리를 나타내기도 하지만, 동시에 긍정적이고 자기 정의적인 타자들의 새로운 주체성들의 출현을 표현하기도 한다. 그것은 모두 자신의 위치들 또는 위치 지어진 관점들에 달려 있다. 나는 이것을 상대주의의 한 형태가 아니라 육화된 유물론의 내장되고 체현된 형태로 본다. 이리가레와 함께 좀 더 페미니즘적 틀에서 보면, 후기 포스트모더니티나 선진 자본주의에서 급증하는 차이들은 동일자의 '타자들'이다. 들뢰즈적 관점으로 번역하자면, 이러한 차이들은 그것이 양적으로 크든 작든 질적이라 할 수 없으며 결과적으로 동일자, 다수자성, 팔루스중심주의의 주인코드master-code의 논리나 권력을 변화시키지 않는다. 후기 포스트모더니티에서 중심은 단지 파편화될 뿐이지만, 그렇다고 해서 덜 중심적이거나 덜 지배적인 것은 아니다. 몰적, 지구적 또는 행성적 규모에서의 동일자의 무비판적 재생산에 저항하는 것이 중요하다. 나는 변증법적 상호의존성과 자아와 타자의 상호소모성이라는 헤겔적 틀에서의 차이들을 개념화하고 싶지 않다. 대신에 나는 유목적, 리좀적인 것이라는 전혀 다른 논리에 관여하기 위해, 차이들을 이 전도(역전)의 사슬에서 풀려난 것으로 본다.

가야트리 스피박Gayatri Spivak(1989b), 스튜어트 홀Stuart Hall(1990), 폴 길로이Paul Gilroy(1987, 1993), 애브터 브라Avter Brah(1993), 헬마 루츠Helma Lutz 외(1996), 필로메나 에세트Philomena Essed(1991), 니라 유발-데이비스Nira Yuval-Davis와 플로야 안티아스Floya Anthias(1989) 등 반인종주의적 탈식민주의 페미니스트 사상가들과 유럽 상황을 잘 아는 많은 다른 사상가들이 제공하는 위치의 정치학과 차이와 권력에 대한 연구는 우리가 현재의 역설들을 조명하는 데에 도움이 된다. 유럽에서 후기 포스트모더니티의 가장 중요한 영향 중 하나는 트랜스문화성 현상, 즉 다민족적 또는 다문화적 유럽의 사회 공간에서 충돌하는 문화 현상이다. 세계 이주―'흩어진 헤게모니'(Grewal and Kaplan 1994)의 전 세계적인 규모의 작동에 따른 주변부에서 중심부로의 거대한 인구 이동―는 유럽 국가들과 초기 유럽연합의 소위 문화적 동질성의 요구에 도전해왔다. 오늘날 유럽은 인종차별과 외국인혐오가 증가하는 시기이며, 다문화주의와 씨름하고 있다. 역설들, 권력 비대칭들, 현재의 역사적 맥락의 단편들은 오히려 우리에게 정치적 논쟁을 문화 간의 차이 문제에서 같은 문화 **내**의 차이들로 옮길 것을 요구한다. 다시 말해서, 현재의 역사적 조건의 특징 중 하나는 주변부와 중심부가 그 위에서 서로 대치하는 변화무쌍한 기반인 것이자, 이원적 또는 대립적 사고에 도전하는 새로운 차원의 복잡성을 지닌 것이다.

페미니즘 이론은 사회문화적 돌연변이가 다민족 멀티미디어 사회의 방향에서 일어나고 있는 경우에 변형은 '타자들'의 극단에만 영향을 미칠 수는 없다고 논증한다. 변형은 그 전의 중심인 '동일자'의 지위와 특권을 동일하게 전위轉位하게 해야 한다. 바꿔 말하면, 변화하고 있는 것은 단지 주체들의 용어나 은유적인 재현만이 아니라, 그것을 뒷받침하는 주체성, 사회관계들, 사회적 상상계의 바로 그 구조인 것이다. 그것은 사회관계들의 구문일 뿐 아니라 사회관계들의 상징적 재현으로서, 대변동 중이다. 유럽 중심의 팔루스중심주의의 관례적 표준을 지닌 사람들은 특히 성차화된 여성 **그리고** 성차화된 남성의 다문화적이고 필연적으로 기독교적이지는 않은 시민 사회에 더는 머물러 있지 않는다. 그 어느 때보다도 사회 변혁에 대한 질문은 재현(대표성)의 문제를 제기한다. 남성, 백인, 기독교의 일신론적 상징이 이러한 표준의 담지자들을 위한 재현이 될 수 있을까? 과정 중인 주체의 출현으로 인해 불안뿐만 아니라 도전이 새로운 형태의 표현과 재현을, 즉 비판적으로 평가되어야 할 사회적 매개 형태를 요구하는 되기의 패턴을 나타낸다. 페미니즘 이론은 지역적으로 행해지는 지구적 현상인 소위 '글로컬 G-local' 변화들의 이러한 폭풍우 치는 시간들에 매우 적절하고 유용한 항해 도구이다.[1]

　다이애나 왕세자비 또는 가난과 주변화 같은 사회현상에 관한 미디어 사례와 관련하여, 포스트모더니즘 문화 및 포스트산업 문화에서는 '여성화feminization'라는 용어를 자주 듣게 된다. 이러한 아주 문제 제기적인 용어는, 이러한 용어가 있다면 말이지만, 남성성과 남성 지배의 위기를 표현하는 한 징후적이다. 또한 유연성, 정서, 배려, 돌봄과 같은 '부드러운 가치'의 규범적 수준을 가리키기도 한다. 이러한 '부드러운' 특성은 여전히 공공 영역을 통치하는 다소 경직된 규약과 양립하기는 하나 충돌하며, 이는 남성 중심적인 구조만이 아니라, 이를 지탱하는 남성성에 침윤된 상상계를 반영하기도 한다. 이러한 '친밀성의 변형들'(Giddens 1994)이 '여성화'의 관점에서 표현될 수 있다는 것은, 비록 실재하는 여성들과 그들 경험과의 관계가 직접적이거나 투명한 것과는 거리가 멀지만, 내게는 끝없는 경이로움의 원천이다. 그러므로 나는 이 소위 '여성화' 과정을 현대 기술 문화에 접근하고 참여하기 위한, 사회적으로 더 유연하고 다층적인 접근 방법을 개발할 필요성으로 번역하고 싶다. 주체성 구성의 미시적, 거시적 수준 모두에서, 우리는 젠더와 인종, 계급, 연령에 걸쳐 더 많은 복잡성이 필요하다. 이것은 다뤄져

1　나는 유럽위원회의 소크라테스 프로그램이 공식적으로 후원한 유럽 여성 연구 네트워크 '아테나ATHENA'의 동료들과 함께한 논의들에 이 재치 있는 공식을 빚지고 있다.

야 할 사회적 의제다. '여성성'에 대한 인플레이션적인 담론은, 적절한 페미니즘 의식에 의해 뒷받침되지 않는 한, 결코 여성들과 '타자들'에게 특별히 도움이 된다는 것을 증명하지 못했다.

그러나 흑인 탈식민주의 페미니스트 비평가들은 포스트모더니티에 나타난 다소 도착倒錯적인 노동 분업뿐만 아니라 역설적인 것에 대한 비판을 아끼지 **않았다**. 이러한 역설에 따르면, 과거의 제국이나 현재의 제국 **중심**에 위치한 사상가들이야말로 중심 권력을 적극적으로 해체하여 이전의 '부정적인' 타자들에 대한 담론의 확산과 소비에 기여하고 있다. 그러나 마찬가지로 '부정적인' 타자들은 특히 탈식민주의와 포스트파시즘 및 포스트공산주의 사회에서 자신들을 해체하기보다는 자신들의 정체성을 재주장하는 데 더 열심이다. 이러한 상황의 아이러니는 어느 질문자에게서도 사라지지 않는다. "어떻게 우리가 **아직** 역사적으로 받을 자격이 주어진 적 없는 주체성을 무효화할 수 있을까?"라고 말하는 페미니스트 철학자의 예를 생각해보라. 혹은 흑인 탈식민주의 주체들이 자기주장을 할 역사적 차례가 지금이라고 주장하는 것을 생각해보라. 백인 남성이며 민족 중심적인 주체가 자신을 '해체'하고 구제불능의 위기에 빠지기를 원한다면, 그렇게 하라! 요점은 이렇다. '차이'는 비록 다투고 역설적이기는 하지만 중심적인 개념으로 나타나는데, 이는 포스트모던 주체들인 우리가 역사적으로 우리의 역사에 선고를 내리는 한 이 개념과의 대립이 불가피하다는 것을 의미한다. 적절한 카르토그라피를 통한 이에 대한 설명은 결과적으로 중요한 우선순위로 남아 있다.

이 장에서 나는 나 자신의 용어인 육화된 유물론을 구성하기 위해 특히 들뢰즈와 함께 이리가레를 읽으면서 체현성과 내재성에 초점을 맞추어 내 카르토그라피를 계속 구축할 것이다.

| 유물론: 체현성과 내재성 |

신체의 반격

내가 만약 유럽 밀레니엄의 이 끝에 존재하는 정치적 감수성들의 일부 역설을 강조하기 위해 나의 카르토그라피에 체현의 문제를 위치시키고 형상화 안에서 생각한다면, 모순적인 대상 두 가지를 고를 것이다. 다이애나 왕세자비의 죽음에 대한 대중의 정신분열적 반응 그리고 오늘날 유럽연합에 존재하는 망명자 수천 명의 이름 없는 신체들이 그것이다.

다이애나 왕세자비의 죽음을 둘러싼 사건들은 이미 정치 신화의 영역으로 들어갔다. 정치에 따라 '대량 히스테리 현상' 또는 '꽃 혁명'으로 라벨이 붙었는데, 이는 동유럽의 '벨벳 혁명'[2]과 유사하다. 이 사건은 또한 한 개인에 초점을 맞춘 가장 큰 미디어 행사 중 하나였다. 영국 대중의 함께/격렬해지는com/passionate 반응에서 가장 놀라운 것은 그 대중의 압도적인 다수가 젊은 여성들, 동성애자들, 유색인종들이라는 사실이다. 대처주의가 잊거나 일소했던 주체들, 배제되었거나 주변부로 밀려났던 사회 주체들이 맹렬히 정계와 언

---

2 1989년 체코슬로바키아에서 일어난 비폭력 혁명. 공산당 정권이 붕괴됐다.(옮긴이)

론계에 다시 뛰어들었다. 그것은 함성이 아닌 신음과 함께한, 억눌렸던 이들의 귀환이었다. 이는 몇 달 전 영국에서 '신노동당'[3]이 정권을 잡게 한 선거에서의 압승뿐만 아니라, 감정, 정동성affectivity 그리고 이와 같은 사회 주체들이 공공 영역과 정치 생활에서 할 수 있고 해야 할 역할에 대한 존중의 부활에 대해 적절한 보완을 이루었다. 또한 집단 숭배의 대상으로서 백인 여신의 지속적 위력을 강력하게 표현한 것이었다(Davies and Smith 1999). 이 일이 집단적 유대감과 감정들의 분출의 의식으로서 나중에 거부되고 억압되었다는 것은 단지 그 사건의 징후적인 가치를 확인해줄 뿐이다. 내가 다이애나 왕세자비와 관련이 있다고 생각하는 것 중 하나는 그녀가 완전히 변형된 여자였다는 사실이다. 즉 그녀는 그녀가 실제로 어떠했는가보다는 무엇이 되어가고 있는가, 라는 점에서 더 흥미로웠다는 것이다. 나는 이러한 역동적이고 변형적인 차원이 다이애나의 카리스마를 이해하는 데 중요하다고 생각한다. 줄리 버칠Julie Burchill이 말했듯이 "그녀는 결코 장난감이 아니었다. 그녀는 항상 진행 중인 작품이었다"(Burchill 1998: 44). 루슈디Rushdie가 제안했듯이, 덜 유쾌한 맥락에서 이것은 기회주의라는 점에서 부족함이 없었다. "다이애나는 '기호학'과 같은 단어를 사용하지 않았지만 그녀는 자기 자신에 대한 유능한 기호학자였다. 그녀는 점점 더 자신감을 가지고 자신이 알려지기 원하는 바대로 우리가 그녀를 알 수 있도록 기호를 제공했다."(Rushdie 1997: 68)

---

3 1990년대 초 토니 블레어가 주창한 정치적 구호이며 1994년부터 2010년까지 제3의 길을 외치며 우경화된 새로운 영국 노동당을 가리키는 것이기도 하다.(옮긴이)

몸의 카르토그라피를 지배적인 문화 코드의 매개변수 내로 제한하지 않기 위해, 대위법을 사용해 또 다른 의미를 지닌 예시를 이야기하겠다. 이에 따른 두 번째 이미지는 끝없는 무명의 남녀노소 난민들 또는 망명 희망자들로서, 세 번째 밀레니엄의 새벽에 유럽을 비롯하여 전 세계를 망라하는 많은 소규모 분쟁에서 집과 나라를 뿌리 뽑힌 사람들이다. 100년이 넘은 민족주의 바이러스는 현대 유럽에서 포스트공산주의 세계 질서와 세계화 과정이 만들어낸 불안정한 효과와 결합한다. 그 최종 결과는 난민의 유입과 전후 유럽에 비할 수 없는 폭력, 배제, 인종주의 및 인류 고통의 증가이다. 이 두 가지 예는 미디어 이미지들과 재현들이 우리 사회 공간을 포화 상태로 만든 것과 동일한 동전의 양면을 대표한다.

이로 인해 체현된 주체들, 특히 여성 주체들은 권력의 몇 가지 강력한 위치들의 교차점에 배치된다. 가시성 및 미디어 재현들은 불협화음 또는 내부적으로 차이를 지닌 태도로 이미지에 대한 소비자주의적 접근 방식을 만들어냈다. 오늘날 여성으로 체현된, 진행 중인 주체들은 다이애나 왕세자비의 매우 잘 가꾸어진 육체(그녀 이전에는 마릴린 먼로와 같은) **그리고** 전쟁으로 파괴된 땅의 쉽게 처분 가능한 남녀노소의 신체들을 포함한다.

거시적, 미시적 수준 모두에서 신체는 주로 기술에 의해 유발된 권력 효과의 네트워크에 포획된다. 이것은 '글로컬' 수준에서 지속적으로 구성상의 모순을 일으키는 세계화 체계와 초국가 간 경제를 추동하는 힘이다. 마누엘 카스텔스Manuel Castells는 네트워크 사회에 관한 생산적인 연구에서 글로벌 사회를 구조화한 변화에는 기술이 절대적으로 중요하다고 주장한다(Castells 1996). 포스트산업 사회는 디지털 방식으로 운영되는 '새로운' 사이버 경제의 가속화로 운영되고 있다. 우리가 생명공학을 택하든 새로운 정보통신 기술을 택하든 간에, 그와 같은 증거는 압도적이다. 위상학적 또는 영토적 제약들에 구애받지 않는 자본의 흐름은 두 가지 목표를 달성했다. 사회적 현실을 '비물질화'하는 동시에 강화한 것이다. 다이애나 왕세자비 장례식이나 코소보의 세르비아계 인종 청소와 같은 미디어 사건을 생각해봐도 충분할 것이다. 이는 TV를 통해 거실에서 비교적 조용하게 경험할 수 있는 가상의 사건으로 여겨진다. 이주민, 망명자 또는 난민의 '가상'현실은 첨단 과학이 아니라 오히려 과도하게 노출된 종류의 익명성 또는 사회적 비가시성에 가깝다. 사이버공간의 가상현실은 경쟁이 치열한 사회적 공간이거나, 정보의 기술적 흐름에 의해 매개되는 사회적 관계들의 집합이다.

결과적으로 사이버공간과 그것이 제공하는 '사이보그' 주체성은 더 이상 SF의 산물만은 아니다. 반대로 인간과 기계 간 경계의 모호성은 모든 단계에서 사회적으로 구현된다. 즉 의학에서부터 통신, 금융 및 현대의 전쟁에 이르기까지 사이버 관계는 우리의 사회적 틀을 정의한다. 그러나 내가 강조하고자 하는 것은 기술적 요소나 **장치**와 구조적으로 상호연결된, 체현되고 사회적으로 내장된 인간 주체로서의 사이보그가 통일적 주체의 위치가 아니라는 것이다. 사이보그는 오히려 다층적이고 복잡하며 내적으로 차이를 지닌 주체이다. 오늘날 사이보그에는 역외 생산 공장에서 저임금을 받고 착취당하는 노동을 하는 여성과 어린이뿐 아니라, 포스트휴먼의 속도와 동시성의 수준에서 컴퓨터 기술과 상호작용하는 고도로 훈련된 민첩한 전투기 조종사들도 포함될 것이다. 정치적 카르토그라피 혹은 형상화로서 사이보그는 슈워제네거의 '터미네이터'의 승리에 찬 충전과, 기술혁명의 연료로 쓰이는 체액인 땀으로 범벅된 육체를 가진 노동자들의 허약한 신체를 동시에 환기시킨다. 하나는 다른 하나 없이는 움직이지 않는다. 그러나 사이보그는 또한 해러웨이가 '지배의 정보학'이라고 부르는 것에 대한 저항의 정치적 신화에 힘을 실어주는 역할을 하고 있는데, 이에 대해서는 5장에서 더 자세히 다루겠다.

체현된 주체와 관련하여 보다 철학적인 차원에서 보자면, 신기술은 신체 기능에 대한 보철적인 연장들을 만든다. 자동응답기, 호출기, 휴대전화는 우리의 청각 능력과 기억력을 증폭시킨다. 전자레인지 및 냉동고는 시간을 초월한 식량을 공급한다. 섹스는 빠르게 성장하는 '텔레딜도닉스teledildonics' 영역에서 전화선이나 모뎀 회선을 통해 수행될 수 있다. 전동 칫솔 및 냉동 배아는 다른 신체 기능을 확대한다. 비디오, 캠코더, 인터넷 네트워크 및 수많은 시뮬레이션 이미지는 수 세기에 걸친 실천으로 침식돼온 '재현'이라는 플라톤 개념에 도전하는 영역을 열어준다. 미디어 이미지는 결코 죽지 않고 유령처럼 출몰하며 포스트모던 진공의 반사상을 계속 순환시킨다. 기술은 시공간 연속체의 전위를 가져옴으로써 포스트모더니티의 사회적 공간에 영향을 미쳤다. 기술은 속도와 동시성에 의해 결정되는 변주들의 불연속적인 집합에 시간을 동결시킨다. 그래서 기술은 연기된 혹은 가상의 사회적 관계와 개인적 관계뿐만 아니라 편재성과 영원성의 보편적, 사회적 상상계를 허용하면서 주체의 전위를 유도한다. 초이동성과 가상의 공동체들은 문화적, 사회적 상상계뿐만 아니라 노동관계를 포함한 사회 조직에 반드시 가시적인 영향을 미친다.

그런 맥락에서 '타자들'의 신체가 반격하여 충격을 줄 것은 불가피한 일이다. 일상적인 사회학적 차원에서 신체는 맹렬히 반격하고 있다. 약 200만 명의 미국 여성들이 실리콘 유방 보형물을 가지고 있다. 이 보형물의 대부분은 유출되거나 평탄치 않은 비행 중에 튀어나오거나 바람직하지 않은 부작용을 일으킨다. 선진국 전역의 수백만 명의 여성들이 프로작이나 다른 기분장애 향상 약물을 사용하고 있다. 거식증–과식증이라는 숨겨진 전염병은 다이애나 왕세자비가 분명하게 드러내듯이 부유한 세계의 여성 3분의 1을 계속 공격한다. 오늘날 치명적인 질병에는 암과 에이즈만이 아니라 말라리아와 결핵처럼 이미 정복했다고 생각했던 전통적 질병도 포함된다. 항생제에 면역 체계가 적응한 우리는 다시 취약해지고 있다(Griggers 1997). 우리가 여전히 '우리 몸들, 우리 자신들'이라고 다소 향수에 젖어 부르는 것은 선진 정신약리 화학 산업, 생명공학 및 전자 매체에 완전히 파묻힌 추상적인 기술적 구성물이라는 것은 의심의 여지가 없다. 우리가 경계해야 한다는 것은 아주 분명해 보인다. 기술의 과대 선전은 끝났고 우리는 '첨단 기술'에 지불하고 있는 가격을 보다 명확하게 평가할 필요가 있다. 우리는 완전한 보철이라는 전망을 얻었다. 이제 우리의 육체를 넘겨주어야 할까?

재키 스테이시Jackie Stacey는 암에 관한 연구에서 동시대 '몸' 문화의 강점뿐 아니라 역설 또한 지적한다. 암을 다루는 담론과 사회적 관습은 괴물, 혼종, 비체abject 또는 돌연변이 신체에 대한 두려움과 매혹 모두를 오늘날 문화의 다른 측면들과 공유한다. 암세포의 증식과 괴물의 탄생에 대한 수 세기 동안의 공포 사이에 있는 고딕적 평행은 상상력에 큰 영향을 끼치며 지적인 자극을 준다. 암은 세포의 죽음을 지시하는 증식이며, 거의 복제에 대한 잔인한 패러디라 할 만하다. 둘째, 사회현상으로서의 암은 몇 가지 중요한 권력 행사를 야기한다. 스테이시는 신체를 단련하는 의료적 행위가 푸코의 '생명 권력'이라는 주제를 역전시킨 변주에 적용되었다고 주장한다. 이러한 의료 행위는 웰빙 복지에 대한 책임을 개인 자신의 손에 맡기는 초개인주의의 한 형태로 강조점을 옮겼다. 오늘날 질병은 '자기 관리'와 관련된다. 이것은 70년대의 언어 패러다임인 '은유로서의 질병'의 종말을 의미한다. 사실상 '은유로서의 질병'은 개인의 체험을 정치화하고, 질병에 대한 책임감과 슬픔에 대한 감각을 사회화했다. 요즘의 질병은 내면화되며, 사회적으로는 극단적으로 통제된다. 사회적 규범성 및 초개인주의의 이러한 역설은 건강 산업의 민영화와 포스트산업 사회들에서의 복지국가 해체와 관련이 있다. 개인 건강에 대한 미시 관리의 형태는 의학적 예방의 사회적 통용으로 이어지며, 이는 질병을 생활 습관, 식이요법, 피트니스 등과 같은 사회적 실천과 연결시킨다. 따라서 '몸'은 사회 이론이 우리에게 부여하는 바를 넘어서는 '신체 리터러시body-literacy'의 새로운 기술을 사회 및 문화 평론가에게 요구하면서 자가 건강관리 실천의 대상으로 부상한다.

스테이시에 따르면 이에 대한 즉각적인 사회적 결과는 공공 보건 기준의 저하와 민간 금융 및 보험 회사에 대한 자유로운 손, 다시 말해서 이 용어의 가장 착취적인 의미로 보자면 자유주의적 개인주의로의 귀환이다. 이와 관련해, 스테이시가 영국에서 성공적으로 암에서 회복할 수 있었던 이유와 나란히, 나는 미국에서 캐시 애커Kathy Acker가 암과 관련해 이른 시기에 비극적으로 사망하게 된 이유를 규명할 것이다. 개인 건강보험에 가입할 여유가 없었던 애커는 별로 효과가 없었던 여러 저렴한 '대안' 치료법을 시도한 후에 암으로 쓰러졌다. 이는 한편으로는 포스트산업적이고 '자유화된' 사회들에서의 자아의 건강관리가 체현된 주체에 대한 동시대 생물학적, 생물 분자적 재정의에 달려 있다는 점에서 진보적이라고 시사하는 것이다.

다른 한편으로는 그것이 권력과 배제의 잔인한 경험으로 있는 한, 사회적 시행과 반향에 있어서는 상당히 역행적이다. 이는 계급, 인종, 연령 및 젠더와 같은 변수에 따라 차별의 보다 고전적인 형태를 영속시키는 경향이 있다. 처음에 지적했듯이 다이애나 왕세자비같이 잘 가꾸어진 값비싼 육체들과 돌봄을 받지 못한 다중적 망명자들의 몸들이 사회 영역에 동시에 출현하는 것은 같은 동전의 양면이다. 이러한 몸들은 동시대 관심사의 중심에 몸을 복원하지만, 가장 영구적인 권력관계와 구조적 배제의 일부를 그 몸들에 다시 새겨 넣는 방식으로 그렇게 한다.

신체적 물질성

체현된 혹은 육화된 주체라는 개념은 내가 지지하는 철학적 유물론 이해의 핵심이다. 역사적으로 나는 주체성의 신체적 구조를 강조한 결과, 섹슈얼리티와 성차의 문제를 부각시켰다는 점을 대륙 철학이 결실을 맺은 가장 유익한 측면 중 하나라고 본다. 이 전통은 자아와 사회, 주체의 '내부'와 '외부' 사이의 상호관계에 대한 복잡한 분석 모델을 제공한다. 체현된 유물론의 전통은 60년대 후반과 70년대의 사회운동으로 재활성화되어 권력을 급진적으로 비판하고 인본주의 주체를 해체하기 위한 근거를 제시한다.

여기에서 정신분석의 영향은 상당하며, 합리성의 감독으로부터 주체성을 분리하면서 주체의 급진적 해체를 초래했다. 결과적으로, 주체는 더 이상 의식意識으로 인식되지 않는다. 다시 말해, '나는 욕망한다. 고로 존재한다desidero ergo sum'[4]가 오래된 '코기토, 즉 나는 생각한다. 고로 존재한다'를 대체해야 한다. 즉 사고의 활동은 정동, 욕망, 상상력이 원동력이 되는 다수의 능력을 포함하도록 확대된다. 들뢰즈와 이리가레는 특히 형이상학과 형이상학의 로고스중심적 전제의 쇠퇴 이후 주체를 근본적인 내재성으로 사유하는 데 전념하고 있다. 그러나 들뢰즈의 철학적 기획의 핵심은 거만한 철학 제도에 대해 애정 어린 불손함을 발휘하고 사유의 새로운 개념들과 형태들에 대한 창조적 힘 기르기를 하면서 다양하고 긍정적인 차이들을 즐겁게 인정하는 것이다.

푸코, 들뢰즈, 이리가레는 동시대 주체성을 이해하는 데에 섹슈

---

4 스피노자의 말.(옮긴이)

얼리티—주체의 '리비도 경제'—의 결정적인 중요성을 강조한다. 내게 중요한 것은 정치적 실천에 대한 이 개념의 함의이다. 이 틀에서 정치는 의식 및 저항과 마찬가지로 정동, 기억, 욕망의 구성 및 조직과 관련이 있다. 나는 이 책 전반에 걸쳐 체현된 자아, 섹슈얼리티, 기억 및 정치적 주체성 형성에 대한 상상력의 중요성을 돌아볼 것이다. 주체의 체현성은 자연적, 생물학적 종류가 아닌 신체적 물질성의 한 형태이다. 나는 신체를 고도로 구축된 사회적, 상징적 힘들의 복잡한 상호작용으로 간주한다. 신체는 본질도 생물학적 물질도 아니며, 힘들의 놀이, 강도들intensities의 표면, 원본이 없는 순수한 시뮬라크르이다. 신체의 이러한 '강도적' 재규정은 사회적, 정동적 힘들의 복잡한 상호작용 내에 신체를 위치시킨다. 이는 또한 기호적 등록들inscriptions 및 문화적으로 시행된 코드들의 지도로서의 신체를 정신분석적 사고에서 확실하게 벗어나게 한다. 그 대신에 나는 신체를 에너지의 흐름을 위한 변형기와 중계점, 즉 강도들의 표면으로 본다.

신체는 또한 정보화 기술의 영향을 받은 동시대 진화 이론 내에, 과학과 생명공학뿐만 아니라 사회적 실천 및 담론 속에 맹렬히 귀환했다. 이 모든 통찰을 하나의 일관된 체현 이론에 결합시키는 방법은 우리의 역사성의 수단을 넘어선다. 신체는 여전히 모순들의 묶음이다. 즉 이는 동물학상의 실재, 유전적 데이터 저장체인 동시에, 코드화되고 개인화된 기억들의 판slab이라 불리는 생물사회적 실재이다. 이와 같이 신체는 부분적으로 동물이자 부분적으로 기계지만, 18세기 이후 우리 문화가 지배적인 모델로 채택해온 이 둘의 이원론적 대립은 오늘날에는 불충분하다. 사실 동시대 과학과 기술은 수 세기 동안 인본주의적 사고가 확립한 경계들을 해소하면서 살아 있는 유기체와 자아 구조들의 가장 내밀한 층들에 바로 도달했다. 이것은 이제 우리가 신체를 서로 다른 시간대에 동시에 거주하고, 반드시 일치하지는 않는 내외부의 다양한 시계와 서로 다른 속도들에 의해 활력 있게 되는 실재로서 생각할 수 있다는 것을 의미한다. 따라서 시간 내 신체와 시간성의 문제가 새롭게 부각되고 있다. 이에 대한 자세한 내용은 3장과 5장을 참조하라.

따라서 체현된 주체는 힘들(정동들)과 공간-시간 변수들(연결들)을 가로지르는 과정이다. 나는 신체의 개념을 주체성의 다기능적이고 복잡한 구조를 가리키는 것으로 생각한다. 이것은 주체성을 구조화하는 바로 그 변수, 즉 계급, 인종, 성/섹스sex[5], 국적, 문화 등을 통합하는 동시에 초월할 수 있는 특별한 인간의 능력이다. 이것은 결국 사회적 상상계의 개념에 영향을 미친다. 주체 되기 과정에는 일련의 문화적 조정이 필요하다. 주체는 물질적, 기호적 조건, 즉 규칙과 규제의 제도적 집합뿐 아니라, 이를 지탱하는 문화적 재현의 형태를 다루어야 한다. 권력은 금지하고 제약한다는 점에서 부정적(포테스타스)이다. 그것은 또한 힘을 부여하고 가능하게 한다는 점에서 긍정적(포텐티아)이다. 권력의 양극 사이에 계속되는 협상은 주체성의 개념 안에서 권력과 욕망이라는 정치적 용어로 공식화될 수 있다. 이 견해는 주체를 과정 중인 용어로 상정하는데, 이는 권력과 그에 대한 저항 둘 다와 함께 공존한다. 여기서 서

---

5 이후 'sex'는 문맥에 따라 '성' 또는 '섹스'로 번역했다.(옮긴이)

사성narrativity은 결정적인 구속력이지만, 나는 서사성을 되기의 과정 중인 우리라는 주체들의 종류에 대한 중요한 형상화, 신화, 운영 가능한 허구 만들기에 공헌하고 공유하는 집단적이고 정치적으로 투자된 과정들로 해석한다. 이러한 서사성의 개념은 기호학적 패러다임 내에 적절히 포함될 수 없지만 신유물론의 형태로 내장되고 체현될 필요가 있다.

이러한 관점에서 '주체성'은 문법적 '나'라는 허구적 통일 아래 권력의 반응적reactive 사례들(포테스타스)과 권력의 능동적active 사례들(포텐티아)을 함께 묶는 데에서 이루어지는 과정을 가리킨다. 주체는 권력과 욕망의 서로 다른 수준 사이에서의 끊임없는 이동과 협상, 즉 고의적인 선택과 무의식적인 욕동들drives로 이루어진 과정이다. 어떤 외형상의 통일이 있든 간에 그것은 신이 부여한 본질이 아니며, 오히려 여러 단계의 허구적인 안무choreography로써 하나의 사회적으로 운영 가능한 자아가 되는 것이다. 이는 주체 되기의 전체 과정을 지탱하는 것은 알고자 하는 의지, 이야기하고자 하는 욕망, 발언하고자 하는 욕망임을, 다시 말해 되기를 향한 기초적, 일차적, 필수적이고, 따라서 원초적인 욕망임을 암시한다.

| 신체의 물질성과 성차 |

반응적이거나 비판적인 사고와 거리가 먼 성차 이론은 또한 사회적 변화와 주체의 심층 변화에 대한 페미니즘의 정치적 열정을 표현한다는 점에서 긍정적이다. 내 시각에서 페미니스트들은 스스로를 여성 주체로 위치시키는데, 이는 자신들을 비체현된 실재로서가 아니라, 육체적이며 결과적으로 성차화된 존재들로 이해하는 것이다. 여성 페미니스트 주체는 인간 체현에 대해 보편적이며 중립적이고 결과적으로 젠더가 없는 것으로 이해하기를 거부하며, 주체성의 신체적 근원을 재평가하는 것으로 시작한다. 성차 페미니즘은 의지에 대립되는 욕망의 정치적 중요성을 강조할 뿐 아니라 주체의 구성에 있어서 욕망의 역할에 중점을 두는 것으로 읽어야 한다. 이 욕망은 리비도적 욕망일 뿐만 아니라 오히려 존재론적 욕망, 존재하고자 하는 욕망이며, 존재로 향하는 주체의 성향이자 존재하고자 하는 주체의 경향이다. 이에 대해서는 4장에서 더 살펴보겠다.

따라서 페미니즘의 주체는 성차화된다. 즉, 주체는 불평등의 정치의식에 따라 동기가 부여되며, 다양성과 차이를 긍정적이고 대안적인 가치로 주장하는 데 전념한다. 지식의 페미니스트 주체는 강도적인 다중 주체로서, 상호연결망에서 기능한다. 나는 그것이 리좀적이고(다시 말해서 비통일적이고 비선형적이며 거미줄과 같고) 체현적이며, 따라서 완벽하게 인공적인 주체라고 덧붙여 말할 것이다. 즉, 인공물로서 주체는 비인격적 양태로, 마치 기계와 같고 복잡하며, 상호연결을 위한 다중 능력을 부여받는다. 주체는 추상적이고, 완벽하게 운영상으로 실재적이며, 주체를 운영하는 주요 영역 중 하나는 성차이다. 이리가레의 '여성성'은 하나의 본질적인 실재가 아니며, 즉각적으로 접근할 수 있는 것도 아니다. 동일자의 대타자로서 여성의 전통적('몰적') 주체 위치를 초월하려는 정치적, 개념적 기획, 대타자의 타자를 표현하고자 하는 기획의 효과라는 점에서, 이리가레의 여성성은 잠재적 실재이다. 그러나 이 초월은 육체를 통해 체현된 위치에서 일어나며, 이와 멀리 떨어져서는 발생하지 않는다.

주체성의 물질적/모성적 근원

성차 이론의 중심에는 유물론materialism이라는 용어의 어근이 라틴어 **어머니**mater에서 온 것이라는 통찰이 있다. 이는 주체의 **기원**에서 일차적이고 구성적인 자리인 물질이 여성 주체의 특수성을 나타내는 사례이며, 이를 체계적으로 생각해야 할 필요가 있다는 것을 의미한다. 급진적 페미니즘의 신체적 유물론의 관점에서 볼 때 이는 주요한 문제이자 초석이며, 이러한 침묵하는 현존은 주인master을 독백적 팔루스로고스중심주의의 양태로 자리 잡게 한다. 성차 페미니즘은 자율적 자기 인식이라는 남성적 특권의 비용을 여성이 물질적으로나 상징적으로 모두 부담해왔다고 주장한다. 즉, 여성들은 신체적으로나 상징적으로 말할 수 있는 장소에서 자리를 박탈당해왔다. 이것은 이리가레의 주장(1974)으로 이어진다. 이리가레에 따르면, 성차는 우리 문화의 마지막 유토피아, 즉 **유-토포스**u-topos인데, 말 그대로 어디에도 없는 곳 또는 지금까지 표현할 자리가 없었던 곳이다. 이리가레는 또 다른 점을 강조하는데, 물질/모성은 여성 섹슈얼리티의 특수성을 표현하는 사례(Whitford 1991), 즉 여성 인간성뿐만 아니라 여성 신성의 감각을 표현한다는 것이다.

그러나 이리가레는 '유토피아'라는 용어가 시간적 차원을 포함하고 있다는 점 또한 주요하게 지적한다. 즉, 유토피아는 '아직' 실현되지 않았음을 의미한다. 이 '아직'은 이리가레에게 잠재적 여성성, '대타자의 타자', 집단적으로 힘 기르기 하는 자기 정의적인 페미니스트 주체이다. 이것은 차이를 만드는 것을 목표로 하는, 다시 말해 차이를 여성 페미니스트들에 의한 그리고 여성 페미니스트들을 위한 대안적 주체 위치들의 긍정적이고 힘 기르기 하는 인정으로 바꾸는 것을 목표로 하는 집단적 페미니스트 실천에 내장돼 있다. 모성적 상상계에 몰입함으로써 대안적 여성 계보학을 탐구하는 것은 이 기획에 중요하다(Irigaray 1987, 1989). 이리가레의 경우, 이는 여성의 어머니 신체와의 근접 경험을 재현하는 이미지들을 탐구하는 형태를 취한다. 종교적이거나 신비로운 경험을 향한 여성성의 개방은 이리가레의 '감각적 초월sensible transcendental' 개념의 핵심이며, 이에 대해서는 다시 논하겠다.

모성적/물질적 여성성에 대한 이러한 재평가에는 정서성이 개입되어 있지 않다. 이리가레는 모성애가 또한 남성성에 복종하게 만드는 동일자의 반사적 논리에 여성들이 사로잡히는 자리임을 인정한다. 그러나 모성애는 여성들에게 팔루스중심주의 경제를 넘어서는, 육체적 양태와 지각을 탐구하기 위한 공감과 상호연관성의 자원이기도 하다. 나는 이리가레에게 '타자'인 모성적 여성성이, 창조하고 활성화해야 할 잠재적 주체 위치로서의 여성 페미니스트 주체를 상징적으로 재현해 제공하는 정치적 기획과 연계된 것으로 본다. 탬신 로레인Tamsin Lorraine(1999)은 꽤 정확하게도, 이것을 주체의 '육체적' 논리학뿐만 아니라 '개념적' 논리학을 재고하고 '여성 되기'라는 내재적 주체 내에서 둘의 조화를 이루려는 이리가레의 노력의 표현으로 이해한다. "이리가레에게 자궁 내 공간은 오히려 반오이디푸스적 공간이다. 결핍보다는 풍부함, 보편성보다는 특이성, 모든 사람과 관련된 사회적 위치의 격자 구조보다는 특이성들의 상호작용적 조응의 공간이다. 탯줄은 반오이디푸스적 공간에 대한 욕망을 재현한다."(Lorraine 1999: 222) 루슈Rouch가 제안한 바와 같이(1987), 물질적/모성적 여성성은 예를 들어 어머니와 아이 사이의 복잡한 공생 관계를 통해 상호주체성에 대한 대안적 형상들을 제시할 수 있다. 태반과 탯줄은 상호연결성을 표상하는 대안적 방법으로 기능할 수 있다. 탯줄은 우주선에 매달린 채 방대한 우주에 떠 있는 인간의 이미지에 중첩되면서 태아를 우주 공간에 투영하는 SF 작가들과 영화인들의 주목을 받았다. 따라서 어머니와 아이의 가장 전통적인 이미지는 이리가레의 전략적 반복들 또는 재귀환들에 의해서 그리고 들뢰즈의 탈영토화와 탈지층화에 의해서 재점유될 수 있다. 역사의 어느 시점에서도 결코 정적이지 않은 모체는 오늘날 주류 문화와 대항 문화 모두의 유목적 운동 안에 자리 잡고 있다. 나는 4장과 5장에서 이것에 대해 다시 말할 것이다.

페미니즘 철학의 다른 이론들과 대조하면, 포스트구조주의 성차 이론이 더욱 명확해진다. 예를 들어, 보부아르Beauvoir와 같이 이전 세대의 페미니즘 이론이 지닌 강렬한 헤겔적 방식에서 그 체계의 안티테제로서의 대문자 여성은 **아직 재현되지않은** 가치를 지니고 있는데, 이는 남성 중심의 문화에 의해 잘못 재현된다. 남성성/여성성의 이원적 쌍을 통해서 젠더를 재현하는 변증법적 방식을 해체하는 것은 남성 주체의 잘못된 보편주의에 대한 비판에 해당한다. 사실 포스트구조주의에서 주체 위치는 의식, 보편성, 남성 행위자성 및 자격과 일치하는 것으로 보인다. 변증법적 대립에 의해, 이 주체에 대한 대타자로서의 대문자 여성은 이 모든 속성들을 박탈당한다. 따라서 여성은 남성 상징체계 내에서 결핍 또는 초과에 의해서든, 아니면 자신의 주체 위치의 끊임없는 전치에 의해서든 재현 불가능성unrepresentability으로 환원된다. 심지어 여성 섹슈얼리티는 이리가레(1997)에 의해 하나가 아닌 것, 즉 다중적이고 복잡하며, 팔루스적 성기의 중심성에서 벗어난ex-centric 것으로 정의된다. 이러한 이론적 전제는 다음과 같은 정치적 결론으로 이어진다. 즉, 페미니스트 여성들에 의한 여성성의 모방적 재점유 전략을 통해서 정치적 과정은 '대타자의 타자'를 재현하는 것을 목적으로 세워진다. 이것이 내가 성차 페미니즘의 '잠재적 여성성'이라고 부른 것이다. 포스트구조주의 페미니즘이나 성차 페미니즘에서 유물론은 체현과 성차에 모두 연결되어 있으며, 이러한 연결은 주어진 것이 아니라 잠재적인 것, 즉 과정과 기획으로서의 여성의 육체적 현실을 더 적절하고 훌륭하게 재현하려는 정치적 의지와 결정에 의해 만들어진다. 이러한 페미니즘 사상의 계보에서는 체현된 주체의 문제를 지난 세기의 두 가지 근본적인 지적 관료제(들뢰즈가 올바르게 부르듯이)인 정통 라캉 정신분석과 마르크스주의 양쪽의 지배에서 벗어나게 하는 데 큰 주의를 기울인다. 그 대신, 체현된 물질성으로 서의 유물론에 대한 시각을 제안한다. 그렇게 함으로써 이리가레 는 들뢰즈의 기획, 특히 비유기적 신체, 즉 기관 없는 신체body without organs 개념과 교차한다.

챈터Chanter가 말한 것처럼 이리가레는 "신체를 페미니즘의 반석으로서가 아니라 차이들의 이동 집합체로서 되돌아오게 한다"(Chanter 1995: 46). 이때 신체는 인터페이스, 문턱, 물질적 힘들과 상징적 힘들이 교차하는 영역이다. 신체는 여러 코드(인종, 성, 계급, 연령 등)가 새겨진 표면이다. 신체는 이질적이고 불연속적이고 무의식적인 본성의 에너지를 활용하는 문화적 건축물이다. 보부아르에게 신체는 일차적 '위치'였지만 실제로는 자아의 체현된 위치 잡기로서, 위치 지어진 자아로서 간주된다. 복잡성의 이러한 갱신된 의미는 동시대의 주체성에 대한 수정과 재정의를 새로이 촉진하는 것을 목표로 한다. 신체에 대한 이러한 시각은 과정과 구성 요소로서의 섹슈얼리티를 포함한다.

나는 섹슈얼리티가 권력, 투쟁, 모순의 장소로서 비판적으로 인식되는 페미니즘 사상에서 섹슈얼리티의 중요성을 강조하고 싶다. 그러나 섹슈얼리티는 주체 구성의 자리라는 중대한 중요성 때문에 창조적으로 재고된다. 다시 말해서 성차화된 여성 페미니스트는 일반적 조건에 대한 페미니스트들의 인식 내에서 중심에 있는 주체인 동시에 비판적으로 분석되고 결국 해체되어야 할 필요가 있는 개념이기도 하다.

이는 대문자 여성이 팔루스중심주의적 정의에서 탈출하는 지점에 대한 질문은 앎의 주체(남성)가 여성을 대타자로서 창조해온 재현과 이미지를 통과하여 작동하는 전략, 즉 '모방mimesis'의 전략을 요구한다는 의미이다. 이리가레는 주체의 미분화된 보편주의적 편향을 모방한다. 그녀는 결과적으로 가부장제적인 사고에 의해 '여성'에게 배당된 위치들—(동일자의) 영원한 '대타자'—을 인정하지만, 이는 오직 그 위치를 해체하기 위해서이다. 이리가레는 경험적, 물질적 또는 역사적 차원과 상징적, 담론적 차원의 분리를 거부하며, 따라서 '여성성'에 관한 논쟁을 실재하는 여성의 존재와 분리시키지 않는다. 생물학적 결정론과는 거리가 먼, 주체에 대한 그녀의 모방적 관계는 팔루스중심주의 담론의 본질주의를 드러내고 비판한다. 이리가레의 정치학은 정체성의 전복이 특수한 성sex 내포들을 획득하며, 결과적으로 특수한 성 전략을 요구한다고 가정한다. 이리가레의 텍스트적, 정치적 전략인 '모방'을 내가 적용한 바에 따르자면, 나는 모방이 해체deconstruction의 긍정적인 형태라고 주장해왔다. 이는 언어, 문화, 과학, 지식 및 담론으로 코드화되어, 결과적으로 여성의 마음, 정신, 신체 및 체험에서 내면화된 대문자 여성의 이미지와 재현을 집단적으로 재점유한다는 것을 의미한다. 여성성에 대한 상상계적, 물질적 제도를 모방적으로 반복하는 것은 여성의 경험을 재현 불가능성으로 환원하는 경향이 있는 팔루스중심주의적 재현과 표현의 확립된 양태들을 능동적으로 전복시키는 것이다. 성차에 대한 모방적인 재언명은 보편성을 사유하는 주체와 동일시하고, 보편성과 사유 주체를 남성성과 동일시해온 수세기에 도전한다. 성차 페미니즘은 그런 포괄적 일반화들에 도전하고, 남성성과 비대칭적인 관계에 서 있는 성차화된 사유하는 여성 주체를 급진적인 타자로 상정한다. 반복은 차이를 확대하는데, 이는 성들 간에 어떠한 대칭성도 존재하지 않는다면, 여성들에 의해 경험되고 표현되는 여성성은 남성 상상계에 의해 식민화되어 결코 재현될 수 없기 때문이다. 그러므로 여성들은 여성성을 말해야 하고, 그것을 생각하고 자신들의 용어로 표현해야 한다. 들뢰즈식으로 읽으면 이것은 되기의 능동적 과정이다. 이리가레는 '이중 통사론'이라는 제목 아래 이 환원할 수 없는, 돌이킬 수 없는 차이를 옹호하고, 그것을 여성의 주체성과 섹슈얼리티의 대안적 전망을 위한 가능성의 조건으로 제시한다. 그렇다면 중심이 되어야 할 것은 상대주의 또는 파편화에 빠지지 않고, 다중심화되고 내적으로 차별화된 여성 페미니스트 주체성을 창안하고 정당화하고 재현하는 정치적, 개념적 과제이다. 위치의 정치학이 여기서 작동한다. 만약 물질적/모성적 자리가 주체의 일차적이고 구성적인 것일 경우에, 그것은 또한 저항의 위치로 변화될 수 있다.

여기에서 의지와 욕망 사이의 구별은 근본적이다. 섹슈얼리티에 관한 팔루스중심주의적 제도화의 함의가 우리의 몸 안에 또는 위에 쓰이기 때문에, 이 함의들은 육화되었다는 점에서 복잡하게 얽혀 있다. 그러므로 페미니스트들이 자신들의 성차화된 정체성을 낡은 의복과 같이 간단히 버리기를 바랄 수는 없다. 담론적 실천들, 상상계의 동일시 혹은 이데올로기적 신념은 신체에 새겨져 있고, 따라서 체현된 주체성들을 구성한다. 따라서 변화를 갈망하는 여성들은 낡은 껍질을 뱀처럼 벗을 수 없다. 대신에, 이런 종류의 심층적인 변화에는 세심한 주의와 관심이 필요하다. 또한 지속 가능하게 되기 위해서는, 즉 체현된 자아의 복잡성들을 통해 치명상에 이르는 지름길을 피하기 위해서는 신중하게 타이밍을 맞출 필요가 있다. 이러한 점에서 실재하는 여성들과 대립할 뿐만 아니라 공모하기도 하는 대문자 여성에 대한 분석은 경험(소문자 여성)을 재현 혹은 제도(대문자 여성)와 분리해 구별한다. 이러한 구별은 주체성에 대한 페미니스트의 재점유 또는 재정의를 위한 공간을 열어준다. 이는 문명, 계보학, 역사에 대한 감각의 변화와 다름없다. 페미니즘의 반계보학들은 여성에 의한 새로운 상징체계로의 진입이다. 이리가레의 표현대로 이는 이미 '우리 공통의 인간성'으로 정의된 지평선 내에서 특수한 항목을 바꾸는 문제가 아니라, 지평선 자체를 바꾸는 일이다. 우리의 '정체성'에 대한 해석이 이론적으로나 실천적으로 부정확하다는 것은 이해의 문제이다(Irigaray 1991: 167).

이것은 '잠재적 여성성', 즉 대타자로서의 혹은 보다 다른 것으로서의 대문자 여성, 특히 동일자에 의해 가치 저하된 대타자와 연결된 것으로서의 대문자 여성과 반대되는 자리에 놓인 여성성이다. 정치적 실천으로서의 성차는 헤겔적이지 않은 틀에서 구성된다. 이 틀에 따르면 정체성은 필연적으로 가치 저하된 타자의 변증법적 반대항으로 상정되지 않는다. 그러한 부정否定은 없다. 오히려 그 정체성은 여성 안에, 여성 간에, 여성들 중에 있는 많은 차이점들을 통해 작동되는 데 달려 있다. 나는 '여성들 중에 있는 차이'가 성차의 범주를 구성하는 것으로 보고, 성차 바깥에 있거나 성차에 반비례하는 것은 아니라고 본다(Frye 1996).

이 기획의 성의 정치학은 비록 복잡하기는 하지만 분명하다. 이리가레에게 이는 이성애의 급진적 버전을 향하여, 다시 말해 성차화된 각각의 주체 위치의 특수성들을 완전하게 인식하는 것을 향하여 어떻게 남성이 정의한 보편적 양태에서 탈출하는 지점을 규정하고 정체화할 수 있는가에 관한 것이다(Irigaray 1990, 1993). 좀 더 구체적으로 말하면, 이리가레는 남성성과 여성성의 리비도 경제들이 각각의 차이들을 긍정적으로 표현하면서 공존할 수 있기 위해, 성차의 환원 불가능성 그 자체를 표현할 수 있는 시간과 공간, 즉 자리를 어떻게 하면 정교화할 수 있는지에 관해 생각한다. 이 긍정성은 수평/대지적이자 수직/천체적이며, 극단적인 대립을 피하기 위해서 성들 사이의 간극, 시간, 공간에 관련된 젠더 특수성 관계를 충분히 (재)사유하기를 요구한다. '다른 차이들', 특히 종교, 국적, 언어 및 민족성의 문제는 이 기획에 중요하며, 차이의 긍정성에 대한 재인식을 향한 진화의 과제에 필요불가결하다. 형상화는 이 정치적 기획에 필수적이다.

그러나 이 급진적인 이성애 기획은 이성애주의가 아니며, 동성애적 사랑의 묵살을 의미하는 것도 아니다. 예를 들어, 그로스Grosz는 "전 오이디푸스적 딸과 엄마의 육체적 관계를 모델로 한 전술적 동성애"(Grosz 1994b: 338)에 대한 이리가레의 지지를 언급한다. 이 어머니-딸 유대 관계는 자신들의 기억에서 근절된 육체적 쾌락과 접촉을 탐구하고 되찾는 것을 목적으로 한다. 따라서 이것은 오이디푸스 플롯을 해체하기 위한 도구가 되어 어머니와 딸이 자신들의 형태학에 관한 다른 접근법들을 실험할 수 있게 한다. 그로스는 다음과 같이 결론짓는다. "이성애의 대체물로서가 아니라 부인된 전제 조건으로서의 동성애를 보여주는 모델을 제공한다. 그것은 부인에 바탕을 둔 문화 안에서 여성의 욕망이라는 참을 수 없는 위협을 분명히 한다."(Grosz 1994b: 338) 이것이 여성 동성애 정체성에 힘을 실어줄 수 있음에도 불구하고, 나는 이리가레가 이성애적 사상가로 남아 있음을 강조하는 것이 중요하다고 생각한다. 이것이 위티그Wittig와 버틀러Butler의 이리가레 비평의 핵심을 이루고 있는데, 이에 대해서는 나중에 다루겠다.

이리가레는 특히 타자에 대한 변증법적 대립과 그에 따른 남성적 정체화의 팔루스적 양태로 여성 동성애가 동화되는 것을 막고 싶어 했다. 또 그녀는 욕망의 대상으로 다른 여성을 선택하는 것만으로 여성이 팔루스의 손아귀에서 벗어날 수 있다는 환상에 사로잡혀 있지 않다. 어느 경우든(동성이든 이성이든) 이리가레는 규범적이지 않다. 그녀는 단지 욕망과 특정한 성적 형태학을 가진 여성들에 의한 실험의 공간이 필요하다는 것을 강조할 뿐이다. 남성들도 역시 비팔루스적 섹슈얼리티를 되찾고 자신들의 욕망을 다시 나타내기 위해 똑같이 행동하도록 요구받는다. 성차는 두 가지 길을 터놓는다. '경이'(Irigaray 1984)의 윤리적 열정을 만들어내는 진정한 차이는 성적 동일성, 즉 남성적 남근성과의 동일시에서의 탈출이다.

논리적인 의미에서는 형식적일 수 있는 대답이지만(Frye 1996), 나는 '실행doing'에서, 즉 실천praxis에서 해결책을 가리키는 의미에서는 실용적일 수 있는 대답으로서, 여러 구성적 모순들에 기대어 이를 이용하는 이론이자 정치적 실천인 성차를 옹호하고 싶다. 내가 읽기에 이리가레의 유물론은 고의적으로 자의식을 가지고, 세기의 전환기에 페미니즘 이론을 구성하는 수많은 역설들을 다룬다. 성차 이론은 '여성'이라는 범주를 생산하는 동시에 불안정하게 한다. 그것은 체현과 성차의 개념을 함께 연결하고, 그 둘 사이의 연결은 체현된 여성 주체성을 더 훌륭하고 적절하게 재현하기 위한 정치적 의지와 결정에 의해 만들어진다. 이러한 사고의 노선을 따라, 체현된 주체를 자연주의적 가정에서 분리하고, 대신에 체현된 물질성의 사회적, 담론적 형성을 강조하기 위해 많은 주의를 기울인다.

성차에 대한 페미니즘의 긍정은 본질적인 정체성을 거부하는 것뿐만 아니라 주체의 구성 논리로서의 부정의 변증법을 거부하는 것과도 관련이 있다. 따라서 성차는 주체를 구조화하는 다중적 차이들의 작용을 재현하는 데 도움이 된다. 즉, 이는 조화롭거나 동질하지 않고, 내부적으로 차이를 지닌 것이다. 그러므로 성차는 잠재적으로 모순될 수 있는 사회적, 담론적, 상징적 효과의 동시성을 생각하게 한다. 이러한 다중의 '내부의 차이'는 권력관계들의 측면에서 분석될 수 있고 분석되어야 하며, 이는 주체에 대한 모든 획일적 이해를 가로지르는 중복 변수—계급, 인종, 민족성, 종교, 연령, 생활 방식, 성적 지향 등—를 구성한다. 다시 말해서, 위에서 개괄한 역설의 조건들에 따라, 정치적으로 하나의 역할을 할 수 있는 능력을 갖추기 위해, 한 사람은 여성'으로서 말한다'. 그것은 자신의 해방이라는 과제에 맡겨질 수 있는 정체성을 인정하는 방법이다.

정치적 제스처는 첫째, 여성의 사회적, 상징적 지위로 구성되는 모순들의 정점에 자신을 위치시키는 것, 둘째, 사회 상징적 체계와 특히 그 체계를 지탱하는 비대칭적 권력관계의 불안정화를 향해 모순들을 활성화시키는 것으로 이루어진다. 이 때문에 나는 이러한 정치적 제스처가 주체성에 관한 유목적 시각에 완벽하게 적합하다고 본다.

대서양을 가로지르는 단절

성차 이론의 정교함과 정치적 책임과 자산을 고려할 때, 나는 그에 대한 수용이 왜 그렇게 엇갈렸는지 궁금하다. 성차는 주체에 대한 매우 실용적인 정치철학으로, 섹슈얼리티를 주요 참조점으로 삼는다. 여성을 힘 기르기 하려는 이러한 노력에 비추어 보면, 많은 페미니스트들이 여성성에 대한 강조를 선택적으로 너무 명백하거나 너무 결정적인 것으로, 또는 너무 부적절한 것으로 거부한 것은 매우 당혹스럽다. 그로 인해 나는 '여성공포증femino-phobia'이 페미니스트들 사이에서도 여전히 살아 있다고 생각하게 되었다. 1990년대 후반까지 학문 분야, 특히 철학에서 이 이론은 기껏해야 주변부에 있었고, 반쯤 잊히고 일반적으로는 부정적으로 평가되었다. 티나 챈터가 훌륭하게 주장하듯이 이리가레와 성차의 개념은 미국에서 꽤 피상적으로 수용돼왔다. 그에 대한 반대 입장은 대륙의 성차 이론에 정면으로 반대하여 만들어진 '젠더'라는 개념과 대략 합쳐졌다(Chanter 1995). 나는 성차에 씌워진 혐의(Felski 1997)가 대서양을 가로지르는 큰 격차에 따라 포스트구조주의에 대해 만들어진 일반적인 비판과 매우 유사하다는 것을 알게 되었다. 그 혐의는 세 가지 중요한 지점에 기대어 있다. 본질주의(성차는 소위 초역사적이며 결정론적이므로, 사회 변화의 여지가 없다), 보편주의(지나친 주장을 펼치며 문화적 다양성을 무시한다), 이성애주의(여성 동성애와 남성 동성애 욕망의 체제 전복적인 창조적 힘을 약화시킨다)가 그것이다. 나는 단지 '오독'과 대륙 철학을 향한 기본적 친숙함의 결여를 언급하는 대신에, 성차 반대의 성격에 대해 가만히 멈추어 곰곰이 생각하는 것이 중요하다고 생각한다.

어떤 문맥상 고려할 점이 즉시 떠오른다. 문학, 문화 이론과 달리 성차에 대한 북미의 철학적 수용은 종종 환원적이고 잘못된 정보를 제공했다. 티나 챈터는 이 점을 짚는다.

> 헤겔, 하이데거, 데리다와 같은 사람들은 잘해야 가벼운 의심을 받았고, 나쁘게는 현실 세계에 대해 별로 할 말이 없는 사기꾼으로 간주되었다. 마치 제멋대로의 난해한 사색에 지나지 않는다는 듯이. 그 결과 크리스테바와 이리가레는 평등한 권리에 대한 자유주의적 담론, 그리고 아무리 모호하더라도 함께 결부되는 경향이 있는 동일성의 이상이라는 관점으로 판단되었다. 놀랄 것도 없이, 프랑스 페미니스트들은 이러한 기준에 따라 결핍된 것으로 여겨졌다. (Chanter 1995: 35)

더욱이 미국에서 이러한 이론들을 철학적으로 수용하기 위한 역사적 맥락은 이상과는 거리가 멀었다. 1980년대의 유럽이 베를

린장벽이 붕괴된 사회민주주의의 팽창기였던 반면, 미국은 비판적 사고에 별로 유리하지 않은, 보편적인 백래시의 시대인 레이건과 스타워즈의 시대였다. 유럽 대륙의 페미니즘은 사회정책과 입법의 효과적인 도구로서 글쓰기, 에로티시즘, 그리고 차이를 만드는 방법과 수단의 탐구를 실험하고 있었지만, 미국의 1980년대는 페미니즘 '성 논쟁sex-wars'의 시대였다. 헤스터 아이젠슈타인Hester Eisenstein(1983), 캐럴 밴스Carol Vance(1984), 앤 스니토Ann Snitow(1983)와 같은 학자들이 기록한, 섹슈얼리티에 대한 미국의 페미니즘 토론은 매우 부정적인 양상을 띠었다. 포르노와 성매매를 둘러싼 다툼이 독점한 섹슈얼리티는 폭력과 지배의 문제, 즉 부정적인 것과 동일시됐다. 이는 앤드리아 드워킨Andrea Dworkin 같은 운동가들뿐만 아니라 레즈비언 사도마조히스트들에 의한 성적 금기 위반과 이를 웅변적으로 표현하는 팻 칼리피아Pat Califia(1988) 및 다른 성 급진주의자들의 논쟁적이고 종종 패러디적인 재평가에서도 그러했다. 나우NOW(전미여성기구National Organization of Women)와 같은 주류 '자유주의 페미니스트' 단체들은 대신에 사회 정치적, 경제적 의제에 초점을 맞추면서 이 문제를 점점 더 회피했다. 섹스로부터 탈출하라Exit sex.

의미심장하게도 '아메리칸 고딕'이라고 불리는 백래시 페미니즘에 대한 마거릿 월터스Margaret Walters의 분석(Walters 1997)은 억압적인 도덕주의와 매키넌MacKinnon과 드워킨이 시작한 반섹슈얼리티 운동(1976)을 내부 백래시의 특수한 형태와 페미니즘에 대한 위협으로 선별한다. 월터스의 추정에 따르면, 90년대 내내 미국의 페미니즘은 섹슈얼리티를 여성 억압의 유일한 중심 원천으로 만들었다. 이것은 가부장제적 권력의 더 구조적인 요소들을 과소평가하는 결과를 낳는다. 또한 여성의 성적 행위자성과 자기 결정권 능력을 폄하한다.

　이것은 신체들, 쾌락, 에로티시즘, 그리고 인간의 육체를 아는 구체적인 방법에 관계된 모든 문제를 사라지게 만들었다. 제인 갤럽 Jane Gallop(1997)은 성 논쟁 시대의 가장 주목할 만한 카르토그라피 중 하나에서 이 상황을 비난했다. 그녀는 포르노를 금지하고 성매매를 불법화하기 위해 일부 반포르노 페미니스트 운동가들이 우파 조직인 '도덕적 다수Moral Majority'와 동맹을 맺도록 이끈, 신체에 대한 섹스혐오적 접근을 비판한다. 갤럽은 또한 이러한 공격의 파동이 여성운동 내부에 반드시 영향을 미칠 수 있다고 지적한다. 갤럽은 내가 부분적으로 공유하는 입장, 즉 1990년대 미국에서 주요 페미니즘 이슈로서 성희롱이 포르노를 대체했다는 입장을 옹호한다. 나는 둘 다 섹슈얼리티에 오명을 씌우는 독단적이고 원시적인 유형의 페미니즘적 실천이라는 점에서 놀랐다. 나는 이것이 여전히 여성의 욕망을 억압하는 또 다른 형태라는 믿음을 공유하고 있다.

　비록 내가 전적으로 공유하지 않는, 교실에서의 섹슈얼리티에 대한 결론을 고수하기는 하지만, 갤럽이 말하는 또 다른 중요한 요점은 지식에 대한 페미니즘적 추구는 마음뿐만 아니라 신체까지 여성 자아 전체를 동원한다는 것이다. 페미니즘 이론에는 비이원론적 사고에 대한 근본적인 열망이 있는데, 이는 이론적 근거는 물론 정치적 근거에 따른 이원론에 대한 거부이다. 페미니즘 의식은 가부장제하에서 단절되었던 것을 다시 결합시킨다. 따라서 지식과 기쁨, 기쁨으로서의 지식은 모두 하나가 된다. "욕망, 심지어 작용하지 않는 욕망조차 당신 자신을 매우 강력하다고 느끼게 할 수 있다는 것을 배웠다. 그리고 내가 욕망을 배웠던 장소, 욕망이 나를 에너지와 욕동으로 가득 차게 했던 곳, 그곳을 나는 페미니즘이라고 부른다."(Gallop 1997: 19)

갤럽의 레즈비언 성희롱 사례 분석에서, 패튼Patton(2000)은 들뢰즈의 틀을 채택하고 이 사례에 대해 흥미롭고 긍정적인 평가를 해낸다. 갤럽이 옹호하는 섹슈얼리티 개념에 힘 기르기 하는 것은 권력에 대한 긍정적인 경험을 수반한다고 스피노자와 들뢰즈의 틀로써 논증하면서, 패튼은 이를테면 교사와 학생 사이의 집단적 조우에서의 욕망이 세상에서 행동할 수 있는 능력의 상호 증가와 일치한다고 결론짓는다. 그것은 누군가의 포텐티아 정도의 상승 또는 다른 이들과 함께 세상에 존재하는 것과 그 즐거움의 긍정이다. 패튼은 매우 윤리적인 문장으로 결론짓는다.

갤럽의 경험은 타자들의 권력에 기여함으로써 얻는 권력의 느낌이 욕망의 강렬한 경험과 어떻게 구별되지 않을 수 있는지와 그 반대의 경우도 마찬가지라는 것을 보여준다. 만약 그렇다면, 우리가 욕망에 대해 말하든 권력의 느낌을 말하든 별문제가 되지 않는다. 중요한 것은 우리가 타자들의 행위에 따라 행동하는 방식과 우리가 욕망하는 것을 통한 배치 그리고 그 안에서의 배치의 종류들이다.

불행하게도, 이것이 가능한 모든 세계 중에서 최선은 아니지만, 욕망, 지식, 권력을 가지고 하는 갤럽의 즐거운 실험은 그녀를 상대로 한 법률 소송으로 귀결되었다. 포테스타스와 그것의 부정적인 열정이 반격한 것이다. 갤럽은 성희롱 소송을 위해 페미니즘적 지식 실천과 그 실천이 수반하는 성적 실험을 겨냥하는 것은 잘못된 것이라고 강조한다. 결국 이런 법적 조치는 섹슈얼리티와 쾌락의 종말이 아니라 권력의 남용과 불이익을 막으려는 의도였다. 성희롱 사건은 여성들 사이에서 일어날 때, 특히 학생-교사 세대 사이를 가로지르는 페미니스트 여성들 사이에서 일어날 때 더욱 폭력적이다.

나는 레즈비언 학생들이 양성애자 교수를 상대로 건 성희롱 소송에 대한 갤럽의 설명을 유럽의 페미니스트가 읽었을 때 다른 행성에 착륙한 것은 아닌가 하는 의문을 갖게 한다는 것을 인정해야 한다. 사실, 90년대 내내 미국의 섹슈얼리티는 정치 무대에서 설 자리를 잃었지만, 법정에서 높은 점수를 받았다. 인종차별이 이 각본으로 짜였다. 마이크 타이슨에서 O. J. 심슨까지 성희롱 소송이 확대되더니, 백악관 '백인 쓰레기' 성 추문이 모니카 르윈스키 사건까지 이어지는 것으로 막을 내렸다. 어떨지 모르겠지만 이것을 페미니즘 이론의 언어로 번역하자면, 나는 미국 페미니즘의 '신체'는 비평 담론과 공공 담론에서 섹슈얼리티와 긍정적으로 연관될 수 없다고 말하고 싶다. 정신분석과 포스트구조주의의 비판 담론들에서 근본적 패러다임인 섹슈얼리티는 미국의 정치 담론에서는 단순하게도 어떠한 자리도 없다. 섹슈얼리티는 옆으로 밀려났거나 지워졌거나 옥죄어졌다. 게다가 한편으로는 정치적 보수주의의 풍토에 의해서, 다른 한편으로는 미국 공공 및 정치 생활에서 법적 소송의 중요성이 증가함에 따라, 섹슈얼리티를 둘러싼 논쟁은 미국에서 거의 전적으로 사회적 권리로서만 제기되었다. 권리와 자격에 관한 중요한 문제들이 섹슈얼리티의 논의에 있을 수 있지만, 나는 그 문제들이 섹슈얼리티의 실천과 페미니즘 담론들의 다양성과 복잡성을 적절히 포장하는 것과는 거리가 멀다고 생각한다. 그런 맥락에서 섹슈얼리티, 정신분석학, 성차에 대한 유럽 기반의 이론들이, 문학 이론에서는 그토록 영감을 주는 것으로 입증되었음에도, 철학과 사회 이론에서는 기껏해야 주변화된 '래디컬 시크' 어조의 인상을 주었다는 것은 놀라운 일이 아니다. 그렇다면 이리가레는 어떤 기회를 가진 걸까?

젠더 이론의 양상이 그 나머지를 해냈다. 미국의 주류 페미니즘 담론에서 자유로운 개인의 '권리'와 사회 구성주의의 '변화'가 연결되는 지점하에 섹스/젠더 이분법이 포용되면서 섹스/젠더 이분법은 맹렬히 젠더의 극단을 향해 흔들렸다. 섹스도 섹슈얼리티도 그 목록에 올라 있지 않았다. 페미니즘 의제로 섹슈얼리티를 다시 쓰는 일은 게이, 레즈비언, 퀴어 운동가들에게 맡겨졌다. 이 틀에서 섹슈얼리티는 거의 항상 위반과 동의어다. 예를 들어, 데 라우레티스de Lauretis(1994)는 레즈비언 욕망을 비출산의 또는 비모성의 '도착적' 논리로 구체화하는 기초 이론을 제공하기 위해 정신분석적 욕망의 문제로 되돌아간다. 주디스 버틀러(1990)도 중요한 개입을 해, 섹스/젠더의 구별은 사실상 지지할 수 없는 것이라고 지적한다. 오히려 무엇보다도 이 이분법의 가능성을 형성하는 것은 언제나 이미 성애화된sexualized 물질이라고 버틀러는 주장한다. 나는 나중에 이 지점으로 돌아가겠다.

섹슈얼리티에 대한 대서양을 가로지르는 단절과 그것이 '젠더'와 '성차' 사이의 대립을 자극한 방법에 대한 80년대와 90년대의 적절한 학문적 비교 분석은 내가 여기서 할 수 있는 것보다 더 많은 시간과 관심을 받을 가치가 있을 것이다.[6] 어쨌든 새로운 밀레니엄의 새벽에 젠더는 매우 보편적으로 도움이 되는 개념으로 너무 다원화되었던 것이 사실이다(Hawkesworth 1997). 이것은 버틀러, 데 라우레티스, 스콧Scott 등 미국 포스트구조주의 페미니즘에 나타나는 '성차'에 대한 이해와 대륙의 전통에서 생겨나는 '성차'에 대한 이해가 단순히 극적으로 서로 상충되는 것만이 아니라 개념적으로 다르다는 것을 암시한다. 이러한 각 전통에서 '성차'라는 용어는 같은 것을 의미하지도 않고, 유사한 이론적 가정에 근거하지도 않는다. 버틀러가 최근에 지적한 바와 같이(1999), 버틀러 자신의 포스트구조주의적인 성찰은 섹스/젠더에 관한 영미의 사회학적, 인류학적 전통에서 자라나고, 그로부터 양분을 얻는다. 따라서 이는 성차에 대한 프랑스의 설명과는 상당히 다르다. 이러한 본질적 양가성은 미국에서는 유럽 중심적인 위치, 유럽에서는 매우 미국화된 위치에 대한 흥미로운 사례를 이끌어낸다. 나는 이 문제에 있어서 어떤 순수성을 호소하기보다는 동시대 페미니즘 이론의 이러한 유목적

---

6 유럽위원회의 공식 교육 및 연구 프로그램으로서 '유럽 여성 연구 네트워크'의 작업은 미국과의 새로운 교량 건설 기획과 관련이 있다. 이에 대한 개관은 Rosi Braidotti and Esther Vonk (eds.), *ATHENA Network: The Making of European Women's Studies* vol. I (Utrecht University, April 2000) 참조.

경향이 매우 긍정적이며, 더 나아가서 이를 탐구하고 이용할 수 있다고 생각한다. 그러나 이것을 하기 위해서는 우리 각자의 이론적 실천에 대한 내장되고 체화된 계보학적 설명인 카르토그라피들이 필요하다고 생각한다. 우리는 또한 개방적이고 공정한 토론이 필요하다. 이것은 페미니즘 내 '글로컬' 문화의 맥락에서 일련의 새로운 대서양 횡단 교류의 근거를 마련할 수 있을 것이다.

성차에 대한 미국의 수용은 젠더 이론들과 좀 더 특별하게는 레비스트로스Lévi-Strauss의 여성 교환 패러다임과 가부장제 질서 구성에서의 그것의 역할에 대한 게일 루빈Gayle Rubin의 해석으로 가장 잘 예시되는 섹스/젠더 패러다임으로 틀이 짜여 있다. 이 개념적 틀에서 '젠더'는 특히 개인의 정체성, 사회적 관계, 상징적 재현을 구성하는 권력의 이성애주의적 매트릭스를 가리킨다. 버틀러의 표현대로 "규범적 섹슈얼리티는 규범적 젠더를 강화한다"(1999: xi). 이런 이유로 젠더 서열화가 강제적 이성애를 어떻게 지지하는지에 대한 분석은 버틀러에게는 정치적 의도를 지닌 문제이다. '섹스'는 젠더의 효과이고, 따라서 성차는 모든 종류의 다른 변수를 포괄하는 커다란 권력관계의 결과일 뿐이다. 이 틀은 젠더에 대한 전통적 사회 구성주의의 정의와 상당히 다르다. 그러나 그것은 **섹슈얼리티**의 우위와 그에 따른 성차—주체 구성에 영향을 미치는 사회 상징적 제도—의 우위에 대한 포스트구조주의의 강조에는 눈에 띄게 적대적이다. 게일 루빈이 권력의 이성애적 매트릭스에 초점을 맞추는 것은 섹슈얼리티와, 정체성을 형성하는 섹슈얼리티의 역할에 대한 나의 이해와는 심각하게 다르다. 내가 이어받은 대륙의 전통에서 영미의 '섹스/젠더' 구별은 섹슈얼리티/섹스라는 핵을 둘러싼 관계들의 복잡하고 상호작용하며 권력에 추동되는 망들과 별로 관계가 없다.

모이라 게이턴스Moira Gatens(1996)는 섹스/젠더 구분에 대한 중요한 비평에서 젠더 이론이 특별한 코드들이 각인된imprinted 수동적 신체를 암묵적으로 가정하고 있다고 강조한다. 따라서 사회 심리학적 영감을 받은 젠더 모델은 정신분석학의 통찰과 정반대가 된다. 갈라지는 지점은 우선 인간 체현의 구조에 관한 것인데, 젠더 이론의 수동성 대 포스트구조주의 이론의 역동성 및 상호작용이 그것이다. 둘째, 섹슈얼리티의 개념과, 포스트구조주의에 매우 중요한 주체성 구성에서의 섹슈얼리티의 역할인데, 이는 사회 심리학적 젠더 이론과 다르다. 나는 이리가레, 그로스, 챈터, 게이턴스, 나 자신 등과 같은 페미니스트 사상가들이 성차의 구성적이고 일차적인 중요성을 진술하는 것은, 주체 형성의 자리로서의 성적인 것에 우위를 부여하기 때문이라고 생각한다.

푸코에서 이리가레와 들뢰즈에 이르는, 차이에 관한 포스트구조주의 철학들에 대한 나의 읽기에서 주된 강조점은 주체의 물질적이고 성애화된 구조에 있다. 이 성적인 본질은 내적으로, 복합적으로 사회적, 정치적 관계와 연결되어 있다. 따라서 이는 개인적 실재에 불과하다. 사회적, 상징적, 물질적, 기호적 제도로서의 섹슈얼리티는 거시적, 미시적 관계를 모두 아우르는 복잡한 방식으로 권력의 주요 위치에 있다. 성차, 즉 성애화된 양극성은 단지 성애화된 정체성들의 정치 경제의 사회적 구현일 뿐이며, 이는 그 부정적이거나 억압적인 의미(포테스타스)와 긍정적이거나 힘 기르기 하는 의미(포텐티아) 둘 모두에서 권력을 뜻하는 또 다른 단어이다. 섹스는 남성성/여성성에 관한 특수 제도들의 양극화된 이원론적 모델로 사회화되고 성애화된 주체들에게 정체성과 성적 행위자의 적절한 형태를 사회적, 형태론적으로 배당한 것이다. 젠더는 이 복잡한 힘의 상호작용에 관련된 일종의 권력 메커니즘을 기술하는 총칭이다. 들뢰즈식으로, 나는 젠더 이원주의가 다수자의 입장이라고 말하고 싶다. 이러한 다수자는 우리의 물질적이고 상상계적인 사회적 틀을 구조화하는, 오이디푸스화된 정치 경제의 이익을 공고히 한다. 이에 대해서는 다시 다루겠다.

여기서 중요한 것은 섹슈얼리티를 주변화하는 것과는 거리가 먼 나의 개념적 틀에서 섹슈얼리티는 광범위하지만 또한 가장 친밀한 의미에서 권력관계들의 매트릭스로 작동하는 중심적인 준거점이라는 것이다. 내가 주장하는 이론적 계보는 레비스트로스에서 라캉과 그 너머까지 이어진다. 이 계보에서 섹스/젠더는 섹슈얼리티/섹스 구별과 관련 없을 뿐 아니라, 결과적으로 사회적, 상징적 차이들의 분배자이자 조직자인 성차와도 관련이 없다. 다시, 사회 심리학적 영감을 받은 젠더 이론과의 비교는 중요하다. 포스트구조주의 사상의 섹슈얼리티는 인간의 주체성이 그 안으로 던져지는 구성적인 사회 상징적 거푸집이다. 그것은 문화 코드와 역동적으로 연관되어 있으며, 따라서 반응적(부정적) 의미와 긍정적(양陽적) 의미 모두에서 권력의 문제와 공존한다. 나는 이 개념적 비대칭이 유물론의 역설에 관한 대서양 횡단 교류에 결정적이라고 생각한다. 나

는 이 중요한 논의를 케케묵은 논쟁으로 가라앉히기보다는 섹스/
젠더와 섹슈얼리티/섹스 패러다임 사이의 차이점 각각에 더 많은
관심을 기울여야 한다고 제안하고 싶다. 문제가 되는 것은 단지 용
어의 문제가 아니라, 핵심적인 이론적 차이다. 그것은 탐험할 가치
가 충분히 있는 차이점이다.

젠더 유물론

젠더 유물론의 전통은 시몬 드 보부아르에서 시작된다. 그녀는
관념주의에 대한 반대와 사적 유물론의 마르크스주의 이론들에
의 의존이라는 이중 부담으로부터 유물론을 분리해내기 위해 중요
하게 개입했다. 대서양을 가로지르는 단절에 빠진 보부아르의 연
구는 종종 자신의 텍스트와 모순되는 방식으로 틀 지워진다(Moi
1994). 보부아르의 연구는 1980년대 이래(Duchen 1986)로, 모니
크 위티그(1973, 1979a, 1979b)와 크리스틴 델피Christine Delphy(1975,
1984)의 신유물론neo-materialism이 성차 이론가인 엘렌 식수Hélène
Cixous(1975, 1977, 1986a, 1986b, 1987)와 더 중요하게는 뤼스 이리가
레(1974, 1977, 1980, 1984, 1987a, 1987b, 1989, 1990)의 전략적 본질
주의에 대해 반대해온 논쟁에 휘말리기도 한다. 나는 이것을 좀 더
자세히 탐구할 것이다.

위티그는 성차의 가치 저하 운동을 시작한 프랑스 유물론 학파
를 주요하게 대변해왔다(Fuss 1989). 그녀는 무의식과 성차와 여성
적 글쓰기, 즉 포스트구조주의 페미니즘의 전체 레퍼토리를 고려
하는 페미니즘의 종류를 경멸적으로 지칭하는 '본질주의'라는 용

어를 만들었다. 역설적이게도 창작가로서 그녀의 작품, 특히 소설인 『레즈비언의 신체Le Corps lesbien』(Wittig 1973)는 여성 섹슈얼리티와 레즈비언 욕망을 급진적으로 재정의하는 데 크게 기여했다. 그러나 그녀는 식수와 이리가레가 정의한 '여성 동성애 리비도 경제'의 강조와 여성의 형태론, 감성, 섹슈얼리티, 창의성, 특히 그와 관련한 글쓰기의 특수성에 반대하고 있다.

위티그는 고전적인 섹스/젠더 구별을 바탕으로 이성애주의를 급진적으로 비판한다. 그녀는 여성 섹슈얼리티를, 섹슈얼리티를 예속하는 기표인 대문자 여성으로부터 자유롭게 할 필요성을 강조한다. 그녀의 견해를 따르자면, 가부장제적 상상계의 특권적 타자로서 대문자 여성은 대문자 팔루스와 동일한 질서의 이상적인 구성물이다. 대문자 여성은 남성이 만든 개념이며, 그렇게 이데올로기적으로 오염되었고 신뢰할 수 없다. 위티그는 여성성을 구성된 본질로 제시하는 보부아르의 관점을 급진화한다. 그녀는 기표로서의 여성을 인식론적으로나 정치적으로 부적절한 존재로 기각하고, 여성을 '레즈비언'이라는 범주로 대체할 것을 제안한다. 레즈비언은 대문자 팔루스에 기반한 정체성에서 자신을 소거했기에, 여성이 아니다.

위티그의 입장은 여성을 힘 기르기 하려 한다는 점에서 매력적이지만 레즈비언을 규범성의 새로운 모델로 보편화한다는 점에서 문제가 있다. 이 입장에는 레즈비언 연속체lesbian continuum에 대한 에이드리언 리치Adrienne Rich의 사유(1985)와 '여성 동성애 리비도 경제'에 대한 이리가레의 개념(1977)과 같이 레즈비어니즘을 대안적으로 정의할 여지가 없다. 게다가 위티그의 입장은 자유롭게 선택된 이성애 또는 선택적 이성애의 가능성을 선험적으로 배제한다. 이러한 선택은 지배와 더불어 공존하며, 결과적으로 자발적 예속으로 이어진다는 관점인 이 입장은 앤드리아 드워킨(1976)과 미국 페미니즘의 가장 극단적인 반反섹슈얼리티를 연상시킨다.

앙투아네트 푸크Antoinette Fouque(1982)가 날카로운 통찰력으로 관찰한 바와 같이 이 대립은 역설적이다. 한편으로는 주체성에 대한 새로운 시각을 위한 기초 이론으로서 여성 섹슈얼리티(성차)가, 다른 한편으로는 여성성을 궁극적으로 없애버리는 결과를 가져오는 급진적인 반근본주의(레즈비언 신유물론)가 있다. 나는 이것들을 전통적 여성성의 해체에 대한 두 가지 대립하는 전략으로 정의하고 싶다. 한편으로는 체현된 여성 주체성을 통한 극단적인 섹슈얼리티 전략, 즉 이리가레의 '급진적인 내재성을 통한 초월'이, 다른 한편으로는 '젠더를 초월한' 입장을 선호하는 이성애적 권력 매트릭스로서의 여성성의 거부가 있다. 이 서로 다른 입장에 '유물론'에 대한 각기 다른 이해가 있다. 이리가레에게 유물론은 모체/물질과 성차화된 몸을 다루며, 그러므로 형태학뿐만 아니라 수직성 또는 초월성에도 중점을 둔다. 위티그에게 유물론은 언어와 사회 변화들에 대한 관념적 입장과 함께 역설적으로 작동하는 순진한 사회 구성주의이다.

젠더 유물론과 성차의 신체적 물질성은 여성을 권위 있는 말하기 주체들로 행동할 수 있도록 하는 힘 기르기를 목적으로 하지만, 그에 대해 같은 방식으로 나아가지는 않는다. 이리가레가 긍정적 해체를 통한다면, 위티그는 언어의 유연성이 지닌 잠재력의 확신을 통해서 그렇게 한다. 이리가레가 주체 위치가 구조적으로 남성적이라고 주장한 것과는 달리, 위티그는 여성이 주체 위치에 진입할 수 있고 그것을 재점유하고 자신의 목적을 위해 재정의할 수 있다고 믿는다. 그러므로 위티그는 여성들이 이리가레의 '여성적 글쓰기'의 해체적 복잡성이나 대안적 상징계의 탐색에 빠지지 않고 자신의 의미를 표현하기 위해 언어를 사용하도록 권장한다. 다른 말로 표현하자면, 위티그는 격렬하게 반反포스트구조주의자로서 두 가지 핵심 개념, 즉 비통일적 또는 분열적 주체 그리고 언어의 구성적 비투명성을 거부하는 것이다.

위티그의 작업은 미국에서 발전된 레즈비언과 퀴어 이론에 영감을 주었다. 따라서 버틀러는 위티그의 '젠더'가 실재적 현실이 아니라 오히려 활동이라는 사실을 강조한다. 루빈에게서 영감을 얻은 버틀러는 위티그의 '젠더' 개념을 강제적 이성애를 재생산하는 특별한 정치적 목적을 위해 '섹스', '여성', '남성', '자연'과 같은 범주를 구성하는 수행적 발화로 재해석하는 데까지 나아간다. 젠더는 여성이 '여성의 섹스female sex'로 표시되고 남성이 보편적인 것과 융합되며, 이 둘 모두가 푸코(1977a)가 정의한 바와 같은 제도, 즉 리치(1985)가 정의한 강제적 이성애의 제도에 종속되는 과정이다. 이 과정을 거절하는 한, 레즈비언은 섹슈얼리티의 전체 체계에 문제를 일으킨다는 점에서 전복적이다. 버틀러에 따르면 위티그가 지지하는 전략은 다른 종류의 젠더화된 정체성이 확산되도록 허용하는 것으로, 레즈비언은 젠더 단일체 구조를 파열시키는 첫 번째 단계다.

다른 모든 차이점에도 불구하고, 버틀러는 위티그에게서 성차 페미니즘에 반대되는 두 가지 중요한 개념들을 유지한다. 첫 번째는 젠더가 수행적이라는 것이다. 즉, 젠더는 설명하고자 하는 바로 그 범주들과 성차화된 정체성을 창조한다. 위티그에게서 이성애의 규제 담론과 젠더의 공존성에 대한 개념을 가져온 버틀러는 '젠더' 개념, 좀 더 특별히는 페미니즘 정치의 토대인 '여성' 범주를 향한 의심의 해석학을 발전시킨다. 버틀러는 젠더가 "담론적으로 구성된 정체성들인 인종적, 계급적, 민족적, 성적, 지역적 양상들"(1991: 3)과 교차하기 때문에, 사실상 철저하지 않은 '여성' 범주의 한계와 규범성을 강조한다.

결과적으로 버틀러는 여성 정체성의 물화reification에 이의를 제기하고 이를 방지하기 위해 '여성 범주의 비판적 계보'를 정교화하는 것을 목표로 하고 있다. 그다음의 중요한 질문은 '어떤 종류의 전복적인 반복이 정체성 그 자체의 규제적 실천에 의문을 제기할 수 있는가'가 된다. 버틀러는 패러디적 반복의 전략, 즉 정치적 의도가 있는 위장술의 노출을 제안한다. 버틀러는 같은 맥락임에도 위티그와 달리, 다른 많은 대체 젠더, 즉 하나도, 둘도 아니고, 개인의 수만큼 많은 젠더를 증식함으로써 '여성' 범주를 폭발시킬 것을 제안한다. 레즈비언뿐만 아니라, 전前 여성은 여러 가지 가능한 방향으로 섹슈얼리티를 횡단시키면서 위치를 변경할 것이다. 생물학이 운명이 아니라면, 신체가 구성물이라면, 어떤 섹스도 가능할 것이다. 버틀러는 좀 더 신중한 어조로 결론을 내리며 패러디의 정치학에 대해 조건법으로 말하고, 고전적인 이원론을 폭발시키고 젠더의 증식이 허용**된다면** 페미니스트 정치는 어떻게 보일 **수 있을지** 묻는다. 버틀러는 이리가레와 마찬가지로 위티그와도 거리를 둔다. 보편주의 때문인데, 위티그와 이리가레 모두 어떤 것을 보편화하기 때문이다. 그것은 위티그에게는 레즈비언, 이리가레에게는 여성이다. 버틀러가 갈망하는 것은 섹슈얼리티를 규제적 허구로 남길 수 있는 전략이다. 이것은 그녀의 특정한 정치적 유토피아다. 장기적으로 볼 때, 그녀는 어떤 페미니스트 사상가보다도 푸코에 더 가까울지도 모른다.

최근 버틀러는 자신의 입장을 재조정했고, 뒤늦은 깨달음의 특권을 가지고 어떤 종류의 섹슈얼리티에 체현된 주체를 고정함에 있어서 환상들, 개인적 역사들, 무의식적인 요소들이 수행하는 역할에 훨씬 큰 민감함을 보여주었다. "젠더 전복의 수행은 섹슈얼리티나 성적 실천에 대해 어떤 것도 나타낼 수 없다. 젠더는 규범적인 섹슈얼리티를 방해하거나 방향을 바꾸거나 하지 않으면서 모호해질 수 있다. 때때로 젠더 모호성은 비규범적 성적 실천을 억제하거나 왜곡하기 위해 정확히 작용하여, 그로 인해 규범적인 섹슈얼리티를 온전히 유지하도록 작동할 수도 있다."(1999: xiv) 젠더 이원론의 단순한 거부나 불안정화가 배타적으로 또는 필연적으로 전복적인 입장이라고 믿는 것은 참으로 순진한 일일 것이다. 나는 동시대의 많은 보수주의 담론이나 신자유주의 담론이 다원주의적 양태로 '차이들'을 가짜로 환영하는 형태를 취하고 있다고 생각한다. 종종 생물학이나 유전 과학을 교차 참조하는, 복수의 차이들에 대한 찬

사는 일자의 주권과 동일자의 정치 경제에 근거를 둔 정체성의 전복에 충분조건도, 필요조건도 아니다.

내가 성애적 쾌락을 목적으로 한 젠더 이원론에 대한 보수적 거부로 정의하는 바를 말해주는 예는 '클리토리스들의 반란'이라고 의미심장하게 불리는 장에서 그에 대항하는 마리오 바르가스 요사의 비판(1997)이다. 바르가스 요사는 비록 모순적이기는 하지만 흥미로운 주장을 한다. 그는 한편으로는 보통 성들 사이의 형태학적 차이들에 대한 지나친 강조를 완화시킨다. 따라서 페니스나 클리토리스를 갖는 것은 단순한 생물학적 사고, 즉 통계적 자료로 환원된다. 다른 한편으로는 젠더 다원주의를 사회 정치적 실재로서의 개인의 고유성을 방어하기 위한 무기로 바꾼다.

페미니즘 인식론의 선도자인 앤 파우스토–스털링Anne Fausto-Sterling의 입장을 지지하면서 바르가스 요사는 서로 다른 간성intersexuality을 포함하여 적어도 다섯 개의 젠더를 변호한다. 개인주의에 대한 자유주의적 애착에 충실한 바르가스 요사는 젠더 다원성 또는 간성을 자유에 대한 기본적 권리를 가진 인간 종의 풍부한 다양성의 증거로 간주한다.

내게는 결함 있는 것으로 느껴지는 바르가스 요사의 주장은 딜레마에 빠져 있다. 즉, 그는 다양한 젠더에 대해 옹호하면서도 개인과 개인 권리의 정의에 내재된 성적 이원론을 간신히 숨기며 방어한다. 이는 다양한 성적 쾌락에 대한 이 고귀하고 성애적인 찬양에는 내재적으로 전복적이거나 항상 변혁적인 것은 없음을 내게 알려준다. 팔루스중심주의 체제의 원동력 중 하나인 젠더 선택의 양적 증식은 성적 변증법의 권력과 정치 경제의 균형을 바꾸는 데는 아무런 영향을 미치지 않는다. 게다가 섹슈얼리티와 성차는 단지 사회적으로 강제된 젠더 역할을 바꿈으로써는 근절될 수 없는 주체 구성의 중심에 있다. 대신, 심층적인 변형들이나 변신들이 구현될 필요가 있다.

팔루스중심적 젠더 다원주의의 부활에 반하여, 나는 페미니즘 내의 양극적 구별을 넘어서는 움직임이 중요하다고 생각한다. 따라서 나는 페미니즘 내에서의 섹스-젠더 전통과 섹스-섹슈얼리티 전통을 구별해야 한다는 주장이 이성애와 레즈비언 이론 사이에 있는 것이 아니라, 여성 동성애의 레즈비언 이론과 실천 내의 불일치 형태에 있다는 점을 강조하고 싶다. 식수와 이리가레와 같은 성차 이론가들은 어머니에 대한 애착부터 시작해 여성 섹슈얼리티가 함께하는 연속체에서 레즈비언 욕망을 나타낸다. 이리가레의 경우에 이것은 여성 리비도의 특수성 그리고 (멜라니 클라인Melanie Klein의 어머니에 대항하는 공격 이론과는 반대되는) 어머니-사랑과 레즈비언 욕망 사이의 연속성 둘 다를 옹호하는 경향이 있는 정신분석학의 반프로이트 전통과 관련된다. 식수와 이리가레는 호나이Horney와 클라인이 어머니와의 전 오이디푸스적 관계의 구조화하는 힘에 대해 제안한 아이디어를 급진화하여, 그것을 완전히 성애화한다. 그들은 인간 욕망의 구성에서 아버지의 형상과 팔루스의 권력을 지나치게 강조하는 프로이트-라캉 노선에서 벗어난다. 이 전통에서 여성 동성애는 여성의 성적 정체성 발달에 필요한 순간이다.

물론, 이 이론의 다양한 표지들은 상당히 다른 목적을 가지고 있다. 식수는 우주적 호소력으로 풍부한 여성 동성애 미학의 장엄하고 다소 장대한 이론을 주장한다. 다른 한편, 이리가레는 각 성의 상호 인정에 기초한 이성애의 급진적 이론, 즉 새로운 페미니즘 보편성을 호소한다. 그러나 둘은 분리된 정체성, 뚜렷이 다른 섹슈얼리티, 정치적 주체성으로서의 레즈비어니즘을 거부한다. 반면, 위티그에게 영향을 받은 최근 연구, 예를 들어 데 라우레티스는 레즈비언 욕망의 특수성을 주장한다. 이것은 여성 동성애와 어머니를 향한 욕망에 대한 정신분석 페미니즘의 해석인 여성 섹슈얼리티의 연속체와는 분리된다. 이 의견 차이는 레즈비언 욕망이 가능한 인식론적 단절 또는 범주적 구별의 자리라는 개념에 있다. 위티그는 그에 대해 호전적이다. 그녀는 레즈비언이 이원적 젠더 체계 밖에 있으며, 따라서 가장 도발적인 여성 존재로서 설명될 수 없다고 주장한다. 위티그는 이 터무니없는 말들로 파리의 『페미니스트의 질문들Questions Féministes』[7] 집단을 분열시키고 크리스틴 델피와 같이 보부아르에게서 영감을 받은 사적史的 페미니스트들을 아주 큰 혼란에 빠뜨린 후(Duchen 1986), 캘리포니아로 이주해서 데 라우레티스, 버틀러 등과 매우 생산적인 대화를 나누었다.

무의식이 없는 정신분석

재클린 로즈Jacqueline Rose가 예언한 대로(1986), 90년대 내내 페미니즘 이론은 정신분석학의 전문용어를 습득하면서 무의식에 등을 돌려 합리적이고 의지적인 전회를 택한다. 정신분석은 주체에

---

7   1977년부터 1980년까지 발행된 프랑스 페미니즘 잡지.(옮긴이)

대한 비통일적 관점의 이론화 및 재현에 결정적이지만, 내가 읽은 바에 따르면 정신분석은 또한 인간 주체의 육화되고 성차화된 모순적 성격을 강조한다. 환상, 욕망, 그리고 쾌락 추구는 합리적인 판단과 일반적인 정치적 행동만큼이나 주체성에 중요한 구성적 역할을 한다. 나는 이론적으로나 윤리적으로나 주체의 정동적이고 리비도적이며, 따라서 모순적인 구조들에 기인하는 측면을 정치에 필요한 의도적인 행위자성과 다시 연결하려 한다. 섹슈얼리티는 주체에 대한 이러한 사고방식에 결정적이지만, 비록 프로이트적인 것은 아니더라도 무의식적인 것에 대한 어떤 실천과 결합되지 않는 한, 아무리 복잡하더라도 여전히 어떤 식으로든 함께 매달려 있는 비통일적 주체에 대한 실행 가능한 관점을 만들어낼 수는 없다. 무의식적인 과정, 기억, 동일시, 아직 이용되지 않은 정동은 주체라는 모순들의 묶음을 한데 묶어주는 보이지 않는 접착제다.

나는 여기서 정신분석이 모든 해답을 가지고 있다고 주장하는 것이 아니다. 오히려 그와는 거리가 멀다. 다만 무의식적인 과정들이 역할을 할 수 있는 공간을 남겨두자는 것이다. 들뢰즈와 가타리 Guattari가 무의식과 관련하여 만들어내는 반프로이트적 움직임을 예상하면서, 비록 정신분석 전통에서는 이러한 내적 균열들이 흔히 악몽과 신경증의 재료이긴 하지만, 나는 들뢰즈와 가타리가 그럴 필요는 없다고 지적하고 싶다. 나는 내적 모순들 또는 기타 모순들과 이질성들이 주체의 구성 요소라고 주장하는 위험을 감수하고 싶다. 결국 이것들은 그렇게 비극적인 것만은 아니다.

역설들과 모순들이 역사적으로 구성되고 권력과 저항의 실천에 사회적으로 내장된 경우라면, 우리는 이것들을 덜 불안하게 받아들일 수도 있다(Scott 1996). 나는 무의식을 주체성 실천의 비폐쇄성에 대한 보증으로 받아들인다. 무의식은 주체의 토대를 끊임없이 바꾸고 재정의함으로써 통합된 주체의 안정성을 동요시킨다. 나는 무의식을 자아의 중심에 불안정성을 심어주는 역설과 내적 모순, 내적 이질성의 끊임없는 전회로 본다. 유목적 주체는 규칙, 역할, 모델에 대한 구조적 비고착성non-adherence이 특징이다. 무의식의 구조를 설명하는 것은 페미니스트 주체성의 전체적 실천에 중요하다. 그것은 바로 무의식의 구조가 여성성에 관한 사회 상징적 제도에서의 분리와 탈정체화 형태를 허용하기 때문이다.

탈정체화는 어떻게 작동하는가? 간격들, 말하자면 자신의 위치를 차지할 수 있도록 하는 일종의 내적 거리, 즉 사회 모델의 예측가능성 그리고 자기 감각과 자아의 협상 사이의 간격, 정체의 순간을 열어냄으로써 작동한다. 이러한 사이 공간들, 이러한 공간적, 시간적 전환점들은 주체의 구성에 중요하며, 애초에 이 사이 공간들은 사유의 과정을 지지하도록 주어진 것으로, 사유와 재현으로는 거의 표현될 수 없다. 간격들, 혹은 사이 지점들과 과정들은 촉진제로서, 주체 되기의 전체 과정에서 중요한 순간을 표시하기는 하지만 주목받지 않은 채 지나간다.

사회 및 문화적 규범들 또는 규범적 모델들은 외부 유인들, 자극제들 또는 참조점들이다. 그것들은 특정 방향으로 자아를 심하게 끌어당기고 그에 따라 사람을 자극하는 자석처럼 작용한다. 사회적 상상계는 조각들과 부분들을 함께 묶어놓는 담론적 접착제와 비슷하지만 불연속적이고 모순적인 방식으로 작용한다. 그러나 나는 루이 알튀세르Louis Althusser의 고전적인 방식을 따르는 이 '이데올로기적' 형성 작업에 접근하지 않을 것이다. 또한 사회심리학 체계와 그것에서 영감을 얻은 유의 젠더 이론에도 따르지 않을 것이다. 따라서 나는 '내부화internalization'라는 측면에서 이미지 혹은 재현의 영향을 보지 않는다. 왜냐하면 이러한 이론이 주체 외부와 분리된 '내부', 사회와 분리된 자아라는 점에서 너무 이원론적이기 때문이다. 대신에 나는 둘 사이의 광범위한 상호연결망에 훨씬 더 관심이 있다. 강제적 또는 부정적 의미의 권력(포테스타스)뿐만 아니라 힘 기르기 하는 또는 긍정적인 의미의 권력(포텐티아)은 사회와 자아의 공동 확장성의 망의 새로운 이름이다.

따라서 나는 사회적 역할이나 규범의 '호소'의 상당 부분이 분명히 강압적인 영향을 미치고 있다는 것에 동의하지만, 심리적 공간의 많은 부분을 사회적 가시성과 수용을 추구하기 위해 주체가 기꺼이 포기하는 경우도 있다고 말하고 싶다. 이는 '사회적 상상계'—잠재적으로 모순되는 욕망들이 사회적으로 실현되는 망 같은 장 그리고 유목적인 주체성, 이 둘 사이의 양방향 흐름의 과정—의 역할과 영향에 대한 나의 이해와 평가에 영향을 미친다. 더 나아가서 의식과 무의식에 대한 질문은 이질적이고 내적으로 모순되지만, 그럼에도 불구하고 방대하다. 비통일적 정체성은 말하자면 모순과 역설이라는 내부의 불협화음을 크게 내포하고 있다. 무의식적 정체화는 자석, 건축용 블록 또는 접착제의 역할을 한다. 그러나 이러한 정체화는 사회적 역할과 규범에 대한 저항의 과정에서도 똑같이 능동적일 수 있다. 긍정적인 페미니즘적 모방의 정치 전략은, 주체가 사회적으로 부과된 모델들로부터 어느 정도 거리를 두도록 동원되는 요소인 제약 없는 무의식의 구조를 요구한다. 욕망은 정치적이고, 정치는 우리의 욕망에서 시작된다.

다시 말해서 주체가 자신의 의식과의 비일치성을 인식하는 것을 초기 정신이상이나 임박한 파국으로 생각하는 고뇌와 공황의 오래된 익숙한 곡조로 되돌릴 필요는 없다. 크리스테바Kristeva와 같은 정통 라캉주의자는 공포와 괴물적 타자들, 인종적 다양성, 그리고 이에 필연적으로 따르는 상실과 우울증에 대한 분석에서 어쨌든 이러한 공포의 행사에 최고의 탁월성을 발휘해왔다. 문명은 말할 것도 없고, 어디서든 기어 들어오는 듯한 비체 타자들의 공격 아래 자아의 붕괴와 불안정성의 위험들에 대한 이러한 설명에는 종종 비극적인 엄숙함이라는 유사 종교적인 어조가 있다. 그러나 데이비드 크로넌버그의 영화 관객들은 이러한 자동 반사적인 보수적 반응이 아주 희극적이며, 폭소처럼 쉽게 사라질 수 있음을 알고 있을 것이다. 노스탤지어는 단지 정치적으로 보수적일 뿐만 아니라, 동시대 문화에 대한 진지한 분석을 억제하는 역할을 한다. 이에 대해서는 4장과 5장에서 보여주려 한다.

나는 계속 성차 접근법을 지지하기 위해 나아가고자 한다. 왜냐하면 내가 이전에 주장했듯이, 그것은 주체의 복잡성에 정당한 방식으로 의도적인 요소들과 무의식적인 요소들을 결합하기 때문이다. 이리가레를 따라 가장 적절한 전략은 우리가 존재하고 있는 그 문화에 의해 코드화된 것들, 예를 들자면 여성과 여성의 정체성에 대한 누적된 이미지, 개념, 재현의 더미들을 **통과해 헤쳐나가는** 것이다. 만약 '본질essence'이 담론적 생산물들의 여러 층의 역사적 퇴적물, 여성 또는 여성 정체성에 대한 문화적으로 코드화된 정의, 요구, 기대의 이 더미들, 즉 우리 피부에 새겨진 규제적 허구의 이 레퍼토리를 의미한다면, 그러한 본질이 실재할 뿐 아니라 강력하게 작동함을 부인하는 것은 거짓이 될 것이다. 역사는 모든 사람의 운명이고, 이런 이유로 여성의 운명이기도 하다. 다시 말해서, 이 역사 때문에 그리고 언어가 우리가 가진 전부이기 때문에, 우리는 '여성'이라는 기표를 포기하기 전에 이 용어를 재점유하고, 이 용어의 다면적인 복잡성을 재고해야 한다. 이러한 복잡성은 우리가 공유하는 하나의 정체성을 여성으로 정의한다. 그리고 이러한 용어는 그것이 아무리 애매하고 제한적일지라도 출발점이 된다. 결과적으로, 레즈비언이나 다양한 섹슈얼리티를 선호하면서 '여성'이라는 기표를 급진적으로 기각한 이론가들은 나에게 정신분석학적으로 **도착된** 입장, 즉 고의적인 부정의 입장에 있다는 인상을 준다. 위티그는 정체성이 단순한 자유의지가 아니며, 무의식이 일련의 **필수적인**(치명적인 경우에도, 필수적인) 동일시를 통해 자신의 정체성 감각을 구조화한다는 것을 알아야 한다. 무의식에는 신체 형태의 흔적이 배어 있다. 따라서 신체적 유물론에 몰두하는 페미니스트들은 의도적인 선택인 정치적 자유의지를 무의식적인 욕망과 혼동하지 않아야 한다. 정체성 정치의 토대를 해체하려는 위티그와 버틀러의 시도는 주체성의 질문에 답하지 못한다. 즉, 한 사람이 어떻게 또한 주로 자기 무의식의 주체인지에 대해 답하지 못한다. 결론은 이 심리적 현실에서 벗어나는 길은 의지를 지닌 자기 명명(잘해야 나르시시즘의 극단적인 형태, 최악의 경우에는 유아론의 우울한 면모)이 아니라 조심스러운 반복과 끝까지 헤쳐나가는 작업에 있다는 것이다.

주디스 버틀러는 최근 연구에서 정체성, 섹슈얼리티, 권력에 대한 자신의 입장을 추구하고 명확히 한다. 퀴어 이론 연구의 이전 전제를 유지하면서, 그녀는 아무리 과정 중에 있고 비본질적이라도 규제적 실재로서의 의식의 작용이 필요한 주체라는 관점을 옹호한다. 헤겔은 버틀러의 연구에 어쩌면 자라나는 것인지도 모를 긴 그림자를 드리우고 있다. 따라서 이를테면 심리적인 것과 사회적인 것의 분리, 그리고 이 둘을 연결하거나 연관되도록 설정하는 복잡한 과제의 문제가 수행적 전복의 양태로 행위자성을 재조명하는 버틀러의 정치적 기획의 중심점으로 부각된다. 반복에 대한 데리다식의 정의는 이러한 대안으로서의 수행성 개념의 핵심이다 (1993: 2). "반복적, 인용적 실천으로 담론은 명명하면서 효과들을 생산하고" 이러한 반복적, 인용적 실천은 "대립되는 지점에 함의된 관계들을 기술한다"(p. 241). 그러나 참조reference의 프레임이 해체적이라면 버틀러의 열정은 근본적으로 정치적인 것이다. 따라서 어떻게 주체가 자신을 권력 안에 구성하는 유의 질문들에 종속될 수 있는지에 대한 문제가 다시 제기된다. 나는 버틀러의 연구를 주로 심리적인 것과 사회적인 것의 일치를 모색하기 위한 단호하고 자기의식적인 노력으로 읽었다. 이는 또한 결핍으로서의 욕망에 대한 정신분석 이론과 강제적인 규범성, 금지 및 배제라는 사회적 실천들 사이의 상호연관성에 대한 탐구가 된다. 때때로 내게는 성급하거나 심지어 환원적으로 보이는 방식으로, 버틀러는 심리적 압제와 사회적 억압 사이에 등식을 설정한다. 따라서 그녀는 다음과 같은 중요한 질문을 할 수 있게 된다. '이성애와 같은 특정한 사회적 실천들이 어떻게 상징적인 우위를 획득하게 되었는가?' 루빈과 미국 페미니즘에서 지배적인 젠더 패러다임에 따라, 버틀러에게 권력은 사실상 동성애 욕망의 부인을 목표로 하여, 계층적으로 정해진 이원적 척도에 의해 성차화된 정체성을 귀속시키는 이성애 매트릭스로 묘사된다.

버틀러의 질문은 이성애라는 상징적 등록이 어떻게 생겨났을까 하는 분석적 차원과 관련될 뿐만 아니라 얼마나 효과적인 변화를 달성할 수 있는가 하는 규범적인 측면 또한 내포하고 있다. 버틀러의 연구는 사회적, 법적 권리에 관한 담론에 의해 틀이 잡혀 있기 때문에, 이러한 규범적 차원은 버틀러 사유에서 지배적이며, 이는 그녀가 때때로 정치적 효율성을 위해 개념적 일관성을 희생시킨다는 것을 의미한다. 이것의 한 가지 중요한 예는 팔루스의 전이성 transferability에 관한 논의다. 버틀러의 경우를 요약하면서, 나는 그녀가 팔루스의 우위라는 정치적 신화를 해체하는 것이 강제적 이성애라는 사회적 실천과 함께 짝을 지어 역설적으로 주체의 체현된 성격을 결국 과소평가하게 된다고 주장하고 싶다.

좀 더 설명하자면, 버틀러의 논거는 다음과 같이 진행된다. 차이들의 상징적 조작자로서의 팔루스에 대한 라캉의 개념은 경험적 지시 대상으로서의 전통적인 페니스 개념과는 근본적으로 분리된다. 버틀러에 따르면 이는 팔루스에게 형태를 변형할 수 있는 특질, 즉 타자들, 특히 레즈비언들에 의해 재의미화되고 전유될 수 있는 개방성을 남겨두는 전이성을 부여한다.(1992: 168, note 19)

비록 나는 분명히 남성 상상계의 탈권위 기획에 어느 정도 공감하고 있지만, 나 자신의 전략은 팔루스가 다양한 기관에 붙을 수 있으며, 페니스에서 효과적으로 이탈한 팔루스가 팔루스형태학과 반이성애주의 성적 상상계의 생산이라는 나르시시즘적 상처를 보여주는 것이 될 것이다. 내 전략이 함의하는 바는 남성성의 상상계 혹은 여성성의 상상계의 통합성에 의문을 제기하는 것이다.

버틀러의 경우, 팔루스는 단지 형태학의 이상화이자 팽창된 재현일 뿐이다. 그것은 이성애와 이성애자 정체성의 우위와 불굴성, 그리고 레즈비어니즘과 동성애의 필수적 삭제와 쇠퇴를 복구하는 것을 목표로 한다.

팔루스의 전이성에 대한 개념은 또한 자아의 변화와 심층적 변형의 용이함을 시사하는데, 여기에서 개념적으로나 윤리적으로 문제가 발견된다. 내가 아는 한, 정신분석은 또 다른 철학적 체계일 뿐만 아니라 치료, 즉 한 사람의 주체성의 복잡성과 고통에 대한 개입이라고 할 수 있다. 이는 그러한 개입이 쉽게 접근할 수 없는 것이며 고통에서 자유로울 수 없다는 것을 의미한다. 다시 말해서, 변화는 상처를 주며, 변형은 고통스럽다. 이것은 물론 변화와 변형이 긍정적이고 심지어 즐거울 수도 있는 뜻하지 않은 효과들을 빼앗겼음을 의미하지는 않는다.

나는 관련된 통증을 고려해야 한다는 것과, 팔루스의 전이성과 협상 가능성에 대한 버틀러의 설명에서 심층적 변화의 고통에 대한 불충분한 관심을 발견했다는 것을 강조하는 입장이다. 나는 거기에서 팔루스를 페니스를 지지하는 것으로 환원하는 것뿐 아니라, 성애적인 신체 전체를 일종의 보철 장치 상태로 환원하는 것을 본다. 따라서 버틀러는 형태학 및 신체 외형을 담론적 실천들, 즉 생물학, 생리학, 호르몬 및 생화학 분야의 견해들로 축소한다. 이는 신체의 물질성에 대한 접근을 제한하고 거기에 영향을 미치는 해석 매트릭스로 작용한다. 이것은 기관이 단순한 "상상계의 효과이며 언어와 물질성 사이의 관계는 완전히 동일하지도 완전히 다르지도 않은 요소들의 결정 불가능한 통일성"(Butler 1992 : 151)임을 의미한다. 여기서 상상계는 허위의식에 대한 마르크스주의적 관념을 의미하며, 본질적으로 신뢰할 수 없는 것이다. 상상계는 본질적인 동시에 거짓이기 때문에, 버틀러는 이리가레처럼 주체의 헤게모니적 형성들에 저항하거나 변화를 활성화하는 정치적 사명을 상상계에 맡길 수 없다. 따라서 그녀는 의지적이고 의식적인 활동과 정치적 주체에 대한 고전적인 등식으로 되돌아간다. 이것은 어떻게 페미니즘적인 정치적 주체가 자신의 성적 경제의 심층적인 수준에서 변화를 이룰 수 있는지에 대한 질문을 내게 던진다. 젠더 트러블 gender trouble은 실제로 성적 전복을 보장하지는 않는다.

나는 성차에 대한 버틀러의 입장과 주체의 핵심에 놓여 있는 원초적/근원적original/originary 상실의 정신분석 이론에 대한 버틀러의 입장이 둘 다 상당히 모순적이라 본다. 나는 버틀러가 정신분석학의 통찰, 즉 주체의 기원에는 욕망의 일차적 대상인 어머니의 본질적인 상실이 있다는 것을 인정하는 동시에 부정한다고 생각한다. 그러나 앞에서 내가 주장했듯이 이리가레에게 모성, 주체성의 모성적 여성성의 자리는 단지 동일자의 반응하는 반사적 타자만은 아니다. 대안적 페미니스트 주체들의 육체적 물질성을 재형상화하려는 이리가레의 정치적 기획에서, 모성은 '대타자의 타자'를 정교화하기 위한 실험실이다. 즉, 정치적이면서도 개념적인 과정에서 페미니스트들에 의해 활성화되는 잠재적 여성성을 말한다. 버틀러는 팔루스중심적 경제 내에서 적절한 재현을 초과하는 또는 벗어나는 '타자의' 육체적 여성성 또는 체현된 모성적 여성성에 대한 이 언급에 동의하지 않는다.

이는 버틀러의 매우 일관된 움직임으로, 앞에서 개괄적으로 설명한 젠더 틀 구조, 특히 게일 루빈의 레비스트로스 해석과 이성애 매트릭스 이론(Rubin 1975)을 따른다. 이에 반대하여 나는 이리가레와 들뢰즈 같은 포스트구조주의 사상가들이 주체에 대해 전혀 다른 읽기를 제안한다는 것을 다시 강조하고 싶다. 신체적인 물질, 섹슈얼리티, 재생산은 실로 이리가레와 들뢰즈의 사유에 중심적이지만, 그것들 또한 비본질적인 것이다. 섹슈얼리티와 혈통, 즉 인간 재생산의 물질성에 대한 강조는 친족 제도와 사회 영역 모두의 논의의 핵심에 놓여 있다. 이러한 사유의 전통에서 섹슈얼리티와 혈통의 문제는 매우 근본적이어서 이를 젠더 역할의 사회학으로만 환원시킬 수 없다. 나는 그 차이가 다음의 중요한 지점에 있다고 말하고 싶다. 말하자면 우리는 형태학적, 사회적 권력관계들의 공현존co-presence과 주체의 위치 짓기에서 이 관계들의 접합 영향joint impact을 고려할 필요가 있다.

따라서 버틀러는 팔루스중심적 재현 경제를 전복시키는 여성성의 변형하는 힘을 인정하지 않기 때문에 성차에 대한 포스트구조주의 이론에서 벗어난다. 버틀러, 루빈, 데 라우레티스 등등에게 여성성의 배제와 모성에 대한 거부 혹은 모성에 대한 거부로서의 여성성의 배제는 일차적인 것도, 기초적인 것도 아니다. 이는 오히려 상실감을 덮는 후험적 환각 투영으로 제시되며, 정합과 자기의식에 대한 망상적 질문 안에서 주체를 살아가게 한다.

이 문제에 대한 나의 입장은 어머니와의 분리 또는 어머니의 상실이 주체 구성 과정에서 결정적인 단계라는 정신분석학적 통찰과 일치한다. 이리가레와 더불어 나는 모체의 상실이 어린 소녀에게는 분리로 인한 상처의 흔적, 즉 일차 나르시시즘의 근본적인 결핍을 수반한다고 주장할 것이다. 이러한 근원적 상실은 또한 욕망의 일차적인 대상인 어머니에 대한 접근을 폐제하며foreclose, 따라서 여성 주체에게서 자기 확신의 근본적인 존재론적 근거를 박탈한다. 반면에 어린 소년은 욕망을 연기시켜 다른 여자로 대체함으로써 어머니의 상실을 나중에 '보상받는다'. 그는 원초적 사랑 대상을 잃을지 모르지만, 그 대가로 지구를 물려받는다. 즉, 남자들은 남근적 기표의 대표자들이라는 입장으로부터 온갖 이점을 끌어낸다. 그러나 어린 여자아이에게는 경제적, 상징적 불행만이 있을 뿐이다.

원초적 분리에 대한 이러한 견해가 내게 시사하는 바는 그 과정에서 누전된short-circuited 것이 여성의 주체성과 성애 전체, 즉 그녀의 신체 전체라는 것이다. 들뢰즈가 말했듯이, 어린 소녀의 신체는 '도둑맞는데', 그녀의 섹슈얼리티 전체가 팔루스중심주의 체계 속으로 억압되기 때문이다. 나는 여기서 들뢰즈와 이리가레가 동일한 개념적 매트릭스를 얼마나 공유하는지와, 버틀러에게 영감을 주는 주요 원천인 게일 루빈의 젠더 패러다임과는 얼마나 근본적으로 다른지를 강조하는 것이 중요하다고 생각한다. 들뢰즈에 따르면 어린 소녀의 '도둑맞은 신체'는 상징적 재현에서 제외된 것을 나타낸다. 이는 팔루스중심주의의 오이디푸스화하는 흡혈귀에 의한 소녀 몸의 '포획'이다. 이리가레와 들뢰즈 둘 다 팔루스 체제가 삭제한 것은 여성 육체의 구체적인 물질성이라고 강조한다. 이 원초적인 소거는 남성성에 의한 상징계 질서의 연속적인 납치를 가능하게 하는 조건이 된다.

반면에 버틀러는 어린 소녀의 성애적인 주체성에 대한 존재론적 납치를 오로지 동성애의 폐제라는 관점에서만 해석한다. 이는 버틀러가 가지고 작업하는 젠더 이론의 직접적이고 일관성 있는 함의이며, (헤테로) 섹슈얼리티적 규범성을 발명하고 그것을 살아 있는 신체에 부과하는 젠더 체계에 의한 동성애의 본질적인 선험적 소거를 가정한 것이다. 그러나 내게 이것은 정신분석적 통찰의 축소와 주체의 성애화 과정에 대한 근거 없는 이론적 가정, 이 둘 다이다.

버틀러는 언어에 진입하거나 상징계에 접근하려면 모성적 신체와의 분리와 그것의 상실이 필요하다는 라캉적 가정을 공유한다. 그러나 그녀는 다음 단계의 주장으로 넘어간다(1992: 145). "언어가 자신이 애도할 수 없는 상실에 의해 동기가 부여된 것처럼 보이는 한, 그것이 인식하기를 거부하는 바로 그 상실을 반복하기 위해서는 언어적 반복성의 중심에 있는 이러한 양면성을 의미화의 우울한 휴지기라고 여길 수 있다." 잃어버린 기원에 대한 환상으로만 후험적으로 제시될 수 있는 원초적 상실로부터, 버틀러는 전체로서의 신체의 물질성이 전前 담론적 정당성을 부정한다는 결론—나는 발견할 수 없는—을 끌어낸다. 버틀러에게 신체의 물질성은 항상 이미 성차화된 것, 후험적 구성이다. 그러한 상실이 항상 이미 언어 안에서 포착된다는 사실은 버틀러에게는 기초적인 물질주의적 가치를 박탈하는 역설적인 효과가 있다. 즉, 만약 모든 것이 언어라면, 모든 것이 다 사라진다. 여기서부터 상실의 자리로서의, 결과적으로 주체의 생성으로서의 여성성에 대한 체계적인 평가절하가 뒤따른다.

버틀러의 입장에 내재된 함의는 이 원초적 상실에서 문제의 '어머니'가 사실은 동성애적 사랑의 장소이고 대상이라는 것이다. 이것은 어디까지나 사실이지만, 내 생각으로는 그것만으로 충분하지 않다. 이 논의는 사실 주체의 '기원'에 대한 모든 설명에서 환상의 영향을 고려할 필요가 있다. 기원에 관한 모든 이론은 환상으로 가득 차 있다는 것을 받아들이는 것은 그것을 덜 환상적이게 만들지 못할지는 모르지만, 적어도 자기반사성self-reflexivity의 이점은 있을 것이다. 나는 정신분석에 대한 버틀러의 비판에서 그러한 자기반사성이 결여되어 있는 것을 발견하는데, 그 결과 덜 환상적이지 않고 더 자기의식적인 대안적 설명이 버틀러의 개입들에 쉽게 도전할 수 있다. 예를 들어, 주체를 구성하는 근원적 상실에 대한 버틀러의 레즈비언적 읽기에 대한 응답으로서 반론 가설을 끌어내보도록 하겠다.

어머니들 대부분이 다른 사람의 연인인 것은 사실이다. 그리고 커플과 아이의 이 근본적인 삼각관계로 인해 어머니와 아이/딸 간의 유대 관계가 '배타적'이라는 주장에 복잡성과 모호성이 더해진다. 게다가 적어도 통계적으로 당분간은 어머니들 대부분의 파트너는 반대 성의 인간인 남성인 경향이 있다. 성적 타자의 현존을 무시할 수 없다. 어머니가 혼자이거나 실제로는 레즈비언이라 할지라도, 단지 정자든 정액이든 간에 그녀 안에 있는 다른 성의 형태학적, 생물학적, 상징적 현존은 있다. 전략적 본질주의의 위험을 다시 한번 생각해보면, 주체의 기원에 대한 서술의 핵심에 비非일자not-One, 즉 비교할 수 없는incommensurable 차이들의 원리를 새겨 넣는 것이 중요하다고 생각한다.

성적 정체성과 파트너의 젠더를 떠나, 우리 모두에게 있는 이성애의 흔적을 부인할 수 없다. 욕망하는 남성 신체에 실제로 달린 페니스, 성적 삽입, 정자를 운반하는 페니스를 질에 삽입했을 때 난자의 수정受精 등 성차의 모든 형태의 포장을 피하기 위해 누군가는 이 사실을 숨기기로 분명히 선택할 수 있다. 누군가는 근육 운동을 하는 레즈비언 크로스드레서처럼 가면과 다면성을 찬양할 수도 있고, 끈이 달린 딜도와 페니스가 없는 남자처럼 모든 종류의 보철물이나 기술적 대안을 강조할 수도 있지만, 그렇다고 해서 성차를 지우기에는 충분하지 않을 것이다. 경험적 지시 대상의 단순한 변화는 성적 타자성의 신체적, 정신적 흔적을 바꿀 수 없다. 이러한 흔적은 언어적 재현으로 진입하기 전의 유전자 데이터 은행인 원초적 기억처럼 육체에 암호화되어 있다. 처음에는, '비일자'의 긍정적 의미로서 차이가 존재한다. 즉, 그들의 성적 형태와 젠더 정체성이 무엇이든, 두 타자들의 만남의 영향으로 생겨나는 육체(살)^{flesh}가 있다. 처음에는, 살기를 갈망하는 생육, 숨 쉬기를 갈망하는 숨결이 있다. 이를 기독교적 도상圖像에 넣으려는 유혹이 강하긴 하지만, 나는 이 과정에 대한 세속적인, 육체적인 유물론적 설명으로 저항하고 시도하기를 주장한다. 그 함의는 분명하다. 어린 소녀의 신체와 섹슈얼리티를 납치한 의미화의 팔루스적 체제에 들어가면서 폐제된 잠재적 가능성들은 단순한 패러디적 반복으로는 회복될 수 없다. 더 많은 고대의 구조들을 동원하기 위해서는 훨씬 더 깊고 더 긍정적인 유형의 모방들이 필요하다. 이러한 육체로의 회귀는 주체성과 반복의 기호학적 또는 언어학적 모형의 한계를 강조한다. 이것이 이리가레가 주권자의 의식에 의한 헤게모니라는 변증법적인 체계를 벗어나, 이성애에 대한 급진적인 재평가를 비교할 수 없는 차이들의 인식으로 호소하는 것을 내가 받아들이는 주된 이유 중의 하나이다. 여기에서 모든 성차가 의미하는 바는 주체의 기원에 있는 '비일자'의 원리가 지닌 근본적인 중요성이다.

버틀러는 이성애를 구성하는 힘과 우리의 심리적 지평선에서 동성애의 선험적 삭제라는 추가적 증거로 그러한 진술을 받아들였지만, 나는 그대신 그것을 우리의 신체적인 자아들의 육화된, 고도로 물질적인 토대를 가리키는 것으로 본다. 버틀러는 언어학적인 방향을 택하고, 나는 유목적으로 모든 육체의 길을 간다. 나는 성차가 호르몬과 내분비 증거를 포함하는 천 가지의 다른 방법으로 몸에 쓰여 있다고 생각한다. 이 논의는 체현의 한계와 우리가 경험적이고 체현적인 자아를 가지고 얼마나 많은 자유를 취할 수 있는지에 대한 문제를 제기한다. 주체가 사회 관습과 권력 구조들이 지원하는 구성 관계의 배치assemblage라는 것을 고려할 때, 그 내장되고 체현된 주체성은 얼마나 '협상 가능한' 것인가? 들뢰즈가 문득이 신체는 무엇을 할 수 있을까? 나는 경험적인 것은 한 실재의 특정한 위치라고 주장하고 싶다. 그것은 공간적이고, 심지어 지리 정치적일 뿐 아니라 시간적이다. 선형적, 역사적 시간(크로노스 Chronos)과 순환적, 계보학적 시간(아이온Aion)의 의미 모두에서 그렇다. 각 실재는 유기체로서 자체적인 시간성과 유목적 주체로서 보다 복잡하고 미래지향적인 시간성을 가지고 있다. 이 점에 대해서는 2장에서 더 자세히 설명하겠다.

게다가 욕망의 삼각형이라는 정신분석 체계는 동성애적 사랑과 이성애적 사랑 **둘 다**의 환상적 사랑 대상으로서 어머니의 중요성을 주장하고 있다. 만일 프로이트가 많이 논한 (그리고 버틀러에게 매우 의심스러운) 모든 인간이 다형적이고 도착적이라는 말이 어떤 것을 의미한다면, 이는 어머니의 구성적이고 모든 것을 아우르는 감각적인 현존과, 주체의 삶에서 어머니와의 유대의 우위를 가리키고 있다. 그러나 이 사랑과 그로부터 이어진 유대감이 남성 동성애적이거나 레즈비언적이라는, **혹은 앞으로도 그럴 것**이라는 증거나 필요성은 없다. 우리는 여기서 환상의 개념을 다시 복구할 필요가 있다.

나는 팔루스가 상징하는 법의 기능은, 비록 환상적이기는 하지만 문화적으로 지배적인 코드로의 등록을 통해, 주체에게 일관성을 부여하는 것만은 아니라고 생각한다. 법은 또한 주로 원초적 상실의 환상을 관리하는 원칙이다. 이는 우리가 인간 주체성의 핵심에 정확히 구성되는 '외부', 제3자, 제3차원의 존재를 다시 새겨야 한다는 것을 의미하는데, 인간 주체성은 양자적이지 않고 다수적이기 때문이다. 이러한 욕망의 삼각형은 정신분석학의 헤겔적 핵의 중심이다. 제3자가 어머니와 아이 사이에 개입하여 그에 따라 분열에 대한 주체의 감각을 배가시킨다. 이는 '외부', 사회, 상징계, 문화, 그리고 이들이 전달하는 모든 정동의 눈사태와 함께 문자 그대로 주체를 침수시킨다.

어머니의 관심과 욕망의 대상인 이 '타자'가 남자인지 아니면 다른 여자인지 여부는 어머니와 아이 사이의 분화의 심리적 조직자로서 제3자의 기능에는 거의 변화를 일으키지 않는다. 이 제3자는 단지 어머니의 욕망이 다른 곳에 있다는 것, 그것이 아이의 전체적 요구와 그것에 대한 총체적 기대와 일치하**않는다**는 근본적인 심리적 진실을 표현하고 있을 뿐이다. 따라서 어머니의 팔루스, 즉 어머니의 '모든 것'이 되고 싶어 하는 아이의 망상적인 성격이 드러난다. 이러한 망상을 인식하는 것은 자율적이고 제대로 기능하는 자아의 구성 과정에 필요한 단계로서, 환상과 현실을 구별할 수 있는 주체의 능력을 나타낸다. 이러한 인식의 충격은 상실, 애도, 우울증을 수반한다. 그러나 이것은 지불해야 할 대가, 윤리적이고 감정적인 성인기에 진입하기 위해 희생되어야 할 살 1파운드이다. 말 그대로, 원하는 것을 항상 가질 수는 없다.

카자 실버먼Kaja Silverman은 여기서 흥미로운 대안적 관점을 제시한다(1992). 그녀는 팔루스가 독백의 체계일 수도 있지만, 그것은 다른 기능, 즉 상호보완적인 이원 집합들을 생산한다는 것을 지적한다. 따라서 라캉이 '아버지의 이름'으로 의미 있게 정의하는 것은 역시 어머니의 욕망을 동시에 표현하고 있다. 이러한 욕망은 단지 페니스를 위한 것만이 아니라(일부분이기는 하지만), 그 욕망이 성애적—충만함plenitude과 주이상스jouissance의 약속—으로, 문화적으로나 사회적—특권과 안전—으로 재현하는 모든 것을 위한 것이다. 이 모든 점에서 아버지의 상징적 법은 아이를 어머니와 갈라놓을 것이고, 그들의 유대감을 나타내는 충만함의 환상을 **둘 다** 포기하도록 강요할 것이다. 라캉에 따르면, 어머니와 아이 분리의 상징적 기능은, 그것이 잠재적으로 전체주의적인 한쪽의 다른 한쪽에 대한 지배를 타파하는 한, 심리적인 정상sanity의 관문으로 간주된다. 이는 팔루스를 어머니를 향한 욕망의 전체 대상이 되고자 하는 아이의 욕망의 상실의 표시로 설정함으로써 그렇게 된다. 나는 이리가레와 같은, 라캉에 반대하는 페미니스트 비평가들이 질서, 분리 또는 분화의 원칙으로서 상징적 기표의 심리적 기능에 도전하지 않는다는 사실을 강조하는 것이 중요하다고 생각한다. 크리스테바와 같은 보수적인 라캉주의자들은 그러한 상징적 기능을 절대적으로 필요하고 도덕적이며 심지어 신성하다고 생각한다. 이리가레는 이 상징적 기능이 팔루스에 의해서만 충족될 수 있고 반드시 그것에 의해서만 충족되어야 한다는 라캉의 주장에 이의를 제기한다. 다음 장에서 보게 되겠지만, 들뢰즈와 가타리는 상징계의 개념에 대한 가장 급진적인 비판자들로, 그들은 상징계를 욕망의 착취적인 정치 경제의 전제적 기표로 여긴다. 그러나 이는 이리가레의 입장이 아니다. 그녀는 라캉적 팔루스가 페니스에 대한 상상계의 지시 대상이며, 어머니와 주체의 필연적인 분리를 상징적으로 작용시켜 주체를 언어에 입문하게 한다고 주장한다. 마지막으로 중요한 것은 팔루스는 사회계약의 핵심에 부계의 은유를 기록하는 것이기도 하다는 점이다. 이 모든 것을 고려했을 때, 버틀러가 한 것처럼, 팔루스는 변형 가능한 것도 아니고 쉽게 전이 가능한 것도 아니다.

나는 버틀러가 정치적 목적에 따라, 어머니와의 분리 혹은 분화의 과정에 있는 중요한 세 가지 별개의 문제를 혼동하고 응축한다고 생각한다. 그 응축된 세 가지 문제들은 다음과 같다.

1. 어머니와의 분리
2. 강제적 이성애의 현실화
3. 동성애의 구성적 상실

주체의 구성에 있는 이러한 '순간들'은 일치하지도 않고 서로 결속돼 있지도 않다. '순간들'이 펼쳐지기 위해서는 보다 순차적으로 정해진 시간적 범위가 필요하다. 여기서 시간이 역할을 해야 한다. 원초적 대상의 상실은 너무나 총체적이고 근본적인 트라우마여서, 대처해야 할 것이 많은 유아 주체에 대한 추가적인 추측으로 이어진다. 물론 성차의 인식이 일어나지만, 그것은 훨씬 후의 일이다. 사실, 인식에 관한 한, 이는 영원히 항상 이미 잃어버린 기원에 대한 환상으로서 후험적으로 재구성될 필요가 있을 것이다. 그것은 자기 자신에 대한 자기 보호적인 환상들이 배어 있는 이야기다. 주체의 시공간 좌표들의 주 조직자인 어머니와의 분리는 동성애 사랑의 불가능성의 인식 또는 어머니가 동성애자/게이/퀴어가 아니라 영원히 상실한 이성애적인 욕망하는 주체라는 망연자실한 인식과 일치하지 않는다. 나는 이 서로 다른 순간들 사이의 또 다른 시간적 순서를 주장하고 싶다. 이는 모체의 일차적 상실 및 이후의 억압과 성차의 할당 사이에 약간의 심리적 공간을 허락할 것이다. 그러한 심리적 공간이 부여되지 않는 한, 사실 나는 여성 주체성의 심층 구조를 변형시키는 페미니즘 기획이 어떻게 이루어질 수 있는지 모르겠다. 이리가레처럼 나는 모체가 여성 페미니스트 주체성을 위한 결핍과 회복의 자리를 제공한다고 생각하는데, 여성 페미니스트 주체성은 집단적으로 재협상된 지시적 결합의 잠재적 실재로 이해된다. 그것은 잠재적 여성성의 씨앗이다. 그러나 변형의 동력은 시간적인 것이다. 다행히 시간은 우리 편이다.

위의 내용에 이어서 전략적 함의들에 대해 말하겠다. 나는 이리가레와 들뢰즈와 함께 여성성의 삭제, 즉 오이디푸스 체제에 의한 납치를 여성 주체성을 전체적으로 폐제하는 기호로 받아들이고 있다. 상실의 폐제된 자리로서의 여성성은 모든 다른 종류의 배제된 가능성, 현재 '오직 잠재적인' 가능성의 기호가 된다. 상징적 현존(M)과 부재(F) 사이의 심리적, 상징적인 분업은 남성성과 여성성의 상상적 구축들에 관한 경험적 지시 대상들로서 여성과 남성의 지위와 각자의 역할 그리고 사회적 장을 구성하게 된다. 이러한 상황은 그 자신의 오랜 역사에서 나타나는 것 외에는 아무런 필요성도 없다. 들뢰즈식으로는 그것을 확립된 습관, 지층화된 관습, 또는 제도화된 중독이라고 부르고 싶을 것이다. 이렇게 해서 나는 족외혼과 남성들에 의한 여성 교환은 논리적 필요도, 심리적 필요도 없었다는 레비스트로스의 주장을 읽었는데, 그것은 단지 역사적 침전 때문에 그렇게 됐을 뿐이라는 것이다. 물론 그 반대일 수도 있었고, 배제된 가능성, 즉 여성들에 의한 남성 교환이 가설로 제기될 수도 있고, 가상의 현실들로 회수될 수도 있다. 주체성의 서로 다른 위치들에 대한 잠재적 대안의 가설뿐만 아니라 어떻게 회수하고 접근할 수 있는지에 대한 문제는 역사적으로 내장된 물질적 위치들에 의문을 제기하는 것이다. 하나는 다른 하나가 없으면 변할 수 없다.

버틀러에게 모성적 여성성 너머에는 언제나 준비된 욕망의 대상이 있다. 즉, 구성적 외부 역할을 하는 동성애적 동성의 타자가 있다. 여성성은 단지, 고비사막 한가운데에서 수천 킬로미터 떨어진 몇몇 거주지를 가리키는 도로 표지판처럼 이 폐제된 동성애를 가리키고 있을 뿐이다. 도달할 수 없는 것에 대한 기표, 상실과 결핍의 기호, 절망의 비법, 버틀러의 '여성성'은 어디에도 없는 곳을 향한 길에서의 의미화를 흉내 내는 애처로운 노력으로 전락한다. 나는 개념적, 전략적 이유로 여성성에 대한 이러한 가치 저하에 분명히 반대한다. 버틀러의 주장은 이리가레의 이론 위에 매우 근접하게 빚어졌으나, 이리가레는 여성과 남성 모두가 원초적 상실 단계를 되짚어 애도와 우울증에서 벗어나도록 하는 파괴적인 형태의 모방을 조장하는 반면에, 버틀러는 무의식의 과정으로 설명하는 데 실패한 젠더화된 정체성에 대한 수행적 개념을 제안한다.

　비디 마틴Biddy Martin은 버틀러 이론의 '여성공포증'(나의 용어)에 대해 논평했으며, 퀴어 이론에서 일어나고 있는 여성성의 삭제에 우려를 표명했다(Martin 1994:108). "첫째, 이는 페미니즘의 탐구 범위를 제한한다. 그리고 둘째, 크로스젠더로 정체화한 레즈비언을 섹슈얼리티와, 레즈비언 페미니스트를 젠더 정체화와 결부 짓고, 레즈비언 펨femme을 완전히 비가시화한다. (…) 많은 레즈비언 페미니즘 작업에서, 여성으로 정체화한 여성은 크로스젠더 정체화와 마찬가지로 펨성femmeness에 대해 억압적이었고 억압적이다." 미국의 레즈비언과 퀴어 이론들이 어떻게 '여성으로 정체화한 여성'이라는 개념을 누락했는지는 정말 극적이다. 여성적 정체화는 실제로 눈에 띄지 않는다. 심지어 부치-펨 커플에 새겨져 있지 않는 한, 심지어 여성처럼 보이는/패싱되는 레즈비언 또는 '펨'도 검열되었다. 마틴은 '퀴어성'과 여성스러운 레즈비언 또는 여성스러운 여성 사이의 대립을 너무 극단적이라고 생각하며, 성차화되고 체현된 주체들의 내부와 외부 사이에 더 침투할 수 있는 경계들을 요청한다. 비록 몸과 정신이 권력의 효과들로 관통되기는 하지만, 권력으로는 환원될 수 없기 때문에 더 복잡한 분석 틀이 필요하다.

이것이 나를 다음 지점, 즉 정치적 함의로 이끈다. 성차의 기획은 이성애자와 동성애자 모두에게 여성 주체성 구성의 근거를 이동하여 여성과 남성의 성적 행위자성의 전체 범위를 다시 생각하려는 데 있다. '감각적 초월'에 대한 이리가레의 지적은 여기서 가장 큰 관련이 있다. 이러한 섹슈얼리티의 재투자와 그 후 이성애 급진화 과정의 본질적 상대는 남성의 역할과 관계가 있다. 이 점의 중요성을 이해하기 위해서, 미국 페미니즘에서의 '성 논쟁'의 결과에 대한 이전의 나의 주장을 상기해보자면, 섹슈얼리티는 주류 페미니즘 의제에서 떨어져 나왔다. 또한 그것은 도덕주의와 자유주의 다수의 침묵에 반대하여 유색인 여성 섹슈얼리티, 특별히 레즈비언과 퀴어 섹슈얼리티에 의해 '소수자' 섹슈얼리티의 영역에서 맹렬히 되돌아왔다. 이것의 역설적인 결과는 이성애와 남성의 역할에 대해 이중으로 침묵한다는 것이다. 클린턴-르윈스키 사건에서처럼 자유주의 페미니스트들은 문자 그대로 미국의 백인 남성 섹슈얼리티에 대해 뭐라고 말해야 할지 몰라 침묵하며, 이성애를 권력, 지배, 배제에 동화시키는 퀴어 이론가들 역시 침묵한다. 버틀러는 이들 입장 중 일부를 공유한다. 권력의 이성애적 매트릭스에 대한 그녀의 강조는 이성애자 남성, 심지어 잠재적으로 해방적인 남성들에게 가능한 어떤 역할도 침묵시키는 역설적인 효과가 있다.

이와는 대조적으로 카자 실버먼은 '아버지의 이름'이 실현한 상징적 기능과 욕망이 기표들의 이원 집합에 의해 조직되는 방법에 더 많은 관심을 기울임으로써 남성성의 새로운 이론화를 요청하고 있다. 라캉은 모든 상징적인 불행에서의 여성 주체의 장소로서 남성의 결핍Lack을 이전하는 것을 기꺼이 받아들이는 반면, 실버먼과 같은 급진적인 라캉주의 페미니스트들은 다른 종류의 지혜를 요청한다. "욕망의 유일한 불변의 법칙은 우리 각자에게 자기 현존과 전체성의 가능성을 부정하는 것이다. 이때의 법Law, 그것은 언어의 법이다. 결핍의 차등 분배를 통해서가 아니라 이 법을 살아가는 다른 방법을 고안해내도록 하자."(1992: 114)

이리가레는 그 대신 두 등록부registers를 공격한다. 첫째, 그녀는 어머니를 결핍이라는 특권적 기표로부터 이전시키고 여성의 섹슈얼리티를 단일성과 강직성에 대항해 다중성과 다공성多孔性으로 변경한다. 둘째, 그녀는 남성들에게 직접적으로 질문할 뿐만 아니라, 남성들에게 그들의 섹슈얼리티를 다르게 작용할 수 있게 한다. 남성들 또한 비팔루스적 방법으로 섹슈얼리티를 다시 체현하고 내장하기 위해 노력할 수 있다. 팔루스의 폭력으로부터 벗어나 섹슈얼리티의 대본을 다시 쓰려는, 비팔루스적 섹슈얼리티를 구현하려는 노력에 각 성들이 모두 동참하지 않는 한, 아무런 변화도 없을 것이다. 들뢰즈의 언어로 번역하자면, 다수자는 소수자 되기가 필요하다. 우리는 남녀 모두를 포함한 두 성의 다가적인, 유체적인 소수자 되기가 필요하다. 그 대안은 이성애가 음란한 말이고 완전히 사라져야 할 구식 관행이라고 가정하는 것이겠지만, 그것이 대부분의 여성들에게는 어떤 페미니즘적인 메시지가 되겠는가?

나는 버틀러가 이성애적 욕망에 대해 마치 지배와 배제(위티그의 흔적)나 특정 기관 소유와만 관련이 있는 것처럼 환원하는 것을 발견했다. 나는 이러한 환원적 사고 중 일부가 맥락적이라는 것을 이해한다. 미국에서는 매키넌과 드워킨 같은 페미니스트들의 영향이 이성애적 젠더 정체성을 성적 종속과, 심지어 성적 희생과 동화시키는 결과를 낳았다. 이와는 대조적으로, 나는 이리가레가 이성애를 급진화하려는 시도에서 냉정하고 실행 가능한 대안을 제시한다는 것을 알게 되었다. 그녀의 목표는 이성애적 만남을 변증법적 지배 게임의 중단으로, 즉 타자에게 체현된 다양한 차이들에 대한 사랑, 존경, 조우의 다층적 공간으로 바꾸는 것이다. 다음 장에서 볼수 있듯이, 들뢰즈는 대신에 다중섹슈얼리티polysexuality를 대안으로 제안한다. 어떤 경우든 이성애는 페니스에 대한 욕망이나 사회적 존중과 규범성을 추구하는 것으로만 환원될 수 없다. 특히 여성 페미니스트 주체들에게 이성애는 성적 타자성에 대한 훨씬 더 넓고 광범위한 관점을 포괄한다. 이것에는 정적이거나 헤게모니적인 모델이 아니라 유목적인 성차화된 입장들 간 조우의 과정이 필요하다. 나는 가부장제적 성적 체제가 두 성적 경제들의 완전성과 대칭성을 부정하고, 팔루스중심주의의 짐 지우기가 두 성적 경제들 모두를 속박하고 있다고 생각한다. 이는 또한 나에게는 또 다른 유형의 이성애에 대한 재구성을 상상하는 급진적인 기획으로, 성적인 '동일자들'과 성적인 '타자들'과의 대화에서 탐구되고 형성되어야 하는 잠재적 '둘'의 비교할 수 없는 차이를 존중할 수 있을 것이다.

애도와 우울증 너머

앞 절에서는 반복과 모방의 문제가 반복적으로 제기되었다. 그에 관해 더 탐구해보자. 버틀러는 수행을 강조하지만, 부정과 양심의 가책을 다시 반복하도록 강요하는 쪽을 택한다. 반복은 그 용어의 모방적, 비헤겔적 의미로 이해되는 것이 아니라, 기표 폭력의 영원회귀의 불가피성이라는 데리다적 의미로 이해된다. 물론 욕망이 버틀러의 사고에서 역할을 한다는 것은 인정하지만, 그것은 욕망에 대한 부정적이고 우울한 이론으로, 이는 주체의 구성에 대한 쾌락의 역할과 영향을 과소평가하고 무의식의 문제를 회피한다.

우울증은 필멸mortal로서의 욕망에 대한 버틀러의 개념에 결정적이다. 그녀의 논문은 사실 '젠더'가 동성애적 사랑의 폐제를 포함한다는 가정에 달려 있는데, 그것은 언제나 이미 잃어버린, 손에 닿지 않는 것으로만 경험될 수 있다. 이는 주체가 어머니 신체의 원초적 상실을 거쳐 구성되며, 상징계에 들어가는 것은 그 일차적 유대 관계의 삭제를 요구한다는 이리가레의 생각을 반영하고 방향을 바꾼다. 버틀러에게 이성애적 매트릭스는 그 대신 동성애의 부인을 필요로 한다. 이것은 구성적 상실로 이루어진 심리적 여정을 추적한다. 그래서 또한 그녀는 죽음 욕동을 강조한다.

우울증은 구성적 상실의 내면화가 특징이다. 팔루스로고스중심적 상징계 안에서 주변화되는 여성, 동성애자, 유색인, 탈식민 주체들은 특히 우울증에 걸리기 쉽다. 이 문제는 개인 병리학을 뛰어넘어 정치적 차원을 포착하는데, 이 차원은 금지되거나 사회적으로 내세울 수 없고 인정받을 수 없는 사랑 대상에 대한 애착과 충성심을 강조한다. 공적인 언어와 인식의 의례가 부재하고, 따라서 애도 의식 또한 부재할 때, 우울증은 사회적, 정치적 차원을 취한다. 버틀러에게 동성애적으로 사랑하는 이는 말할 수 없고 말해진 적 없는 잃어버린 욕망의 대상으로, 해결할 수 없는 슬픔의 잔재물로서 정신 속으로 물러난다. 그러한 슬픔의 해결할 수 없는 특성을 분석하는 것은, 그것을 일으키는 강제적 이성애라는 정치 경제에 의문을 제기하는 것과 같다.

  죽음과 상실에 대한 이 관심은 문제적이다. 그러나 그것이 주체의 구성에 대한 헤겔-라캉적 시각에서 중심적일 수 있지만, 나는 푸코, 이리가레, 페미니즘 정신분석 이론과 함께, 예를 들어 주체성의 구성 요소로서 쾌락을 강조하는 등의 몇 가지 힘 기르기 하는 대안들이 제시되었다는 것을 알게 되었다. 만약 주체를 구축하는 동시에 제약하는 권력 장치에 얽매이게 한 것이 정확히 쾌락의 잉여가치였다면 어떨까? 그것은 쾌락, 특히 주이상스의 과도하고 위반적이며 경계를 무너뜨리는 쾌락이며, 이 쾌락은 사회적으로 추동된 상상계를 주체에게 그리고 그 반대로 주체를 사회적으로 추동된 상상계에 고정시키는 접착제를 제공한다. 지젝Žižek은 이 중독적인 힘을 주체에 대한 이데올로기의 거부할 수 없는 영향이라고 이해한다. 이리가레와 들뢰즈와 함께 이를 끝냈다고 생각하면서 나는 그 대신 또 다른 가능성을 제기하고 싶다. 만약 심리적 지형의 '접착제'가 부채와 손실의 우울한 담론이 아니라, 지나치게 흐르는 쾌락의 충만함이었다면? 나는 이러한 좀 더 스피노자적인 선택이 제공할 것이 많다고 생각하며, 다음 장들에서 그것을 더 탐구할 것이다.

　물론, 이러한 애도와 우울증에 대한 강조는 에이즈 위기로 인해 게이 공동체에서 일어난 죽음에 대한 버틀러의 관심에 의해 상당 부분 동기가 부여된 것이다. 특히, 그녀의 작업은 어떻게 공공 영역에서 죽음과 상실에 대한 동성애 담론을 공식화할 것인가 하는 문제로 알려졌다. 동성애자의 슬픔을 인정하고 이를 사회적으로 받아들이게 하기 위해서는 공공의 애도 의식이 필요하다. 나는 이 가치 있고 인간적인 관심사가 애도와 상실이라는 정치 경제에 대한 버틀러의 투자의 핵심이라고 생각한다. 그것은 또한 그녀 자신의 작업이 실제로 허용하는 것보다 더욱 단단하게 라캉 사상의 전통에 그녀를 연결시켜준다.

　밀레니엄의 이 끝에서 라캉주의자들과, 정신분석학이 투자된 해체주의자들에게 욕망은 의미 있는 발화들을 구조화하는 경우, 즉 의미를 만들어내는 경우에 반드시 폐제되는 초과된 여분이다. 그러나 라캉의 욕망 개념을 지배하는 헤겔적 체계에는 부정의 피할 수 없는 빚, 결코 갚거나 메울 수 없는 존재론적 결핍이 있다. 사회 정치적 공공 영역의 부정성에 관한 지젝의 연구에는 이것에 대한 분명한 증거가 있다. 지젝에게 '환상'은 주체성의 장치에 숨겨진 동력이자 그 안에 동화될 수 없는 동력이다. 크리스테바의 '비체'와 마찬가지로, 이 환상 개념은 상징적 구조에 통합될 수 없는 것, 아니 오히려 상징적 구조에 동화되는 것에 저항하는 기능을 하는 것을 가리킨다. 따라서 '환상'은 헤겔의 '부정' 개념을 주체의 핵심에 체계적이고 필요한 **데파양스**défaillance(실패 또는 결핍)로 언급하며 정의된다. 지젝에게 환상 요소는 창조적인 공허, 즉 비실재성의 유령 같은 바닥 혹은 공허하게 안개 낀 바닥처럼 기능한다. 고딕 이미지는 우연의 일치가 아니다. 지젝의 텍스트는 그것으로 가득하다. 부분적으로는 현대 영화, 특히 호러와 SF 같은 하위 장르에 대한 그의 관심과 연결되며(4장에서 더 알아보겠다), 부분적으로는 주체에 대한 흡혈귀적 이해와도 연결된다. 사실 환상 요소는 주체의 충만함을 먹어치우고, 그것을 일련의 망상적이고 보상적인 자아의 발현으로 빠져들게 하는 것이다.

이러한 주체에 강제되고 있는 것은 주체를 자기 자신의 일관성 있고 능숙한 이미지로 속이는 것을 목표로 하는, 이념적으로 전달된 의미와 문화 상품의 압도적이어서 거부할 수 없는 형태의 보상이나 '즐거움'이다. 이런 점에서 지젝은 내가 헤겔 변증법의 과다 복용이라고 표현하고 싶은 것을 주체성에 적용함으로써 라캉 주체성 이론의 가장 암울한 측면을 강조한다고 생각된다. 최종 결과는 그에 대해 결핍, 죄의식, 그 후의 불만이 구조적이게 되는, 말하자면 필요하며 따라서 피할 수 없게 되는 주체에 대한 슬프고 냉소적인 시각이다. 피터 듀스Peter Dews는 헤겔에 반대하고 지젝에 동조해 다음과 같이 논증하면서 존경할 만한 명료성으로 상황을 요약한다. "상실의 상실은 한계나 결핍의 취소 또는 심지어 상대화가 아니라, 오히려 돌이킬 수 있는 상실로 보이는 것이 사실은 본질적인 결핍이라는 사실의 인정을 수반한다."(Dews 1995: 24)

예견할 수 있을 만큼, 라캉에 대한 그런 식의 보수적인 읽기는 상상계의 구축으로서의 대문자 여성에 대한, 결과적으로 실재하는 여성에 대한 가장 전통적인 정의, 위치 짓기, 영향을 강조하는 효과를 낳는다. 여성적 사유라는 관점에서 지젝의 연구는 라캉의 작업 초기부터 그에 대항해 페미니스트들이 주장해온 상징적 비가시성과 반사성specularity의 전 과정을 되풀이하는 반페미니스트적 퇴행을 상징한다. 버틀러(1993)는 지젝 사유의 이런 측면에 대해 비판적으로 논평하면서, 환상의 등록부, 결과적으로 라캉적 '실재계'에 대한 지젝의 지나친 중시가 주체에 대한 보다 역동적이고 긍정적인 관점을 훼손하는 부정적인 영향을 강조해왔다. 나는 이것이 지젝의 격노한 라캉주의에서 작용하고 있으며 정신분석학의 탈정치화에도 기여하는 '이데올로기'라는 구체적인 개념과 모든 관계가 있다고 생각한다.

주체성의 핵심에 놓여 있고, 결국에 망상적이고 보상적인 실재로서의 자아를 생성하는 본질적 공허는 알튀세르가 말하는 이데올로기적 생산에 함축되어 있다. 이것은 절대적으로 모든 것을 포함하게 되고, 따라서 정의定義에 대한 어떠한 날카로운 경계를 잃는다. 여기서 나타나는 것은 모든 포스트구조주의가 비판 이론의 전면에 가져다주는, 덧없고 사라지거나 죽은 주체의 역설이다(지젝과 반대로 나는 라캉을 주요 포스트구조주의 사상가로 본다). 예를 들어, 들뢰즈는 이러한 주체의 역설적인 비실존을 차이의 확산의 순환 논리로 다시 표현하는데, 그 결과 이는 자아를 소모적인 타자들로 분산시키는 자기 모순적인 운동으로, 즉 선진 자본주의의 정신분열적인 논리로 다시 표현되는 것이다. 이리가레는 자신의 존재론적 위기의 안개 같은 깊이를 심도 있게 고민하면서 물질성, 육체, 출생, 사망의 완전한 부담을 짊어져야 하는 여성성 개념에 입각하여 현대 주체의 흡혈 행위가 커지고 있다는 관점으로 같은 현상을 분석한다. 훨씬 상상력이 부족한 지젝은 이데올로기에 대한 반재현적 관점을 옹호하는 것으로 시작하지만, 그다음에는 주체에 대한 훨씬 더 나쁜 무력감 속으로 후퇴한다.

이데올로기의 '대상'은 전혀 존재하지 않는다. 즉, 대상은 창조적인 공허한 장소이며, 대상이 창조하는 것은 일관성 있는 결정하는 자아에 대한 환상이다. 핵심은 이데올로기적 재현의 내용이 '참'이든 '거짓'이든 간에 그 재현이 작동한다는 것이다. 따라서 이데올로기의 성공은 재현의 진실이나 거짓과 아무런 상관이 없다. 대신 중요한 것은 이데올로기가 발화 과정에서 암묵적으로 만들어내는 주체의 위치다. 이러한 움직임으로 지젝은 주체의 수준에서 라캉의 구조언어학 이론을 실천하는데, 기표와 기의 사이에 어떤 논리적이거나 필연적인 연결이 없듯이, 이데올로기의 내용과 그 효과 사이에도 어떤 필연적인 관계가 없다. 그것이 무엇을 재현하든, 주체에 대한 '구멍'이나 발화의 장소를 만들어내는 효과가 있으며, 지젝에 따르면 이 지옥의 순환 기계로부터 벗어날 길이 없다. 그 운영이 불투명한 만큼 더욱더 지옥 같다. 지젝은 관념과 텍스트의 복합체, 국가 기구의 외적 물질성, 그리고 대체로 사회, 특히 미디어의 일반적이고 광범위한 생산, 이 세 가지를 이데올로기 생산의 순간으로 규정하려 시도하지만, 나는 그가 모든 형태의 재현을 포괄하기 위해 이데올로기 개념을 극단적으로 진부화한다고 생각한다.

지젝은 이데올로기에 의해 유도된 '허위의식'의 '허위'라는 요소가 구조적 불가능성에 기인한다고 주장한다. 이는 근본적인 리비도적 힘을 인간/사회/공공의 언어로 번역하는 것의 불가능성이다. 지젝은 그것을 '환상'이라는 개념으로 표현하는데, 이것은 동시에 성취감을 추구하도록 추동되며, 반드시 실패한다. 버틀러와 지젝은 모두 체현된 주체의 물질성에 대해 다소 정적인 이해를 공유하고 있다. 물질은 그 자체의 기억이나 동적인 힘이 없으며, 분명 결핍과 부정성에 의해 지배되는 상징 바깥에는 아무것도 없다. 이 지옥의 순환의 정치적 함의는 중요하다. 지젝에 따르면, 우리는 어떤 내용이든, 그것이 '진실'이든 '거짓'이든 간에, 사회관계에서 기능하는 순간 이데올로기적 공간 안에 있다. 그러므로 우리가 이데올로기로 인식하는 것에서 발을 빼려는 시도조차도, 그 시도가 못지않게 '이데올로기적'이라는 점에서, 우리를 노예화하는 형태를 띤다. 지젝은 이러한 순환성의 예로서 발칸반도의 '인도주의적 전쟁들'이라는 수사나 자신들의 게임에서 미디어를 이기려고 하는 것과 관련된 자기모순들을 든다. 그 결과, 효과적이기 위해서 이데올로기에 대한 지배와 저항의 관계가 모두 계속 은폐된다. 우리는 어떤 긍정적 현실에 의해 결정되지 않고 공허하게 남아 있어야 하는 장소에서만 이데올로기를 비난할 수 있다. 그렇지 않으면 우리는 다시 이데올로기에 빠질 것이다. 라캉과 마찬가지로 지젝에게도 이 특별한 장소는 정신분석의 장소이며, 그 기능이 주체가 자신의 필연적인 노예화를 받아들이게 하는 것인 만큼, 정치적 이중 구속은 그 자체로 스스로 종결되고, 최종 결과는 권력을 빼앗기 위한 방안이다.

라캉적 개념 기계에 투자하여 헤겔의 어떤 시각에 결속시키는,

자본주의가 만연한 적자와 결핍의 전체 경제는 정체를 폭로했다는 우쭐한 가식으로 지젝에 의해 영속되고 있다. 의식의 '환영'은 '실재계' 그리고 그에 대한 갚을 수 없는 부채와의 본질적인 연결 고리로 귀결되는데, '실재계'는 어떤 것이든 말할 수 있는 것에 대해 필연적으로 침묵된 토대를 제공함으로써 사회 활동을 구성하는 원초적인 리비도 물질이다. 이러한 구조상의 결핍은 부정성에 대한 라캉 존재론의 핵심이며, 데리다가 말하는 주체의 '유령 경제'를 야기한다. 이는 주체가 자기 자신에게 존재할 수 있는 유일한 양태로서, 본질적이고 미결정적인 현존하는 부재 또는 구조적으로 필연적인 부재이다. 키어Kear가 빈틈없이 지적했듯이(1999: 183) "에고가 유령과 같다면, '나는 존재한다'라는 것은 '나는 유령에 홀려 있다'라는 뜻일 것이다". 즉, '나'는 욕망의 도입과 실패에 의해 동시에 구축된다. 이것은 상실되고 결핍된 '나의' 본질적 기초의 자리를 표시하는 '유령학적으로' 원시적인 장면을 수행적으로 반복하도록 '내게' 강요한다. 나는 이것을 **세기말적인**fin-de-siècle 음침한 음조를 맞추는 완벽하게 고딕적인 장면이라고 생각한다. 이는 우리로 하여금 장기간에 걸쳐 때로는 상실, 애도, 우울증에 대한 황홀한 미화에 빠져들게 하면서, 주체에 대한 라캉의 망상적인 시각을 어느 지점의 내파에 이르게 한다. 주체를 지우면서 긍정하는 이 약간은 환각적인 방식은 내게 주체성에 대한 라캉과 지젝의 우울증적 시각의 중심이라는 인상을 준다. 이 개념은 주체—발화 장소의 바로 그 구성적 행위 속에서 자신을 피해 달아나는 것을 영원히 추구하는 결함 있는 실재—의 수행적 관점을 고려하기 때문에, 지젝과 버틀러 사이에 이상한 공명이 나타난다. 나는 주체가 자신의 리비도적 강도를 확인하려는 구조적으로 무감각하고 근본적으로 실패한 시도에 대한 강조가, 즉 결핍과 부정성에 대한 강조가 희극적 손길을 거친 비극으로 얼룩진 것을 발견했다. 부정적인 열정과 회의에 빠진 유혹에 맞서는 대안이 있어야 한다. 유목적 언어로 번역하자면, '나는 보다 즐겁고 힘 기르기 하는 욕망의 개념과, 우울함이 아닌 긍정성을 먼저 중시하는 정치 경제를 적극적으로 갈망한다'. 그러나 버틀러가 들뢰즈의 욕망 이론을 명백히 거부한 것(1987)은 이러한 시각에 반하는 위치에 있는 것이다.

내가 이 우울증 중심의 후기 정신분석 이론에서 더욱 문제 삼는 것은 그것이 이리가레와 들뢰즈 둘 다의 급진적 유물론을 노골적으로 말살한다는 점이다. 그러나 1968년 들뢰즈(『차이와 반복 Différence et répétition』)와 1974년 이리가레(『반사경: 타자로서의 여성에 대하여 Spéculum. De l'autre femme』)의 경우처럼 이른 시기에 결핍으로서의 욕망 이론에 대한 이의가 제기됐다. 즉 그 욕망, 이 구조적으로 침묵된 리비도적 하위 기층은 미결정적인 시간성도, 논리적인 불가능성도 아니었다. 원초적 순간이 모성적 여성성(이리가레)과의 강한 연관성을 나타낸다는 점에서, 이 순간은 성차화된 혹은 젠더화된 욕망하는 주체의 구성 안에 있다. 그러나 이는, 이 원초적 순간의 팔루스중심주의가 주체의 물질적-정동적 근원(들뢰즈)에 대한 중요한 관계를 반영한다는 점에서 역사화된 것으로서, 자본주의(들뢰즈)와 가부장제(이리가레)에 의거한 주체 구축의 역사에서의 특정한 순간을 표시한다. 나는 왜 이리가레와 들뢰즈와 같은 급진적인 유물론자들의 혁신적 의제가, 20세기 말에 승리를 거둔, 부정성에 관한 포스트 라캉주의 담론에 의해 무시되거나 침묵되고 있는지 궁금해하지 않을 수 없다. 왜 상실, 실패, 우울증, 존재론적 결핍이 페미니즘 내부와 외부의 주체에 대한 시각들을 계속해서 지배하고 있는 것일까?

다시, 맥락을 검토해보자. 1990년대 페미니즘의 사회적 상상계는 페티시즘의 개념과 트랜스섹슈얼 신체, 퀴어 섹슈얼리티 또는 사이 젠더들의 형상화에 의해 지배되었다(Grosz and Probyn 1995). 1980년대 중반부터 트랜스섹슈얼리티는 동시대 섹슈얼리티의 지배적인 형상화로 예고되어왔다(Baudrillard 1987). 이것은 성적 무차별성을 지닌 일종의 작용을 가리키는데, 동시에 내게는 젠더 양극성을 대체하고 확인하는 것으로 보인다. 기술은 트랜스섹슈얼 상상계의 강력한 문화적 매개 방식을 제공한다. 인공 보철적으로 강화된, 자기의식적으로 인공적인 트랜스섹슈얼 신체는 유기적인 것, 생화학적인 것, 기술적인 것, 외과적인 것 사이의 공생을 의미한다는 점에서 사이보그의 원형이다. 나는 5장에서 포스트모던 섹슈얼리티들의 조직화에서 일어나고 있는 것처럼 보이는, 인류학적이면서도 또한 형태학적인 돌연변이를 분석하겠다. 현재로서는 특히 젠더 이론에서 집단적인 트랜스섹슈얼 되기가 성차화된 신체의 문화적 재현에서 지배적인 **토포스(장소)**topos라는 것을 강조하는 것이 중요하다. 다음 장에서 나는 들뢰즈의 신체 기계에 대한 호소가 이 트랜스섹슈얼 상상계에 결정적이라고 주장할 것이다. 제임스 밸러드James Ballard의 소설 『크래시Crash』의 등장인물 본과 같이, 깊은 상처는, "실패한 성전환 수술의 누수된 상처를 드러내는 정신 나간 드래그 퀸"(Ballard 1973: 201)처럼 만들면서, 동시대의 성차화된 신체를 표시하는 듯 보인다. 포스트모던 고딕과 포스트젠더 섹슈얼리티들은 포스트산업 사회의 상상계를 떠돌고 있다. 이런 현상을 인정하면서도 나는 성차를 지우기보다는 그 어느 때보다 절박한 질문으로 삼고 싶다.

| 결론: 감각적 초월 |

성차는 다른 차이들을 지우는 의미에서가 아니라, 보다 일반적인 호소와 가치의 대안적 주체 위치들의 형성에서 초월성과 보편성의 쟁점에 대한 개방을 요구한다. 내가 보기에 이리가레의 입장의 역설은 내가 매우 반본질적이라고 생각하는 물질성의 개념에 바탕을 두고 있지만, 초월성과 육체적인 비물질성의 문제를 향해 불가역적으로 움직이는 것처럼 보인다는 것이다. 콜브룩Colebrook(2000b: 121)은 이 점을 해명하는 데 도움이 된다.

이리가레의 '감각적 초월'은 (…) 주체가 반복하고 자기 자신의 근거로서 재형상화하는 조건이 결코 주체에 의해 완전히 이해될 수 없다는 것을 보여줌으로써 재현주의의 폐쇄성을 누전시킨다. 왜냐하면 주체는 이 반복의 효과에 지나지 않기 때문이다. 그 기원을 대상으로 제시하는 내에서, 주체는 주체로서 생산된다. 그

러나 현존으로서의 기원의 이러한 반복은 결코 그 자체로 현시
될 수 없다. 주체는 자기 자신에게 완전히 나타나기 위해서 자신
의 육체적 사실성을 부정해야 한다.

내가 이 장의 앞부분에서 지적한 바와 같이, 물질적 근거나 '육체
적 사실성'의 이러한 부정은 형이상학을 구성하는 동시에 육체성
을 거부하는 데서 발견된다. 이 기원적 폭력은 성애화 또는 젠더화
되며 의식에 근거한다는 점에서, 고전적 주체의 권위에 내재되어
있다. 체현의 부담은 모성적 여성성에 투영되어 즉시 지워진다. 이
삭제는 주체를 구성하고, 일자의 제국과 타자의 대상화로 이해되
는 팔루스중심주의를 발견한다. 따라서 이 '차이'가 동일자의 논리
의 내부에 있다는 이리가레의 주장과 이 일차원적인 길에서 여성
성을 분리시키는 이리가레의 정치적 결단은 타자의 타자로서, 즉
본질적인 비일자로서 여성성을 재정의하려는 것이다.

비록 이 기획의 많은 부분이 여성에 의한 그리고 여성을 위한 사
회적, 정치적 계약을 상정하는 것을 목표로 하고 있지만, 그것은 또
한 똑같이 강력한 초월적 과제를 가지고 있다. 이리가레는 '급진적
내재성'을 통해 초월성에 대한 여성적 형태를 표방함으로써 신체에
대한 정의를 물질적인 것으로뿐만 아니라 여성적 존재, 새로운 페
미니즘적 인간성에 대한 일반화된 개념의 문턱으로 상정한다. 이
리가레의 작업은 육체적 물질성 문제들을 향해 불가피하게 움직이
는 것 같다. 이러한 경향은 감각적 초월과 '여성의 신성'에 대한 그
녀의 작업에서 명백하다. 다시 말해서 성차의 체현된 유물론은 여

성의 존재 방식에 상징적 인식을 부여함으로써 의미를 만들어낼 수 있는 다양성의 중요성을 주장하는 것이다. 이리가레의 '신성'은 물질적 조건뿐만 아니라 우리의 상징적 조건의 변화를 이루기 위해 필요한 선험적 조건들을 구체화하는 것을 목표로 한다. 그것은 공간, 시간, 자연, 지구와 신성을 다시 생각한다는 것을 의미한다. 감각적 초월의 문제는 이 기획에서 매우 중요하다. 그것은 초월과 내재 사이의 공간에 체현된 여성 주체를 위치시킨다. 이런 종류의 물질성은 주체를 자기 내부에 있는 여러 차이점과 연결시키고, 또한 자기 자신과 다른 사람들 사이에 있는 차이점들에도 연결시킨다. 게다가 그것은 비변증법적이고 비대립적인 방식으로 그렇게 한다.

여성 주체는 자기 자신과 세계 사이의 근본적인 매개자인 다른 여성들에 대한 유대감에 상징적 중요성을 부여함으로써 자신의 특수성을 인정하고 행할 수 있다. 이것이 매개로서의 여성성의 보편에 대한 생각이다. 콜브룩은 다음과 같이 분명히 말한다. 이리가레에게 "감각적인 것은 근접한 것이다. 경험의 가득 찬 현존도, 초월적 조건의 급진적인 선재先在도 아닌 감각적인 것은 내가 또 다른 형태의 존재로 인식하는 다른 신체로서, '구체적인 보편'으로서 주어진다"(2000b: 123). 새로운 문명의 초석처럼 이리가레의 '신성'은 페미니스트적 실천을 위해 우리의 상징적 구조뿐만 아니라 물질적 구조에서도 변화를 이루기 위한 선험 조건의 물질화를 목표로 하고 있다. 초월성 없는 신체적 유물론은 없고, 비물질성 없는 체현된 여성 주체는 없다. 나는 전략적 본질주의의 입장이 독자들을 이 역설에 머무르도록 초대하고 이 존재론적 악순환에서 빠져나오는 성급한 방법을 모색하지 않도록 유도한다고 생각한다. 올카우스키 Olkowski는 이리가레의 작업에서 이 방식을 포착한다(2000: 107).

그러므로 되기로서의 여성은 원리와 구조, 규칙의 외부에서 이 것에 대항하는 무질서한 것이다. 그녀의 분자들은 공생과 접성 에 의해 퍼지는 강력한 전염병이다. 그리고 만일 우리가 여성과 관련된 모든 것을 논리와 유동성의 언어를 구성함으로써 탈병리 화하는 데 성공한다면, 여성의 몸을 표현하기 때문에 그토록 혐 오스러운 모든 말들, 즉 자궁, 외음부, 클리토리스, 질, 태반 또는 여성의 발광하는 신체 그 자체는 우리의 지식 안에 처음으로 들 어올 수 있다.

이 에로티시즘의 확산하고 흐르며 위반하는 우주적 성격은 에로 티시즘을 문화적으로 '여성성'으로 규정하며, 따라서 다시 한번 이 욕망 이론의 여성화를 피할 수 없다. 또한 그것의 내재된 모순들을 해결할 수 있는 방법은 없다. 이러한 모순들은 실행되고 탐색되어 야 한다.

이타성異他性/alterity의 쟁점에서 이리가레의 급진적인 이성애는 여성 동성애 핵의 필요성을 상정하고 있는데, 이것은 여성의 일차 적 나르시시즘을 재조합하기 위해 필요한 일차적 동성애적 유대감 이며, 팔루스중심적 상징계에 의해 심하게 상처와 피해를 입었다. 다른 여성에 대한 사랑은 가능한 미래의 전사前史를 위한 토대를 놓 는 이 과정에 결정적이며, 이는 능동적이고 창의적인 방식의 삶과 반응적인 양태의 생존 모두를 지칭하는 복잡한 방법이다. 다른 여성—대타자의 타자—은 변형, 뿌리 깊은 변화, 심층적인 변신의 과정을 추구한다는 의미에서 자신의 되기에의 노력을 인정하는 현장이다. 이러한 일차적인 나르시시즘은 가부장제하에서 여성들에게 풍부하게 부여돼온 이차적인 나르시시즘의 발현과 혼동되어서는 안 된다. 허영, 외모에 대한 사랑, 나르시시즘과 편집증의 이중 부담은 동일자의 힘(포테스타스) 아래에 있는 여성 대상화의 기호들이다. 일차적 나르시시즘은 **그 자체로는** 레즈비언적인 입장에 대한 전주곡도 아니다. 즉, 일차적 나르시시즘은 자신의 성, 즉 성적 동일자에 대한 사랑의 구조적 의미를 자존감을 위한 중요한 구성 요소로서 기술하고 있을 뿐이다. 따라서 여성 주체가 차례로 자기주장과 변형의 과정을 겪게 하는 지속 가능성의 근본적 문턱으로서 일차적인 나르시시즘의 중요성을 강조하는 것이 중요하다. 내가 종종 내 작업에서 주장해온 것처럼, 어떤 한 사람이 주체성을 해체하거나 분해하거나 재정의하거나 포기하기 전에 그는 우선 주체가 되어야 한다. 그렇지 않으면, 이것은 자기 소멸의 비법이 될 것이다. 이리가레가 주장하는 것은 이 기초들의 재구축 과정(일차적인 나르시시즘)은 반드시 또 다른 여자를 필요로 한다는 것이다. 이는 우리가 모두 여자로 태어났기 때문이며, 어머니의 각인은 지속적이고 근본적인 중요성을 지니고 있기 때문이다. 팔루스중심주의 아래에서 모성은 상징적인 인식의 결핍 또는 부재를 표시하는 반면에, 이리가레가 제안한 '잠재적 여성성' 안에서 모성은 힘 기르기 하는 긍정적인 몸짓으로 변할 수 있다.

퀴어적 방식에서든 급진적인 이성애적 방식에서든, 나는 성적 정체성과 섹슈얼리티에 전복적으로 접근하는 것은 페미니즘적인 유목적 여성 되기 과정의 유산 중 하나라고 생각한다. 즉, 대상 선택(동성애/이성애/'도착perverse') 또는 성생활 양식의 선택은 욕망하는 주체들의 구조에서 이 과정에 수반되는 구조적 변화보다 훨씬 덜 중요하다. 나는 '여성 되기'의 성애론을 활력 있는 관능성으로 보고자 하는데, 이는 체화된 주체에 깊이 붙들려 남아 있다. 이 것은 들뢰즈, 이리가레, 그리고 프랑스와 대륙 문화가 상당히 많이 속해 있는 '마술적 유물론'의 전통과 일치한다. 이러한 다량의 전통이 자유사상 문학, 또는 푸코가 주류 문화에서 사라진 것을 유감스럽게 여긴 **성애의 기술**ars erotica에 가깝다는 것은 역사적으로 그것을 더욱 흥미롭게 만들 뿐이다. 여기서 두 가지 핵심 아이디어는 강조할 가치가 있다. 첫째, 육화된 주체의 특수한 지성을 강조하는 것, 둘째, 정신분석학을 지속하면서 다투어나가는 것, 그리고 욕망을 결핍과 부정성에서 분리하는 대신 충만함과 풍부함으로 생각하는 기획이다. 이 두 가지 개념적 축은 뤼스 이리가레의 초월적 경험론과 성차 전통의 다른 목소리들을 들뢰즈의 '여성 되기'의 관능주의적 성애론과 양립할 수 있게 한다. 나는 이것을 다음 장에서 논의할 것이다.

이는 결국 정치적, 윤리적 열정으로서의 페미니즘을, 따라서 페미니스트 주체 위치를, 주어진 것이 아닌 하나의 기획으로서, 즉 어떤 여성들이 모두를 위해 갈망하고 또 그것을 위해 노력할 수 있는 것으로서 간주하는 것이다. 나는 이것을 고전적 인본주의와 개인의 자유주의적 관념에 똑같이 반하여 비통일적이고 유목적인 주체를 가정한 페미니즘 정치의 '강도적인' 읽기라고 부르고 싶다. 따라서 비록 그것들이 아직 실현되지 않고 바람직한 목표로 남아 있기는 하지만, 정치적인 것의 예시는 품위, 사회정의, 인권에 대한 기본적인 추구에의 의도적인 약속에서만 상정되는 것이 아니라, 그것을 강조하는 열정과 가치관의 관점에서도 또한 정의될 수 있다. 윤리적 열정의 이 '유형론'은 니체에게 영감을 받아 들뢰즈와 더불어 읽는 접근법이다. 그것은 우리에게 투명하고 자명한 입장이 아니라 복잡하고 모순적이며 다면적인 입장에서의 의지적 선택들을 볼 수 있게 해준다. 자기 자신의 '동기'나 의도성에 대한 의심은 사람을 냉소주의나 허무주의 또는 상대주의로 비난하지 않는다. 반대로 정치적 운동에 정동성과 자기반사성, 기쁨을 주입함으로써 정치적 신념을 충만한 영감으로 되돌려놓을 수도 있다.

나는 페미니즘이 페미니즘에 참여하는 사람들을 자유롭게 하는 것은 궁극적으로 자유, 존엄성, 정의, 명랑함, 즐거움에 대한 갈망이라고 자주 주장해왔다. 이러한 가치들은 이성적인 신념과 정책으로 번역될 수 있지만, 애초에 운동 전체를 자극하는 욕망의 하위 기층을 형성하기도 한다. 정치는 우리의 열정에서 출발한다. 이는 웃음과 기쁨이 심오한 정치 무기와 발언이었던 여성운동 초기의 전투적 시대에는 상당히 분명했다. 이 디오니소스적인 힘의 대부분은 포스트모던 고딕 양식의 암울함으로 가득한 오늘날에는 남아 있는 것 같지 않지만, 우리는 그것을 다시 불러들이는 것이 좋겠다. 들뢰즈는 1968년 5월의 정신을 촉각의 가벼움, 가능성들을 여는 감각, 삶의 잠재력에 대한 깊은 힘 기르기 같은 것으로 특징지었지만, 나는 급진적이거나 위반적인 움직임이 적합할 것이라고 생각한다. 이러한 고조된 감수성은 정치적이고 인식적인 사회적 변화와 의도적으로 선택된 다른 정치적 조치들을 동반하는 동시에 가능하게 한다. 그러나 다른 곳에서와 마찬가지로 페미니즘에서도 혁명적 열정에 대해 치명적이리만큼 진지한 사제들을 넘어서 사회적 변화 과정의 흥겨운 측면을 재평가하는 것이 중요하다.

나는 긍정적이고 힘 기르기 하는 열정을 강조하는 것이 '잠재적 여성성'을 감각적 초월로 보는 이리가레의 관점과 주체를 경험적 초월로 보는 들뢰즈의 관점 사이에 교차하는 또 다른 지점이라고 생각한다. 분기점이자 공통점은 오늘날 페미니스트적인 입장이 들뢰즈의 사유에 호소하는 방식을 조명한다. 이리가레가 들뢰즈의 다양체 개념과 성차화된 정체성들의 분산을 새로운 여성 주체성의 긍정에 방해가 된다고 비판한 반면, 위티그는 반대로 젠더 체계의 성적 양극화에서 벗어나는 방편으로 환영하고 있다는 것은 문제의 척도를 제시해준다. 그러나 나에게 중요한 것은 들뢰즈의 작업에 대한 이 '논쟁'이 매우 환영받고 있으며, 동시대 비평 이론과 문화 연구에 힘을 부여한다는 점이다.

이리가레, 들뢰즈와 가타리가 급진적 내재라는 개념을 통해 주체의 체현되고 내장된 성격에 중점을 두는 것은 권력 문제와 관련해 정치적 예리함을 그들의 철학에 부여한다. 그것은 또한 권력의 사회적 관계에 주체를 끼워 넣는 윤리적이고 생태적인 차원에 대해 비판 이론을 개방한다. 지식 주장들은 주체성의 내재적 구조에 달려 있으며 추상적인 초월성을 향한 인력에 저항해야 한다. 이리가레에게 이것은 남성과 여성이 각각 즐기는 비대칭 형태의 체현을 급진적으로 탐구하는 것에 해당한다. 그것은 육체로부터 멀어지는 것이 아니라 육체를 거쳐서 가는 초월의 길이다. 다른 한편, 들뢰즈와 가타리에 따르면, 아는knowing 주체는 영토, 자원, 위치, 힘이라는 물질적 용어로 다시 사유되었다. 이것은 고전적 인본주의의 시공간적 연속체와의 단절이다. 마찬가지로, 주체의 경험적 토대를 제공하고, 주로 생물학, 특히 기억과 욕망뿐 아니라 정동을 포함하는 것과 관련 있는 요인들의 연속성을 과소평가하는 경향이 있는 사회 구성주의의 환원주의를 넘어서 움직이는 것이 중요하다.

더욱이 비통일적이면서 다양한 권력관계에서 체현된/내장된 주체를 가정하는 포스트구조주의 철학은 또한 주체의 구조화에서 시간성과 기억력에 훨씬 더 중심적인 위치를 부여한다. 예를 들어, 이리가레는 그에 대한 적절한 사회적 재현과 응용을 찾기 위해 여성의 특정한 시간성(주기적, 반복적, 유체적)을 요구한다. 그녀는 또한 여성 계보학을 실험 자원으로 소비하고 변형하는 실험실, 과거의 상징적인 비참함에서 힘이 부여된 대안적 상상으로 전환하기 위한 실험실로 페미니즘을 바라본다. 반면, 들뢰즈의 내재성의 철학인 '유목론nomadology'은 환경적으로, 정동적으로, 인지적으로 이해되는, 주체의 자원의 봉쇄와 개발의 원칙으로서의 지속 가능성에 대한 생각에 근거한다. 따라서 이렇게 구성된 비통일적 주체는 연속적인 '되기'의 능동 시제인 시간에 거주한다. 들뢰즈는 '되기'를 베르그송의 '지속'이라는 개념과 관련하여 정의하고, 따라서 주체의 개념을 지속하는 실재로 제시하는데, 이는 지속 가능한 변화와 변형을 계속하고, 공동체나 집단 내에서 자신을 중심으로 그 변화와 변형을 시행한다는 것이다. 이러한 관점에서 지구/가이아조차도 사회 환경과 생태 환경 양쪽 모두와 각각 상호작용할 주체들에 의해 건설될, 앞으로 도래할 공동체의 파트너로서 위치 지어진다. 들뢰즈와 가타리는 스피노자에게 의지하여 활력적이지만 반본질주의적인 내재성의 이론에 대한 철학적 토대를 찾는다. 그들은 주체와 주체의 맥락 사이의 연속성을 사회적으로(권력관계) 그리고 윤리적으로(지구와의 인접성) 모두 재고한다. 그들은 인본주의적 세계관이나 전체론적 세계관을 언급하지 않는데, 이것은 지금까지 인본주의적 주체가 자신의 '타자들'과 변증법적으로 반대하여 그 위에 서 있던 기둥들이었다.

이러한 관점에서 나는 이러한 급진적 내재성의 철학들에서, 인간중심주의에서 생명 중심 평등주의로 강조점이 변화하는 것을 본다. 나는 3장과 4장에서 이것에 대해 다시 논할 것이다. 그러나 인간적 우주와 비인간적 우주 사이의 모순과 불연속성을 과소평가하지 않고, 따라서 둘 사이의 상호작용을 낭만화하지 않는다는 점에서, 급진적 내재성의 철학은 심층생태학과는 다르다. 오늘날 가장 확신에 찬 사회 구성주의자들조차도 신체의 수행은 오로지 사회적 코드나 상징계적, 상상계적 질서에만 속할 수 없으며, DNA 스크롤 성경에 되돌려져 다시 읽힐 수도 없다고 주장한다. '자연'과 '신체'는 모두 본질주의 쪽으로 미끄러지거나, 그 반대편의 신세대가 순진하게 환영하는 실증주의적 환원에 휘말리는 경향이 있는,

다루기 힘든 범주들이다. 생물 다양성의 정치, 자연과 사회의 상호 의존성의 시대에, 마음과 몸의 구별은 고전적이고 이중적인 사고 습관 밖에서 탐구될 필요가 있다. 여기서 핵심 용어는 '급진적 내재성', 즉 체현된 주체의 깊이 내장된 관점이다. 유물론으로서 이는 모든 수준에서, 특히 생물학적인 수준에서 신체를 포괄하는 한, 하나의 해답을 제공할 수 있다. 현대 유전학과 분자생물학의 관점에서 신체를 자가 유지 하는 힘들의 복잡한 체계라고 말하는 것은 실현 가능성 그 이상이다. DNA와 세포는 서로 효과적으로 의사소통하여 생명 정보를 전달한다. 생물 다양성 측면에서 우리 인간은 우리의 환경을 조작하는 데 적극적이고 파괴적으로 관여하고 있다. 신경과학은 기억력에 대한 우리의 이해와, 자아 발달에 필수적인 정보 검색과 저장의 수준을 높였다. 이는 비판적이고 좌파적인 지식인들이 더 이상 무시할 수 없는 증거다. 전문 과학자들과 그들의 산업적, 재정적 후원자들의 과대망상에 맡길 필요도 없다. 철학적 유목주의 페미니즘은 권력, 힘 기르기 및 책임의 문제를 전초적으로 다루면서, 변형의 과정으로서 체현과 성차를 모두 수용하려는 중요하고 의미 있는 시도다.

의식은 연속성의 패턴 내에서 끊임없이 변화하면서, 변동의 흐름의 측면에서 그에 따라 재정의될 필요가 있다. 오래된 신체-정신 간 접촉은 국가적으로 추진된 하향 전달식의 위계질서가 아닌 관점에서 재구축될 필요가 있다. 과정, 흐름, 사이 상태는 개념적 표현으로 심각하게 고려되어야 한다. 연속성과 불연속성이 똑같이 고려될 필요가 있다. 내적 복잡성과 비순차적 효과는 우리 사유의 상태로 받아들여져야 한다. 이러한 복잡성에 부응하기 위해서는 개념적 창의력과 '아는 주체'로 설명되는 것에 대한 전통적인 믿음에서 벗어나는, 향수에 빠지지 않는 건강한 분리가 필요하다.

그런 힘과 포부를 동원하는 페미니즘 기획은 힐러리 클린턴의 두뇌, 마돈나의 외모, 애니타 힐의 용기, 캐시 애커의 재능을 지닌 포스트 대문자 여성 주체들의 불같은 에너지와 힘과 포부를 한데 섞을 것이다. 그러나 이는 또한 독자들을 점점 더 복잡해지는 단계에 포함시킬 가능성이 있다. 하지만 이러한 어려움에도 불구하고, 성차의 문제들과 다이애나 왕세자비와 다르지 않은 대안적 페미니스트 주체 위치에 대한 탐색은 간단히 사라지지 않으리라는 것이 나의 열정적인 신념이다.

2장 들뢰즈와 페미니즘을 지그재그하기

"일종의 질서 혹은 분명한 진보가 우리 자신을 발견하게 되는 되기의 선분들segments에 대해 성립될 수 있다. 여성 되기, 아이 되기, 동물 되기, 식물 되기, 광물 되기, 모든 종류의 분자 되기, 입자 되기 등."

질 들뢰즈와 펠릭스 가타리, 『천 개의 고원』, p. 272.

"되기 위해서는 지평선으로서 (필연적으로 성차화된) 젠더나 본질이 필요하다. 그렇지 않으면 되기는 자신의 미래가 없는 부분적 또는 다중적 되기만이 되어 이 과정에 대한 책임을 타자나 타자의 대타자에게 전가하게 된다. 되기는 될 수 있는 모든 것의 충만함을 성취하는 것을 의미한다. 이 과정은 분명히 제한이 없다."

뤼스 이리가레, 『성과 동족성』, p. 73.

이 장은 정체성, 섹슈얼리티, 성차에 대한 논의를 새롭지만 평행한 방향으로 확대한다. 나는 들뢰즈 철학이 대부분 페미니즘 이론에 대해 여전히 논쟁적이고 양가적으로 쓰인다고 주장할 것이다. 특히 그의 추종자—대부분 남성—들 사이에서 그렇다. 그러나 들뢰즈주의 페미니즘의 증가하는 **자료체**corpus는 놀라울 정도로 세밀하게 형성되고 있다. 나는 들뢰즈 철학을 적용하는 많은 긍정적 페미니즘의 용도를 명확히 하기 위해 들뢰즈의 작업을 위치시킬 것이다. 결과적으로 이 장의 목적은 이전 장을 반영하고 추구하며 복잡하게 하는 것이다.

| 들뢰즈의 유산 |

비오이디푸스적 사유의 쾌락

들뢰즈는 『안티 오이디푸스』에서 독자들에게 이중 구속을 남겨둔다. 이는 어떻게 하면 철학의 고아들의 바로 그 오이디푸스 자리에 우리를 앉히지 않고 그의 작업에 대한 우리의 찬탄을 정당화시킬 수 있을까 하는 것이다. 들뢰즈가 우리 모두에게 부적합하게 느껴지도록 기념비적이고 위협적인 기계라는 철학의 제도를 비판한 이상, 그 어떤 것도 더 이상 비들뢰즈적일 수 없었다. 들뢰즈는 이론적으로 이 문제를 다루었고, 철학이 부정적이고 분개하는 오이디푸스화된 감정을 얼마나 조장하는지를 체계적으로 공격했다. 그는 긍정적인 열정의 힘 기르기를 강조하는 철학적 실천과 관점, 죽은 백인에 대한 시체애호적 숭배에 반대했다. 따라서 들뢰즈는 헤겔, 후설, 하이데거의 성스러운 삼위일체가 지배하고 있다고 주장하며 철학사의 경전화된 견해와 논쟁을 벌이게 된다. 들뢰즈는 그들에 반대해 경험주의자들, 스피노자, 라이프니츠, 니체, 베르그송에 근거한 반계보학을 내세웠다.

더 중요한 것은, 오이디푸스화된(부정적) 영향들을 긍정적인(양陽적) 영향들로 바꾸는 윤리적 기획의 관점에서 들뢰즈는 자신이 좋아하는 저자들을 경전화하기를 거부한다는 점이다. 그래서 그 저자들을, 즉 매우 사랑하는 텍스트들을 있는 그대로 제시한다. 철학적 열정으로 즐겁게 전통을 무시하면서 들뢰즈는 그가 좋아하는 철학자들과의 매우 비오이디푸스적인 관계를 실천했다. 어떤 면에서는 그 철학자들의 정신, 즉 철학자들을 활기차게 하는 열정에 매우 충실하면서 들뢰즈는 또한 그들을 자신의 목적과 의도에 맞게 바꾸었다. 『안티 오이디푸스』에서 들뢰즈는 주인들(대가들)masters의 목소리를 단지 연습하는 것에만 사로잡히지 않는다. 들뢰즈는 '독신자 기계'를 통해 '브리콜라주bricolage'와 개념적 소매치기의 기술을 선택하고 고집한다. 따라서 그는 스피노자의 철학적 일원론을 간직하지만, 다만 그 일원론을 신의 지배를 받는 이성적 실체 개념에서 빼내오기 위해서일 뿐이다. 그는 베르그송의 지속 개념을 선택하지만 베르그송의 시간 관념의 일원론을 거부한다. 그러나 들뢰즈는 두 경우 모두에서, 스피노자와 베르그송 기획의 정동적 구조들, 다시 말해 그들의 사상이 표현하는 포텐티아, 강도 또는 긍정의 정도에 대해 비할 수 없으리만큼 충실하다. 들뢰즈가 유지하고 반복하고 향상시키는 것은 자신이 가장 좋아하는 사상가들의 철학에서 가장 긍정적인 측면들이다. 그렇게 함으로써 그는 논평에 대한 논평 너머의 끝없는 논평에 대해 고되게 글을 남기는 철학적 스타일을 실험한다. 이것은 그 제도들이 철학을 축소시킨 관료주의적 규약과 결별한다. 따라서 이 훈련은 삶을 향상시키는 텍스트들의 급진적이고 낙관적이며 극도로 고무적인 기록 보관소로 재정의된다. 내가 철학적 유목주의에서 중요시하는 것은 사유의 효력, 즉 사유 활동을 실제로 즐기는 체화된 정신의 즐거운 폭발적 지성이라는 관점에서 사유를 바라본다는 점이다. 따라서 철학적인 텍스트는 열정의 파편화 폭탄처럼 작용한다. 내가 '과도하게 지식을 사랑하는' 사유 차원이라고 일컫는, 지적 삶의 주도적 원칙으로서의 쾌락에 대한 이러한 강조는 여전히 철학적 가르침의 핵심에 있는 죽은 자에 대한 경전화된 숭배와 정면으로 충돌한다. 이런 점에서 들뢰즈가 사유의 성애를 강조한 것은 스캔들에 다름 아니다.

그를 따르는 사람들에 대한 영향은 위압적이다. 만약 오이디푸스화된(부적합하다고 느끼게 되고, 분개하고 질투하고 부러워하고 부정적인 정동들이 주입된) 철학이 추종자들에게서 이끌어낸 찬양인 일종의 '사랑'이라면, 어떤 형태의 저항이 가능한가? 들뢰즈는 이론적 아버지들을 상대로 개념적인 반란을, 즉 연장자들에게 오이디푸스적인 존경심을 표시하는 비극적인 엄숙함 대신에 일종의 즐겁고 관대한 불복종을 설파하고 실천했다. 나는 들뢰즈의 추종자들이 어떻게 행동해야만 하는지 궁금하다. 즉 들뢰즈의 남성 상속자들은 들뢰즈의 상실을 애도하려는 충동과, 철학에 있어서 탈오이디푸스화하는 실천을 철저히 지키려는 의지를 결합할 것인가? 어떻게 이러한 긴장을 경험할 것이며, 잠재적으로 모순적인 입장들은 여성성과 페미니즘에 대한 그들의 견해에 어떤 영향을 미칠 것인가?

나는 무례disrespect를 사랑하기라는 들뢰즈의 이론이 해체가 선호하는 주체의 '이중 전치'(Spivak 1983) 전략과 다를 바 없다는 것을 알게 되었다. 이는 오이디푸스화 과정으로도 알려진, 팔루스로고스중심적 주체에 의해 부과된 모방의 경직된 패턴에 저항하게 하는 전략적 움직임이다. 스피박과 마찬가지로 데리다에게 어떤 주체는 여성적인 위치를 취해야만, 즉 히스테리적 전치를 통해야만 법의 아주 진지한 반복의 치명적인 함정을 피할 수 있다(Derrida 1980). 이는 오이디푸스화하는 주인의 발밑에서 벗어나 기반을 옮기는 것과 같다. 따라서 이런 종류의 저항에 대해 여성성이 지불하는 대가가 상징적 부재라는 사실에도 불구하고, 데리다는 자신의 권력에 대한 저항의 한 형태로서 여성성을 환영한다. 그 후, 아포리아적인 일종의 신념에서, 데리다는 모든 페미니스트들의 소위 남근성에 대항하여, 정의할 수 없는 여성성을 주장하는 데로 나아가며(Derrida 1987), 그로 인해 상처에 모욕을 더한다.

철학적 유목주의는 다른 경로를 취한다. 들뢰즈의 철학 스타일은 이것과 상당히 다른데, 이는 상징적인 부재로서의 여성성에 대한 정신분석적 전제로부터 전혀 출발하지 않는다는 점에서 그러하다. 그와 반대로, 들뢰즈는 정신분석 이론과 실천에 내포된 부정성의 변증법의 반전을 성취한다. 성의 변증법적 덫으로부터 사유의 작용을 해제하기로 결정한 들뢰즈는 팔루스중심주의에 연루되어 그것을 지지하는 유의 열정을 변형하는 윤리를 실천한다. 그렇게 함으로써 들뢰즈는 페미니즘 사상의 전복적이고 불손한 가닥들과 동맹을 맺게 된다.

비극적인 팔루스적 장엄함의 감각은 카드들은 모두 카드 한 갑 속 카드들일 뿐이고 황제는 벌거벗었다고 선언하는 '이상한 나라의 앨리스'의 즐거운 웃음소리에 의해 폭발한다. 팔루스의 오이디푸스화하는 경제에 의해 유도되는 부정적 열정의 초월성, 즉 들뢰즈가 칭하는 '영혼의 파시즘'은 변형의 원동력이다. 이러한 변형 과정의 또 다른 이름은 '되기'이다. 되기는 서로 영향을 주고받기 쉽고 창조적이고 부당하지 않은 방식으로 서로의 부분을 교환하는 주체, 실체, 힘 사이의 내재적 조우를 현실화하는 것이다. '힘'의 개념은 들뢰즈가 급진적인 내재성을 강조하는 데 중심적인 이중의 목표를 달성한다. 한편으로는 주체에 대한 그의 이론에서 정동성을 우선시하고, 다른 한편으로는 주체의 체현된 구조와 체현된 인간의 특수한 시간성을 강조하는 것이다. 힘은 다른 정동들과 마주치는 것에 개방적이고 수용적이라는 점에서 정동성 또는 강도의 정도를 의미한다. 되기의 과정에서 일어나는 변형은 부정적인 영향보다 긍정적이고 즐거운 영향을 역설한다.

의심의 해석학인 한 페미니즘은 주인의 목소리에서 벗어나는 하나의 요인으로 작용한다. 결과적으로 페미니스트 들뢰즈주의자로서, 즉 개념적 불복종을 설파한 몇 안 되는 철학자의 반오이디푸스적이지만 열정적으로 의무적이지는 않은 딸로서 나는 아주 간단히 이상적인 위치에 있는 나 자신을 발견한다. 사실 그의 주인으로서의 목소리와의 이 구조적—즉 (페미니즘에 의해) 외부적으로 유도된—거리보다 더 들뢰즈적일 수 있는 것이 무엇이겠는가? 이 위치에서 나는 신들뢰즈주의 철학자들의 치명적으로 진지한 스타일에 대해 점점 더 놀라게 된다. 그들은 어떻게 그렇게 오이디푸스화될 수 있는지, 어떻게 오이디푸스로부터 벗어날 수 있는지 궁금해하면서 말이다. 그러므로 나는 이 반오이디푸스적인 비非주인에 대한 애도의 적절한 방법은, 심지어 그의 추종자들 사이에서도 그리고 특히 그의 추종자들 사이에서, 긍정적이고 다중적인 차이들에 대한 즐겁고 무례한 긍정일 수도 있다고 제안한다. 사랑스러운 종류의 불손함—심지어 그 자신의 철학을 향한 것조차—은 새로운 형태의 사유와 새로운 애도 의식에 힘을 실어주는 방법 중 하나로, 비오이디푸스적 방식으로 들뢰즈주의자가 되는 것이다.

들뢰즈에 대한 언급은 페미니즘 이론에서 엄청나게 증가했다. 수용의 초기 단계에서 그 어조는 더욱 논쟁적이었다.[1] 그러나 점점 더 많은 긍정적인 목소리가 들뢰즈에 대한 페미니즘적 읽기에 나타났다. 예를 들어, 브레이Bray와 콜브룩(1998)은 들뢰즈의 작업이 페미니즘에 양陽적이고 능동적이며 긍정적인 윤리의 가능성을 제공한다고 주장한다. 비록 이 저자들이 그러한 윤리에 의해 가능해질 구

---

1   다음을 보라. Rosi Braidotti (1981) 'Féminisme et philosophie: la critique du pouvoir et la pensée féministe contemporaine', doctoral dissertation, May 1981, Pantheon-Sorbonne University Paris; (1984) 'Femmes et philosophie: questions à suivre', *La revue d'en Face* 13, 23-33; (1985) 'Modelli di dissonanza: donne e/in filosofia' in Patrizia Magli (ed.), *Le Donne e i segni*, Urbino: Il Lavoro editoriale, 23-37; (1991a) *Patterns of Dissonance*, Cambridge: Polity; Jardine 1985; Emerton 1986.

체적인 규범과 조치에 대해 더 자세히 설명하지는 않지만, 나는 그들의 들뢰즈에 대한 평가와 긍정에 대한 선호를 공유한다. 최근 저작인 『들뢰즈와 페미니즘 이론Deleuze and Feminist Theory』(Buchanan and Colebrook 2000)에서 콜브룩은 들뢰즈의 유산이 단순하지 않고 어쩌면 단순할 수도 없으나, 페미니즘에 엄청난 영감을 주고 있다는 점을 지적한다. 여성 되기의 문제는 분명한 걸림돌로 남아 있다. "여성운동은 '분자' 되기의 도중에 잠시 동안만 '몰적'이 되어야 한다거나 정체성에 대해 관심을 가져야 한다는 말인가?"(Colebrook 2000a: 2) 그러나 성차 개념에 대한 들뢰즈의 재작업의 영향은 매우 깊어서 논쟁은 비교적 희미해진다. 콜브룩은 궁극적으로 우리가 차이, 특히 성차를 이해하는 방식은 우리가 철학을 이해하는 방식에 영향을 미친다고 호소력 있게 주장한다.

들뢰즈의 작업은 페미니즘과 높은 관련성을 가지고 있다. 그는 차이, 섹슈얼리티, 변형의 문제에 큰 공감을 보일 뿐만 아니라, 긍정적인 힘을 여성성의 자리에 투자한다. 비오이디푸스적인 앨리스, 즉 오이디푸스 법칙에 의해 자신의 몸을 막 강탈당하게 되려는 어린 소녀의 형상, 또는 철학자의 약혼녀 아리아드네의 보다 긍정적인 형상에 의해 전달된 철학의 여성적인 얼굴은 부정적인 가치에서 긍정적인 가치로 변환시키는 원천 중 하나이다. 이러한 윤리적 변신을 통해 들뢰즈는 단순한 비판과 적극적인 힘 기르기를 분리하는 경계를 극복할 수 있다. 마지막으로 중요한 것은, 들뢰즈가 철학의 '여성 되기'를 강조한 것은 새로운 종류의 남성적 스타일의 철학을 보여주는 것이라는 점이다. 그것은 팔루스중심주의의 구속복을 벗고 몇 가지 위험을 감수하는 법을 배운 철학적 감수성이다. 들뢰즈의 사유에서 '타자'는 고전 철학에서처럼 상징적이고 변함없이 흡혈귀화된 이타성異他性의 표시가 아니다. 또한 그것은 해체주의에서처럼 페티시화되고 필연적으로 타자화된 '타자'도 아니다. 이는 교환들과 되기들의 움직이는 지평인데, 포스트모더니즘의 비통일적 주체들은 그 지평을 향해 이동하고, 또한 그 대가로 그 지평에 의해 움직인다.

나는 어느 정도 수준에서 들뢰즈와 페미니즘 이론 사이의 상호관계는 단순히 친연성의 문제, 즉 표피적인 종류의 것이라 말하고 싶다. 비관습적, 도발적, 비선형적 유목주의 스타일은 지배적인 과학 담론에 대한 모방적 관계로부터 벗어나려는 페미니스트들의 무정부 정신에 호소한다. 이는 사상들의 명제적인 내용에서 사상들이 표현하는 강도의 전하, 질, 정도로 강조점이 변화하는 것을 의미하기 때문에, 여기서 형상화의 문제는 중요한 결속력을 형성할 수 있다. 이는 사고 과정과 삶, 체험 사이의 근접성을 주장해온 페미니스트 이론가들에게 틀림없이 호소한다. 페미니즘은 사실, 존재의 살아 있는 과정, 말 그대로 정신과 육체, 이론과 실험 사이의 공간들을 재사유하는 데 기여했다.

페미니스트 철학자들(Lloyd 1985)도 이러한 변화를 수 세기 동안 이어져온 이분법들을 전복시키는 과제에 연결해왔다. 페미니즘과 유목적 사유 사이의 가능한 동맹의 핵심은 이원론을 극복하고 삶과 사유를 다시 연결하기 위한 이러한 탐색이다. 그것은 주체성을 강도적이고 다중적이며 불연속적인 상호관계의 과정으로서 재사유하기 위한 공동의 약속이다. 나는 이것을 포스트모더니즘(hooks 1990)의 급진적 힘, 즉 비판을 넘어서서 비민족중심적, 비팔루스중심적 방식으로 상호연결을 모색하는, 역사적으로 위치한 주체들의 공동체를 이끌어내기 위한 것으로 표현하고자 한다. 만약 이것이 당신들 독자들에게 중요하다고 느껴진다면, 의심의 여지 없이 그렇다.

들뢰즈는 정동의 흐름과 연결을 그리는 능력 측면에서 이론 수립의 실천을 재정의한다. 따라서 들뢰즈는 주체를 정동적이거나 강도적인 실재로서, 그리고 관념들을 사건들, 즉 예기치 못한 삶의 가능성을 열어주는 활동적인 상태로서 묘사한다. 다시 말해서 관념의 진리는 정동의 종류와 정동들이 발산하는 강도의 정도에 있다. 관념은 거부와 부정의 힘을 압도하는 긍정과 기쁨의 힘의 동원 여부에 따라, 고귀하거나 보잘것없거나, 능동적이거나 반응적이다. 관념의 진가를 좌우하는 것은 정동성이다. 들뢰즈는 팔루스로고스중심주의에 의해 선호되는 선형적이고 자기반사적인 사유 양태와 비교해 이 새로운 사유 스타일을 '리좀적' 또는 '분자적'이라고 정의한다. 이러한 사고 활동의 새로운 형상화는 수직적 구분에 반대되는 그물망과 같은 상호작용과 상호연결성을 제안하는 능력으로 선택된다. 들뢰즈는 '소수자' 의식의 개념을 상정함으로써 연속적인 되기의 흐름으로서의 주체에 대한 이러한 관점을 옹호하는데, 이러한 소수자 의식 중에서 '여성 되기'는 어쨌든 상징적이다.

| 되기 개념에 관하여 |

'되기'의 개념은 이리가레와 들뢰즈의 철학적 관심사의 핵심이다. 체현된 유목적 주체들은 이동성, 가변성 및 일시성을 특징으로 한다. 이러한 주체들의 사고의 힘은 심층적 내면성의 표현이나 초월적 모델의 제정이 아니다. 그것은 경향성인데, 주체의 외향적 성격을 표현하는 성향이다. 사고는 비인격 힘들의 다양체와의 연결을 수립하는 한 가지 방법이다. 이로부터 나는 페미니스트들의 관심사와 들뢰즈의 사유 사이의 동맹에서 가장 유익한 출발점은 다르게 사고하려는 활동을 상상하려는 노력에 있다고 생각한다.

이론적 사고에서 서구 스타일을 해체하려는 결정에서 들뢰즈는 팔루스로고스중심주의의 일원론적 담론과 역사적으로 결합된 이원론적 대립을 뛰어넘는다. 포스트구조주의 철학자들 중에서 가장 '철학적인' 들뢰즈는 특히 로고스중심적 체계의 이항 논리를 공격하고, 단순히 대립의 용어를 뒤집는 것이 아니라 이분법적 대립의 바탕이 되는 사상 구조를 극복하자고 제안한다. 요점은 변증법을 넘어서는 것이다. 스코터스Scotus를 인용하면서, 들뢰즈는 서구 사유에서 존재가 일의적인 정도, 일자, 동일자인 정도를 강조하고, 계층적으로 정해진 일련의 차이들을 통해 존재의 동일성을 주장한다. 주체의 고전적인 개념은 차이를 동일성으로서의 정체성이라는 개념의 하위 집합으로 취급한다. 즉 모든 다양한 자격과 속성에서도 하나이자 동일한 것으로 남아 있는 존재라는 규범적 이상과 동일시하는 것이다. 이러한 일의성은 서구 형이상학의 도덕 담론에 의해 포착되었다. 따라서 본질적으로 사유의 규범적 이미지에 달려 있으며, 이 규범적 존재는 의식, 이성적 판단과 일치하며 불멸의 영혼을 부여받은 주체라는 것이다. 그러므로 동일자의 권력과 우위를 변증적으로 긍정하기 위해 조직된 이항 대립의 반응적인 극에서 그것을 분리하기 위해 '차이'를 생각하는 것이 중요하다. 들뢰즈의 목표는 차이를 가능한 차이들의 다양체 면에서, 차이들의 긍정성 면에서 인정하는 것이다.

앞에서 내가 주장했듯이, 근대성의 개념적이고 윤리적인 지형을 정의하려는 노력과 팔루스중심주의의 케케묵은 이항 대립에서 벗어나려는 결심에서, 들뢰즈는 유물론의 고전적 근원으로 돌아간다. 그렇게 함으로써 그는 루크레티우스, 경험주의자들, 스피노자와 니체를 통해 활동, 즐거움, 긍정, 역동 또는 분자 되기를 강조하는 사유의 계보를 제공한다. 들뢰즈는 대부분의 서양 철학에서 비활동적이고 죄의식에 사로잡히며 삶을 부정하는 도덕적인 어조이자, 끊임없는 규칙성으로 자신을 영속시키는 독단적인 사고의 이미지인 다수자의 사유에 이를 대립시킨다.

들뢰즈는 주체에 대한 이러한 관점의 연속성을 헤겔을 거쳐 동시대의 정신분석학에서 추적한다. 니체의 비유적figurative 화법을 채택한 들뢰즈(Deleuze and Guattari 1980)는 욕망에 대한 라캉의 부정적인 시각, 깊은 '내적' 진리의 블랙박스인 무의식에 대한 형이상학적 개념, 거세와 결핍에 대한 강조에 '노예의 도덕'이라고 이름 붙인다. 그는 전치와 생산, 욕망의 측면에서 무의식을 긍정하는 것을 선호한다. 앞 장에서 주장했듯이 나는 무의식을 주체와 주체의 의식 사이의 구조적 비일치성을 표시하는 것으로 이해한다. 이 비일치성은 사고하는 주체를 충만함과 자기 투명성이라는 환상과 망상으로부터, 즉 팔루스중심주의 체계를 지지하는 자아의 단일하고 동일한 이미지로부터 분리시키는 이접disjunction이다.

그러므로 이러한 관점에서 사유하는 주체의 구성은 욕망하는 주체의 구성과 분리될 수 없다. 즉, 정동성과 지적 능력은 상상력과 이성의 분리를 어렵게 만드는 방식으로 결합한다. 여기서 핵심적 생각은 욕망이 자아 구성 과정의 첫 번째이자 가장 중요한 단계라는 것이다. 전체 절차를 가능하게 하는 것은 알고자 하는 의지, 발언하려는 욕망, 말하고 생각하고 재현하려는 욕망이다. 처음에는 알고 싶은 욕망, 즉 욕망에 대한 지식, 갈망, 성향, 인력만이 있을 뿐이다.

들뢰즈는 철학적 유목론에서 이러한 생각을 발전시키는 데 이중 전치를 작동시킨다. 첫째는 철학적 사고에서 지배적인 플라톤의 재현 이론과 관련이 있다. 들뢰즈는 '원본' 또는 '실재' 이데아, 즉 동일성의 체제와 '시뮬라크르' 또는 복제, 즉 차이의 체제 사이의 질적 구분을 전복한다. 변증법적으로 타자/차이와 연결함으로써 일자/동일자를 우선시하는 오랜 세기 동안의 전통을 따르는 대신에, 철학적 유목주의는 위반을 이뤄낸다. 들뢰즈는 동일성과 차이가 반사적이지 않고, 따라서 부정에 의해 변증법으로 연결되어 있지 않으며, 오히려 그것들은 질적으로 전혀 다른 종류라고 주장한다. 동일성과 차이는 **두개**의 분명히 다른 타자들 혹은 동일자들이며, 변증법적 상호연결에서 분리된 것이다. 플라톤주의의 이러한 전복에 의해서 들뢰즈는 동일성과 차이가 같은 동전의 양면이 아니라, 두 개의 비교할 수 없고 고도로 특수한 존재의 양태들이라고 결론짓는다. 여기서 중요한 것은 주체는 복잡하고 이질적인 비통일적 실재이며, 따라서 타자는 시뮬라크르, 즉 수 세기 동안 지속되어온 주체의 '형이상학적 카니발리즘'에서 포착된 반사상이 아니라는 점이다. 대타자는 스스로에 의존하는 되기의 매트릭스로서, 동일자가 실제로 자신의 자기 인식에 의존하는 새로운 종류의 실재를 만들어낸다. 중요한 것은 사이 공간, 간격, 각각의 차이들 사이의 전이에서 무엇이 일어나는가 하는 것이다. 이것은 '일원론의 이질적 표지'(Halberstam and Livingston 1995: 10)가 아니라 긍정적인 차이의 펼침unfolding이다.

두 번째 전치는 앞에서 말한 바와 같이 정신분석학과 관련하여 일어난다. 라캉에 분명히 반대하면서 들뢰즈는 내부성의 신화를 폭발시키고, 대상을 결핍, 기표, 부정의 척도로 지표화하는 상징적 체계의 전능성을 거부한다. 이는 기원이라는 모성적 자리의 형태로 체화된 물질성의 구성적 상실을 포함하며, 애도와 우울증의 부정적인 상징 자본을 주체에게 남긴다. 정신분석학은 또한 반사적 타자들을 팔루스의 전통적인 주변으로 만들면서 팔루스의 주권을 주장한다. 마지막으로 중요한 것은 정신분석학이 부재의 내재된 논리, 지연적, 차등적인 의미 할당으로 언어적 기표의 권력을 보증한다는 것이다. 다시 말해서, 철학적 유목주의는 육체의 물질성을 강조하는 포스트라캉주의로 이동하는데, 이때 육체의 물질성은 체화된 물질의 전前 반사적 재집합으로 재정의된다. 이 '육체적'

차원은 스피노자의 코나투스conatus에서 자유롭게 차용됐는데, 즉 되고자 하고 되기를 계속하는 생물의 열망과 같은 활력적인 용어로 이해된다. 이러한 점에서 신체/소마soma라는 용어는 정신/프시케psyche에 대한 이항적 반대에서만 이치에 맞다. 따라서 리좀적 체계에서는 부적절하다.

들뢰즈는 유목론에서 정신분석 이론 및 철학과 함께, 헤겔적 유산을 결핍과 부정성이라는 짐과 기호학적 장치의 우울한 자기 참조라는 점에서 명시적이고 의도적으로 공격한다. 나는 이것을 성직자들, 판사들, 검열관들, 고해 신부들, 포르노 작가들의 철학이라고 부르고 싶다. 그들 모두는 부정적이고 분개하고 부인하는 정동에 의존하고, 따라서 긍정적인 생명력으로서의 포텐티아를 거부한다. 들뢰즈는 주체를 구성하는 반복의 패턴을 헤겔 박사의 지옥의 기계에서 분리하여 변증법적 대립에서 해방하는 데 집중한다. 만약 동일성과 차이가 정말로 완전히 '다른' 진리의 체제로 상정된다면, 둘의 상호관계는 새롭게 그리고 가능하다면 어떤 개념적 창조성과 함께 생각될 필요가 있다. 이 고도로 철학적인 논점의 요지는 사실 지금쯤은 독자들에게도 꽤 친숙해져야 할 것이다. 그것은 사회적, 경제적, 문화적, 상징적 재현 체제가 매우 빠르게 변하고 있는 역사에서 주체성의 구조에 대해 생각하는 데 보다 혁신적이고 창조적인 에너지를 촉구하는 것으로 귀결된다.

경험적 초월

창의성을 사고 활동과 결합시킨 들뢰즈의 작업은 되기의 과정으로서의 사유의 긍정성이 특징이다. 이것은 팔루스중심주의의 상징 자본의 충실한 행정이라는 제도적 의미에서의 전통 철학 그리고 부정성을 실행하는 비판 이론 둘 모두의 경계를 초월한다. 탁월한 응집성의 작업체를 표시하는 다른 단계들 내내, 들뢰즈는 계속 긍정적인 열정들의 임파워링하는 힘을 강조하고, 따라서 경험적인 초월적 실재로서 체현된 주체를 재정의한다.

그렇게 함으로써 들뢰즈는 인간 본성의 '신화'를 공격하는 어떤 사회 구성주의자들보다도 더 앞서 나아가고, 정신분석이 성적 신체를 '신성화'하는 방법을 넘어서게 된다. 대신 들뢰즈의 철학은 이 두 가지 관점을 내가 활력론의 첨단 기술 용어라 부르는 것, 즉 생물 유기체와 생물 다양성의 존중으로 대체하는 것을 목표로 한다. 이것은 또한 그의 고유한 특징인 글쓰기의 '강도적' 스타일을 가능하게 한다. 결과적으로 이것은 인간 주체성과 그것의 정치적, 미학적 표현에 대한 대안적 형상화를 목표로 하는 기획으로 이어진다. 리좀, 기관 없는 신체, 유목민, 되기의 과정, 흐름, 강도, 주름 등은 들뢰즈가 우리에게 던져주는 이 대안적 형상화라는 무지개의 일부분이다.

앞 절에서 말했듯이, 들뢰즈에게 사유는 감각과 가치로 구성되어 있다. 하나의 개념의 가치를 고정시키는 것은 강도의 수준 혹은 힘이지, 사전에 확립된 규범적 모델의 근사치가 아니다. 개념은 강도의 선으로서, 강도의 어느 정도 또는 변이를 나타낸다. 개념은 매우 높은 강도의 활동적인 상태로, 예상치 못한 삶과 행동의 가능성을 열어준다. 개념은 삶의 긍정적인 힘을 더 높은 수준으로 전달하는 것이다. 이러한 개념의 힘은 그것이 (이론과 정치 모두 마찬가지로) '정의로운' 개념이나 노선에 대한 전통적인 탐색을 멈추게 한다는 것이다. 만약 개념이 제때에 발사된다면, 그것들은 '정의'도 '거짓'도 될 수 없다. 오히려 개념들을 지탱하는 힘, 정동, 열정의 강도의 정도와 수준에 따라 '정의'나 '거짓'이 될 수 있다. 부정적이고 반응적인 가치들에 대한 비판으로서의 철학은 또한 이러한 가치들을 지지하는 사상의 독단적인 이미지에 대한 비판이기도 하다. 이는 힘의 유형학(니체)이나 열정의 윤리학(스피노자)의 관점에서 사유 과정을 표현한다. 즉, 들뢰즈의 리좀적 스타일은 사유 과정의 정동적 토대를 전면에 내세운다. 다시 말해서 사유란 알고자 하는 욕망을 표현하며, 이 욕망은 단순히 그것을 지탱하는 것이기 때문에 언어로 적절하게 표현될 수 없다는 점에서 대단히 비의식적인 것이다. 이러한 사유 과정의 강도적 구조를 통해, 들뢰즈는 철학의 전前 철학적 토대로서 체현된 육화된 것을 좋은 출발점으로 놓는다.

우리는 여기서 철학적 발화에서 필연성에 의해 명제적으로 배제되었으나 존재론적으로 있는 것에 대한 문제에 직면해 있다. 거기에는 사유에 대한 무언의 욕망과 말할 수 없는 욕망, 사유에 대한 열정, 나중에 철학이 그 담론의 기념물을 세우는 인식론적 기층이 있다. 이 정동적 기층은 들뢰즈에게 사유의 전前 담론적 순간을 말하는 것을 가능하게 한다. 이러한 통찰을 스피노자적 양태로 추구하면서, 들뢰즈는 부정의 유령을 거부하며 생각을 창조에 헌신한다. 이러한 관점에서 우리는 주체의 긍정성을 표현하고 풍부하게 하는 모든 것을 강도적, 리비도적 사유하는 실재라고 부를 것이다. 앞 절에서 주장했듯이, 이러한 철학의 정의는 분명히 제도적 실천에서 구현되고 영속되는 것과 충돌한다. 들뢰즈는 그가 유목화하려는, 다시 말해 주체의 힘(포텐티아)을 표현할 수 있도록 탈오이디푸스화 하려는 규율의 학문적 권력의 기반(포테스타스)을 공격한다.

들뢰즈의 사유 분석(Deleuze 1962, 1968a)은 사실상 철학 담론에서 구조적 아포리아를 지적한다. 철학은 푸코가 이미 빈틈없이 말한 바와 같이(1977b) 로고스를 혐오하는 동시에 로고스를 사랑하는 것이다. 담론—개념, 지식, 텍스트 및 과학의 생산—은 철학을 코드화하고 체계화하기 위해 철학이 관련되고 또 그 위에 놓이는 어떤 것이다. 따라서 철학은 로고스애호적이다. 그러나 상호 관련된 진리 효과의 복잡한 네트워크로서 담론의 존재는 코드화라는 철학의 권력을 훨씬 능가한다. 따라서 철학은 여성, 탈식민 주체, 시청각 미디어 및 기타 신기술과 같은 모든 종류의 새로운 담론들을 철학적 사유 방식에 통합시키기 위해 '뒤쫓아야' 한다. 이러한 점에서 철학은 로고스혐오적이다. 따라서 철학은 되기의 과정을 받아들이거나, 혹은 소멸될 운명에 처하게 된다.

여기서 내가 옹호하고 있는 내재성의 철학의 강점은 역시 이 철학의 사회적, 역사적 관련성에 있다는 것을 알게 되었다. 이는 부정성의 변증법의 극복이 다중심화된 포스트휴먼적 포스트산업 세계의 틀에서 역사적으로나 정치적으로 필요하다고 가정한다. 나는 또한 차이에 힘을 부여하는 것에 어떤 주변도 작동시키지 않는 영원회귀의 철학에 내재된 비관론을 극복하는 것이 개념적으로 필요하다는 것을 덧붙이고 싶다. 나는 같은 도전에 직면해 있는 데리다가 결국 미해결성과 끝없는 반복의 악순환을 미화시키고, 이리 가레는 동일자와 그 고전적인 대타자들의 영원회귀를 깨뜨릴 수 있는 힘으로서 여성성에 투자하는 반면, 들뢰즈의 리좀적 사유는 각 주체에게 다양한 축들을 따라 다양체로서 힘을 실어준다고 주장 하겠다. 그런 질적인 도약만이 부정성, 양심의 가책, 법과 결핍의 우울증을 창조적으로 전복하기를 이룰 수 있다. '저스트 두 잇Just do it!'은 내가 들뢰즈의 철학에서 발견한 활력 넘치는 실용주의 이론을 꽤 잘 요약하고 있다. 이는 각자가 만들 수 있는 차이점에 대해 긍정적으로 힘을 실어주기 위한 선동이다. 이것은 의지주의와 아무런 관련이 없으며, 이 모든 것은 기반의 이동, 리듬의 변화, 개념적 색깔의 다양한 집합과 관련이 있다. 반향들, 조화들 및 색조들이 서로 교차하여 여러 개의 강도적인 교차점에 대한 중계점으로 기능하며 다양한 타자들과 조우하는, 일자가 아닌 자아의 전혀 다른 풍경을 그린다. 게다가 일자라는 부담을 갖지 않는 그러한 주체는 다층적이고 복잡한 저항과 정치적 행위자성의 형식을 그려낼 수 있다. 그것은 되기의 경험적 초월의 자리이다.

헤겔적 틀에서 빼내 재주조하기로 결정한 스피노자에게 기댄 들뢰즈는 욕망의 정치와, 변화와 변형을 실제로 갈망할 수도 있는 육화된 주체의 욕망성에 대한 논쟁에 전체적인 차원을 열어준다. 적응에 만족하지 않고, 보상이라는 리비도적 경제를 훨씬 넘어선, 일자가 아닌 이 주체는 자아, 사회, 문화적 재현 양태들의 변신 과정을 적극적으로 욕망한다. 욕망과 결핍 및 부정성을 연관시키는 헤겔적 덫을 해체하는 이 기획은 육화된 지속 가능한 주체의 새로운 급진적 윤리를 낳는다. 이 비통일적 주체, 일자가 아닌 이 주체가 어떻게 여성성과의 대면을 피할 수 있겠는가?

| 불연속적 되기들 |

비록 철학적 유목주의와 성차에 대한 페미니즘 이론들은 내가 앞 장에서 개략적으로 설명한 여러 가지 중요한 가정을 공유하고 있지만, 이들은 또한 상당히 다르다. 이들 사이의 구분선은 성들 간의 비대칭적인 관계로 이해되는 성차에 대한 강조다. 다시 말해서, 들뢰즈와 이리가레가 서로 다른 점은 주체성 재현의 적절한 형태를 정교화하는 데 기꺼이 부여하는 우선순위에 있다. 그 차이는 정치적일 뿐 아니라 개념적이며, '여성 되기'라는 개념에 초점이 맞추어져 있다.

들뢰즈와 마찬가지로 이리가레에게도, 주체는 실체가 아니라, 체현되고 위치 지어진 자아에 영향을 미치는 물질적인 조건과 기호적인 조건 사이의 협상 과정이다. 이러한 관점에서 '주체성'은 과정으로 명명되는데, 그 과정은 문법적 '나'의 가상적 통일하에 이러한 조건들에 대한 다양한 형태의 능동적이고 반응적인 상호작용과 저항으로 구성된 것이다. 주체는 다양한 수준의 권력과 욕망 사이의 끊임없는 이동과 협상을 통해 의도적인 선택과 무의식적인 욕동 사이에서 끊임없이 변화하는 과정이다. 어떤 외형상의 통일이 존재하건 간에 신이 부여한 본질은 없으며, 오히려 여러 수준의 허구적인 안무按舞가 하나의 사회적 운영의 자아로 들어가는 것이다. 그것은 주체 되기의 전체 과정이 지탱하는 것이 기초적이며 우선적이고 활력적이며 필연적이고 따라서 원초적이 되고자 하는 욕망으로서의 알고자 하는 의지, 이야기하고자 하는 욕망, 말하고자 하는 욕망이라는 것을 암시한다.

주체 해체의 일부인 성급한 기각dismissal에 대항하여 성차를 방어하면서, 뤼스 이리가레는 욕망하는 기계라는 들뢰즈의 도식을 부정적으로 언급한다(Irigaray 1974, 1977, 1980, 1984, 1987a, 1989, 1990). 이리가레에게 '기관 없는 신체'라는 개념은 신체적 자아의 탈취dispossession 상태, 즉 부재의 상징적 표시로서의 여성성과 그 경험적 지시 대상으로서의 여성과 역사적으로 연관된, 구조적으로 분열된 위치를 연상시킨다. 이리가레는 자아 상실, 분산, 유동성이라는 개념뿐만 아니라 기계 같은 비유기체에 대한 강조 역시 모두 여성에게 너무 친숙하다고 지적한다. '기관 없는 신체'란 여성의 역사적 조건이 아닌가?(Irigaray 1977: 140) 이리가레의 들뢰즈 비판은 급진적이다. 그녀는 섹슈얼리티를 일반화된 '되기'로 분산시키는 것은 페미니스트들이 주장하는 여성 주체의 재정의를 저해하는 결과를 가져온다고 지적한다.

따라서 들뢰즈의 다양체 및 소수자 되기 이론과 성차에 대한 페미니즘 이론들 사이에는 긴장이 존재한다. 이러한 긴장은 주체인 대문자 여성을 대타자라는 예속된 지위, 즉 소크라테스 클럽의 연회에서 자기를 내세우지 않는 하인의 지위에서 해방하는 데 수반된 어려움을 강조한다. 앞에서 말했듯이, 여성 주체성의 재정의에 있어 중요한 문제는 어떻게 하면 서양 철학이 그 내부로 제한했던 대립적 이항적 사유의 헤게모니적 틀로부터 풀려나와 여성성이 '다른 차이'를 표현하게 만들 것인가 하는 것이다. 페미니즘적 관점에서, 여성성에 대한 팔루스로고스중심적 재현의 해체에 주목하는 만큼, 대문자 여성의 주체 위치에 거주하는, 다양한 방식으로 실재하는 여성들의 잠재적 되기와 경험에 초점을 맞추는 것은 중요하다. 즉, 페미니즘의 이슈는 어떻게 하면 여성 주체성에 대한 대안적 정의를 할 수 있는 정치적, 인식론적 행위자들agents을 활성화시킬 것인가 하는 것이다. 뤼스 이리가레의 철학은 여성의 삶에서 일어나는 구체적인 변화와 팔루스중심주의 해체의 문제가 분리될 수 있다는 것은 생각할 수 없는 일이라는 확신을 주었다. 그러나 여성 주체성에 대한 다른 긍정적인 시각에 대한 탐구는 전반적으로 인간 주체성의 재정의를 수반한다.

게다가 들뢰즈와 이리가레는 라캉주의를 넘어서고자 하는 명시적 욕망에 공통의 근원을 두고 있다. 놀랄 것도 없이, 라캉 정신분석에 대한 들뢰즈와 이리가레의 비평은 서로 다른 형태를 취한다. 이리가레는 팔루스적 기표를 중심으로 한 팔루스중심주의 체계의 심리적, 역사적 필연성에 대한 라캉의 가정을 공격하는 데 작업을 집중한다. 그녀는 더 이상 대문자 팔루스가 매개하지 않는 상상계로 표현되는 여성적 상징으로 팔루스적 기표를 대체할 것을 제안한다. 다른 한편, 들뢰즈는 어떤 하나의 상징적인 체계에 대한 언급 없이 우리가 주체성을 다시 생각할 것을 제안한다. 정동성의 연결에 있어서의 활력적인 경험주의, 결핍이 아닌 긍정으로서의 욕망, 위

치의 카르토그라피로서의 이론적 실천, 열정으로 추동되는, 비인
격적인 혹은 기계 같은 연결들의 네트워크로서의 주체성은 들뢰즈
의 핵심 개념들이다. 이 개념들은 또한 그가 보기에 변증법적 대립,
물질에 대한 형이상학적 환상, 정체성의 목적론적 구조를 지나치
게 강조하는 라캉에 대한 비판의 중추를 이루고 있다.

젠더화된 정체성에 대한 페미니즘적인 논의와 비교해볼 때, 들뢰
즈의 작업은 남성 주체 위치와 여성 주체 위치를 이분법적 대립에
놓지 않고, 성차화된 주체 위치의 다양체에 놓는다. 그들 사이의 정
도 차이들은 리좀적 연결들의 그물망 안에서 되기의 서로 다른 선
들을 표시한다. 이는 다양한 섹슈얼리티를 부여받은 존재로서의
주체에 대한 시각이다.

> 우리에게는 (…) 공생이라는 용어가 있는 만큼 많은 성들이 있
> 고, 전염의 과정에 기여하는 요소만큼이나 많은 차이들이 있다.
> 우리는 많은 존재들이 남자와 여자 사이를 지나가고 있다는 것
> 을 안다. 그들은 다른 세계에서 오고, 바람으로 태어나며, 뿌리
> 를 중심으로 리좀을 형성한다. 그들은 생산의 관점에서 이해될
> 수 없고, 단지 되기의 관점에서만 이해될 수 있다. (Deleuze and
> Guattari 1987b: 242)

되기의 이러한 다양한 정도는 주체 위치의 도식들, 관념들의 유
형학들, 정치적으로 정보에 입각한 지도들, 강도적 상태에서의 변
이들이다. 다양체는 플라톤적 양태에서처럼 하나의 단일 모델을

재생산하지 않고 오히려 다양한 차이들을 만들어낸다. 이것은 성차에 심각한 결과를 가져온다.

들뢰즈의 여성 되기와 여성성의 관계에는 해결되지 않은 매듭이 있다. 한편으로는 일반화된 '여성 되기'에 다른 모든 되기들을 위한 전제조건으로서 권한을 부여하고, 다른 한편으로는 그 권한의 기각을 요구하는 사이에서, 그것은 들뢰즈가 결코 해결하지 못했던 이중의 견인과 관련이 있다. 한편으로 소수자/유목민/분자/기관 없는 신체/여성 되기는 여성성에 기초하고, 다른 한편으로 그것은 들뢰즈가 옹호하는 종류의 주체성에 대한 일반적인 형상화로 상정된다. 들뢰즈적 되기들은 남성적인 형이상학적 고정점과 여성적인 형이상학적 고정점 사이의 복잡하고 다중적인 전이 상태라는 생성의 힘들을 강조한다. 그러나 들뢰즈적 되기들은 상호작용의 문제를 완전히 해결하지는 못한다. 들뢰즈의 작업은 성차가 분화의 주요 축이기 때문에 우선순위를 부여해야 한다는 페미니즘의 가정에 큰 공감을 나타낸다. 다른 한편, 들뢰즈는 형이상학적 차이를 다양하고 미분화된 되기로 희석시키는 경향을 보이는데, 이것이 내게 의문을 불러일으킨다. 페미니즘의 성차 이론들과 들뢰즈의 차이의 철학 사이의 관계는 무엇인가?

몰적인 것과 분자적인 것의 관계는
남성적인 것과 여성적인 것의 관계인가?

들뢰즈는 철학의 새롭고 강도적인 이미지를 향해, 사유의 팔루스중심적인 양태들에서 벗어나는 지점들을 식별함에 있어, 이러한 주체 위치에 대한 새로운 이미지들의 필요성을 강조한다. 이는 주체에 대한 일련의 포스트 형이상학적 형상화를 정교화하는 결과를 낳는다. **형상적**figural이라는 개념('비유적figurative'이라는 보다 전통적인 미학적 범주와는 반대되는)은 이 기획의 중심이다.[2] 리좀, 되기, 탈주선, 흐름, 교체, 기관 없는 신체와 같은 형상화들은 기존의 이론적 재현 체계를 깨고 존재의 능동적 상태를 풀어주고 표현한다.

서로 다른 여성적인 주체 위치와 남성적인 주체 위치를 포함한 주체의 대안적인 형상화는 팔루스중심주의의 전제로부터 떨어져 나온 의식의 시각을 대신하는 표현의 형상적 양태이다. 들뢰즈의 중심적 형상화는 일반적으로 소수자 되기나, 유목민 되기나, 분자 되기이다. 소수자성은 교차 지점이나 궤적을 표시한다. 들뢰즈에 따르면, 중심에서는 아무 일도 일어나지 않지만, 그 주변에서는 새로운 유목민들의 젊은 패거리들이 돌아다닌다.

모든 되기들은 이미 분자적이다. 되기는 사물이나 사람을 모방하거나 동일시하는 것이 아니기 때문이다. 또한 되기는 형식적인 관계에 비례하는 것도 아니다. 이 두 가지 비유 중 어느 것도 되기에 적용할 수 없다. 주체의 모방도 형태의 비례도 해당되지 않는다. 자신이 가진 형태, 자기 자신인 주체, 자신이 가진 기관 또는 자신이 충족하는 기능에서 출발하는 되기는, 그 사이에 운동과 정지, 속도와 느림의 관계를 확립하고, 자신이 되고 싶은 것에 **가장 가까우며,** 그것을 통해 자신이 되는 입자들을 추출하는 것이

---

2   나는 롤런드 보그Roland Bogue가 이 점을 명료히 밝혀준 것에 감사한다.

다. (Deleuze and Guattari 1987b: 272)

되기의 공간은 인접한 입자들 사이의 공생과 친연성 중 하나이다. 근접성은 위상적인 개념이기도 하고 양적인 개념이기도 하며, 이것은 주체들의 되기의 공간을 민감한 물질로 표시한다. 되기의 공간은 역동적인 주변성 중 하나이다.

남성이 주체성 사유를 위한 주요 지시 대상, 즉 규범, 법, 로고스의 정상성의 담지자인 한, 대문자 여성은 이원적으로, 즉 대립적으로 그의 '타자'로 자리매김된다. 그 결과는 다음과 같다.

1. 남성의 소수자 되기의 가능성은 없다.
2. 여성 되기는 모든 소수자 의식의 특권적 위치다.

상징적 주체성에 대한 팔루스중심주의의 전유에 대한 그의 비판과 일관되게, 들뢰즈는 주체성의 특권적 지시 대상, 즉 규범/법/로고스의 정상성의 담지자로서의 남성이 체계의 죽은 심장부를 재현한다는 이리가레의 의견에 동의한다. 그 결과 남성성은 되기의 과정과 상반되며 단지 해체나 비평의 장소가 될 수 있는 반면에, 여성 되기는 양성 모두에게 되기 과정의 근본적인 단계다.

들뢰즈는 탈영토화의 모든 선들이 반드시 '여성 되기'의 단계를 거치게 되는데, 이것은 단순히 소수자 되기의 다른 형태가 아니라 오히려 전 과정의 핵심이자 전제조건이며 필요한 출발점이라고 말한다. 그러나 '여성 되기'의 과정에서 '여성'을 언급하는 것은 경험적인 여성을 지칭하는 것이 아니라, 위상학적 위치, 강도의 수준과 정도, 정동적 상태를 가리킨다. 여성 되기는 변형의 일반적 과정을 나타내는 지표다. 즉, 그것은 유목적, 리좀적 의식의 긍정적인 힘과 수준을 인정한다.

> 여성 되기, 아이 되기가 있다. 그것은 분명히 구별되는 실재들로서의 여성이나 아이를 닮는 것이 아니다. (…) 예를 들어 우리가 분자적 실재라고 부르는 것은 형태에 의해 정의되고, 기관과 기능을 부여받고, 주체로서 할당된 여성이다. 여성 되기는 이러한 실재를 모방하거나 심지어 그 실재로 변모시키는 것이 아니다. (…) 여성의 형태를 모방하거나 가정하는 것이 아니라, 운동과 정지의 관계, 또는 미시적인 여성성, 근접성의 영역에 들어가는, 즉 우리 안에서 분자적인 여성을 만들어내고, 분자적인 여성을 생산하는 입자들을 방출하는 것이다. (Deleuze and Guattari 1987b: 275)

분명히, 여성은 팔루스중심주의에 대한 급진적 비평에서 문제가 되는 영역을 차지하고 있다. 즉, 여성이 이 체계의 타자로서 이원적으로 배치되어 있는 한, 비록 부정에 의해서이기는 하지만, 그녀는 대문자 팔루스에 병합되어 있다. 들뢰즈는 재현으로서의 대문자 여성과 경험의 구체적 행위자들로서의 소문자 여성들에 대한 페미니스트들의 기본적인 인식론적 구별을 특징 없이 무시하고 있는 것이 아니라, 결국 여성 자신의 범주에 내재하는 유사한 구별을 한다. 이 시점에서 이리가레와 들뢰즈의 관계는 상당히 역설적이 된다. 왜냐하면 들뢰즈는 분명히 페미니즘적인 입장을 지지하기 때문이다.

> 물론 여성이 자기 자신의 유기체, 역사, 주체성을 되찾는다는 관점에서 몰적 정치를 하는 것은 필요불가결하다. (…) 그러나 샘을 말리거나 흐름을 멈추지 않고는 기능을 발휘하지 못하는 그런 주체에 자기 자신을 가두는 것은 위험하다. (Deleuze and Guattari 1987b: 276)

인권, 시민권과 더불어 완전한 주체성을 달성하기 위한 여성의 고달픈 투쟁을 그렇게 명백히 지지함에도 불구하고, 데리다와 다른 포스트구조주의자들과 마찬가지로 들뢰즈는 팔루스로고스중심주의 체계의 구조적 운영자로서 '정주적/다수자/몰적' 여성과 '유목적/소수자/분자적' 되기의 여성을 대립시킨다. 들뢰즈는 모든 되기들이 평등하다고 주장하지만, 어떤 것들은 다른 것들보다 더 평등하다고 주장한다. 팔루스중심적 체계의 운영자로서의 여성에 대한 몰적 또는 정주적 시각에 반하여, 들뢰즈는 되기의 과정으로서의 분자적 또는 유목적인 여성을 제안한다. 다음 절에서 나는 이 개념을 더 탐구하고, 평가를 시도할 것이다.

남성/여성 이분법이 서구 개인주의의 원형이 된 이상, 이러한 이원론의 지배에서 주체를 탈식민화하는 과정은 이 젠더화된 대립에 기초한 모든 성차화된 정체성들의 해소가 출발점으로 필요하다.

이 틀에서 성적 양극화와 젠더 이분법은 차이에 대한, 존재의 하위 범주로의 이원적 환원의 원형으로 거부된다. 그러므로 남성적인 섹슈얼리티에 대한 지나친 강조, 성적 이원론의 지속성, 타자성의 특권적 형상으로 여성을 배치하는 것이 서구의 주체 위치들을 구성하는 한, 여성 되기는 반드시 출발점이다. 즉, '여성 되기'는 역으로 추적하는 일련의 해체 단계들을 통해 팔루스적 정체성의 해체를 촉발하는데, 이것의 역사적 구성의 다른 단계들과 다른 차이점들을 되돌리기 위해서다.

푸코가 우리에게 가르쳐준 바와 같이(1975b, 1976, 1984a, 1984b),[3] 서구에서 지배적인 권력 담론인 섹슈얼리티는 특별한 비판적 분석이 필요하다. 일반화된 여성 되기는 팔루스중심적 정체성들의 해체에 필요한 출발점이다. 왜냐하면, 성적 이원론과 그것의 모순—여성을 타자성의 형상으로 배치하기—은 서구 사유를 구성하기 때문이다. 해체 과정에서 성차화된 정체성이 전면에 부각되는 까닭은 역사적 이유이지 생물학적 이유가 아니다. 서구 문화가 섹슈얼리티에 귀속시킨 경제적, 문화적, 상징적 중요성 때문에, 젠더와 성차는 결코 독특한 것은 아니지만 주체성을 구성하는 일차적 자리로서 역사적으로 진화해왔다. 섹슈얼리티는 자아의 복잡한 기술들과 그 기술들이 연결하는 힘의 복잡한 네트워크들의 주요 요소다. 이런 경로를 통해 들뢰즈의 생각은 섹슈얼리티에 대한 페미니즘적 비판들과 교차하게 된다. 그러나 들뢰즈의 다음 단계, 성차에 관한 궁극적인 목표는 마지막 극복으로 나아가는 것이

---

3 이에 대한 페미니즘적 분석은 다음을 보라. Diamond and Quinby 1988; McNay 1992.

다. 유목적이거나 강도적인 지평선은 분산되어 있으며 이항적이지 않고 다수적이며 이원적이지 않고 상호연결돼 있으며 변증법적이지 않고 고정돼 있지 않은 지속적인 흐름에 있는 존재라는 의미에서 '젠더를 넘어서는' 주체성이다. 이러한 생각은 들뢰즈의 탈팔루스 스타일이 적극적으로 기여하는 '다중섹슈얼리티', '분자적 여성', '기관 없는 신체'와 같은 형상화로 표현된다.

들뢰즈는 또한 여성들의 여성 되기 이론을 특정 종류의 페미니즘에 대한 비평의 기초로 이용한다. 들뢰즈에 따르면 일부 페미니스트들은 주체 '여성'을, 일반화되고 '젠더로부터 자유로운' 되기와 관련돼야 하는 일련의 변형 과정으로 해소하는 것을 거부하면서 짜증 내는 경향을 보인다. 즉, 페미니스트들은 여성에 대한 구체적인 권리와 자격을 주장하면서 정치적 마음이 올바른 자리에 있을지는 몰라도 개념적으로 잘못 알고 있다. 그들은 특수한 여성 섹슈얼리티를 주장할 때 훨씬 더 잘못 이해하고 있다. 여성성을 강조하는 것은 제한적이다. 들뢰즈는 그 대신 그들이 주체의 다중 성차화된 구조로 이동해서 여성들이 박탈당한 모든 성들을 되찾아야 한다고 제안한다.

궁극적으로, 들뢰즈가 페미니즘 이론에서 못마땅하게 여기는 것은 그것이 변증법적으로 재점유하는 것이라고 주장하면서 지배적인 가치나 정체성의 무난한 반복을 영속한다는 점이다. 이것은 반응적, 몰적 또는 다수자성 사유를 영속화하는 것이다. 니체의 가치 등급에서 페미니스트들은 노예 도덕성을 가지고 있다. 익명의 ICA 예술가가 최근에 말한 것처럼 "아이러니한 모방은 비판이 아니다. 그것은 단지 노예의 사고방식이다".[4] 들뢰즈에 따르면, 페미니스트들이 만약 그들의 되기 과정에서 긍정과 인정으로 의미되는 욕망의 여러 가능성을 자유롭게 함으로써 사회적, 이론적으로 비오이디푸스적 여성을 구성하는 데 기여했다면, 그들은 전복적일 것이다. 다시 말해서 여성은 특별히 여성적이지 않은 의식을 발달시켜 '여성'을 구조적으로 만드는 힘들로 해소하는 정도까지만 혁명적인 주체들이 될 수 있다. 되기의 탈오이디푸스 또는 오히려 비非오이디푸스 주체로서의 여성성의 이 새로운 일반적 형상화는 들뢰즈가 극도의 성애화 또는 오히려 성적 이분법의 악화를 바탕으로 한 새로운 보편으로 페미니즘적 형상화를 구축하는 것에 명백히 반대된다.

내가 보기에 이 입장은 이론적으로 문제가 있는데, 왜냐하면 그것은 성들 간의 대칭을 제안하여, 이 두 성에게 동일한 심리적, 개념적, 해체적 여정을 귀속시키는 결과를 낳기 때문이다. 이러한 대칭의 주장은 앞 장에서 내가 주장했듯이 이리가레에 의해 가장 급진적으로 도전받고 있다. 그녀의 관점에서 성차는 심리적, 사회적 손상을 일으키지 않고서는 쉽게 해결될 수 없는 기초적, 구조적 차이다. 이러한 관점은 여성 투쟁의 역사성에 대한 이리가레의 예리한 감각에 의해 결정된다. 콜브룩은 나의 우려를 공유한다. "들뢰즈와 가타리가 울프와 여성들의 운동을 정체성, 인식, 해방의 개념들과 되기의 새로운 판plane을 향한 주체로부터 멀어지게 할 때, 그들은

---

4 Inventory, 'Intent on Dissent Survey Project n.2, 1999', *Crash!* Exhibition, November 1999, London: Institute of Contemporary Arts.

정확히 무엇을 하고 있는 것인가?"(Colebrook 2000a: 3)

들뢰즈는 **마치** 양성이 발언하는 입장에 있어서 분명한 동등성이 있었던 것처럼 진행하는데, 이는 그가 페미니즘의 중심점을 고려하는 것을 놓치면서 결과적으로 실패한 것이다. 나는 비대칭성이 심리적, 개념적 수준에서뿐만 아니라 정치적 수준에서도 급진적인 차이를 재옹호하는 것으로서 작동한다고 주장하겠다. 정치적으로, 팔루스중심적 양태에서 탈출하는 출구점들의 정체화는 양성에서 비대칭적인 형식들을 택한다는 것을 암시한다. 성차의 긍정성에 대한 주장은 사유하는 주체를 보편과 동일시하고, 사유하는 주체와 보편을 남성성과 동일시하는 오래된 정체화에 도전한다. 이는 성차화된 사유하는 여성 주체를 남성성과 비대칭적인 관계에 서 있도록 배치한다. 이렇게 정의된 여성성은 이원론적 체계의 구조적 '타자'가 아니라, 급진적이고 긍정적인 타자이다. 다른 말로 하자면, 페미니즘적 분석에서 타자로 지정된 여성의 위치는 남성의 위치와는 완전히 비교 불가능한, 말하는 입장으로 급진화된다.

분명히 이 급진적인 비대칭성은 가치 저하된 차이로 코드화되어 그렇게 자연스럽게 됨으로써 은폐되었다. 이는 시간의 선형적, 목적론적 감각에 기반하도록 만들어졌다. 우리가 알고 있던 역사는 재산을 소유하고 헤게모니를 쥔 백인 남성 주체의 주인 담론이며, 이러한 주체는 자신의 의식을 보편적인 아는 주체와 동의어로 상정하고, '타자들'의 계열을 자신의 존재론적 소품들로 내놓는다.

나는 이러한 통찰을 더욱 발전시켜서, 사람은 지배권을 완전히 부여받은 적이 없는 주체성을 해체할 수 없으며, 어둡고 신비한 것으로서 역사적으로 정의되어온 섹슈얼리티를 분산할 수 없다고 주장했다(Braidotti 1991a). 주체의 죽음을 알리려면 우선 주체로서 발언권을 얻었어야 한다. 나는 들뢰즈가 여성 페미니스트 관점의 역사적, 인식론적 특수성을 설명하는 데 실패하는 일반적 '여성 되기'를 가정하는 모순에 사로잡혔다고 결론지었다. 성차를 인정하지 않는 차이에 대한 이론은 나를 회의적인 혼란 상태에 있는 페미니스트 비평가로 만든다. 또는 달리 말하면, 이원론에 대한 들뢰즈의 비평은 성차화나 젠더 이분법이 마치 각기 서로에 대한 비대칭적인 관계로 양성이 배치되는 가장 즉각적이고 치명적인 결과를 가져오지 않은 것처럼 작용한다. 그는 '여성 되기'라는 자신의 기획 내에서 성차의 위치에 대해 근본적인 양가성에 사로잡혀 있는데, '여성 되기'란 많은 가능한 되기들 중 하나인 동시에 모든 다른 되기들이 가능하게 하는 되기이다. 그것은 기초적인 동시에 부가적이며, 본래적인 동시에 우발적이다.

물론, 나는 들뢰즈가 그렇게 하는 훌륭한 이유가 없다고 시사하려는 것은 아니다. 그와는 상당히 반대로, 앞서 말한 바와 같이, 그가 가타리와 공유했던 정신분석 담론에 대한 비평은 우리 문화가 구축한 섹슈얼리티 및 성차화된 정체성 제도의 체계적인 해체이다. 따라서 그의 소수자 되기 이론에서 들뢰즈는 대문자 팔루스에 기초한 모든 정체성의 해소를 주장하는데, 심지어 이 체계의 영원한 타자로서의 여성성 역시 해당되는 것은 놀랄 일이 아니다. 그럼에도 불구하고 성차에 바탕을 둔 페미니즘적 관점에서는 문제가 남아 있다.

게다가 들뢰즈는 '여성 되기'의 문제를 통해 생각하는 데 일관성이 없다. 그는 오히려 그것에 대해 모순된 방식으로 진행한다. 그것은 '예, 하지만…', '무슨 뜻인지는 알지만…' 하는 식의 입장이고, 이것은 부정, 즉 구조적이고 체계적인 우유부단함을 표현하는 고의적 부인의 양태이다. 성차에 대한 비슷한 순진함이 『철학이란 무엇인가?』에 표현되어 있는데, 여기에서 들뢰즈는 철학에서 중요한 개념적 인물이 여성일 가능성을 고려한다. "여성 자신이 철학자가 되면 어떻게 될까?"(Deleuze and Guattari 1991: 69) 비非여성만이 이 가능성을 위대한 참신함, 전대미문의 사건 또는 철학적 질서에 내재되어 그것을 전복시킬 수 있는 대참사로 생각할 것이라고 말할 만큼 내가 그렇게 대담할 수 있을까? 1970년대 이후, 특히 프랑스어 문화권에서 여성들은 정확히 이 문제를 제기해오고 있다. 이들은 정치적 동기를 가진 여성들에 의해 그리고 그 여성들을 위해, 주체 위치에 대한 집단적으로 추동된 재점유를 실행해왔다. 나는 다른 정치적으로 순진한 질문인 "여성이 스스로에 대해 생각하기 시작하면 어떻게 될까?"라고 실제로 질문받을 때마다 내가 여성 페미니스트 지성의 상징적인 실제 자본으로 여기는, 경험과 작업의 꽤 커다란 자료체가 고려되기를 기대한다.

나는 일찍이 변형들과 들뢰즈의 되기 과정들은 순수한 의지에 의해 만들어질 수 없으며 단지 판단과 선택의 문제가 아니라고 주장해왔다. 들뢰즈와 이리가레가 서로 다른 방식으로 옹호하는, 주체에 대한 급진적으로 내재적인 이론들에서 심리적인 것과 사회적인 것이 공존하는 것을 고려할 때, 변형들은 나르시시즘과 편집증의 한 형태가 될 '내부화된' 현실뿐만 아니라 체현의 급진적인 반본질적 형태(들뢰즈) 또는 전략적으로 재본질화된 체현(이리가레)도 포함한다. 어떤 경우든, 되기들이나 변형들은 외부적이고 상호관계적이다.

| 소수자성과 소수자 주체들 |

유목적 여성 되기는 여성 주체성을 재정의하는 과정의 바깥쪽으로의 개방성을 수반한다. 그 결과 이는 전통적 페미니즘의 정치적 의제를 폭넓게 포함할 것을 요구하는 것으로, 여성의 사회적 권리에 관한 문제뿐만 아니라 글쓰기와 창조성에 관련된 문화적 관심에서부터 첫눈에 봤을 때는 특별히 여성과 관련이 없는 것처럼 보이는 문제들에 이르기까지 광범위한 선택들의 스펙트럼이 포함된다. 바로 이것이 요점이다. 즉, 더 넓고 덜 특수한 성에 대한 관심사와 여성적 특수성의 공존 말이다. 유목적 페미니즘은 그들 사이의 지그재그 길을 추적하는 것이다.

소수자 되기의 일반 원리를 예시하는 것으로서 나는 커밀라 그리거스Camilla Griggers(1997)를 부연 설명 하고 싶다. 그는 차파타스 운동을 설명하고 유목적 주체들이란 다음과 같은 존재라고 주장한다. 그것은 쿠바의 동성애자, 남아프리카의 흑인, 이스라엘의 팔레스타인인, EU의 불법 이민자, 세계의 대도시들에 있는 빈민가의 갱단, 냉전 이후의 공산주의자, 갤러리나 포트폴리오가 없는 예술가, 보스니아의 평화주의자, 토요일 밤 **어느** 나라, **어느** 도시, **어느** 동네에서든 혼자 있는 주부, 밤 10시에 지하철을 탄 독신 여성, 토지 없는 농민, 실업자, 자유 시장 숭배자들 사이에 있는 반체제 인사, 독자나 저서가 없는 작가 등이다. 다시 말해서, 유목적 주체는 잠재적 되기를, 개방하는 것을, 즉 착취당하고 주변화되고 억압받는 모든 소수자들의 변형하는 힘을 의미한다. 그러나 단지 소수자가 되는 것만으로는 충분하지 않다. 그것은 시작점일 뿐이다. 유목민 되기에 중요한 것은 다수자성/소수자성이라는 대립적 이원론을 해체하고 모든 정체성을 불안정하게 하는 변형하는 흐름에 대한 긍정적인 열정과 욕망을 불러일으키는 것이다.

소수자 되기는 **또한** 소수자들에게도 하나의 과제인데, 소수자들은 너무나 자주 주인의 마비시키는 시선에 사로잡히는 경향이 있다. 주인을 증오하는 동시에 부러워하면서 말이다. 유목민 되기는 자기 자신을 재창조하는 법을 배우고 변형의 과정으로서의 자아를 욕망한다는 뜻이다. 그것은 변화에 **대한** 욕망, 다수자적 욕망들의 흐름과 이동에 대한 욕망에 관한 것이다. 들뢰즈는 낭만적이지 않다. 또한 그는 해체주의 세대의 많은 부분을 성가시게 하는 이론적 오리엔탈리즘으로 쉽게 빠져들지도 않는다. 그는 '집 없음'과 '뿌리 없음'이 우리 시대의 새로운 보편적 은유라고 제안하지 **않는다.** 이 정도의 일반화는 큰 도움이 되지 않는다. 그러나 그가 이론화하는 것은 비통일적이지만 정치적으로 관여하고 윤리적으로 책임감 있는 유목적 주체이다. 들뢰즈가 시도하는 것은 주체에 대한 고전적 관점인 통일적 주체를 뒤죽박죽으로 만들고, 고정성을 탈영토화하는 것이다. 유목론은 다수자성/소수자성 또는 주인/노예의 변증법을 극복하는 개념 체계 변화의 필요성을 강조한다. 다수자와 소수자 모두 그들을 그렇게 단단히 묶는 질투(부정적 욕망)와 지배(변증법)의 매듭을 풀 필요가 있다. 이 과정에서 그들은 출발 위치가 너무 다르다는 점에서 비대칭적인 되기의 선들을 반드시 따를 것이다. 다수자의 경우, 중심 위치를 완전히 되돌리는 것 외에 다른 가능한 되기는 없다. 중심은 비어 있고, 모든 행위는 주변에 있다.

그러나 실재하는 소수자들에게 그 패턴은 다르다. 여성, 흑인, 청년, 탈식민 주체, 이주민, 망명자, 노숙자 등은 우선 고정된 위치를 주장하는 '정체성 정치'의 단계를 거쳐야 할 수도 있다. 이것은 필연적이고 필요하다. 왜냐하면, 내가 자주 주장했듯이, 결코 가져보지 못한 것을 포기할 수는 없기 때문이다. 또한 처음부터 통제할 수 없었던 주체 위치를 유목적으로 배치할 수도 없다. 나는 결과적으로 유목민 되기(소수자 되기, 여성 되기) 과정이 내부적으로 차별화되고, 어디에서 시작하느냐에 따라 크게 좌우된다고 생각한다. 위치의 정치는 중요하다. 다시 말해서, 변증법적 대립의 양극에 이질성을 주입하여 그에 따라 변증법을 해소하게 되는 것이다. 존재, 정체성, 고정성, 포테스타스의 '몰적' 선과 되기, 유목적 주체성, 포텐티아의 '분자적' 선은 전혀 동일하지 않다. 그들은 별개의 두 '타자들'이다. 팔루스중심주의 안에서 그들은 이원론적 틀에 갇혔다. 그들은 일련의 계층적 관계에서 동일성을 강요하는 구조적 불평등에 의해 구별된다. 들뢰즈는 '몰적/다수'를 표준으로, '분자적/소수'를 '동일자의 타자'라는 의미에서의 타자로 정의한다. 그러나 들뢰즈 철학의 가장 중요한 과제는 어떻게 이 이원적 양태를 해체하고 두 용어의 권력관계를 재분배하느냐이다. 그러므로 그들 중 어느 쪽보다 더 중요한 것은 탈주선 혹은 되기의 선이다. 이것은 여성/아동/동물/지각할 수 없는 것처럼 항상 그리고 오직 소수자 되기인 것이다.

출발 위치의 차이는 서로 다른 질적 수준의 관계를 표시한다는 점에서 중요하다. 따라서 만일 한 사람이 다수자 위치(동일자)에서 출발한다면, 오직 하나의 가능한 경로만 있다. 그것은 소수자(타자)를 통해서이며, 따라서 여성 되기는 급선무로서, 지배적인 주체로부터 탈영토화하는 것(남성의 여성화라고도 하는 것)이 일차적인 움직임이다. 한편, 경험적 소수자의 위치에서 출발하는 사람들에게는 더 많은 선택지가 열려 있다. 다수자에의 동화나 통합에 대한 견인이 강하면(팔루스적 여성 현상) 소수자 되기들로 향하는 탈출의 선들도 매력적이다. 즉 마거릿 대처를 배출하는 여성 되기와 캐시 애커를 배출하는 여성 되기가 있는데, 두 사람 모두 어떤 통념상으로 '여성적'이지 않으며 그럼에도 불구하고 그들은 경주마와 짐말처럼 서로 다르다.

여기서 중요한 것은 소수자 되기의 과정을 계속 열어놓고, 대개 새로운 주인들의 위치에서 이전 노예들을 보거나 여주인의 위치에서 이전 여주인들을 보는 변증법적인 역할의 역전극에 그저 멈추지 않는 것이다. 가역성의 논리를 넘어서는 것이 중요하다. 이것은 특히 소수자들의 희망의 전달자인 사회적 주체들, 즉 여성, 흑인, 탈식민지인, 다른 '타자들'에게 중요하다. 들뢰즈가 선호하는 리좀적 양태에서 유목민 되기의 과정은 단순히 반본질주의적인 것이 아니라, 개체성에 대한 수용된 개념을 넘어 비非주체적인 것이다. 그것은 초개인적인 양태, 궁극적으로 집단적인 것이다.

앞에서 주장했듯이 유목적 사유에 대한 문제는 그것이 **무엇**인가가 아니라 그것이 **어디에** 있으며 누가 그것에 접근할 수 있는가 하는 것이다. 철학의 의미, 기능, 공동의 정체성에 대한 오래된 존재론적인 질문은 더 이상 철학적으로 대답될 수 없다. 이러한 불가능성에는 사유의 훈련으로서의 철학의 종말에 대한 위기의 증거, 즉 '주인' 서사의 역사적 쇠퇴와 새로운 가능성의 개방이 있다. 유목적 사고는 서구 철학에서 작동하는 오이디푸스적 유산과의 급진적인 결별을 의미한다. 그것은 특히 주체성을 재현하는 확립된 모델로부터 벗어난다. 도러시아 올카우스키(1999a)는 들뢰즈 철학에 대한 페미니즘적 접근은 그의 작업에 대한 보다 광범위한 개념적 관심, 즉 올카우스키가 '재현의 폐허'로 정의하는 것, 다시 말해서 유목적이고 반재현적인 힘들의 재배치를 수반한다고 주장한다.

나는 이것을 스타일에 대한 나의 관심과 글쓰기를 통한 삶의 창조적인 고양에 대한 들뢰즈의 사랑과 연관시킬 것이다. 나는 전통적인 것 그리고 내 생각으로는 이론적 사고의 낡아빠진 언어 안에서 철학적 유목주의의 완전한 영향을 만드는 것이 가능하다고 생각하지 않는다. 명제적 내용을 혁신적 힘에 적합한 언어로 '번역'하기 위한 노력이 필요하다. 내가 번역한다면, 유목주의는 서구 이성의 요새에 대항하는, 던져진 적 없는 결연한 의사 표현이라고 말할 것이다. 그것은 당신의 행동과 생각, 행위자성의 감독을 과업으로 하는 승리적 의식의 주체가 지닌 팔루스로고스유럽중심적인 생각을 거부하는 주체성의 관점이다. 이성이 제국을 곱씹는 광적인, 잠 못 이루는 눈은 우리가 아직도 '우리의 이성적 자아'라고 부르는 강박신경증의 반영이다. 이러한 이성적 자아는 지식의 성서 나무로서, 인간의 과학, 고정성, 팔루스의 제국주의, 다시 말해 오래된 헤게모니에 대한 향수와 정주성, 단일체라는 모든 가능한 결과들을 수직적 부동성 안에서 포괄하고 있다. 이에 대한 반응으로 유목적 주체는 부분적, 복합적, 다중적으로 변화하고 있다. 이 주체는 이동과 반복의 패턴에 존재한다. 관광객의 반대, 이주자의 반대로서 유목적 주체는 궁극적인 목적지가 없는 변형의 흐름이다. 그것은 내재적인 되기의 한 형태다. 그것은 다중적이고 관계적이며 역동적이다. 결코 유목민으로 **존재**할 수 없다. 유목민 **되기**를 계속 노력할 수 있을 뿐이다.

어쨌든 누구의 되기인가?

필립 굿차일드Philip Goodchild(1996)는 들뢰즈와 가타리의 철학에 대한 유용한 소개에서, 들뢰즈의 추종자들 사이에 있는 '여성 되기'에 대한 논의의 현재 경향을 요약하고 있다. 굿차일드는 들뢰즈의 되기에 관한 페미니즘적 해석에 반대하는 과격한 주장을 반복하며 들뢰즈의 텍스트보다 페미니즘에 대한 공감이나 이해가 훨씬 덜하다는 것을 보여준다. 굿차일드는 주체성에 대한 페미니즘의 역설적인 견해를 그 복잡성에 대해 평가하려 하지도 않고 비난하는 동시에 들뢰즈의 명백한 역설들을 얼버무리면서 이중 잣대를 들이대는 한편, 충실한 아들의 입장을 고통스러울 정도로 심각하게 연기한다.

페미니즘 철학에 반대하여 만들어진 중심적인 논거는 페미니즘은 다수자성에 묶여 있고, 부정에 의해 팔루스와 연결되었으며, 자기 자신에 대해서 전혀 알지 못한다는 것이다. 신세대 들뢰즈주의자들에게 페미니즘은 기껏해야 팔루스중심적/몰적 재현 체계 내에서의 변증법적인 회복이다. "그들은 욕망을 다시 한번 거세한다."(Goodchild 1996: 177) 페미니스트들은 거세와 부정성의 편에, 니체의 노예의 도덕에, 신경증과 원한을 먹고 사는 부정적인 열정에 국한되어 있다. 나는 굿차일드가 이 점에서 들뢰즈보다 더 많이 데리다적임을 발견했는데, 데리다는 분명히 페미니즘을 팔루스적인 편집광으로 몰았다.

이 입장은 들뢰즈의 사상뿐만 아니라 페미니즘을 이중적으로 환원시키며 작용한다. 첫째, 페미니즘은 단일한 성차에 대한 광적인 강박, 다른 모든 차이들에 대한 피해로 전락한다. 차이에 대한 페미니즘 철학의 진정한 지식을 보여주지 못한 굿차일드는 모든 페미니스트들의 들뢰즈 읽기가 단순히 잘못되었다고 주장한다. 굿차일드는 사제처럼 고결한 척하는 접근법을 채택하고, 주인(대가)의 목소리에 대한 적절한 해석을 지시하면서 상황을 바로잡기 위해 나아간다.

결론은? 굿차일드는 각주에 쓰고 있지만, 이것이 진짜 핵심 구절이다.

특정한 여성적 정체성을 상실하는 섹슈얼리티의 증식이 역사적으로 여성에게 위험한 경우로 보일 수 있지만—그리고 실제로,

분명 단기적으로는 위험할 것이다—, 생각의 지배적인 권력 구조를 분석하고 전복할 수 있는 중요한 경로를 차단하는 것은 항상 사회적 질병의 고통을 짊어지고 있는 여성과 소수자에게 더 심각하고 장기적인 역사적 결과를 가져온다. 들뢰즈와 가타리의 혁명적 목표는 사회 영역 내에 존재하는 가장 음흉하고 분자적이며 지각할 수 없는 권력 기계를 타도하는 것이다. (Goodchild 1996: 177)

페미니즘은 잠재적으로 이들 중 하나인가? 그 연장선상에서 가장 음흉하고 결과적으로 사회 영역에서 반동적일 가능성이 있는 것이 페미니즘의 고집이며, 여성 문제가 주변화되거나 비현실적인 미래에 위임되어서는 안 된다는 지적知的이지 않은 주장이다. 더구나 들뢰즈와 푸코는 둘 다 페미니즘이야말로 마르크시즘이 의문을 제기하지 않고 남겨둔 것을, 삶을, 사적인 것을 정치화하면서 삶을 사상과 다시 연결시킨 유일한 사회운동이라고 칭찬했다. 시대에 뒤떨어지기는커녕, 페미니즘은 들뢰즈 세대에게 진정한 관념, 개념, 실천의 실험실이 된다는 것을 증명했다. 이것은 굿차일드의 환원을 특히 실망스럽게 만들고, 내 생각에는, 위험하게 만든다. 위험은 들뢰즈의 되기 이론에 대한 시험을 먼 미래로 내던져버리고, 그 내재된 책임에서 벗어나게 해서, 너무 많은 것을 소유했던 한 세기의 마지막 유토피아로 만드는 데 있다.

나는 이 유목적 철학이 들뢰즈가 이론화한 변혁의 원동력으로 그 자신이 분명히 인정한 소수자들을 자기편으로 만들지 못한다면, 이 세기도 다른 세기도 결코 들뢰즈의 세기가 되지 못할 것이라고 생각한다. 정말로 시간이 부족한 것은 들뢰즈의 급진적인 기획을 동시대의 문화에 **조금이라도** 포함시킬 가능성이다.

그러나 좀 더 전통적인 들뢰즈주의자들은 페미니스트 들뢰즈주의자들을 무능함으로나 극단적인 정치적 올바름으로 비난하면서 훨씬 더 열심히 활동한다. 최근 그중 한 사람이 내게 이메일을 보냈다. "나는 당신의 주장이 몰적/도덕적 논쟁이라고 생각한다. 당신은 페미니즘계를 대표해서 말하고 있는가? 나는 당신이 들뢰즈와 가타리에 대해 매우 편견을 가지고 있다고 생각한다. 그렇지 않다면 당신은 당신이 말하는 방식대로 말하지 않을 테니까. 당신은 단지 다른 사람들로부터 들뢰즈와 가타리에 대해 들은 것에 의해 영향을 받았을 뿐이다." 거기에 가시가 있다. 페미니스트의 들뢰즈 읽기는 독창적이지 않거나 부적절하고 주제에서 벗어난다는 것이다. 여하튼 페미니스트 들뢰즈주의자는 지나치게 열성적인 오이디푸스화된 광신자들에게 폭력과 경멸의 대상으로 남아 있다. 그런 부정성에 직면해 있는, 충실치 않은 페미니스트 들뢰즈주의자 딸은 모든 비판적 판단이 동료들의 마음을 떠났는지, 들뢰즈에 대한 유일한 가능한 반응은 무심한 숭배인지 궁금해한다. 들뢰즈에 대한 그런 오이디푸스적 반응은 용어상 모순으로 나를 놀라게 한다.

나는 페미니즘이 잠재적으로 정주적이거나 몰적이거나 혹은 헤게모니적인 경향을 정화시킨다는 이유로 선정되어야 할 이유가 없다고 본다. 비록 그것이 제도화, 경전화, 계통화의 과정을 포함하지만, 페미니즘은 분명히 이것에만 있는 것이 아니다. 모든 사회운동은 활동의 유동성, 붕괴의 흐름, 심지어 내파 그리고 정주화의 영향을 받는다. 이러한 정치적 강도의 변이 없이는 어떠한 정치적 권한 부여도 불가능하다. 좌파의 값싼 반페미니즘이나 커밀 팔리아Camille Paglia의 안이한 포스트페미니즘적 설명에 굴복하지 않고, 나는 이러한 몰적/정주적/제도적 페미니즘의 위험을 변화와 변형의 역사적 맥락에 위치시키는 것을 선호한다. 페미니즘은 사회적 변화와 진보의 선형적 시간 체계 그리고 자아 구조의 더 깊은 변화들의 더 불연속적인 시간 체계에 모두 작용한다. 두 가지 운동의 역설적인 상호의존성은 이 운동의 추동력이다. 그것은 또한, 내 생각에, 그것의 광범위한 성공의 열쇠다. 오늘날 페미니즘의 두 측면은 모두 살아 있고 잘 나타나고 있다. 세계적인 규모로 볼 때, 다수자성에 기초한 기본권의 추구는 진전되고 있다. 1995년 베이징 유엔 회의에서 명시적으로 언급된 '여성의 권리는 인권이다'의 사례는 국내에서 매우 중요하다. 퍼트리샤 윌리엄스Patricia Williams(1993)는 다양성과 다중성의 틀에서 여성의 권리를 주장했다.

그러나 마찬가지로 강력하게, 페미니즘적 유목주의는 페미니즘 자체가 그 창조에 기여한 '몰적'이라는 특정 이론이나 평등을 지향하는 정체성 정치에 대한 비판을 내포하고 있다. 따라서 이리가레(1987b)와 그녀의 세대는 전통적으로 권력 체제에서 이차적 지위에 국한되었던 여성을 일급 시민으로 통합하려는 것으로 너무 성급하게 요약할 수 있는 페미니즘 정치의 해방 모델을 비판했다. 이리가레는 보부아르에 대한 비평에서 이것이 어떻게 성적 변증법들을 단순히 역전시키는 것인지 언급했다. 이것은 단기적으로는 여성들에게 이익이 될 수도 있지만, 장기적으로는 기본적으로 기존의 권력 구조를 공고히 할 것이다. 그런 만큼 특히 '소수자' 여성들 사이에서 그것은 포괄만큼이나 많은 배제를 만들 것 같다. 즉, 페미니스트들은 남성적 모델로의 통합의 한계와 위험만이 아닌, 다수자와 그 마비시키는 시선에 대한 회의주의를 발전시켰다. 이러한 발전은 역사적으로나 개념적으로 이리가레와 들뢰즈, 그리고 그들 세대의 철학적 여정과 유사했다.

새로운 들뢰즈주의자들 사이에서 출현한 페미니즘 이론과 페미니즘에 대한 설명은 그들이 포스트구조주의 페미니즘 세대를 나타내는, 차이를 향한 방향을 무시한다는 점에서 곤혹스럽다. 그들은 들뢰즈를 수용할 때 비역사적이고 탈맥락화되었다. 이것은 '젠더'의 헤게모니 시대인 1990년대 내내 이 페미니즘 이론의 자취가 상대적으로 사라지고 주변화된 영향 중 하나일 것이다. 그것은 또한 단순히 세대 간 격차와 그러한 격차가 수반하는 선택적 기억의 특정 형태를 표시할 수도 있다. 이 새로운 학문의 또 다른 중요한 예는 퍼트리샤 피스터스Patricia Pisters의 들뢰즈 연구(1998)에서 차이에 관심을 둔 페미니즘을 꽤 피상적으로 다룬 것이다. 피스터스의 특정 분야, 특히 일반 영화 이론과 페미니즘 영화 이론이 기호학과 정신분석에 의해 지배되어온 것은 사실이지만, 이 이론들과 이에 대한 페미니즘 버전을 '충분히 들뢰즈적'이지 않다는 이유로 무관하다고 치부할 이유는 없어 보인다. 다시 말하지만, 이 접근법은 오늘날 비판 이론이 직면하고 있는 모든 문제와 이슈를 해결하기 위해서 들뢰즈에게 너무 완전히 무비판적으로 의존한다. 나는 들뢰즈가 많은 것을 도울 수 있고 할 수 있다고 생각하지만, 결코 들뢰즈 또는 그 문제에 관한 다른 어떤 학자의 이론적 틀에 전적으로 의존하는 것을 지지하지 않을 것이다. 지금은 내가 보기에 혼성적, 횡단적, 초학제적 연결성과 비오이디푸스적 창의성의 시대이고, 특히 들뢰즈 이론과 페미니즘 이론의 교차가 양쪽 모두를 가장 풍요롭게 할 수 있는 미디어와 문화 연구에서 또한 그렇다(MacCormack 2000).

남성의 소수자 되기

하지만 다행히도 다른 목소리들이 있다. 폴 패튼이 들뢰즈의 '되기' 개념에 대해 언급한 것(1999, 2000)은 내게 더 유용하고 설득력 있게 다가온다. 패튼은 들뢰즈와 가타리가 그들의 이론적 도구의 유용성이나 타당성을 평가하기를 분명히 거부했다고 주장한다. 그것은 자기 참조적 진리 이론에 그들의 생각을 색인화하는 것에 해당하며, 이것은 그들의 철학적 전제에 완전히 반대되는 것이다. 푸코처럼 그들은 자신들을 다른 사람들의 검사 도구의 제공자로 보았다. 결과적으로 그들의 기록 보관소에서 고르고, 우리 기획의 목적을 위해 이론적으로 그리고 정치적으로 투자할 수 있는 것을 보는 것은 우리 나머지에게 달려 있다. 그 함의는 명확하다. 만약 어떤 도구가 작동하지 않는다면, 그 도구는 개조되거나 주조되어 더 적합한 도구로 교체될 수 있다. 이것을 받아들이는 과정은 사유의 고된 노동이다. 사람은 보통 손으로 생각하는데, 그것은 좀처럼 깨끗하지 않다.

더 중요한 것은, 패튼이 페미니스트들과 여성/동물 등 되기에 대한 들뢰즈주의 이론가들의 현재 논쟁에서 심각한 오류를 지적한 것이다. 즉, 되기들을 젠더 해체를 이끄는 필연적인 혹은 심지어 더 바람직한 것으로 읽는 경향 말이다. 패튼은 마수미Massumi를 인용하면서 매우 중요하고 필요한 시각의 변화를 소개하고 있다. 내 언어로 번역하자면 나는 우리가 '젠더를 넘어서' 가기 위한 개념적으로 잘못된 시도에서 되기의 유목적 과정을 해제할 필요가 있다고 말하고 싶다. 대신 중심이 되는 것은 성차화되고 젠더화된 주체성들의 구성을 위한 기반을 되돌리고 재구성하고 이동시키는 과정이다. 패튼은 되기들의 비목적론적 특성, 즉 시작도 끝도, 출발지도 목적지도 없는 과정이라는 점을 강조하는 데에 신중하다. 되기들은 단지 변형, 재분배, 전치만을 목표로 한다. 되기들은 "언제나 모두에게 개방된다"(Patton 2000: 83). 결과적으로 되기의 과정을 인간이나 여성 해방의 일반적 목표에 색인화하려는 것은 헛된 일이다.

나는 개인적으로 이 논점을 더 확장하여, 성차가 그 어느 때보다 더 다층적인 개념이 된 역사적 시대에 여성/동물 등 되기야말로 페미니즘 정치를 재정의하는 데 중요한 역할을 할 수 있다고 제안하고 싶다. 이는 들뢰즈와 페미니즘 이론의 양립 가능성에 대한 모든 논의를 마침내 잠재울 수 있고, 보다 실용적인 접근법을 채택할 수 있다는 것을 암시한다. 그렇다면 내게 문제는 남성성과 여성성에 대해 어떤 종류의 분배와 재구성이 지금 여기서 가능한가 하는 것이 될 것이다. 그리고 그것들은 유목적 되기들과 차이에 대한 긍정적인 실험의 방향에서 어떻게 활성화될 수 있을까 하는 것이다.

동시대 들뢰즈주의자들의 또 다른 집단은 철학적 유목론의 창조적 역할을 완전히 수용함으로써 들뢰즈의 페미니즘적 유산과, 여성, 즉 여성성 혹은 여성 되기에 대한 들뢰즈의 구조적 모순의 함정을 지나친다. 예를 들어, 브라이언 마수미(1992)는 카르토그라피의 양상, 그리고 그 결과 새로운 형상을 찾는 것이 어떻게 페미니즘 이론의 자료체뿐만 아니라 들뢰즈 텍스트들 자체에 대한 창의적이고 비오이디푸스화된 관계를 정교화하는 일에 투입될 수 있는지에 대한 훌륭한 예를 제시한다. 개념적 창의성의 필요성과 사고나 대안적 형상화의 새로운 이미지 추구에 대한 이중의 강조는 철학적 스타일의 중요성 강조로 이어진다. 마수미는 내용을 반영하고 강화하는 형식으로 글을 쓰는 데 가장 신경을 쓰는 들뢰즈주의 사상가에 속한다. 매우 창의적인 마수미의 작업은 들뢰즈 사상과의 관련성과 그를 모방하려는 노력의 무의미함을 동시에 보여주는 진행 중인 실험으로 기능한다.

알폰소 링기스Alphonso Lingis의 작업은 마수미와 흥미로운 비교가 된다(Lingis 1994, 1998). 마찬가지로 창조적이지만, 주인(대가)의 목소리와 동화하는 데 훨씬 더 히스테리적인 링기스의 텍스트는 들뢰즈 스타일을 더욱 악화시킨 것으로 나를 놀라게 한다. 링기스의 텍스트는 들뢰즈의 전제 중 일부를 극단으로, 종종 엄청난 시적인 힘으로 밀어붙이지만, 그것은 때때로 패러디처럼 읽힌다. 링기스는 또 다른 충실한 들뢰즈주의자로 1977년 정치적 무정부주의 운동을 이끌었던 이탈리아의 비포Bifo(프랑코 베라르디Franco Berardi)를 떠올리게 한다. 세계화, 유목론, 신기술의 정치학에 관한 최근 저술에서(Berardi 1997) 비포는 다소 예언적이거나 예지적인 양식을 채택하고 있다. 링기스처럼 니체에게 영감을 받은 비포는 같은 텍스트 내에 시적인 음성과 이론적인 음성을 섞는다. (내 견해로는) 이러한 일관성에 대한 건전한 무시는 그래픽적 배치와 연대기적 배열의 불연속성의 경향과 관련이 있다고 본다. 때때로 그의 텍스트는 종말론적 어조를 띠기도 하는데, 그러나 대부분 고도의 강도로 흐른다. 그의 텍스트는 '프로작 국가'(Berardi 1997: 21) 내에 봉인된 법적 주체의 소름 끼치게 무서운 관성과 공포 쇼로서의 '유혈 낭자한 자본주의Splatterkapitalismus'(1997: 7)에 비극적인 진지함으로 웃는 유목적 감성의 독특한 표현들이다. 의미심장하게도, 링기스가 여성성을 통합하고 모방하는 반면, 비포는 그것을 내버려 두고, 대신에 아무것도 양보하고 싶어 하지 않는 시대에 급진적인 정치를 추구하기 위해 남성 유목적 주체들의 관련성을 강조한다.

　반면에 마수미의 작업은 어떠한 자기 참조적 제약으로부터도 다행히 자유롭다는 점에서 링기스와 비포 둘 다와 다르다. 그는, 말하자면, 자아가 없다. 이것은 마수미가 덜 재현적이고 따라서 더 높은 창조적인 에너지를 내는 되기의 패턴을 추적할 수 있게 해준다. 본질적으로 정치적인 마수미의 텍스트는 지질학적으로나 계보학적으로 어떤 예측 가능한 대칭에 맞지 않는 다층화된 지층으로 구성되어 있다. 그의 정치 이론 텍스트들(Massumi 1992a, 1992b)은 사회적 무의식과 이를 구성하고 지속하는 욕망의 흐름의 종류에 관해 통시적으로 개입한다. 마수미의 작업은 다수자 주체와 그 '타자들' 또는 소수자들 둘 다인 욕망하는 주체들의 흐름도를 그린다는 점에서 도식적이다. 그는 또한 단일 사건 또는 행위자, 텍스트, 역사적 맥락 및 다른 효과 사이의 상호연관성을 강조한다.

텍스트, 텍스트가 미치는 정동성의 효과, 그리고 이를 지속시키는 물질적 상호관계에 이렇게 초점을 맞추는 것은 모두 내가 매우 중요하게 여기는 카르토그라피적 관심의 핵심이다. 이는 내가 모든 것의 가장 중요한 효과라고 생각하는 것을 촉발시킨다. 즉, 이것은 독자들을 불안정하게 하고, 몬드리안 그림의 대각선처럼 소수자 되기를 환기시킨다. 이러한 욕망은 이 흐름도의 카르토그라피적 양상에서 기능하는 '추상 기계'나 들뢰즈의 도식에 결정적이다. 마수미는 불복종에서, 아니 오히려 정통에 대한 무시에서 오이디푸스적 충성과 순종적 모방을 시도조차 하지 않기에, 들뢰즈 철학의 개념적 핵심을 완벽하게 표현하고 있다.

놀랄 것도 없이, 아마도, 들뢰즈의 텍스트와 마수미의 관계 내에는 사전辭典적인 어떤 것이 있다. 그는 핵심 용어를 색인화하고, 확실히 비오이디푸스적 방식으로 충성을 표현하는 정확하고 정밀한 시놉시스적 개요(Massumi 1998)로 정리한다. 들뢰즈의 사유와 관련된 마수미의 색인적, 사전적, 기하학적 정밀성은 철학적 유목주의의 또 다른 차원, 즉 디지털화에 적합한 후보로 만드는 비선형적 유형의 논리적 구조를 들여온다. 리좀적 텍스트는 여러 개의 가능한 연결망을 한 번 누르거나 한 번 클릭으로 여는 정보 기술에 의해 가장 잘 제공된다. 나는 이러한 리좀적 감성의 측면이 음악, 특히 분명히 들뢰즈를 교차 참조하는 소리를 가진 기술을 기반으로 한 실험에서 가장 살아 있다고 믿는다.[5] 나는 다음 장에서 이를 다시

---

5 예를 들어, double CD, *In Memoriam: Gilles Deleuze*, Mille Plateaux, 1996, Force Inc.

다룰 것이다. 현재로서는, 마수미의 기하학적 정확성이 정의justice 에서뿐만 아니라 적절함justness에서도 '적정하다'라는 것을 강조하 겠다. 즉, 반사적 모방이나 진부한 반복을 우회하면서 들뢰즈 철학 을 제대로 평가한다는 말이다. 의미심장하게도, 마수미는 전체 '여 성 되기' 이론에 극도로 신중하며, 그것으로부터 어느 정도 비판적 거리를 두게 된다. 그리하여 여성성을 일반적인 유목론으로 쉽게 동화시키는 것에 저항한다. 들뢰즈와의 히스테리적인 동일시 방식 을 피함으로써, 마수미는 그가 결코 되고 싶지 않은 주인으로서 구 축되는 포스트휴먼의 굴욕, 즉 '진리'의 전제적 지배자, 다시 말해 들뢰즈가 혐오하고 거부하는 입장을 모면하게 된다. 그러나 이 작 전에 위험이 없는 것은 아니다. 마수미의 책들은 들뢰즈나 스피노 자의 책보다 더 쉽게 접근할 수 없기 때문이다. 그 책들은 지도나 차 트, 즉 그래픽이나 시각화를 통한 비선형성과 비언어적인 의사소 통에 매료된 독자들에게만 호소할 수 있다. 마수미가 교묘히 반복 을 피하고, 부정적인 열정 없이 연속성의 인상적인 예를 보여주는 것은 정밀성과 색인적 정확성을 통해서이다.

자동사적으로 쓰기

"글쓰기는 그 자체로 끝이 있는 것은 아니다. 인생은 개인적인 것 이 아니기 때문이다. 오히려 글쓰기의 목적은 삶을 비인간적인

Music Works, Frankfurt를 참조하라. 이 자료를 제공해준 반더르 에이켈붐Wander Eikelboom 에게 감사한다.

힘의 상태로 끌어올리는 것이다."

들뢰즈와 파르네, 『대화』, 61

들뢰즈와 가타리의 연구를 수용할 때 남성주의의 혼란스러운 형태가 나타나고 있는 것 같다. 예를 들어, 현재 행해지고 있는 비교 작업에는 뤼스 이리가레를 무시하는 경향이 있는데, 나는 그녀가 들뢰즈와의 가장 분명한 비교항으로 존재하는 철학자라고 생각한다. 게다가 들뢰즈 작업의 여파로, 그의 추종자들 사이에서 들뢰즈 자료체 선정이 매우 젠더화되어 이루어지고 있다. 대부분 남성인 추종자들은 그의 사회 정치적 텍스트에 많은 중점을 두고 있는 반면, 문화적 또는 미학적 텍스트는 영화에 관한 두 권을 제외하고는 무시되거나, 제한된 수의 여성 들뢰즈주의자들에게 맡겨진다. 그 결과, 현 단계에서 고등교육기관에서 허용된, 심지어 요구된 노선을 따라 그의 연구에 대한 재구획화가 이루어지고 있다. 사람들은 들뢰즈에 대한 '문화 연구' 접근법을 말할 수 있는데, 이는 그의 문학, 연극, 영화 텍스트를 중심으로 하고 있으며, 그의 작업에 대한 철학적 논평을 종종 깨닫지 못하고 평행선을 달린다. 매우 젠더화된 이 연구의 분업은 들뢰즈 작업에 대한 평가 및 이해에 부정적인 영향을 미친다.[6] 결국, 들뢰즈의 '재현'에 대한 비판은 그 이질성을 지우지 않으면서 그의 작업의 다른 순간들을 통합시키는 대단히 중요한 관심사다.

---

6 이것의 예로는 들뢰즈에게 영감을 받은 밀러Miller의 '문화 연구'(1993)의 실패에 대한 편향적이고 잘못된 설명이 있다.

나는 들뢰즈 철학의 미학적 측면이 종종 경시된다고 생각한다.[7] 예를 들어, 들뢰즈의 작업에서, 특별히 『천 개의 고원』에서 문학 일반과 특히 SF에 대한 교차 참조가 연구자들에게 주목받았지만,[8] 이러한 측면들은 여전히 체계적인 분석의 대상이 되지 않았다. 여기서 문제는 '초학제성'이라는 용어조차 불충분한, 들뢰즈가 보여주는 구체적이고 광범위한 박학에 있다. 엄청난 기억력을 가진 잡식성 독자인 들뢰즈는 이러한 점에서 인문학의 폭넓은 지식이 장려되고 보상받았던 구식 프랑스 교육 체계 중 최고 수준을 보인다. 불행하게도, 그의 추종자들과 연구자들 사이에서 동일한 인문주의적 역량과 학문의 발전이 항상 존재하는 것은 아니다.

나는 순전히 그의 철학이 체현과 내재성을 강조하면서 주체성의 전前 개념적이고 전前 담론적인 토대의 재현에 대해 일련의 엄격한 개입을 하여 사유의 이미지를 재코드화하고 재구성하려고 하기 때문에, 그의 작업에서 '문화적인' 측면과 '개념적인' 측면을 분리하는 것은 불가능하다고 생각한다. 앞에서 주장했듯이, 이러한 점에서, 나는 페미니스트, 흑인, 탈식민 퀴어, 그리고 다른 이론가들과 같은 '예속된 지식의 소수자 주체들'이 들뢰즈의 위반적인 철학적 환등상의 독자들로서 특권적인 위치에 있다고 생각한다.

이러한 점에서 들뢰즈는 매우 다층적인 작가였으며, 문학과 문화 텍스트의 날카로운 해설자이자 현대미술의 애호가였다는 것, 현대판 플라톤 동굴에 매료된 관객으로서 영화를 보았다는 것을

---

7 들뢰즈 작업의 이러한 측면에 대한 유용한 소개는 Bogue 1989를 참조하라.

8 다음 예를 참조하라. Stivale 1991 ; Mills Norton 1986.

강조하는 게 중요하다. 그의 지성은 유동적이면서도 엄밀한 것으로, 유럽 대학이라는 19세기 제도에 의해 부과된 고전적인 학제 구분을 없앴다. 내게 들뢰즈는 철학적 사고에 대한 역설적이고 깊은 사랑의 능력을 의미한다. 즉 위대한 사랑은 결코 복잡하지 않기 때문에 단순하지만, 어떤 면에서 위대한 사랑은 매우 근본적이기 때문에 의심의 여지가 없다. 생각하는 것은 호흡과 같다. 반성적인 것 없이 하면서 동시에 반성적으로 하기도 한다. 그리고 만약 여러분이 사유를 반성적으로, 혹은 완전히 의식하면서 하고 싶어지면, 사유는 사유 자체의 최대의 기획이 된다. 내게 들뢰즈는 형이상학에 대한 비판보다 훨씬 더 멀리 나아간 다중 되기들의 철학의 전개를 나타낸다. 그것은 오히려 자기 갱신을 위한 철학의 능력에 대한 신뢰에 표를 던지는 것이다. 들뢰즈 철학의 생명력의 본질적 요소는 물리학, 유전학, 수학 등 다른 학문 분야뿐 아니라, 영화, 예술, 기술 문화와 같은 동시대 문화 및 예술 실천과의 대화적 교류를 선호하면서 그가 의도적으로 학제적 웅대함을 벗어버린다는 점이다.

그러므로 긍정적인 창의성의 영향 아래에서 철학은 확장된 개념이 됨으로써 스스로를 새롭게 한다. 나는 철학 자체의 창조적 되기가 들뢰즈의 근본적인 유산이라고 생각한다. 철학은 바로 그 사유의 이미지를 재창조하는 데 이루어지는 활동으로 재정의되어, 능동적이고 긍정적인 힘을 부여하고, 그것을 반응적이거나 부정적인 열정에서 벗어나게 한다. 글쓰기와 문학에 대한 들뢰즈의 사랑이 삶의 강도(포텐티아)를 고양하는 한, 그것은 이러한 창조적 자극의 중심이 된다.

들뢰즈에 의해 그리고 유사하지만 비대칭적인 방식으로 페미니즘 이론들에 의해 제안된 급진적으로 내재적인 양태의 되기의 이론과 과정은 글쓰기에서, 특히 문학 텍스트 및 상호작용하는 문화적 영향에서 가장 명확한 표현을 발견한다. 들뢰즈에게 글쓰기는 소수자 되기와 여성 되기 과정과 유사하다. 결과적으로 들뢰즈는 이 과정을 위한 가장 좋은 예시를 문학과 예술에서 찾는다. 트린 T. 민하Trinh T. Minh-ha(1989: 19)는 글쓰기에서 일어나는 자아의 분자화를 가장 효과적으로 묘사한다. "쓰기는 되기이다. 작가(또는 시인) 되기가 아니라 자동사적으로intransitively 되기이다. 글쓰기가 기존의 기조나 정책에 맞출 때가 아니라, 스스로 탈출의 선을 추적할 때다." 글쓰기는 들뢰즈를 위한 것일 수 있고, 어쩌면 탈영토화 또는 소수자 되기를 위한 주요 수단이 되어야 할 것이다. 글쓰기는 은유적인 의미에서가 아니라 이원성, 선형성, 그리고 다른 침전된 통일적 습관들의 한 과정으로서 팔루스로고스중심주의로부터 탈출하는 선이다. 글쓰기는 사이 공간들을 가로지르고, 횡단성과 변이를 배양하는 것이다.

철학적 유목주의가 선호하는 문학 텍스트는 삶의 잠재적 가능성에 대한 강력한 긍정이다. 이 정도의 강도로 글을 쓰는 것은 절대 '나'의 승리적 주권을 표시하는 편집증, 나르시시즘, 그 밖의 부정적인 열정을 이용하는 데에 포함된 근면한 활동성이 아니다. 나는 오히려 들뢰즈가 찬사를 보내는 저자들은 그 위에 '나' 그 자체를 수직적으로 세우는 부정성의 둥지를 파괴함으로써 '나'를 불안정하게 만든다고 생각한다. 그 과정에서 확인되는 것은 일자가 아니라 다중적 되기들의 무리인 자아의 비인격적인 목소리다. 포텐티아는 힘의 비개인적인 상태로, 특이성singularity의 극단적으로 내재적인 형태를 수반한다. 이 긍정은 상당히 비인격적이기 때문에 더욱 특이하다. 즉 형이상학적 사상으로서의 **삶**이 아닌 **하나의** 삶의 내재성을 표현한다. 이것은 글쓰기가 카프카의 벌레에서 버지니아 울프의 나방, 돌고래, 알락돌고래까지 동물 되기의 중요한 과정들과 결합하는 지점이다.

여기서 제기할 가치가 있는 또 다른 요점은 문학에 대한 들뢰즈의 접근 방식에서 다언어주의의 중요성에 관한 것이다. 이것은 단순한 언어적 다원주의가 아니라, 통일에 저항하는 이질적인 방언과 관용어에 대한 현혹과 감각이다. 그러므로 나는 그것을 다른 형태의 단선적 선형성에서와 마찬가지로 단일 언어주의에서 벗어나는 유목주의의 개념과 실천으로 본다. 언어 사이를 이동하며, 여러 언어를 말하고, 어느 것도 정복하지 않고, 끊임없이 동시통역으로 생활하는 것은 창의적인 글쓰기에서 자신을 가장 잘 표현하는 유목적 감성을 위한 가능한 장소다. 사람은 말을 더듬는 법, 말을 찾는 법, 망설이는 법을 심지어 특히 소위 '모국어'에서도 배워야 한다. 내가 다른 곳에서 말했듯이(Braidotti 1994a), 모국어는 없고, 오직 자신이 출발하는 언어적 자리만이 있다. 단 하나의 언어적 토양humus에 안주하지 **않는**, 언어의 일반적인 소수자 되기에 강조점이 있다. 들뢰즈는 프랑스어가 세계 언어에서 쇠퇴한 역사적 시기에 살고 썼으며, 그의 저작은 어떤 면에서는 프랑스의 제국주의적인 언어 전통의 소수자 되기를 반영한다. 이 점에서, 들뢰즈는 깊이 있는 다문화적인 사상가인데, 그의 철학은 혼종과 잡종이 표준이고, 심지어 세계 언어인 영어조차도 다양한 방언으로 나뉘는(흑인 영어는 적절하게 좋은 예다) 언어적 혼란 속에서 세계를 파악하고 불러낸다.

마지막으로, 들뢰즈가 (특히 울프, 케루악, 헨리 제임스가 많이 인용된 저작에서) 되기와 탈영토화의 수단이라는 점에서 영미 문학의 우월성을 강조하는 바에 주목하는 것이 중요하다. 들뢰즈는 미국의 탈주선과 프랑스 소설의 자아 중심적이고 이성적이며 다소 고루한 탈영토화, 되기, 전통을 대립시킨다. 이는 영어를 사용하는 독자들에게 프랑스 문학의 매우 전형적인 초상이라는 인상을 줄 수 있을 것이다. 이와 대조적으로 유럽적 인식은 미국을 열린 국경과 '다시 길 위에서'의 전통으로 표현한다. 이것은 확실히 그러하며, 나는 정보를 가진 독자가 자기 자신의 위치, 즉 그의 정동적 지도나 선택된 스냅사진의 집합으로서의 '영미' 문학에 관한 들뢰즈의 번역에 접근하고, 그중에서 들뢰즈가 그리는 연결의 특이성을 존중해야 한다고 생각한다. 즉, 학문적 객관성이 결여되어 있다는 주장으로 인해 들뢰즈 유목론을 공격 대상으로 삼는 비판자들과는 달리, 나는 그의 문학 및 예술 작품들에 대한 설명을 특정 텍스트들 및 저자들과 연관된 들뢰즈의 구체적인 카르토그라피로서 옹호하고 싶다. 나는 들뢰즈의 텍스트 해석 방법에 대한 객관적인 설명을 갈망하기보다는 그것을 정확히 해석의 거부, 즉 반해석학적 움직임으로 보는 것이 중요하다고 생각한다.

철학적 유목주의의 경우, 텍스트들은 기표의 논리에 따라 입력되어야 하는 기호 언어학적 장치가 아니다. 이것은 정신분석학적으로 영감을 받은 문학 비평에 대한 들뢰즈의 거부에서 특히 뚜렷하게 나타나는데, 정신분석학은 잠재기와 텍스트에서 작동하는 억압 기제의 힘에 대한 본질적인 믿음을 지니고 있다. 이러한 접근 방식은 또한 텍스트들을 공개하거나 처리하는 힘에 대해 똑같이 열정적인 믿음을 표현하여 텍스트들을 명시적인 수준으로 끌어올린다. 푸코와 같이, 심층적 유물론자인 들뢰즈는 모든 텍스트를 비인격적이고, 기계 같은, 연결을 만드는 기구devices로 간주한다. 최악으로는 도구 상자, 기껏해야 변형 수송체인 텍스트들은 친연성이나 공감의 원리에 따라 접근돼야 한다. 즉, 당신은 텍스트들이 작동하든 작동하지 않든 그렇게 접근해야 한다. 이는 예술 작품에 대한 접근의 자발성에 대한 순진한 믿음이 아니다. 또한 일종의 무정부주의적 상대주의도 아니다. 오히려 정동적 상호연결, 즉 인지적인 것과 미학적인 것의 결합과 힘 기르기의 윤리학에 대한 양쪽의 공동 기여의 중요성을 강조한다.

구체적으로, 이는 텍스트에 대한 실용적인 접근법을 만들어내는데, 이 접근법은 저자와 독자가 항상 텍스트의 더 깊은 진리의 비밀의 방을 열어줄 해석학적 열쇠를 찾을 수 있는 특권적인 '아는' 주체가 아니라는 가정에 기대어 있다. 들뢰즈는 작가–독자 쌍의 주권에 대한 이 개념을 그가 인본주의적인 주체 위치에 대한 비판에 헌신하는 것과 같은 열정으로 공격한다. 그렇게 함으로써, 앞에서 말한 바와 같이, 그는 저자와 독자 사이의 새로운 제휴를 요구하는데, 이는 텍스트의 '진정한' 해석의 '소유자'로서 저자와 독자의 전통적 특권에 대한 상호 전치와 합의된 거부에 기초하게 될 것이다. 이것을 상대주의로 환원하는 것은 요점을 완전히 놓치는 것이 될 것이다. 왜냐하면 여기서 중요한 것은 주체의 되기의 속도를 표시하는 일련의 불연속적인 변이들의 집합으로 텍스트를 재등록하게 하는 것이기 때문이다. 읽기와 쓰기는 결과적으로 소수자 되기 과정의 순간들로 재정의된다. 텍스트는 해석되기 위해 여기에 있는 것이 아니라 동화되거나 완성되거나 사용되거나, 그러지 않거나 하기 위해 여기에 있는 것이다.

이에 따라, 텍스트들은 영토들, 지역들 또는 테두리 지어지고 구성된 강도의 체현된 영역들로 설명된다. 따라서 들뢰즈가 선택한 텍스트에서 그가 골라낸 구성 요소들, 즉 속도, 유동성, 공기의 질, 신체적 움직임 등이 중요해진다. 들뢰즈에게 영감을 받은 문학 접근 방식은 상투적 비평이라기보다는 정동들의 지리학, 기본 요소적 힘들의 지도에 더 가깝다. 따라서 독자 안에서 근본적인 재조정이 필요하다. 내 생각에 이러한 조정은 표현할 수 없거나 불규칙한 종류의 조정과는 거리가 멀지만 독자를 텍스트 밖으로 내던져 자신의 체화된 위치로 되돌리기 위한 뚜렷한 중재라고 생각한다. 그 목적은 변형, 즉 되기의 과정을 촉발하는 것이다. 들뢰즈의 텍스트는 강력한데, 그것은 포테스타스라기보다는 오히려 포텐티아의 의미에서이다. 따라서 들뢰즈의 문학은 동일한 힘을 가지기 위해 사랑하고 교차 참조하는 것이다. 그것은 우리를 우리의 일상적 의식의 즉각적인 경계에서 벗어나게 한다. 들뢰즈주의 독자들을 위한 문학은 탈영토화의 수단이다. 결과적으로, '스타일'은 지극히 중요하지만, 그것은 특정한 텍스트 효과들과 맞물려 되기의 과정을 일으키기 위해 채택하는 것으로, 유물론적인 면에서 특정한 속도 또는 강도의 수준을 의미한다. 해석학적 방식은 해석의 재현-의식 모델과는 반대로 인식-의식 결합의 중요성을 강조하는 실용적인 유물론으로 대체된다.

내가 '문화 연구'에 대한 들뢰즈의 기여에 대해 흥미롭게 생각하는 것은 특정 텍스트들을 형성하는 정동적 힘들의 일종의 실용성이다. 그것은 텍스트적 열정의 유형학으로, 텍스트 전체에 걸쳐 주체에 대한 탈영토화, 즉 되기의 가능한 선들의 좌표를 추적하는, 응용된 정동 기상학의 일종이다. 이 접근 방식은 유목적 주체의 강도적이고 비통일적이지만 성애화된 구조를 표현한다. 들뢰즈의 철학에 있는 정동적 힘들의 카르토그라피는 시간과 기억 둘 다를 복잡하게 이해하는 데 달려 있는데, 이에 대해서는 다시 다룰 것이다. 글쓰기의 과정은 그것에 의해 주체의 이런 정동적 재조직이나 뒤섞기scrambling가 발생하는 매체이다.

나는 들뢰즈의 철학적 유목론은 '여성적 글쓰기'라는 주제에 대한 변주이며, 이와 같이 여성 되기에 대한 그의 이론과 밀접하게 연관되어 있다고 제안하고 싶다. 보다 개념적이고 상상력이 풍부한 창조성에 대한 요구는 동물 되기와 같이 여성 되기 개념에 구축되어 있어서, 그것은 미학적, 문학적 개념으로도 읽힐 수 있다. 이리가레는 여성 섹슈얼리티의 재현할 수 없는 양상들, 즉 유동성, 다공성, 점성을 적절히 표현할 수 있는 대안적 상상계의 구성을 요구한다. 들뢰즈는 우리를 성적이고 동물적인 타자, 신체적이고 재현할 수 없는 대상에 맞서게 하고, 그것의 긍정적인 힘, 그것의 영광스러운 비친숙함을 표현하는 것을 배우게 한다. 이리가레가 주체의 언어적 구성을 그대로 유지하여 여성 페미니스트에게 언어와 재현의 재전유를 요구하는 반면, 들뢰즈는 재현의 폐허와 포스트휴먼의 감수성으로 뛰어들게 한다. 그는 의도적으로 되기로 사회화되지 않은 정동과 욕망의 만화경에 우리가 직면하기를 원한다. 결과적으로, 들뢰즈의 철학적 유물론은 개념적으로 가득 차 있을 뿐만 아니라 문화적으로 매우 풍부하다. 유목적인 힘을 창조성에 부여하는 한, 들뢰즈는 감성, 정동성, 그리고 궁극적으로 욕망의 문제를 제기한다. 그러므로 페미니스트 동맹과 들뢰즈의 조우가 가장 큰 목소리를 내는 것은 이 분야이다.

| 욕망의 대안적 패턴들 |

전반적으로, 섹슈얼리티와 성적 정체성과 관련된 '여성 되기'의 다른 버전들이 중심이다. 앞 절에서 주장했듯이, 들뢰즈는 스피노자, 니체를 연구하면서 주체성의 구조적 핵심을 구성하는 정동과 욕망의 요소를 강조한다. 그러므로 주체는 그에 투자된 정동들의 흐름과 관련하여 중심적이지 않다. 정신분석은 주체가 자기 집에서 주인이 아니라는 같은 가정으로부터 출발하지만, 들뢰즈에 의하면 도덕적이고 이성적인 통제 행위자성으로서의 의식의 힘을 불안정하게 하는 데 실패한다. 개념적인 맥락에서, 들뢰즈는 '욕동들'의 우위에 대한 정신분석적 강조를 칭찬하지만, 그는 또한 정신분석 이론과 실천이 결국 정신분석이 처음에 열었던 바로 그 문을 닫게 된다고 주장한다. 무의식의 경제 전체는 사실 아버지의 이름으로, 그리고 자기 규제적이고 사회적으로 강제된 의식적, 도덕적 합리성의 도덕적, 정치적 감독하에 다시 예속된다. 들뢰즈에 따르면, 프로이트의 천재적인 순간은 욕동 이론의 발견이다. 그러나 프로이트의 실패는 강제적 이성애, 오이디푸스적 재생산, 그리고 가족의 사회 경제적, 법적 구조에 의해 가장 잘 보장된 재산의 효과적인 양도에 의해 지배되는, 주체의 규제적이고 규범적인 체제로 욕동들을 되돌려 다시 지표화한 것이다. 즉, 들뢰즈에 따르면 정신분석학은 주체의 정동적 토대를, '내부의 암흑 대륙'의 통제 또는 전제적 지배와 의식을 동일시하는 팔루스로고스중심주의의 원리에 의해 지배되는 리비도 경제로 재투자한다.

가타리의 분열분석을 통해 알 수 있는 들뢰즈의 리좀적 욕망 이론에 비추어 라캉 정신분석의 이론적 영향을 비평하는 것은 내게 자유롭다. 들뢰즈는 무의식적인 과정을 부인하는 입장을 교묘하게 피하는데, 내 생각에 푸코는 이러한 입장에 빠진다. 들뢰즈는 역사적으로 주체의 구축에 대한 규율적이고 규범적인 실천을 영속시키는 기관으로서 정신분석학 '외부의' 사회 정치적 기제에만 초점을 맞추는 것이 아니다. 그는 오히려 문제의 개념적 핵심을 다루고 있는데, 이것은 체현된 구조, 주체성의 시간적 기초, 그리고 정동성과 욕망의 우위로 구성되어 있다. 들뢰즈는 '되기'의 철학에 관한 연구에서 특히 정신분석이 던져놓은 형이상학적 덫에서 '기억'의 개념을 구출하는 데 전념하고 있다. 베르그송, 스피노자, 니체를 참조하면서, 들뢰즈는 주체 형성에 있어서 기억의 역할을 급진화하고 흔들어놓는다.

본질적으로, 라캉에 반대하는 들뢰즈와 가타리의 주장은 그들이 욕망과 결핍의 개념을 라캉의 반종교적인 애착으로 여기는 데 있다. 이것은 한편으로는 기독교 죄의식의 수 세기에 걸친 전통을, 다른 한편으로는 누락과 결핍으로 경험된 구조적 필요의 충족으로 욕망을 정의하려는 헤겔적 경향을 구체화하고 자본화한다. 두 가지 모두 정신분석이 주체의 '진정한 자아'의 위치로서 '내부성'을 강조하는 것과 관련이 있다.

앞 절에서 주장했듯이, 만일 내가 이것을 스피노자의 용어로 읽으면, 즉 정동, 강도, 속도의 측면에서 본다면, 정신분석학은 매우 부정적인 일련의 힘을 표현한다. 그것은 고해성사의 도덕성, 사제의 혹은 '목회자의' 지침으로, 푸코에게는 매우 소중하지만 들뢰즈의 포스트휴먼적인 세속적 사고방식에는 혐오감을 준다. 그것은 19세기의 침실, 사창가, 부르주아 드라마의 냄새를 풍긴다. 들뢰즈에게는 프랑스 소설과 마찬가지로 라캉 정신분석학에도 같은 평가가 적용되는데, 자위의 환희와 신경증적인 자기 집착의 지경에 이를 정도로 밀실공포증적이고 벽장에 갇힌 것과 같이 자기 폐쇄적이다. 플로베르의 아주 유명한 "엠마 보바리, 그것은 바로 나다! Emma Bovary, c'est moi!"라는 문구와 이에 대한 사르트르의 논평에서 알 수 있듯, 이는 들뢰즈가 자신의 비판에서 염두에 두고 있는 것을 보여주는 완벽한 예시일 것이다. 여성으로 정체화한 이 고전 작가의 감성은 성적으로 자극적인 동시에 부정된 섹슈얼리티, 노출된 동시에 부인된 섹슈얼리티를 전달한다. 그리스도의 수난을 모델로 하여 베르니니가 연출한 성 테레사의 고뇌와 황홀경이 그 예이다. 그것은 19세기의 성애적인 상상력을 불어넣는데, **춘희**Dame aux camélias(그리고 그레타 가르보가 연기한 영화 속 **춘희**Camille)가 이 같은 종류의 성적 열정의 미덕과 과잉을 체현한다. 이러한 열정은 저메인 그리어Germaine Greer(1999)부터 나오미 울프Naomi Wolf(1991) 까지 페미니스트들이 지적한 바와 같이 '팜파탈femme fatale'의 병 약하고 부패한 몸에 근거를 두고 있으며, 그 죄악과 기쁨은 **악의 꽃** fleurs du mal의 생생한 상징으로 변하고, 그 죄악과 기쁨에 의해 만들 어진 도착적인 주이상스로 변모한다. 성애화된 상상계로서 여성성 을 바라보는 이 시각은 퇴폐적이며, 이와 같이 유럽 문화에서 상당 히 주류를 이루고 있다.

나는 유목적 철학에서 전혀 다른 성애적인 상상에 대한 영감을 발견한다. 아마도 조금 더 잔인할지도 모르지만, 감사하게도 더 비 현실적이다. 덜 희생적이며 더 낙관적이기도 한데, 왜냐하면 그것 은 안쪽으로가 아니라 바깥쪽으로 향하기 때문이다. 그것은 고해 소와 사창가의 제약에서 벗어난, 강도와 열정에 대한 보다 세속적 인 접근법이다. 오늘날 경험하고 실험하는 기술적으로 매개된 욕 망의 형태에 더 잘 적응해 있기도 하다. 이 에로티시즘은 우주적이 고 생태 논리적이며 초월성을 암시하지만, 언제나 육체를 통하며 육체를 떠나지 않는다.

내게 욕망이란 되기의 긍정적 양태로서, 현실화(즉, 내재적 실재 화)를 가능하게 하는 물질적이고 사회적으로 실행된 조건의 배치이다. 욕망은 복수의 힘들과 힘 기르기의 새로운 가능성 창출 사이의 조우와 관련이 있다는 점에서 능동적이다. 그것은 외향적이고 미래지향적이며, 팔루스중심적 자기 참조성에 의해 지배된 기억의 과거에 의해 지표화되지 않는다. 무의식적 과정은 이 비통일적 주체의 불연속적인 시간성의 중심에 있다. 주체와 의식적인 자아의 비일치성에 그 강조점이 있다. 들뢰즈는 대신 다층적이고 동적인 주체를 제안하는데, 이 주체는 체화되었지만 동적이고 구체적이며 과정 중에 있다. 주체는 몇 번이고 쌓여야 하고, 따라서 그 표현은 사회 영역의 구성과 일치한다. 이것이 내가 이 책에서 옹호하는 육화된 유물론 개념의 핵심이다. 신체는 공간적으로 말하자면 특수한 질들, 관계들, 속도, 변화율을 가진 힘들의 한 조각이다. 이들의 공통분모는 이들이 지적인 물질이며, 영향을 주고받고, 상호관계를 맺을 수 있는 능력을 부여받은 것이다. 시간적으로 말하면, 신체는 다른 신체들과 힘들의 조우 후에 끊임없는 내부 수정을 거치며 지속되는 살아 있는 기억의 한 부분이다. 두 경우에서 핵심 요점은 마주침과 상호관계에 대한 체화된 주체의 역량이다. 이와 같이 타인과의 상호연결에 대한 욕망과 열망은 주체성에 대한 들뢰즈적 시각의 중심에 있다.

그러나 욕망의 우위에 대한 이러한 존재론적 시각은 또한 욕망을 (헤테로) 섹슈얼리티로 환원하고, 욕망과 섹슈얼리티를 (우선적으로 재생산적) 생식 활동으로 환원하는 정신분석에 대한 비판으로 표현된다. 이 점에서 『안티 오이디푸스』의 저자들은 상당히 무자비하다. 이들은 욕망을 정신분석이 감싸는 규범적 틀에서 해방하고

싫어 하기 때문에 그것을 '유목화'한다. 그러나 이러한 급진적 유목
주의는 서구 문화가 18세기 이후 충분히 실험해온 성적 무정부 상
태를 위한 단순한 방안만이 아니다. 이 점에서 섹슈얼리티의 역사
와 특히 '성적 억압 가설'의 오류에 대한 푸코의 연구는 여전히 근
본적인 것으로 남아 있다. 유럽 문화에서 억압받는 것과는 거리가
먼 섹슈얼리티는 매우 창의적인 방식으로 담론적으로, 사회적으
로 생산되어왔다. 라캉조차 아이러니하게도 '신성한' 사드 후작과
'경이로운' 이마누엘 칸트 사이의 반향 작용뿐 아니라 상호보완성
도 지적했다. 나는 욕망에 대한 들뢰즈의 관점은 스피노자를 지렛
대 삼아 욕망을 기초적이고 근본적으로 긍정적인 열정으로 재등
록하는 광범위한 매력을 지니고 있다고 생각한다.

　따라서 유목적 접근법 또는 들뢰즈 스피노자주의 접근법은 정
동성(코나투스)이 실제로 주체의 핵심에 있지만, 또한 이 욕망이 내
부화되지 않고 외부화되어 있는 경우라고 강조한다. 그것은 그들
을 추동하는 힘들의 동일성에 결합되어 있는, 서로 다른 체화되고
내장된 주체들의 만남에서 일어난다. 강도적이고 정동적인 외부의
반향들은 욕망을 앞으로 나아가게 하는 힘으로 만들지만, 또한 항
상 모든 종류의 영토와 국경의 교차 지점, 다른 여러 번의 만남들
의 역동적이고 변화하는 지평선으로서 우리 앞에 남아 있다. 헤겔
은 스피노자의 긍정적인 욕망 이론을 비판하면서 부정성이 자기
실현에 중요하다고 주장했다. 사실 사물들의 헤겔적 틀에서 욕망
의 현실화는 주체의 자기충족을 실현하기 위해 대상의 죽음을 암
시한다. 더 긍정적인 욕망 이론에 대한 호소에서, 들뢰즈와 가타리

는 결핍으로서의 욕망이라는 생각이 자본주의 지배의 한 순간의 특정한 역사성과 사회 경제적 조건을 반영한다고 주장한다. 그것은 역사적으로 위치 지어져 있고 결과적으로 날짜가 새겨진 것이다. 이항 대립을 통한 19세기 자본주의 이용의 단계는 '지배의 정보학'(Haraway 1990b)과 자본의 경계 없는 흐름으로 대체되었는데, 오늘날에는 다른 욕망의 개념이 제정되고 있다. 들뢰즈와 가타리는 **지금여기**의 경계 안에서 생각하고 행동하기를 원하고, 새로운 역사적 조건들을 반영하고 자본주의적 축적에서 욕망을 제거함으로써 그 역사적 조건들을 전복하려고 노력한다. 니체와 스피노자에 기대어, 들뢰즈는 더 이상 근대성의 이원적으로 분열된 주체에 기초하지 않고, 외부적인 자극, 즉 다중의 타자들과의 일련의 만남들에 대응하는 영원회귀, 끊임없는 되기들, 변형의 흐름에 의해 활성화되는 강도적인 실체에 기반한다. 이 재정의에 중요한 것은 물질과 상징, 또는 사회와 기호 사이의 어떤 범주적인 구분을 거부하는 것이다. 인터넷과 세계화의 시대에 이러한 구분은 특히 문제적이며 옹호하기 어렵다.

나는 들뢰즈를, 세계화와 파편화에 의해 동시에 표시된 여러 축을 따라 주체가 분할되고 다시 위치 지어지는 역사적 시기에 의도성과 욕망 사이의 접점을 재정의하는 것으로 본다. 1장에서 말한 바와 같이, 이 시기는 너무 빠른 속도와 동시성으로 우리를 덮치고 있는 변화의 강제로 설정된 기억상실증에 의해 비판적 자기의식이 억제되는 시대다. 그것은 욕망하는 실재인 주체의 급진적 구조 조정에 대한 촉구(가능성의 조건들은 아니더라도)를 불러일으키는 변화하는 역사적 시나리오다. 바꾸어 말하면, 욕망의 부정적인 체제에서 긍정적인 체제로의 움직임은 변화하는 역사적 조건들에서, 즉 후기 포스트모던 자본주의에서 정치적 패러다임을 바꿀 필요성과 관련이 있다.

| 돌연변이 닌자 바비:
레즈비언 페미니스트 들뢰즈주의자 |

  페미니즘 이론가들은 들뢰즈의 욕망 개념과 정신분석 비평에 가장 수용적이었다. 예를 들어, 성차에 대한 격한 거부에서, 모니크 위티그는 다중적, 비팔루스적 레즈비언 섹슈얼리티에 대한 자신의 정치 인식론 가설을 옹호하기 위해 들뢰즈를 가장 먼저 호출했다. 위티그는 게이와 레즈비언 운동을 대표해 말하면서 "섹슈얼리티에 대한 공식 담론은 오늘날 성차에 대한 선험적이고 이상주의적인 개념, 즉 지배의 일반적인 담론에 참여하는 역사적 개념에 바탕을 둔 정신분석학의 담론일 뿐이다"(Wittig 1979b: 119)라는 가정에서 출발한다. 들뢰즈를 다른 말로 표현하여 그녀는 결국 다음과 같이 주장한다. "우리에게는 한 개 또는 두 개의 성이 아니라, 개인들이 있는 만큼 많은 성들이 있는 것 같다. 그들이 비록 우리를 성적 게토에 가두었지만, 우리는 섹슈얼리티에 이성애자들과 동일하게 중요성을 부여하지 않기 때문이다."(Wittig 1979b: 119) 이런 관점에서 들뢰즈와 가타리의 '다중섹슈얼리티' 개념은 게이와 레즈비언 정치뿐 아니라 '개인들이 있는 만큼 많은 성들'이라는 반정신분석학적으로 보이는 가설에 대한 옹호로 받아들여진다. 이 개념은 매우 인기가 있다는 것을 증명하기 위한 것이었다.

그녀의 가장 들뢰즈적인 텍스트에서, 비록 들뢰즈의 작업에 대한 언급이 모두 특이하게도 결여되어 있지만, 위티그(1982: 111)[9]는 '여성적 글쓰기'는 말할 것도 없고, 특별히 여성적인 것에 대한 거부감을 되풀이하고 있다. 그녀는 다음과 같이 주장한다. "여성은 글쓰기와 연관될 수 없다. 왜냐하면 '여성'은 상상의 구성물이고 구체적인 현실이 아니기 때문이다. 그녀는 오랜 기간 잃어버렸다가 힘들게 얻은 옷으로서 현재 몇몇이 즐기고 있는 적의 오래된 브랜드 로고다." 여성성의 특수성에 대한 모든 언급을 생물학적으로 결정된 '자연적'인 것으로 일축하면서, 위티그는 남성성이 보편성을 전유하고 뒤이어 여성성이 특수성에 한정되는 문제에 직면한다. 문제는 이것이다. 그렇다면 페미니스트 여성은 일반적인 인간적 가치에 대한 개념들을 어떻게 표현할 수 있을 것인가?

위티그는 이 질문에 답하려고 시도하면서 들뢰즈의 소수자 주체의 범주를 제안한다. 지금까지 우리가 알고 있듯이, 소수자 위치에 접근하기 위해서는 우선 소수에 속해야 하지만 그것만으로는 충분치 않다. "소수자 작가가 쓴 텍스트는 그 소수자의 관점이 보편성인 양 행세할 때에만 작동된다."(Wittig 1982: 116)[10] 예를 들어, 주나 반스 같은 작가는 레즈비언 존재로부터 시작하여 비레즈비언도 포함

---

9 나의 번역.

10 나의 번역.

된 모든 사람에 대한 일반적 가치의 관점을 형성한다는 점에서 문학적으로나 정치적으로 전복적이다. 이러한 종류의 의식은 성차 이론가들이 제안한 여성성에 대한 강조와 과잉투자에 대항하여 위티그가 방어하고자 하는 것이다.

나는 이 주장이 소수자 되기에 대한 들뢰즈의 옹호와 유사하다고 생각한다. 그러나 이 주장은 또한 역설적으로 비통일적 실재로서의 주체에 대한 들뢰즈의 시각과 대립한다. 위티그는 다중섹슈얼리티의 개념과 주체의 탈영토화로서의 되기 개념을 모두 지지하지만, 이러한 관념이 놓인 개념적 전제를 공유하지 않는다. 위티그는 여전히 현존의 인본주의 철학을 믿으면서 포스트구조주의 이론, 특히 들뢰즈의 언어를 사용하는 것 같다. 위티그는 단순히 예전의 팔루스적 주체와 그에 부속된 여성성을 권위적이고 주권적인 다음 주체로서의 레즈비언으로 대체하는 것에 꽤 만족해하는 듯 보인다. 이것은 계속해서 말하는 주체를 자율적이고 보편적인 것으로 평가하는 입장을 지지하는 반면, 들뢰즈는 담론적 힘의 중심으로부터 말하는 주체를 전치하는 데 전념한다. 내 생각으로는 당연히, 주디스 버틀러는 리비도적 실재로서 주체에 관한 들뢰즈의 포스트라캉적 읽기가 욕망을 긍정적인 힘으로뿐만 아니라 의도적인 의식적 자아가 사라지는 시점으로 위치시킨다고 지적한다. 이 때문에 마음속으로는 합리주의자인 버틀러가 들뢰즈에 동의하지 않는 것이다. 그러나 버틀러는 '개인적 주체의 자기 결정적 분절 articulations'(Butler 1990: 167)로서의 섹슈얼리티 그리고 사회적 코드의 이데올로기적 기록으로서의 욕망에 대한 위티그의 전前 정신분석적 정의와는 근본적으로 다르다. 위티그는 여전히 실체의 형이상학, 즉 '성'의 범주가 이성애 욕망에 의해 규율된 젠더화 이전 정체성의 표현을 지시한다는 믿음에 사로잡혀 있는 인본주의자이다. 위티그는 욕망을 의지로 착각했다.

내가 보기에 위티그는 다중섹슈얼리티와 다수의 섹슈얼리티들에 대한 들뢰즈의 옹호를 광범위하게 인용하지만, 그녀의 논증의 노선은 포스트구조주의의 통찰과는 동떨어진 것 같다. 사회적 권력의 **장소**locus를 너무 단순화하고, '여성'을 '여성의 섹스female sex'로 너무 가차 없이 묵살함으로써 위티그는 '여성' 혹은 '여성의 섹스' 그리고 성차화된 정체성들에 대해 역설적으로 **이상주의적** 관념으로 귀결하게 된다. 성적 정체성들은 위티그에게 사회적 각인의 직접적인 결과로서, 그것들은 정신적 구조물로 환원된다. 즉 정체성은 사회적 통제 목적으로 지속되는 관념이다.

앞 장에서 주장했듯이, 철학적 유목론은 젠더 체계를 파괴, 극복 또는 폐지하는 기획을 중심으로 결합되는 비교적 광범위한 퀴어, 변태, 사이 존재의 위치들을 끌어당기는 자석처럼 기능하고 있는 것 같다. 패튼이 옳게 시사하는 바와 같이, 이 입장은 '계급'과 계급 관계의 폐지에 관한 마르크스주의 담론을 본뜬 것이다. 따라서 들뢰즈의 철학은 포스트산업 문화의 트랜스섹슈얼 사회적 상상계의 틀에서 읽힌다. 이 여성공포증적 연합에 직면하여 오히려 다른 위치의 특이성과 모순, 그리고 그들이 들뢰즈를 교차 참조하는 방식에 즐거워하면서, 나의 일련의 질문들은 꾸준히 남아 있다. 나는 의식적으로 순진함의 위험을, 또는 '고결한 척하는' 많은 초보자들에 의해 철학적 무능함을 이유로 비난받는 위험을 감수한다. 의도적으로『안티 오이디푸스』의 공저자에 대한 가장 동시대적인 초超충실한 수용의 결을 거스르면서, 나는 "그것은 모두 잘된 것이지만, 성차화된 주체들 사이의 비대칭적 권력관계로 이해되는 성차에 무슨 일이 일어났는가?"라는 폭로적인 질문을 계속할 것이다.

이 질문은 다른 쪽에서도, 내 생각에 들뢰즈와 페미니즘의 대화가 보다 창의적인 경계 넘나들기를 만들어온 쪽에서도 제기되었다. 예를 들어 엘리자베스 그로스는 유목적 욕망의 논의에 상당한 기여를 한 저명한 페미니스트 들뢰즈주의자다. 그로스는 망설임 없이 자신이 설파하는 바로 그 분열분석을 실천하며, 따라서 "들뢰즈와 가타리의『천 개의 고원』에 명시되어 있는 기획(들)에 진입하기 위해 페미니스트적 판단을 보류"(Grosz 1994a: 191)할 것을 제안한다. 나는 그로스의 진입의 요점이 앞에서 들뢰즈와 페미니즘의 더 깊은 교차점 중 하나라고 설명했던 그 정동적 연민, 공감 또는 연결감 등과 함께 정치적 반향의 영향이라고 생각한다. 그녀는 리좀적 정치가 "페미니스트가 관여하는 유의 이론적, 정치적 투쟁들을 경쟁적 또는 대안적 정치철학들(마르크스주의, 사회주의, 자유주의, 무정부주의 포함)보다 더 명확하고 직접적인 형태로 이론화한다"(Grosz 1994a: 193)고 주장했다. 비록 들뢰즈는 페미니즘의 실천에 대한 빚을 거의 인정하지 않지만, 여기에서 긍정적인 연관성이 만들어진다. 그로스는 정신분석학에 영감을 받은 성차 이론(이리가레)의 힘 기르기 측면과 유목론 또는 여성의 소수자 되기의 이론인 레즈비언 욕망에 대한 관심을 결합하려고 한다.

섹슈얼리티에 많은 관심이 있는 감각주의 사상가 그로스는 주체성에 대한 들뢰즈의 시각을 다중성, 다중심성, 집합성, 역동성, 변형성이라고 강조한다. 특히 그녀를 매혹하는 것은 결핍으로서의 욕망에 대한 정신분석적 관념의 거부와, 욕망의 다른 배치를 다시 개념화할 수 있는 가능성이다. 이러한 점에서 그로스의 '퀴어' 이론은 위티그(이상주의자), 데 라우레티스(정신분석학자) 또는 버틀러(데리다주의자)의 이론과는 그 개념적 성질이 전혀 다른 것이다. 그로스의 들뢰즈 읽기는 위계적 질서와 부정의 변증법에서 벗어난 순수한 긍정으로서의 차이 개념의 창조적 잠재력에 초점을 맞추고 있다. 그로스(1995a)는 거식증-폭식증과 같은 자기 파괴적인 형태의 신체 행동과 관련하여 들뢰즈 몸 철학에 대한 스피노자적 측면을 탐구한다. 들뢰즈의 초월적 경험론에 머무르면서 그로스는 정동과 관계의 철학에 대한 페미니즘적 접근법을 개발하는데, 이는 주류 문화가 일탈적, 병리학적, 중독적인 것 또는 아주 단순하게 병든 것으로 간주하는 행동을 이해하고 공감하려는 욕망을 내포하고 있다.

다시 상기해보자. 정동은 변용될 수 있는 관계에 진입하는 신체의 능력이다. 그러므로 관계는 신체가 다른 신체들과 형성할 수 있는 잠재적 연결들이다. 여기서 신체는 단지 힘의 용량과 배치를 나타내며, 이는 시공간적 틀에 놓인 정동들의 일부이다. 그로스(1995a)는 들뢰즈와 가타리를 참조하면서 페미니즘적 반인본주의를 성과 섹슈얼리티 분석으로 확대한다. 따라서 그녀는 이성애를 강제적이고 지배적인 권력의 사례로 읽으며, 욕망의 강도 혹은 정도와 수준을 표현하는 신체의 잠재력을 부정하고 약화시키며 굴욕감을 주는 몰적 혹은 다수자성 형성의 관점에서 여성혐오나 동성애혐오 같은 힘들을 읽는다. 이로써 그로스는 과도하거나 위반적인 것으로 간주되는 포텐티아로 그리고 능동성의 수준에서, 즉 '몸이 할 수 있는 것'에서 신체를 분리하는 부정적이고 반응적인 힘으로 동성애혐오를 설명할 수 있다고 주장할 수 있게 되었다. 그로스는 레즈비어니즘을 되기의 경로로 코드화하면서 그것이 현재의 상황에 던지는 도전을 강조한다. 본질은 반복된 습관의 침전물에 지나지 않으며, 익숙한 성적 제스처의 반복은 실험과 위험보다 사회적으로 장려된다. 이와는 대조적으로 그로스는 게이와 레즈비언의 섹슈얼리티를 소수자 되기의 표현으로 지목하고 있는데, 이는 인본주의적인 주체들을 전위시키는 기획에 대한 전망을 보여준다. 그러나 그녀는, 비록 인본주의적 주체들이 우리에게 경멸하도록 가르친 정체성들에도 불구하고, 성 급진주의자들의 정치에 중요한 것은 단지 반정체성들을 주장하는 것이 아니라는 점을 강조함으로써 레즈비언 본질주의를 피한다. 중요한 것은 어떻게 살아가고 어떻게 이성애성을 퀴어한 것으로, 레즈비어니즘을 퀴어한 것으로 만드는가 하는 것이다. 여기서 중요한 것은 과정이 되는 것이다. 그러나 그로스는 철학적인 유목주의보다는 퀴어 섹슈얼리티를 재발견하는 데 훨씬 더 전념하며, 환상의 핵 주위에 있는 욕망의 정신분석적 조직으로부터 거리를 두고, 대신 다양하게 위치 지어진 쾌락들에 호소한다.

그러나 그로스(1995a)는 더 나아가서 헤겔과 프로이트와 라캉에게 욕망의 '적합한' 대상은 타자의 욕망이라고 주장한다. 타자를 정복할 수 있는 능력, 즉 그 타자가 욕망의 대상이 되도록 자신의 욕망을 타자에게 강요할 수 있는 것은 주체성을 구성하는 순간이다. 이것이 보부아르의 사랑의 철학에 가장 중요하고, 많이 논의되는 '주인과 노예' 변증법이다. 예를 들어 제시카 벤저민Jessica Benjamin의 대상관계 이론과 페미니스트 윤리학의 정교한 혼합(Benjamin 1988) 같은, 자아와 타자의 이 필사의 이중 구속 그리고 유혹과 환상의 삶에서의 그 역할을 재구성하려는 중요한 페미니즘적 시도가 있었지만, 그로스는 계속 나아가기를 선호한다. 정신분석학은 '가지고 있음/가지지 못함'이라는 프로이트의 관점에서 또는 '팔루스가 되기/팔루스를 소유하기'라는 라캉적 방식으로 욕망의 논리를 가정하기를 고집하는, 결핍과 죄의식의 존재론에 의해 오염돼 있다. 라캉주의에서 탈피한 그로스는 이원론적 방식이 아닌 일원론에 기반해 욕망을 개념화하는 대안적 원천으로서 스피노자에게 돌아온다. 스피노자의 일원론에 페미니즘에 대한 문제가 없는 것은 아니지만(Gatens 1996) 물질의 일의성과 욕망의 중심성은 스피노자를 헤겔적 변증법에 대한 실행 가능한 대안으로 만든다. 앞에서 주장했듯이, 생산으로서의 욕망, 다중적이고 다형적인 상호연결의 표현 과정으로서의 무의식, 무수한 흐름과 쾌락의 발명으로서의 환상은 섹슈얼리티에 대한 유목적 접근으로 가능하게 된 새로운 시나리오다.

그로 인해, 특히 중요한 것은 그로스와 알폰소 링기스를 잇는 동맹과 친연성이다. 들뢰즈의 사유 양식을 모방하는 놀랄 만한 일련의 해석에서 링기스는 들뢰즈에 의지해 유목적 방식으로 섹슈얼리티를 재조명하며 자신의 기획에 활기를 불어넣는다. 링기스는 매우 논란이 많은 자신의 텍스트들에서 분열분석에 대한 아주 강력한 해석을 한다. 그의 유목적 다중섹슈얼리티는 유럽 최초의 동성애 운동가들(뉴욕의 로트랭제Lotringer와 함께) 중 한 사람인 기 오캥겜Guy Hocquenghem이 정치적으로 힘 기르기 하는 방식으로 들뢰즈와 가타리의 다중섹슈얼리티를 언급하면서 시작한 동성애 욕망 전통의 계승이다.[11] 오캥겜은 '동성애'의 범주를 다수자 또는 지배적 주체의 하위 범주로 삼는다. 이는 이리가레의 해체주의 분석에 따라 여성이 동일자의 타자가 되는 방식과 같다. 오캥겜이 관심을 갖는 것은 이 오이디푸스화된 체계에서 동성애의 범주를 해제하고 그것을 반오이디푸스적 다양성의 실험과 흐름의 장소로 만드는 것이다. 오캥겜은 대상 선택의 변증법이 욕망의 생성을 지배하기 때문에, 이원적 대립물을 구성하여 오직 일자와 동일자를 선호하는 체계에 통합시키는 것만으로 적절한 대상과 분리될 동성애 욕망은 체계의 균열이 될 수 있으며, 다량의 다형적 도착성과 흐름을 체계에 주입할 수 있다고 주장한다. 유목적인 욕망은 대상과의 관계가 느슨하고 자유롭다. 그러나 완전히 남성 중심인 오캥겜은 여성 동성애에 할애할 시간도 관심도 없다. 하지만 그가 비일자로서의 퀴어적 욕망을 옹호하는 것은 이리가레가 복수적이고 그 자체로 복잡한 것으로서 여성 섹슈얼리티를 재구성하는 것과 공명한다. 이리가레는 상징계의 관념뿐만 아니라 '적절한' 대상의 선택에

---

11 오캥겜의 이론에 대한 명확한 설명은 다음을 참조하라. Marshall 1997.

애착을 갖고 다형적 양태의 이성애를 재조명하는 반면, 오캥겜은 헤겔 언어적 의미 체계에서 벗어나는 '부적절한' 대상 선택을 특권화한다.

나는 욕망에 대한 '여성공포증'적 접근과 '여성애호증'적 접근을 조화시키려는 이러한 시도들이 매혹적인 동시에 설득력이 없다고 생각한다. 내게 중심적인 문제는 물질적/모성적 여성성의 상태 그리고 그 상태가 계속해서 여성의 주체성과 섹슈얼리티의 구성을 변용하는 잠재적으로 모순될 수 있는 여러 가지 방법들이다. 또한 마찬가지로 중요한 것은 자신의 위치의 카르토그라피적 설명의 방식 안에서 현실화되는 위치의 정치이다. 이런 점에서 나는 그로스가 제안한 체현의 철학의 두드러지는 역설 중 하나는 그것이 문맥적, 역사적, 지리 정치적 관심에서 벗어나 있는 것임을 발견했다. 그로스 사유의 진짜 근거들은 텍스트로 되어 있고, 육체성의 문제들이 그로스의 자료체에서 중심 주제라 해도, 육체성의 문제들은 그것들 자체의 권력 위치의 지리 정치학에 대해 체계적으로 무시되고 있다. 이런 의미에서 나는 그로스를 유토피아적인 저자, 즉 포스트 구조주의의 차이 이론들의 '어디에도 없는'과 '아직 아닌'에 사로잡힌 채 이 입장에 꽤 만족하고 있는 저자로 생각한다.

탬신 로레인(1999)은 들뢰즈는 정신과 신체, 이성과 상상력, 존재와 되기 사이의 본질적 간극에 다리를 놓는 사유의 유목적, 유동적 개념으로, 이리가레는 남성적인/여성적인, 능동적인/수동적인, 의미화하는/결핍된이라는 반사의 논리로부터 분리된 유동적이고 다중적인 여성성으로 각각 서양 철학에서 재현될 수 없는 것을 주창했다고 주장한다. 나는 다중심의 육화된 주체가 철학적 유목주의와 성차 페미니즘이 교차하는 지점이라고 주장하고 싶다. 이 교차로의 핵심 도로 신호는 들뢰즈의 경험적 초월과 이리가레의 감각적 초월이다. 그들은 각자의 사상 체계와 정치 기획 사이에 있는 가장 유용한 경계 넘나들기를 제시한다. 그러나 나는 위치의 정치와 그들이 제안하는 특정한 책임의 방식에서 그 둘 어느 쪽도 벗어나게 하고 싶지 않다. 들뢰즈와 이리가레는 그들 철학의 관점의 틀에 있는 육화된 주체와 차이의 쟁점들을 현재에 대한 카르토그라피로 분류한다. 그것은 사회적으로 매개된 권력관계의 변화하는 근거에 대한 새롭고 지속적인 관심을 의미한다.

포스트산업 사회에서의 여성성의 하얀 얼굴

나는 사이버 페미니스트와 사이버 걸들의 계층만이 아니라 비판 철학, 음악, 예술, 생태 운동과 다문화 공간 구축에도 소수자 정신이 살아 있고 괜찮다고 생각한다. 그것은 정말로 주변부가 매우 붐비며 그 참신함은 결코 누구도 예상할 수 없는 곳이다. 그러나 똑같이 강하면서 훨씬 더 활기찬 것은 이론적인 담론 속에서 소수자되기를 목표로 하는 조류이다.

예를 들어, 그리거스(1997)는 '여성 되기'에 대한 예리하고 낙관적인 해석에서 20세기 후반 미국에서 여성성과 포스트페미니스트 여성의 구축을 후기 자본주의 기술들의 '추상 기계'로서 비판적으로 보고 있다.

그녀의 표현 형태들은 광학 및 전자 매체, 정신 약리학, 전쟁 기계, 화학 산업, 플라스틱 기술, 생명과학에 의해 결정된다. 이런 의미에서 여성성의 추상 기계는 이보다 더 현실적일 수 없었다. 그녀는 페이지에서 당신을 보고 웃는 시선이다. 그녀는 전자 전송에서 당신을 부르는 목소리다. 그녀는 카메라 눈을 응시하기 위해, 혹은 사막에서 폭격 임무를 수행하면서 레이더 스크린을 응시하기 위해 무관심하게 고개를 돌리는 사람이다. 혼자 있을 때, 그녀는 자신이 소비한 것을 변기에 토해내지 않을 수 없다. 그녀의 자궁은 그녀의 얼굴처럼 정치이다. (Griggers 1997: x)

여성성은 (동일자의) '대타자'가 되는 동시에 다수자성에 통합됨으로써 후기 포스트모더니티의 이중 구속에 사로잡힌다. 후기 포스트산업 사회에서는 이러한 지배적인 여성성이 확산되는 상품화된 차이들의 장소로 기능한다. 다이애나 왕세자비처럼 그녀는 '백인 여성성'의 애처롭고 '절망적인 얼굴'이자 희생양이기도 하다. 하얗고 제국주의적인 동시에 희생적인 다이애나 왕세자비의 얼굴이 갖는 상징적인 가치는 어떤 종류의 현대 여성성의 역설과 관련이 있는 형상이다. 다이애나는 최근에 다시 한번 비판적인 관심을 받았다. 가장 규칙적으로 반복되는 개념은 다이애나가 유발하고 환기시키는 정체화의 힘의 개념이다. 예를 들어 리처드 존슨Richard Johnson(1999)은 다이애나가 동성애자의 아이콘이었다고 주장한다. 그녀의 존재의 특징인 억압과 구원의 이야기 때문이다. 그녀가 폭식증 환자—정의상 벽장에 틀어박힌—로 엄청나게 애처로운

'커밍아웃'을 한 것은 또한 쇼 비즈니스 게이 남성들의 매력과 화려함에 대한 다이애나의 부인할 수 없는 친연성으로 인해 동성애자들에게 어필한다. 에이즈 구호 활동과 감정적이고 성애적인 충족에 대한 그녀의 불운한 추구는 같은 형상화의 일부분이다. 그녀는 비참한 동시에 영광스럽다.

스펄린Spurlin이 주장하듯이(1999) 다이애나의 환기적이고 퀴어한 힘은 영국 왕가 내의 젠더 정치에 대한 용감하고 필사적인 비난(Campbell 1998), '조용히 없어지기'에 대한 거부, 사랑 없는 상류층 결혼의 코드화된 관습에서 벗어나기, 그리고 남자들의 불성실과 여자들의 종속과 수동성의 영역 내에 있는 이성애적 규범성에 대한 반항이다. 다이애나는 이성애 매트릭스를 넘어서고 능가하며, 따라서 자신이 동성애자는 아니지만 퀴어 정치와 힘을 합친다. 밸러리 워커딘Valerie Walkerdine(1999)은 더 넓은 '대중' 수준에서 다이애나의 또 다른 정체화 패턴을 본다. 다이애나의 생존 투쟁은 대부분의 인간이 심리적인 주체가 되기 위해 겪어야 하는 자기 결정을 위한 평범한 투쟁을 반영하고 대표한다. 다이애나는 주체 되기의 역동적이고 고통에 흠뻑 젖은 본성을 체현한다.

그녀를 애도하는 대부분의 사람들이 여성, 청년, 동성애자, 흑인이었다는 것은 동일성과 차이가 서로 연관되어 있고 서로 반대되는, 그 변화하는 근거를 명확히 보여주는 이야기이다. 영국의 포스트산업 혁신과 전통적 노동자계급의 가치와 정체성 침식의 시대에, 남성성은 이 위기의 영향을 받고 있다. 워커딘은 다음과 같이 덧붙인다(1999: 103).

다이애나의 자기 변형의 순간에, 많은 여성들은 경제적으로뿐만 아니라 가정적으로나 개인적으로도 스스로를 개조해야 했다. 때때로 '경제의 여성화'라고도 불리는 이 과정은 계급 관계에 큰 변화를 가져올 뿐만 아니라 젠더의 커다란 변화도 낳는다. 일과 남자다움에 대한 끔찍한 애도에 직면해야 했던 많은 남자들이 다이애나 역시 체현한 감정과 자기 변형을 마주해야 하기 시작했을지도 모른다.

이 남자들의 여성 되기와 이 여자들의 여성 되기는 평행하지만 불협화음이 되는 선들을 따라 달린다. 역할 바꾸기 게임이나 '젠더 구분 없는gender-bending' 게임처럼 보이는 것에서, 이전 주인의 '유연화'는 이전 대타자들의 자기 인식의 '첨예화'와 공명한다. 유목적 되기들에 관해 읽으면서, 나는 이 과정에서 중요한 것은 기능적인 심리적 주체성 혹은 주체 위치를 얻는 주인의 성공률보다는 반대로 이 두 과정들의 해체라고 주장하고 싶다. 다시 말해서, 변경되지 않은 동일한 틀 내에서의 용어들의 재배치라는 의미에서 단지 역할 전환일 수 있는 것에 능동적 변형이나 전복적 되기의 요소를 제공하는 것은 바로 정체성의 바로 그 밑 작업을 전위하는 잠재력이다.

사회 상징적 사건으로서의 다이애나는, 그녀가 왕세자비/어머니/아내/유명인/성애화된 여성의 육체/폭식증/욕망하는 주체/싱글 여성/자선가 등 자신의 사회적 정체성의 많은 측면에 동시에 거주하고 도전하거나 교란시키는 방법에 대해 점점 더 많이 인식하는 한, 전복적 주체이다. 그것은 그녀 스스로 실패하게 만드는, 주체 자신과 상충하는 다양성이지만, 불협화음을 내는 파편화된, 오히려 엉망인 주체, 즉 누수된 신체, 덜 완벽한 이미지로서의 다양성이다. 나는 그녀의 페이소스와 특권의 혼합이 그녀의 매력과 이상한 카리스마의 필수적인 부분이라고 생각한다. 수백만의 사람들이 이를 정체화한 이유가 부분적으로는 그것이 덜 완벽한 전체이고 부분적인 성공일 뿐이기 때문이다.

이런 점에서 그 과정을 인종화하고, 전제군주 다이애나 왕세자비의 애처로운 하얀 얼굴을 변혁이 일어나야 하는 논쟁적이고 모순적인 현장으로 생각하는 것은 필수적이다. 이것은 앞에서 내가 주장했듯이 제국주의적 실재들의 해체와 포스트모더니티에서 디아스포라적 정체성의 일반화된 확산에 대한 세계적 경쟁 속에서 일어난다. 재틴더 버마Jatinder Verma(1999)에 따르면, 다이애나 왕세자비는 동시대의 정체성의 구성에서 진행되는 일반화된 '표백'(1999: 121)이나 표백 과정(Frankenberg 1993)에서 한층 두드러졌다.

다이애나 왕세자비의 얼굴이 갖는 상징적인 가치는 후기 포스트모더니티의 정치 경제와 그 안에 있는 백인성의 위치에 대한 많은 의견을 불러일으킨다. 예를 들어, 커밀라 그리거스는 정상성에 대한 보증과 권력의 풍경으로서 얼굴의 사회적 생산을 분석하기 위한 들뢰즈의 작업에 의존한다. '올바른' 얼굴을 소유하는 것은 이항 배제에 의해 기능하는 주체화의 사회적 과정이다. "그녀는 흑인인가, 백인인가? 이성애자인가, 레즈비언인가? 얼굴이 말해줄 것이다."(Griggers 1997: 3) 캉길렘과 들뢰즈가 정상성을 일탈성 또는 괴물성의 영도零度라고 정의한 데 이어, 그리거스는 백인 여성성의 생산을 정신분열적인 모순적 경향의 장소, 즉 특권과 상품화의 자리로 분석한다.

1장에서 나는 생존을 위한 원조를 구하며 텔레비전 화면에서 우리를 응시하는 끝없는 여성 희생자들의 익명의 얼굴과 다이애나 왕세자비의 몸의 백색 상징성을 비교했다. 포스트모더니티 시대의 초인플레이션화한 여성성의 동전의 양면이다. 또한 그들은 권력 위치, 자격, 특권의 측면에서 정반대에 있다. 다이애나 왕세자비의 경우는 그녀가 때때로 희생과 승리의 요소를 결합하여 재현의 기록에 큰 혼란을 야기한다는 점에서 중요하다.

그리거스는 또한 백인 여성들의 백색 여성성과 많은 '타자들' 또는 소수자들의 백색 여성성의 생산에도 차등적 대우를 적용한다. 백인 여성의 전제군주적인 하얀 얼굴은 그녀의 몰성과 정상성의 기호다. 흑인 여성에게 그것은 인종차별의 척도, 동일성의 논리에 차이를 통합하려는 시도다. 마이클 잭슨의 미백 효과는 특히 오늘날 전 세계 대부분의 지역에서 검은 몸, 머리카락, 얼굴에 미백/표백 제품을 널리 사용하는 것을 떠올리게 한다. 백인성을 위치시키고 다시 배치하려는 시도가 여러 차례 진행 중인데, 그 모든 것이 몰적 방향으로 가는 것은 아니다. 어떤 것은 소수자 되기의 반인종적 과정을 수반한다. 따라서 레즈비언의 급진적인 시크한 패션처럼 드래그 퀸에게 부과된 하얀 얼굴은 전복의 행위가 될 수 있다. 이는 비대칭적이고 궁극적으로 조화되지 않는 움직이는 주체 위치들로부터 펼쳐지는, 비대칭적이고 분화된 되기의 경로를 가리킨다. 그로부터 흘러나오는 부정적이고 긍정적인 해체, 해제 또는 되기의 양상의 패턴을 이해하기 위해서는 비대칭성을 염두에 둘 필요가 있다.

그리거스는 정치적 입장이 다층적 변형의 급진적인 유물론적 실용주의 철학에서 소수자 되기 또는 분자 되기에 있다고 주장한다. 여성 되기는 그것이 백인의 제도화된 여성성의 상징에 체현된 역사와 사회적 실천, 기호들의 변형을 지향해 적극적으로 작동한다는 점에서 전복적이다. 들뢰즈식 접근 방식은 이 몰적/정주적 주체를 본뜬 정체성에 대한 이러한 탐구를 포기하고, 대신에 정체성에서 벗어나 여러 개의 되기를 활성화할 것을 요구한다. 이러한 전이들 중 일부는 너무나 많은 몸이 프로그램된 코드를 생산하기 위해 오작동하거나 중단한다는 사실에서 이미 일어나고 있는데, 그중 우울증 치료제 프로작의 사용, 거식증과 폭식증의 확산은 분명한 증상이다. 그러나 이러한 고장들은 기계를 방해하기에 충분하지 않다. 그리거스는 특히 호기심을 갖고 상품화 경제에서 레즈비언 신체의 위치에 대해 우려한다. 레즈비언 정체성은 포스트모던 파편화 규칙에도 예외가 아니기 때문이다. 그것은 심지어 가장 난기류가 심한 지역에 위치해 있다.

레즈비언이, 특히 위티그와 다른 급진적인 레즈비언들이 설파한 반反여성적 트랜스섹슈얼 양식에서, 남성성과 여성성 간의 차이의 폭발과 고전적 젠더 이원론의 모호함을 체현하는 한, 그리거스는 그것이 전복적이게 되는 데에 실패한다고 주장한다. 이는 실제로 성차화된 신체의 진열과 상품화의 파도의 최고조에 위치해 있다. 시장경제를 위한 차이의 확산은 내가 1장에서 주장했듯이 포스트모더니티의 특색 중 하나로서, 레즈비어니즘은 오늘날 다른 섹슈얼리티 이론보다 상품화의 위험이 훨씬 높다. 이것은 레즈비언 팔루스, 립스틱 레즈비언, 레즈비언 S/M, 팔루스적 레즈비언 엄마들, 샌드라 버나드의 레즈비언 애인으로서 마돈나의 15분간의 유명 쇼 출연, 선진 포스트산업 사회에서 사이 젠더 정체성의 일반적 마케팅과 같은 개념들로 명백해진다. 그리거스는 미국에서 '가족 가치' 이데올로기의 압력으로 "레즈비언은 음란물로 검열되어야 하는 것과 동시에 포르노로서 나타날 수 있다"(Griggers 1997: 40)고 결론짓는다.

이것은 신디 셔먼Cindy Sherman이 갤러리 군중과 예술가들에게 제공하는 정체성의 놀이의 일종으로, 전복과 재미의 추구에서 표준적인 성차화된 정체성과 퀴어 섹슈얼리티를 탈영토화하는 수지 브라이트Susie Bright/섹스퍼트Sexpert 같은 성 활동가들에 의해 성애화된 서비스로 제공되고 있다. 레즈비언들은 다른 모든 사람들과 같은 역사적 모순에 사로잡혀 있다. 그들은 다수자성 없이 혹은 다수자성 내부에 동시에 존재한다. 변형과 변화를 추구하는 것에 중점을 둔다. 레즈비언은 자신이 전복하려고 시도하는 체계 내에 존재하는 동시에 비체계적이고 엄청나게 혼성인 파괴적인 신체들을 배치해야 하는 과제에 직면해 있다. 욕망에 대한 요점은 사실 "욕망이 어떤 욕동과 일치하는지를 묻는 것이 아니라, 되기의 다양한 블록들이 어떤 배치에 들어가는지를 묻는 것"(Griggers 1997: 114)이다.

따라서 유목적 페미니즘은 여성 섹슈얼리티와 주체의 정의를 확대하여, 군사적 폭력, 전쟁 및 죽음의 치명적인 기술 문제들에 대한 특별한 우려와 함께, 젠더만으로 결정되는 것보다 더 많은 세계적 권력관계를 포괄한다. 나는 이를 5장에서 다시 다룰 것이다. 이 죽음을 향한 기계에 저항할 수 있는 유일한 방법은 다수자 전선과 소수자 전선에 동시적으로, 내부와 외부 모두에 작용하는 혼성적이고 변형적인 정체성을 정교화하는 것이다. 여성 되기의 이 페미니즘적 전유의 성 정치학sexual politics은 선진 자본주의의 논리와 그 안에 있는 여성성의 모순된 위치를 냉정하게 읽는 것에 달려 있다. 전반적인 들뢰즈주의 페미니스트들의 특징은 다음과 같다.

1. 카르토그라피, 즉 특히 기술에 주의를 기울이는 유물론적인 현대 권력관계의 지도에 대한 근본적인 애착.
2. 육체, 체현, 정동성에 대한 강조와 섹슈얼리티의 긍정성.
3. 정체성 정치보다는 되기, 배치, 연결의 과정에 부여하는 우선순위.
4. 창의성, 예술적 표현, 그리고 글쓰기의 공간과 유목적 텍스트의 생산에 있어서 그들 이론의 적극적인 실행을 특별히 강조하면서 고급문화와 저급문화의 구분에 대한 건전한 무시.
5. 성차에 대한 지그재그 관계.

| 결론 |

나는 지난 밀레니엄의 마지막 수십 년 동안 페미니즘 이론의 더 유감스러운 측면 하나를 발견했는데, 페미니즘 이론이 들뢰즈의

개념적 기계와 유목론, 리좀학에 점차 매혹당해온 반면, 성차 페미니즘 이론의 그와 유사하고 선구적이며 똑같이 강력한 개념적 장치를 주변부로 한정해왔다는 점이다. 나는 이리가레의 '여성성'은 팔루스로고스중심적인 전제에서 벗어나 새로운 영토를 주장하고, 그에 따라 새로운 영토들을 창조하는 과정으로서의 들뢰즈의 '잠재성' 개념과 함께 읽을 수 있다고 생각한다. 앞에서 내가 주장했듯이, 이리가레가 라캉 정신분석이 영속시키는 주체의 상대로 고전적인 변증법적 체계를 고수하는 데에는 매우 설득력 있는 역사적, 정치적 이유가 있다. 나는 여성의 지위를 대표하여 정치적인 일에 전념하는 어떤 페미니스트도 이 체계에서 완전히 벗어날 수 없다고 생각한다. 만약 그것이 처음에는 구시대적인 이론적 틀에 페미니즘을 한정시키는 일종의 내재적인 이론적 뒷공론인 지연遲延으로 나타난다면, 나는 우선 페미니스트 주체의 이러한 역설이 반드시 또는 필연적으로 그것을 몰성으로, 따라서 전제적 규범성으로 비난할 필요는 없다고 주장하고 싶다. 앞에서 말했듯이, 나는 오늘날 더 젊은 많은 들뢰즈주의자들이 선호하는 이 반페미니즘 노선은, 페미니즘 이론은 말할 것도 없고, 들뢰즈 철학에도 맞지 않는다고 생각한다. 둘째로, 나는 이러한 역설이 행동과 구체적인 정책들로 옮겨질 능력, 정치적 발판을 성차에 부여한다고 주장한다. 그러나 들뢰즈의 보다 개념적으로 전복적인 틀은 가능한 응용 기획의 부족으로 어려움을 겪고 있다.

예를 들어, 들뢰즈를 페미니즘에 적용하려고 할 때, 홀랜드 Holland(1999)와 같은 진지한 들뢰즈 학자들이 들뢰즈 이론을 퀴어 이론과 특히 버틀러의 수행성 개념에, 논쟁의 표면을 긁는 것만큼도 없이, 자동으로 적용하는 것을 보는 것이 가장 놀라운 일이라고 나는 생각했다. 비록 홀랜드가 고전적인 페미니즘 유물론 사이에 유용하고 중요한 비교를 하고, 따라서 노동, 가족 구조 등과 관련된 문제들을 좀 더 개념적인 차원에서 제기하지만, 나는 그가 몇 가지 지름길을 택한다고 생각한다. 버틀러는 자신의 저작(Butler 1987)에서 들뢰즈 이론을 공개적으로 거부했다. 그뿐만 아니라, 그녀의 저작에 진지하게 임한 사람이라면 누구에게나, 그녀가 리좀적 철학이나 유목적 철학과의 이론적 비교를 지속할 수 없다는 것은 명백하다. 버틀러의 철학적 근원과 이론적 의제는 전혀 다른 종류의 것이다. 홀랜드가 들뢰즈와 페미니즘의 교차점을 다루는 성급한 방식은 양쪽 모두에게 공평하지 못하다. 그것은 또한 버틀러를 가장 다양하고 이질적인 이론들, 심지어 버틀러의 작업과 거의 관련이 없는 이론들의 대리인이라는 불가능한 역할을 담당하도록 몰아간다.

이러한 대중화 노력에 직면하여, 페미니즘과의 생산적인 대화가 성립될 수 있다고 확신하는 헌신적인 들뢰즈 학자들은 이리가레의 초기 자료체를 다시 살펴볼 필요가 있다는 것을 재차 말씀드리겠다. 최근 연구에서 올카우스키(2000)는 미국의 이리가레 수용, 특히 본질주의의 혐의를 재검토하면서, 그것이 어떻게 똑같이 양가적인 들뢰즈 수용을 반영하고 확인해주는지 질문한다. 티나 챈터의 비판을 따르면서 올카우스키는 미국의 묵살은 대개 이리가레가 문제 삼고 있는 바로 그 이분법을 강화하거나 즉각 보여준다고 주장한다. 올카우스키에 따르면 들뢰즈와 이리가레의 교차점은 실용주의와 실천, 사회적 행동주의, 문학 언어와 실천에 대한 관심, 그리고 "이분법을 만들지 않고 다양성을 구현한다"(Olkowski 2000: 5)는 새로운 철학적 틀이다. 그들의 철학적 동맹의 중심은 형태학 개념이며, 특히 체현된 주체들의 형태학적 표현이다. 이리가레는 태반, 혈액 및 기타 체액과 같은 점성과 침입성 습기, 유동성과 유체 역학을 강조함으로써 자아의 대체 형상을 만들고 그에 대한 적절한 표현을 찾아야 할 필요성을 나타낸다.

올카우스키는 이리가레에 의한 이러한 모든 형태학적 개입이 여성적 성을 하나가 아닌 것으로, 즉 자체 내의 다중성으로 생각하는 것으로 다시 기술하고 있다고 제안한다. 이것은 들뢰즈의 되기의 언어에 비견할 만하다. 비록 들뢰즈에게 여성성이란 단지 연속성의 용어에 불과하다는 것은 분명하지만 말이다. 이 둘 모두에게 지배적인 개념은 개방적인 전체, 즉 흐름이다. 나는 들뢰즈의 목적은 여성의 거세된 남자로의 몰적 정착을 막는 것이라고 생각한다. 이리가레의 목적은 여성의 전체성을 재점유하고 그녀가 자기표현의 집단적 과정에 들어갈 수 있도록 힘을 부여하는 좀 더 소소한 과제이다. 둘 다 여성성을 병리화하지 않고, 단순히 젠더화된 또는 성차화된 정체성만이 아닌 주체성의 전체 틀을 변형시키는 역동적인 힘으로 만드는 것을 목표로 한다. 이리가레의 '감각적 초월'은 완전히 내장되어 있고 체현되어 있다. 고이코에체아Goicoechea가 주장해온 것처럼, 이 "초월적 감각학은 성들 간의 욕망과 경이로움에 개방될 수 있는 여성 욕망의 다공성과 점성"(Goicoechea 1999: 6)에 근거를 두고 있다. 그런 만큼, 그것은 타자와의 조우에 대해 긍정적이고 즐거운 기반을 보여준다. 고이코에체아는 이를 들뢰즈의 리좀학에 호의적으로 비교함으로써 이리가레의 욕망의 점성/다공성 역학은 단방향이 아니며, 결과적으로 유목적 욕망과 양립할 수 있음을 강조한다. 이리가레의 '잠재적 여성성'은 또한 개방된 다양성, 집합성에 본질적으로 연결되어 있는 신체적으로 내재적인 특이성이다.

더욱이 주체의 소수자/여성 되기는 경험적 차원에 멈추는 것이 아니라 오히려 주체성의 기본 매개변수를 재조정하도록 강제할 것이다. 즉, 포테스타스의 힘(제약, 부정성, 부정)은 포텐티아의 동등하게 강력한 영향(충만함, 강도, 표현)에 직면해야 할 것이다. 나는 여기서 내가 탐구한 급진적인 내재성의 철학의 가장 강력한 점 하나를 발견한다. 바로 사회와 자아, 외부와 심리, 물질과 상징의 분리에 저항하는 정도이다. 이리가레의 다중의 비통일적인 여성 섹슈얼리티와 들뢰즈의 되기의 접히고 펼쳐지는 강도적 주체의 이론이 자율적인 주체의 자유주의적 시각과 결핍, 상실, 의미화의 정신분석적 변증법 모두에 대한 심각한 도전이 된다. 게다가 이리가레와 들뢰즈는 상징과 물질 사이의 분리 가능성의 조건—추상화에 빠져서 체현된 주체를 헐떡이게 하는 부풀려진 보편주의적인 자세—, 이 분리의 순수한 사유 가능성은 권력의 가부장제적 현금망에 표시된다는 것에 동의한다.

팔루스로고스중심적 체제는 사회 공간의 남성적 식민지화의 물질적 과정인 다수자성과 분리될 수 없다. 이것은 여성들과 '타자들'의 몸을 훔치는 것과 그들을 부정이라는 이원적인 오이디푸스적 우리에 가두는 것에서 시작된다. 이 초인플레이션화된 남성성은 서구의 기본적인 '상징적' 기능인 종교적, 군사적, 정치적 구조를 식민화하고, 이를 팔루스적 양태로 분리한다. 이에 대처하기 위해서는 비판뿐 아니라 긍정이라는 유물론적 정치가 필요하다. 자유주의의 문제는 중앙집권적, 통일적인 동시에 복수적인 것으로 주어진 자아를 지나치게 미화하는 것이다. 반면에 정신분석 이론의 문제점은 주체에 대한 정치 경제적 시각을 인정하지 못한다는 것이다. 들뢰즈와 가타리는 결과적으로 정신분석을 자본주의 생산의 정치 경제의 표현과 발현으로 본다. 마수미가 웅변적으로 표현하듯이 프로이트의 무의식은 "(개인의 무의식 구조를 투사한 결과가 전제주의라기보다는) 전제적인 정치 구조가 개인화한 것"(Massumi 1992: 52)이다. 그러고 나서 들뢰즈는 욕망을 사이 공간에 흐르는 동적 정동성으로 재정의한다. 정동, 열망 또는 경향은 "물질에 새겨진 자기 추진 욕동"(Massumi 1992: 73)이다. 이 점에서 이리가레는 들뢰즈보다는 라캉에 더 가깝지만, 그녀가 의미 있는 차이의 조직자이자 분배자로서의 상징계의 개념을 존중한다는 점에서, 그녀는 여전히 가부장제적 권력이 분리한 것, 즉 될 수 있는 모든 것인 자신의 포텐티아로부터 분리된 체화된 주체를 재결합시키는 것을 목표로 하고 있다. 이리가레는 가부장제적 상징인 저 얼어붙은 역사의 판의 붕괴를 요구하고 있으며, 협상과 집단적 적용이 필요한 대안적 체계에 따라 남녀의 급진적인 재육화를 요구하고 있다. 다른 모든 차이점에도 불구하고, 이리가레는 들뢰즈와 마찬가지로, 새로운 욕망하는 주체의 생산은 사회의 물질적 구조에서 거대한 재조직과 변화가 필요하다고 분명히 말했다.

　여기서 나는 브라차 L. 에팅거Bracha L. Ettinger (1992: 177)가 '경계의 문턱 되기'라고 정의하는 '변신-자궁변형met(r)amorphoses'의 개념에 큰 매력을 느낀다. 이리가레에 이어 그녀는 팔루스에서 상징적 기능을 해제하여, 심리적 공간과 시간적 범위 둘 다의 관점에서 그 상징성을 유목적 유의 여성 페미니스트 주체들에게 더 적합한 방식으로 재구성할 수 있는 공간을 열어둘 것을 제안한다. 에팅거는 상징적 기능을 재현하는 비팔루스적 체계를 요청하고 오이디푸스 기계를 불안정하게 하는 자신의 기획에 들뢰즈를 자유롭게 응용한다. 그녀는 자궁 공간의 고전적 시작 단계인 '매트릭스'를 반형상화counter-figuration로서 제안하는데, 그러나 그것은 긍정적 차이로서의 잠재적 여성성을 야기하기 위해 탈영토화되는 것이다. 비오이디푸스적 매트릭스를 통해 주체를 재구성하는 이 과정은 '변신-자궁변형'을 발생시킨다. 이는 비일자, 다중성, 다원성, 전前 담론성, 심지어 비통일적 주체들 사이의 태아기적인 연결까지도 지적한다. 이와 같은 대립의 공존은 역사적으로 유래 깊은 팔루스 기표의 전체성과 동일성에 대항하여 설정되었다. 경계선에 대한 들뢰즈와 가타리의 매혹뿐 아니라, 다공성과 점성에 대한 이리가레의 강조를 교차 참조하는 '변신-자궁변형'은 유동성과 흐름에 의미화하는 힘을 부여한다. 탯줄, 자궁, 외음부, 클리토리스, 태반 같은 이 매트릭스의 재점유는 성차의 페미니즘과 철학적 유목주의 사이의 또 다른 흥미로운 상호연결을 제공한다. 다시 한번, 스타일의 문제가 여기서 부각된다.

이 책을 통해 내가 옹호하고 있는 카르토그라피적이고 강도적이며 창의적인 방법을 형상화들로 생각하는 것은 철학적인 이성이 생명이 달려 있는 것처럼 집착하는 것 같은 종류의 정신적 습관에서 비약적으로 벗어나고 있음을 의미한다. 이는 내게 이론적이고 비판적인 실천의 여성 되기에서 궁극적으로 중요한 것 같아 보인다. 그것은 철학적 실천의 신성한 원칙의 거부, 즉 대안적인 개념적 틀의 정교화보다는 비판에 대한 강조, 수평적 상호연결보다는 변증법적 대립을 선호하는, 문제를 상정하는 이분법, 긍정성보다는 부정성에 대해 오랫동안 확립돼 있던 의존성을 포함한다. 나는 바로 이러한 정신적 습관들이 역사화될 수 있다는 것, 즉 변화하는 사회적, 역사적 상황을 반영하는 것으로 볼 수 있다는 것을 제안하고 싶다. 정신적 습관들 또한 내장될 수 있고, 따라서 이 습관들의 전제에 대해 설명할 수 있다. 예를 들어 사회적, 상징적, 물질적인 것과 정신적인 것을 분리하는 경향은 그 자체로 습관의 힘 외에 다른 권위가 없는 진리의 역사적 체제의 표현이다. 라캉 정신분석학의 구체적인 사례와 거기서 나오는 해체의 형태에서, 이러한 패러다임은 기호적이며 언어학에 기반한 의미화 이론 그리고 욕망을 결핍으로 여기는 부정적 이론이다. 이러한 전통에 대해, 나는 급진적으로 체현된 내재성의 철학들과 이 철학들이 여성성을 재배치하는 전략적인 방법을 대립시킨다.

나는 오늘날의 세계와 철학을 관련짓기 위한 순수한 실용주의적 관심에서 그렇게 한다. 내가 이전의 장에서 주장했듯이, 글로벌 원거리 통신과 세계적 수준의 캠페인, 초국적 자본의 흐름, 세계 이민자들과 대규모 난민 문제들, 인터넷과 글로벌 컴퓨터 포르노그 래피의 시대에, 마비시키는 달러들과 수십 년간 성노예 어린이와 여자들이 증가하는 시대에, 다시 말해 권력이 경계를 희미하게 하는 동시에 폐쇄하고 전 세계적 규모로 시각적 기술이 확산하는 시대에 정치는 또한 아마도 주로 사회적 상상계의 관리가 될 것이다. 만일 그렇다면 상징과 사회 물질, 심리와 사회, 문화와 정치 사이의 구별이 과연 어떻게 유지될 수 있을까? 들뢰즈와 가타리가 **자본주의와정신분열증**에 관한 두 권의 저작(1972, 1980)에서 주장하듯이 우리 존재의 물질적, 상징적 조건들은 거의 문제가 될 정도로 중복된다. 그 결과, 우리는 물질적, 상징적 조건의 단절을 영속화하는 이론이 아니라 우리를 둘러싸고 있는 기호적이고 물질적인 실천의 속도와 동시성을 포괄하는 새로운 이론과 실천이 필요하다. 우리는 공간과 실천 사이에 있는 것들을 생각할 필요가 있다.

여기에서 강도적 또는 리좀적 접근법이 영감을 준다. 나는 사유 활동을 감정적이고 기억 추동적이며 상상력에 기초한 체현된 구조들로 되돌리고 싶다. 우리 문화 비평가들은 이론에 대한 투쟁이 지식의 입법자로서의 철학자의 주권적인 이미지를 필수적으로 불안정하게 만드는 비이론적인 요인들의 다양성에 의해 변동된다는 것을 인정함으로써 모두 이득을 얻을 수 있다. 우리는 이론을 만드는 유혹적인 힘과 그 치명적인 상처 대신에 말을 함으로써 많은 것을 얻을 수 있을 것이다. 이러한 사유의 유목적 이미지는 동시에 여러 가지 상반된 방향을 가리키는 여성의 얼굴을 가지고 있다. 나는 지배적이지 않은 구성을 강조하기로 했다. 이렇게 소수자/분자/여성 되기는 하나의 토포스가 아니라 다양한 비대칭적 되기들의 매우 차별화되고 격동적인 공간이다. 어떤 사람들은 철학과 비판 이론 그 자체의 규칙과 관행에 대한 내부의 변혁에 관심을 갖는다. 그들은 그것을 지식인의 헤겔-마르크스적 인물의 보편적 허세로부터 분리하고, 또한 포테스타스로서의 권력에 대한 비판과 저항의 가능한 전략들을 조명한다. 다른 이들은 우리 사회 영역과 그것을 지탱하는 주체들의 전복적이고 창의적이며 난해하고 불투명하며 종종 감지할 수 없는 변형 과정에 관심을 둔다.

되기는 주의 깊고 인내심 있는 재검토, 재조정, 미시적인 변화로 지배 구조를 해체하는 문제다. 끊임없는 반복을 통해 세밀한 변형들에 이르는 오랜 도제살이는 저항의 한 지점 혹은 혁명의 왕도의 환상을 대체하고, 대신 변신-자궁변형의 끊임없는 흐름을 주장할 것이다. 되기는 유목적인 종류의 재검토 또는 재기억으로서, 침전된 기억의 정적인 상태를 가로지르는 횡단선들에 힘을 부여하고, 지배적인 양태에서 벗어나도록 그것을 탈프로그래밍함으로써 활성화시킨다. 되기는 진행 중인 창의적인 작업 과정이다. 필립 글래스Philip Glass가 곡을 붙이고 다이아만다 갈라스Diamanda Galas가 노래하는 거트루드 스타인Gertrude Stein의 텍스트처럼, 그것은 계속 달라붙고 계속 돌아오는 일종의 후렴이다. 아주 간단히 말하자면, 잊어버리는 것을 잊어버린 그런 것이다.

3장 변신-자궁변형: 여성/동물/곤충 되기

"우리가 모든 평범한 인간의 삶에 대한 예리한 시각과 느낌을 가졌다면, 그것은 풀이 자라고 다람쥐의 심장이 뛰는 소리를 듣는 것과 같을 것이고, 우리는 침묵의 반대편에 놓여 있는 그 고함 소리로 죽어야 한다. 지금으로서는, 우리 중 가장 빠른 사람은 어리석음으로 꽉 찬 채 잘 돌아다닌다."

조지 엘리엇, 『미들마치』, p. 226.

"욕실 거울에 비친 내 얼굴을 본다. 나는 뭔가 다른 것을 보고 싶다. 옷을 벗는다. 나는 알몸으로 서 있다. 나는 변화되고 싶다. 불가능한 건 없다, 여인-악마들에게는 없다. 아내, 어미를 벗겨내서 여자를 찾으면, 거기에 여인-악마가 있다. 훌륭하군! 반짝이는 광휘. 저건 내 눈인가? 눈이 너무 밝아서 방을 환히 비춘다."

페이 웰던, 『여인-악마의 삶과 사랑』, p. 44.

"당신은 하루, 계절, 한 해, 삶(그 지속 기간과 관계없이), 기후, 바람, 안개, 무리, 떼(정기적인가와 관계없이)의 개별성을 가지고 있다. 저녁 5시에 바람에 실려 가는 메뚜기 구름 떼, 밤이면 돌아다니는 흡혈귀, 보름달이 뜰 때면 늑대 인간… 이것임haecceity이란 개체들의 총합 속의 전체 배치다."

들뢰즈와 가타리, 『천 개의 고원』, p. 262.

| 서론 |

포스트모더니티는 근대성의 '타자들'의 귀환으로 특징지어진다. 즉 여성, 남성의 성적 타자, 유럽중심적 주체의 민족적 또는 토착적 타자, 그리고 기술 문화의 자연적 또는 지구적 타자가 반주체성으로서 나타난다. 지배적인 주체 위치에서 '동일성'을 확인하는 소품으로서 이들 '타자들'의 구조적 중요성을 감안할 때, 이들의 '귀환'은 바로 그 토대에 도전하는, 고전적 주체성의 구조와 경계의 위기와 일치한다. 포스트구조주의 철학자들은 이 인본주의의 위기를 직접적으로 언급한다. 예를 들어 푸코는 현대 철학과 사회과학이 새롭게 떠오르는 '타자들'의 주체성에 맞추어진 담론을 개발함으로써 포스트모더니티의 도전에 대응해왔다고 지적한다. 따라서 정신분석학은 무의식적인 것의 예, 합리성에 대한 비판과 여성성 또는 여성의 욕망에 대한 질문을 요약하고 있다. 인류학과 특히 민족학은 인종적 타자들을 반영하고, 자연에 대한 담론은 다윈으로부터 앞으로 빠르게 성장하는 과학과 '생명' 기술의 군집 속으로 폭발한다. 그러나 이렇게 출현하는 타자들이 근대의 다양한 담론들(비록 비판적이기는 하지만)에 통합되는 것에 만족하지 못했다는 점을 강조할 필요가 있다. 그들은 또한 그들 자신의 담론들을 생산했고, 점점 더 가시적이고 집중적인 주체성을 표현했다. 따라서 페미니스트 이론가들과 탈식민지 원주민 또는 흑인 이론가들은 주인의 목소리에 도전한 자신들의 담론과 실천을 만들어냈다. 자연이나 지구라는 개념을 중심으로, 생태학에서 오늘날의 새로운 생명과학, 정보 기술에 이르기까지 수많은 역담론들이 나타났다. 다음 장에서 이에 대해 더 다룰 것이다.

나는 지금 들뢰즈의 '되기 내 주체' 이론이 포스트모더니티의 '타자들'의 담론 및 실천과 함께 발전하여 매우 창의적인 방식으로 타자들과 결속한다고 주장하고 싶다. 나는 철학적 유목론은 고도의 자기반성을 요구한다고 말했다. 즉, 단순히 모방적이거나 소비주의적인 방식으로 타자성의 담론과 실천에 관여하지 않는다는 말이다. 유목론은 이러한 담론을 통해 보다 창조적인 경로를 비변증법적인 방법으로 낸다. 이는 이전에 지배적이었던 주체성의 모델을 해체하는 데 우위를 둠으로써, 동일자와 일자의 담론을 곤욕스럽게 만드는 것이다. 다시 말해, 타자의 담론을 강조하는 것이 아니라 주인의 담론을 비난하는 것이다. 이것이 되기의 유목적 이론에서 성패가 달려 있는 중요한 것이다.

되기는 선형적이지도 순차적이지도 않은 시간 체계에 따라 작용하기 때문에 들뢰즈는 비인격화된 기억의 개념을 강조한다. 다시 말해서, 되기의 과정은 펼침을 감독하는 안정적이고 중앙집권적인 자아에 입각한 것이 아니다. 되기의 과정은 오히려 비통일적이고 다층적이며 역동적인 주체에 달려 있다. 차이에 대한 포스트휴먼적 접근은 주체에 대한 이러한 시각을 표현하기 위해 선택된 전략이다. 여성/동물/곤충 되기는 글쓰기와 같이 흐르는 정동이며, 구성이다. 즉, 타자들과의 조우에서 함께 구성되어야 할 위치이다. 들뢰즈의 니체 해석에 따르면, '영원회귀'로서 되기들을 말하는 것은 활기에 찬 흐름들의 연속적인 현재를 나타내는 불연속적인 규칙성을 가리키는 것이다. 되기들은 외부의 다른 타자들과 끊임없이 마주치면서, 주체를 그 자신의 한계까지 밀어붙인다. 비통일적 실재로서의 유목 주체는 자기 추진적인 동시에 이질적으로 정의되거나 외부를 향한다. 모든 되기는 소수자로, 다시 말해 그들은 필연적으로 그리고 필수적으로 고전적인 이원론의 '타자들'의 방향으로 움직인다. 즉, 그 과정에서 이 타자들을 대체하고 재영토화하지만 항상 일시적인 기준으로만 그렇게 한다. 따라서 유목적 주체는 변증법적 상호작용을 우회하는 되기의 본질적 '공생'(Pearson 1999) 블록으로 자신의 외부 타자들에 관여한다. 나는 2장에서 '되기'는 끈질긴 도전이며, 몰적이고 안정적인 정체성들에 대한 반대라고 주장했다. 그것은 반헤겔적이고 반개발적이며 반목적론적인 모델에서 기능한다.

이러한 되기의 패턴은 지배적인 주체 위치(남성/백인/이성애자/표준어 사용자/재산 소유자/도시 거주자)의 긍정적 해체의 순차적 양태 또는 주체의 비인격화의 복잡하고 개방적인 과정에 대한 디딤돌로서 대체로 시각화할 수 있다. 내부적으로는 자기모순 되기가 형상화에 의해 가장 잘 표현된다. 말벌과 난초, 여자와 파도의 움직임, 아무런 의미도 없는 음향과 분노. 여성/동물 되기의 과정은 사실 의미화에 관한 것이 아니라 오히려 그 반대, 즉 언어적 기표의 초월성에 관한 것이다. 이 되기가 주장하는 것은 표현의 힘이다. 표현이란 정도, 속도, 확장 및 강도를 사례별로 물질적으로, 실용적으로만 측정할 수 있는 정동성을 비언어적으로 코드화한 긍정에 관한 것이다.

되기의 서로 다른 단계 또는 수준은 자아와 타자 사이의 이전 경계를 지우고 재구성하는 것으로 구성된 여정의 추적이 된다. 다른 철학적 전통에서, 여성/곤충/지각할 수 없는 것/분자 되기는 주체/동일자가 타자들과 질적으로 분리되었던 경계를 가로지르는 파괴적인 단계라고 말할 수 있다. 반면에 이리가레의 전략적 모방처럼, 철학적 유목론에서 이 되기들은 자기 자신을 지속하지 않는 것처럼 해체하는 단계가 아니다. 탬신 로레인의 말처럼 "들뢰즈와 가타리의 반정신분석적 입장의 한 가지 교훈은 탈지층화destratification에 대해 반드시 자신의 개인사의 길을 되짚어 갈 필요는 없다는 것이다"(1999: 202).

그러므로 여성 되기를 다양한 되기들의 다른 펼침과 배치로부터 분리할 수 있다고 생각하는 것은 가능한 최악의 개념적 취향이다. 앞 장의 지그재그 여정에서 내가 주장했듯이, 사실 '여성 되기'는 동물을 가로지르며 '지각할 수 없는 것 되기'와 그 너머에 들어가는 '소수자 되기' 패턴의 문턱을 나타낸다. 그럼에도 불구하고, 논증을 위해서, 또한 읽기/쓰기 과정의 선형성을 촉진하기 위해서, 나는 되기의 많은 특정한 예들(이 장에서는 '동물 되기')을 구분하고 따로 다루겠다. 그렇게 함으로써, 나는 다층적인 주장을 옹호하고 싶다. 첫째, 되기의 개념은 들뢰즈의 내재성의 철학에 결정적이다. 둘째, '여성 되기'는 되기의 개념과 과정 모두에 필수적이며, 또한 들뢰즈의 유목적 주체성의 본질적 모순으로 불편하게 기록된다. 셋째, 되기의 체계적, 선형적 또는 목적론적 단계나 국면은 없다. 각 고원은 틀에 끼워진, 지속 가능한 블록 또는 내재적으로 실재화된 변형의 순간을 표시한다. 넷째, 나는 그 과정이 들뢰즈와 가타리가 제안하는, 성적으로 미분화된 것이 아닐 수도 있다는 가설을 더 조사해보고 싶다. 이것은 내가 앞 장에서 개략적으로 설명한 주장, 즉 모든 정체성의 해체를 서로 다른 연결이 합쳐질 유동 상태로 표시하는 것과는 거리가 먼 여성/동물 되기가 오히려 성적으로 차별화된 형태를 나타낼 수도 있다는 노선을 추구할 것이다. 나는 그러한 가설이 정통 들뢰즈주의자에게 유쾌하지 않을 수 있다는 것을 잘 알고 있지만, 앞서 주장했듯이 나는 오늘날의 새로운 들뢰즈주의자 일부를 속박하는 듯한 오이디푸스화된 유대 관계로부터 다행히도 자유롭다. 들뢰즈로부터 배운 개념적 불충실 대신에, 나는 위치의 정치를 하기 위해 카르토그라피적 운동을 추구할 것이다. 나는 팔루스 섹슈얼리티와 정체성을 구별되지 않는 흐름으로 분산시키는 것은 한 사람의 지리 정치적, 성적 위치, 그리고 여타 위치들에 따라 다른 형태와 속도를 가질 수 있다고 주장해왔다. 이제 동물 되기의 사례로 이 가설을 시험해보자.

230

나의 사례를 증명하기 위해, 나는 잠재적으로 모순되는 몇 가지 것들을 시도할 것이다. 다양한 되기들의 동시대 문화적 발현들을 추적하고, 유목적 철학에 대한 나의 변형적 읽기에 반하는 이 발현들을 평가하며, 동시대 문화가 함께 살아가려고 노력하고 그 문화가 겪는 빠른 변화들을 재현하는 방식에서 성차가 계속해서 역할을 한다는 것을 보여주고, 들뢰즈의 개념에 비추어 평가하고자 한다. 내가 이 카르토그라피 활동에 사용할 자료체는 대부분 문학, 예술, 문화적인 것으로, 되기의 과정이 글쓰기나 창의성의 과정과 친밀한 유대를 제공한다는 들뢰즈의 주장과 일치한다.

│ 동물에 관하여 │

주체에 대한 고전적인 시각의 외부 경계를 표시하는 전통적인 '타자들' 중에서, 동물적, 자연적이거나 유기체적인 타자는 어떤 면에서는 분석하기가 가장 어렵다. 아마도 그것은 특히 다윈 이후 편안하기엔 너무 가까워졌기 때문일 것이다. 들뢰즈의 '동물 되기' 이론은 동물성에 대한 지배적 담론 일부를 통해 이 불편한 친숙함 familiarity을 제시한다. 그 담론들이란 진화론과 유전학, 그리고 정신분석학인데, 정신분석학은 '내부의 짐승'과 동물에 대한 문학적 재현의 오랜 전통을 폭로하는 동시에 부인한다. 나는 우선 후자에 집중하고 다른 더 복잡한 문제들로 나아갈 것이다.

보르헤스에 따르면, 동물들은 세 가지 범주로 분류된다. 우리 인간이 먹는 것, 우리가 텔레비전으로 보는 것, 우리가 무서워하는 것 (야생적이거나, 이국적이거나, 길들여지지 않은 것). 이 재미있는 설명은 여성/남성Wo/man과 유기체 동물 타자들과의 상호작용을 특징으로 하는 생생한 친숙함의 높은 수준을 분명하게 표현한다. 반려동물의 현상만으로도 오이디푸스 관계의 가장 고전적인 매개변수 내에서 여성/남성과 동물 연결을 제한하기에 충분하다. 결과적으로 들뢰즈의 문제는 어떻게 동물들과 동물적 관계를 맺느냐 하는 것이다. 사냥꾼과 인류학자들이 하지 않는 방식으로 말이다. 즉, 역사적으로 포획된 타자성 소비의 오이디푸스적 우리의 외부에서 동물들과 어떻게 관계 맺을 것인가 하는 것이다. 따라서 어떻게 하면 인간과 동물의 상호작용을 탈영토화, 즉 유목화할 수 있는가는 도전 과제가 된다. 그것은 여성/남성과 동물 사이에서 일어나는 일뿐만 아니라 내부의 동물에 대한 개념도 다룬다. 이는 인간의 본성과 그것을 활성화시키는 생명의 개념의 비밀을 푸는 방법이다.

반형이상학

동물은 전통적으로 인간의 형이상학적 타자로 정의된다. 들뢰즈는 인간과 인간의 타자들 사이의 결정적인 차이를 지지하는 오랫동안 확립된 철학적 전통에 문제를 제기하고 있다. 하이데거는 특별한 경우로서, 어떤 면에서는 들뢰즈의 동물 되기 이론은 '세계'라는 하이데거적 개념에 대한 직접적인 응답이다. 이 '세계'에 대하여 인간 주체는 의도적인 활동인 일, 따라서 소속 혹은 상호연결의 망을 지을 수 있는 능력을 지닌다. 하이데거에게 이 능력은 인간에게 결정적이고 배타적이며, 그를 나머지 생명체들로부터 분리시킨다. 따라서 하이데거는 「예술 작품의 근원」(1993: 231)에서 다음과 같이 주장한다. "돌은 세계가 없는 것이다. 식물과 동물도 마찬가지로 세계가 없다. 그러나 이들은 그들이 연결되어 있는 주변의 은밀한 무리에 속한다. 반면에 그 농부 여자는 존재의 공공연함overtness에 거주하기 때문에 하나의 세계가 있다. (…) 세상을 정립하는 일로서의 일." 하이데거에게 인간, 동물, 식물의 본질적인 차이는 자기 자신 밖에 서 있고, 세계의 공간을 열며, 현재에서 벗어나 자신의 탈존ek-sistence인 시간적 연속체 속으로 내던져지는 인간의 황홀한 능력에 달려 있다. 이러한 시간적 연속성은 인간을 탈존하는 것, 즉 본질적으로 존재의 진리와 연결되어 있고 특히 존재의 외부에 서 있을 수 있는 능력 속에 있게 한다. 하이데거(1993: 230)는 다음과 같이 말한다.

모든 존재들 중에서, 아마도 가장 생각하기 어려운 것은 살아 있는 생명체일 것이다. 왜냐하면 한편으로는 우리와 가장 가까운 어떤 면에 있고, 다른 한편으로는 동시에 심연에 의해 우리의 탈존하는 본질과 분리되어 있기 때문이다. 그러나 신성의 본질은 우리에게 다른 살아 있는 창조물들에 있는 낯선 것보다 더 가까운 것 같아 보인다. 즉 본질적인 거리 안에서 더 가깝다. 이 거리가 아무리 멀다 해도, 그럼에도 불구하고, 우리가 거의 상상할 수 없는 짐승과의 깊은 신체적 친족 관계보다 우리의 탈존하는 본질에 더 친숙하다.

하이데거는 이성적 동물로서 인간을 진정한 오명자일 뿐만 아니라 불멸의 영혼이나 이성의 선천적인 힘에서 인간의 본질을 찾는 것과 유사한 형이상학의 가장 치명적인 유산의 하나로 정의한다. 인간의 본질은 그의 '탈존Ek-sistenz'으로, 즉 '재현적 위치 짓기'에 대한 능력(231)이나 존재의 구조의 황홀한 고유성이다. 이것이 인간과 짐승을 가르는 심연이다.

철학적 유목론은 이 모든 것과 정반대다. 예를 들어, 샤비로 Shaviro(1995)는 이 점을 의식의 개념에 대한 열정적인 신니체주의적 공격으로 전환한다. 하이데거에 대항해 그는 우선 언어가 세계를 재현하거나 세계의 본질에 대한 해석학적인 열쇠를 포함하고 있지 않다고 주장한다. 반대로 언어는 "세계에 개입하고, 세계를 침략하며, 세계를 전유한다"(1995: 42). 그 모델은 하이데거의 '탈존'이 아니라 바이러스 오염 또는 기생적 전유의 양태이다. 체현된 주체는 환경이나 서식지에서 시작하여 다양한 타자들과 그것을 상호연결하는 공생, 오염/바이러스 유의 관계적 연결로 관통된다. 결과적으로 의식 그 자체는 수직적 초월의 행위와는 거리가 먼, 오히려 아래로 밀어내는 작용으로 기능하며, 거의 내면의 침입 행위와 같다. 의식은 문자 그대로 외부에서 발원하는 힘으로 접고 지탱하는 내부를 구성한다. 이와 같이 의식은 탐욕스럽고 포식적이며 사려 깊지 못하고 자기 집착적이다. 그것은 개인의 정체성의 신성한 제도의 열쇠인 나르시시즘과 편집증의 지도 원리를 참고하여 서구 문화에 건설된다. 철학적 유목주의의 경우, 주체는 비인간(동물, 식물, 바이러스) 관계의 네트워크에 완전히 몰입되고 내재되어 있다.

전혀 다른 철학적 전통에서, 세일라 벤하비브Seyla Benhabib(1996)는 한나 아렌트Hannah Arendt의 '실존existenz 철학'에 대한 비판 연구에서 하이데거가 상당히 모순된다고 지적했다. 한편으로 그는 세계 내 존재와 타자들과 그것을 공유하는 것은 인간을 구성한다고 주장한다. 다른 한편으로, 인간으로 존재하기의 의미가 드러나는 근본적인 조건은 "죽음을 향한 존재, 현존재Dasein의 시간성과 유한성에 대한 인식"(Benhabib 1996: 53)에 의해 나타난다. 따라서 하이데거는 그러한 상황에 주체를 내장하면서 집합성과 다원성을 부정하게 된다. 아렌트의 주장대로, 하이데거는 우리가 타자들과 세계를 공유한다는 것을 부정하며, 따라서 그는 주체에 대한 원자화된 정의로 끝맺게 된다. 이리가레는 『공기의 망각L'Oubli de l'air』(1983)에서 자기 참조적이고 밀실공포증적인 하이데거적 우주에 대해 유사한 비판을 한다.

들뢰즈가 현상학에 반대해 취하는 중심 문제는 초월성에 대한 강조다. 이것은 그가 언급한 공유된 세계, 즉 영토 공간에 대한 애착과 연결성 감각을 재정의할 필요성과 연결된다. 철학적 유목론에서 이 탐구는 동물 되기 개념을 통해 정확하게 다뤄진다. 동물 되기는 주체가 결코 정복하지도 소유하지도 않고 항상 한 때, 한 그룹 또는 한 무리 안에서 단지 교차하는 공통의 생명 공간을 향상시키는 공간적, 시간적 양태이다. 동물 되기는 체현된 주체지만, 서식지/환경/영토로부터 필수적인 거리에 묶여 있는 것은 결코 아니다. 반대로 유목적 주체는 급진적으로 그것에 내재되어 있다. 들뢰즈는 현상학과의 논쟁을 더욱 밀어붙여서 그것을 체현과 내장성이라는 바로 그 개념들과 관련시킨다.

실체의 형이상학에서 '이성의 힘'과 신체적 등가물은 인간을 '합리적 동물'로 보는 개념으로, 완벽하게 기능적인 물리적 육체에 거주할 것이 기대된다. 체현의 다른 모든 양태들, 즉 동물적 형태, 장애, 기형 또는 비정상 기능 등은 병리화되고, 정상성의 반대편, 즉 괴물성으로 분류된다. 이 과정은 백인 유럽 문명에 바탕을 둔 미학적, 도덕적 이상을 지지한다는 점에서 본질적으로 인종화된 것이다. 인간 중심적이고 표준적인 백색의 체현으로 성립된 정상성 개념에서 작동하는 형태학적 규범성은 모든 사물의 척도를 구성하는 것으로 알려진 벌거벗은 백인 남성 신체에 대한 레오나르도 다빈치 Leonardo da Vinci의 형상에서 가장 잘 예시된다. 푸코가 주장했듯이, 이것은 신체를 규율하고 인문학과 사회과학의 심장부에 그러한 규율을 기입하는 데 중요한 운동이다. 즉, 정상성에 대한 규범적 담론은 또한 지식, 과학, 문화적 표현의 형태의 생산에도 작용하고 있다. 푸코는 특히 정신분석을 정상화의 이 유산을 영속화하는 것으로 평가한다. 이 점에 대해 좀 더 자세히 설명하겠다.

정신분석학적 관점에서, 여러 가지 기능을 가진 신체적인 자아는 기관organs에 따라, 즉 기관들이 욕동들과 어떻게 관련되며, 성공적이고 사회적으로 수용되는 대상 선택들에 어떻게 기여하느냐에 따라 세분화된다. 신체를 규율하는 것은 사랑의 대상 선택과 욕동들의 외부화 양태들의 측면에서 수용할 수 있는 '정상적인' 행동을 하는 것으로, 신체를 사회화하는 것을 의미한다. 나는 이러한 정신분석적 과정을 다음과 같이 표현하겠다. 눈/시각/기호/읽기/

관측 검증, 귀/음성/음향적 의미, 욕망/대상/전유/쾌락 등등 작동 시퀀스들을 생성하도록, 정체성은 특정한 기능들에 특정 기관들을 지표화하여 기능하는 심리적 지도화 과정에 의해 신체에 코드화된다. 기관들과 기능들, 욕망들과 '적절한' 대상들은 사회적으로 수용 가능한 배치로 '연결될' 필요가 있다. 이러한 기입 과정에서는 쾌락과 쾌락 지대가 근본적인 역할을 한다. 쾌락의 리비도적 힘은 기관들에 감각들을 고정해 그것들을 심리적으로 지도화하는 심리적 '접착제' 역할을 한다. 나는 더욱이 쾌락을 육체의 감각적 물질에 대한 기표들의 사슬을 쓰는, 보이지 않는 잉크처럼 묘사하고 싶다.

정신분석이 이 심리적 과정의 해부학을 증명하는 한, 그것은 자료를 변형하는 것이 아니라 설명하기 위한 이론이다. 푸코는 결과적으로 정신분석학을 욕망하는 주체의 규범적이고 정상적인 이성애적 시각을 지지하는 매우 보수적인 학문이라고 평가한다. 들뢰즈의 철학적 유목주의는 이 비판을 더욱 밀어붙여 개념적 반대를 만들 것이다. 들뢰즈는 체현된 주체의 규범적 시각에 대한 의존으로부터 욕망의 흐름을 해방하고 싶어 한다. 앞 장에서 주장했듯이 유목적 신체의 형태학적 틀은 개방적이고 상호관계적이며 種-횡단적이다. 그것은 외피 수준에서 인본주의의 경계를 폭발시킨다. 그것은 또한 의미화의 힘에 기초해, 주체를 언어적 발달 모델에의 종속에서 자유롭게 해준다. 다시 말해, 이는 또한 심리적으로 지도화하여 주체에게 어느 정도 신체적 응집이나 통합의 감각을 제공하는 자료로 감각들을 전사傳寫/transcription하는 정신분석 모델에 대한 거부감을 내포하고 있다. 들뢰즈와 가타리에게 언어의 힘은 자본주의 조직 속에서 특정한 순간의 역사적 표현인 팔루스적 기표의 전제적 권력을 드러낸다. 이는 전제despotism의 내부화된 형태로서 주체에 각인되어 있으며, 리비도적 정동의 이질적이고 급증하며 잠재적인 혼돈 덩어리를 넘어서는 의식적 자기반성의 힘에 의해 예시된다.

가타리의 영향 아래에서, 들뢰즈는 대신에 신체를 비유기적un-organic으로 보는 시각을 제안한다. 다시 말해, '기관 없는 신체' 즉 정체성의 팔루스로고스중심적 기능의 코드들로부터 해방된 신체다. 비유기적인 '기관 없는 신체'는 이 체계에 창조적인 분열disjunction을 일으켜서, 기관을 특정한 전제前提 기능에 대한 지표화에서 해방시킨다. 이는 동물 되기의 과정이다. 어떤 면에서는 성적 기능뿐만 아니라 모든 신체 기능의 일반화된 전도를 요구하는데, 팔루스중심주의의 주인코드를 혼란스럽게 만들고 신체에 그 코드들이 권력을 행사하는 것을 느슨하게 하는 방법이다. 나는 들뢰즈의 연구에서 감각의 일종의 즐거운 무정부 상태, 즉 '여성 되기'와 더 나아가 '동물 되기'에 대한 그의 이론에서 나타나는 신체에 대한 범성애적인 접근 방식을 발견한다. 형상화는 주체성의 유목적 시각의 핵심에 놓여 있는, 사유에 대한 팔루스로고스중심적 이미지에 대한 적합화와 정체화 원칙을 구체적이고 실제적으로 거부하게 만든다. 들뢰즈는 이 형상화들을 주체의 새로운 탈형이상학적 형상화로 제안한다. 동물 되기에 대한 연구에서 들뢰즈는 사유 활동이 반응적('정주적') 비판으로 환원될 수 없고 그래서도 안 된다는 생각에 따라 행동한다. 비판이 주권자인 팔루스의 스핑크스 같은 미소 아래에서 사유와 존재가 결합하는 오래된 상징물 너머로 새로운 사유의 이미지를 창조하는 적극적이고 확고한 과정을 의미한다면, 사유는 비판적일 수 있다. 대신에, 들뢰즈에게 사유란 가능한 한 최고의 힘으로 체험된 삶이다. 사유는 변화와 변형에 관한 것이다. 사유란 육체적인 것이고, 성애적이며, 쾌락으로부터 추동된다.

들뢰즈가 제안한 주체의 반형이상학은 본질적으로 정치적이라는 점을 강조하는 것이 중요하다. 반형이상학은 변화, 변형, 저항의 일상적 실천과 이론을 다시 연결시키는 것을 목표로 하는 종류의 사상이다. 들뢰즈의 관심사 가운데 가장 중요한 것은 차이의 철학과 정치는 힘의 부정적인 측면, 즉 억압, 배제, 한계성의 경험뿐만 아니라 주체의 긍정적인 구조를 재정의할 필요성도 고려해야 한다는 생각이다. 정치는 주체의 욕망에서 출발하여 주체 안팎의 구조적 변화의 정교화 및 시행과 관련이 있다. 정치는 포테스타스뿐만 아니라 포텐티아와도 관계를 맺어야 한다.

따라서 들뢰즈는 주체성을 구조화하는 힘으로서 정동성의 중요성을 강조한다. 앞서 내가 주장했듯이, 이 움직임은 주체를 팔루스로고스중심주의 체제가 제한했던 전통적인 기준의 틀에서 벗어나게 하기 위한 것이다. 따라서 이는 주체와 주체의 의식의 비일치성을 강조한다. 철학적인 유목론은 힘의 균형을 마음에서 신체 쪽으로 이동시킨다. 더욱 중요한 것은 심신의 일치를 선호하는 것이지, 이항 대립이 아니라는 점이다. 여기서의 정동성의 강조는 그에 대해 사유하지 않고 사유하는 전前 담론적 순간, 즉 사유가 마치 호흡과 같은 단계를 나타낸다. 사유는 자기반성과 이성적 사고에 우선

한다. 그것은 인간 존재의 성향, 수용성, 능력, 그리고 사유에 대한 열망에 달려 있다. 언어로 주체 자신을 재현하는, 사유를 향한 주체의 경향은 철학의 전前 철학적 기초가 된다. 이는 전前 담론적 요소(Violi 1987)로서, 그러한 사고 행위에 과도하지만, 그럼에도 불구하고 없어서는 안 될 것이다. 즉 이는 사유도 의식도 아니며, 사회적 관습에 의해 주체를 담론성의 망, 즉 언어 속으로, 따라서 권력 속으로 기입하는 전前 배치적인 존재론적 각인이다.

반은유

동물들은 또한 살아 있는 은유, 우리의 언어와 문화 안에서 매우 상징적인 표상이다. 우리는 보통 동물들을 가치와 의미의 지시 대상으로 유창하게 은유화한다. 레오나르도 다빈치(1988)는 레퍼토리를 경전화한다. 수탉의 즐거움, 까마귀의 슬픔, 곰의 분노, 독수리의 고귀함, 개미의 예지력, 여우의 기만, 토끼와 산토끼의 비겁함, 양들의 겸손함, 박쥐의 욕망, 악어의 위선 등은 다빈치 이래로 우리의 정신적, 언어적 습관이 된 토포스들의 일부일 뿐이다. 레오나르도는 이솝이 시작했고 라퐁텐이 계속했던 전통을 고른다. 한나 아렌트(1968)는 다른 여성에게 감탄을 보내는 몇 안 되는 텍스트에서 로자 룩셈부르크의 지성과 고귀함으로 인해 레닌이 그녀를 '독수리'로 여겼음을 상기시킨다. 이사야 벌린Isaiah Berlin(1978)은 동물 은유법을 사용하여 인간 종의 주요 윤리적 특성을 나타냈다. 따라서 고슴도치와 여우의 구별은 질적이고 윤리적인 색인화 체계의 힘을 가지고 있다. 고슴도치는 크고 두껍고 빽빽한 것만을 안다.

하지만 말하자면 죽어라고 그것만 알고 있다. 반면에 여우는 영리하고, 여러 가지 다양한 정보의 출처를 포착하여 용도에 맞게 적용하는 데 민첩하다. 고슴도치는 단일한 보편화 원리에 의지하는 반면, 여우는 비록 관련이 없고 모순적인 것이라도, 단일한 계획에 맞추려고 노력하지 않고 많은 목적을 추구한다. 이사야 벌린은 자신의 도덕적 주장을 입증하기 위해 동물 유추에 기꺼이 안주하며, 그의 말에 유목적인 반전을 주는 것은 별로 필요하지 않다. 구심성 대 원심성, 다양성 대 단일성, 이 둘은 종으로서뿐만 아니라 그들에게 생명력을 부여하는 힘의 행동학 측면에서 질적으로 구별된다. 들뢰즈의 말처럼, 그들은 짐말과 소의 차이보다 짐말과 경주마의 차이가 더 큰 것처럼 다르다. 그러나 문제에 접근하는 이 방법은 동물이 은유적으로 해석되는 것이 아니라 그 급진적인 내재성 속에서 힘의 영역, 속도와 강도의 양으로 받아들여진다는 것을 암시한다.

역사적으로, 물론, 에너지의 양상으로 동물들에게 접근하려는 다른 시도들이 있었다. 내가 생각하고 있는 유목적 노선을 정확히 따라가는 것이 아니라, 오히려 기술 산업적 방식이었다. 고대로부터 동물들은 기술 및 기계와 연관돼왔다. 선천적인 이성적 영혼이 결핍되어 있어 결과적으로 그들 자신의 의지와 주권적 주체성이 결여되어 있다고 주장될 뿐만 아니라, 산업 노동력들이기 때문이었다. 그뿐만 아니라, 동물들의 몸은 주요 물질의 생산력에 이용된다. 코끼리의 상아, 동물 대부분의 가죽, 양털, 고래의 기름과 지방, 누에의 비단, 그리고 물론 우유와 식용 고기를 생각해보라. 동물의 분류법은 때때로 산업 생산 공장처럼 읽힌다. 동물들, 특히 곤충은 공학에서 시제품prototype으로 사용되는데, 나는 이를 다음 절에서 다시 볼 것이다. 현재 요점은 들뢰즈에게 동물들은 분류의 목적론적 체계에 기능하지 않으며, 은유에 관한 것도 아니라는 것이다. 동물들은 오히려 변신에 관한 것이다.

그럼에도 불구하고, 앞 장에서 지적했듯이, 들뢰즈에게 글쓰기는 일종의 동물 되기이다. 창조성에 대해 반反팔루스로고스중심적 시각에 충실한 들뢰즈는 아직 알려지지 않은 지각 및 경험 영역의 시공간적 좌표에 포함시키는 글쓰기의 유목적인 힘을 칭찬한다. 작가들은 동물들과 마찬가지로, 다른 힘들과의 내재적 접촉 판으로부터 오는 신호를 포착하고 유지하기 위해 전면 경계를 하고 끊임없이 긴장하며 살아가는 헌신적인 피조물들이다. 따라서 이러한 되기의 종류와 그에 수반되는 구체적인 기억은 문학과 문화 텍스트에 대한 새로운 분류법을 제공한다. 들뢰즈는 특히 카프카의 작품 분석에서 기억의 선형 시퀀스에서 분리되는 텍스트의 종류를 '소수 문학'으로 정의한다. 이런 종류의 기억은 몰적 체계 안에 위치하며, 이는 부정적이고 반응적인 힘의 저수지다. 벤스마이아 Bensmaïa(in Boundas et al. 1994)에 따르면, '소수 문학'의 주요 특성은 탈영토화의 힘, 즉 다중적 되기들의 잠재력이다. 이것은 자기 존재의 모든 측면을, 심지어 특히 가장 친밀한 측면(기억, 사랑 등)과 그 본질적으로 집단적인 힘을 정치화하는 예술의 역량과 관련이 있다. 이러한 모든 면에서 '소수 문학'은 카프카의 작품들이 논란의 여지가 없듯이, 심지어 특히 '대서사'로 구성될 때에도, 몰적 체계를 식민화하는 힘과 서술적 폐쇄성의 총체적 영향력에 저항하는 한, 반오이디푸스적이다.

문학 텍스트와 '되기'의 다른 순간들 사이에 강력하고, 감히 말하자면 필수 불가결한 연관성이 있다는 것은 분명하다. 찰스 스티베일Charles Stivale은 들뢰즈의 저작에서의 여러 되기들과 그가 참조하는 문학 텍스트 및 저자에 대한 카르토그라피적 읽기를 제공한다(Stivale 1984).[1] 그러나 내가 보기에 들뢰즈는 문학 비평가들과 다른 이론의 텍스트 전문가들에게 매우 소중한 텍스트들에 대해 일종의 충실함을 주장하지 않고, 이러한 교차 참조를 '기념물'의 형태로 매우 많이 쓰는 것 같다. 비슷하게, 그는 '기억으로부터' 작업했고, 영화에 관한 두 권짜리 연구서에서 논의한 영화들을 다시 보지 않았다. 나는 결과적으로 우리가 들뢰즈의 텍스트 참고문헌을 학술 참고문헌의 전통적인 방식이 아니라, 오히려 리좀적이고 유목적인 철학자의 분위기, 즉 그의 되기의 기획의 경도와 위도를 정하는 좌표로 받아들인다고 제안하고 싶다.

2장의 마수미의 연구에 대한 논평에서 내가 주장했듯이, 들뢰즈의 텍스트 분류와 정리 체계에는 지도 제작자와 사전 편찬자 같은

---

1 스티베일은 다음과 같이 구분한다.
    1. 강렬하게/아이/여성 되기: 버지니아 울프, D. H. 로런스, H. 밀러, 프루스트, 카프카
    2. 동물 되기: V. 울프, 러브크래프트, 호프만스탈, 멜빌, 카프카, D. H. 로런스, V. 슬레피언, H. 밀러, 포크너, 피츠제럴드
    3. 지각할 수 없는 것 되기: 카스타네다, 러브크래프트, V. 슬레피언, 호프만스탈, 프루스트, P. 모런, 피츠제럴드, 케루악, V. 울프, 키르케고르, 미쇼, 아르토, H. 밀러
    4. 글쓰기에서 이것임 되기: C. 브론테, D. H. 로런스, 포크너, M. 투르니에, 브래드버리, V. 울프, N. 사로트, 아르토, 횔덜린, 클라이스트, 프루스트

데가 있다. 케루악, 울프, 사로트처럼 다양한 작가들은 문학 이론의 표준 도구를 무시하는 색인화 기준에 따라 동일한 수준에 배치될 수 있으며, 계층화되고 결합될 수 있다. 들뢰즈는 대신에 이들 저자들의 텍스트에 설정된 지리학적, 기하학적, 지리 정치적 틀에 초점을 맞춘다. 나는 들뢰즈가 가장 좋아하는 작가들이 그가 사랑하는 철학자들과 마찬가지로 주체의 해방, 심지어 잠재적으로 모순될 수 있는 많은 되기들의 여정을 추적한다는 것을 알게 되었다. 그들 대부분은 우주적 차원을 향해 열려 있는데, 옛 인본주의의 언어로는 이것을 '무한한 것'이라고 부르곤 했다. 이러한 텍스트들은 인간으로부터 탈출하여 너무나 인간적인 포스트휴먼, 우주적 반향의 자기장 속으로 향할 수 있는 지점을 표시하는 마지막 숨을 포착하기를 열망한다. 즉, 인간은 지각할 수 없는 것 되기의 대가를 치르면서 되기의 강도에 몰두한다. 버지니아 울프의 『파도』처럼 소리, 열, 액체 파동이 인간을 우회하여 더 큰 힘과 연결된다. 철학적 유목주의에서는 영적 상호연결성의 세속적인 형태가 작용하고 있다.

(버지니아) 울프와 함께 달리는 여성들

늑대의 경우는 들뢰즈의 동물 되기 이론의 전형이다. 이는 무의식에 대한 정신분석 개념과의 논쟁, 정동의 윤리학, 그리고 문학적, 문화적 이론들의 기본 요소들을 담고 있다. 되기 과정의 빠른 추적에서, 하나의 변신은 큰 제약 없이 다른 변신으로 이어지거나 녹아든다. 따라서 늑대, 늑대 인간 혹은 여성 늑대의 형상은 악마, 흡혈귀 또는 사탄의 애인으로서 고전적인 고딕 양식으로 제시될 수도 있다. 대중문화에서 이러한 시퀀스의 가장 좋은 예는 뮤지컬 영화 〈캣츠〉인데, 여기서 혼종 형태의 생물—반은 여성, 반은 흑표범—이 민족적 혼합성, 도덕적 모호성, 성적 미결정성, 억제되지 않는 성애적 열정을 동시에 나타낸다. 종-횡단적 유목주의, 즉 형태학상 혼종의 과정은 신체적인 경계의 삭제와 위반을 수반한다는 점에서 섹슈얼리티를 풍부하게 담고 있다. 어떤 한 사람의 '자아'에 대한 문명화된 경계의 이 '폭발'은 종종 오르가슴, 즉 급진적인 타자성과의 황홀하고 성애적인 조우의 형태로 표현되는 주체의 어떤 원초적인 육체성을 재증명한다. 늑대의 토포스는 추가적인 스릴을 위해 포함되는 속도, 털, 피, 폭력과 함께 이런 요소들을 많이 포함하고 있다.

대중문화는 여기에서 흠잡을 데 없는 문학적 원천을 지니고 있다. 늑대 인간, 즉 리칸트로페lycanthropos, 늑대 남성 또는 늑대 여성은 스칸디나비아와 게르만 신화뿐만 아니라 고전에서도 잘 확립된 인물형이다. 고대 신화들은 동물 형태의 신들을 보여주고, 모든 사이 존재, 괴물 또는 잡종들을 **기형**teras으로 생각한다. 이는 일탈뿐만 아니라 숭배의 대상이다. 결국 로마 문명이 그 신성한 기원 신화를 묘사하는 것은 여성 늑대의 형상을 통해서이다. 여성 늑대는 온갖 종류의 고양잇과 동물(표범, 흑표범, 재규어)과 마찬가지로 페트로니우스의 『사티리콘』에서 오비디우스의 『변신 이야기』와 아풀레이우스의 『황금 당나귀』에 이르기까지 문화적 배경과 문학적 원천을 드러낸다. 플리니우스는 늑대가 피에 굶주린 폭력을 상징한다는 것을 보여주는 신중한 설명을 제공한다. 그는 인간 희생 제의에서 희생 제물 소년의 심장을 맛보고 즉시 늑대로 변하여 10년 동안 지구를 돌아다닌다는 아르카디아의 한 전설을 전한다. 먹이와 짝짓기를 위해 달빛이 비치는 풍경 속에서 한 무리로 배회하는 네 발 달린 털북숭이 포식자로 변신한 인간의 이미지는 포스트모던 고딕 장르에서 받아들인, 예전에 유행하던 토포스이다. 앤절라 카터Angela Carter의 「늑대 친구들The company of wolves」(1985)이 그 대표적인 예다. 그것은 오랜 문학적 정당성을 가지고 있다. 게다가 남성 폭력과 특히 남성의 성적 공격성에 대한 은유로서의 늑대는 또한 민속학이나 동화에서 모두 경전화되었다. 늑대, 특히 늑대 인간의 성적인 함축은 프로프Propp(1968), 베텔하임Bettelheim(1972), 마리나 워너Marina Warner(1995)에 의해 광범위하게 분석되었다. 늑대는 무력한 여성 희생자들을 괴롭히는 위험하고 저항할 수 없는 유혹자다.

늑대 인간의 살인 경향은 페이 웰던Fay Weldon의 『여인-악마의 삶과 사랑』(1983)에서 희극적이고 매우 성적으로 특수한 폭력으로서 탐구된다. 복수심에 불타는 배신당한 충실한 아내에 대한 전형적인 이야기는 웰던과 같은 변형적인 페미니스트 작가들에 못지않게 들뢰즈에게도 사랑받는 늑대의 두 가지 특징을 잘 보여준다. 첫째, 동물은 전쟁 기계다. 동물은 "공격당한 때에 바로 그곳에서 맞공격하는"(Massumi 1992: 51) 유기체다. 둘째로, 타격의 정확성에 도달하기 위해서, 동물은 가공할 만한 기억력을 방출한다. 이것은 감각적, 물리적 데이터를 기록하고 그 영향을 자기 자신에게 저장할 수 있는 내장되고 체현된 기억이다. 의미심장하게도, 웰던의 소설은 잊히지 않는 질투와 그것의 부작용들을 특히 중시한다. 이 소설은 또한 후기 자본주의 신체 관리의 정치 경제와 관련된 문제들, 즉 뚱뚱함과 날씬함, 잘생긴 외모와 성적 매력뿐만 아니라 돈의 흐름을 다룬다. 음식은 권력관계의 주요 지표로서, 어떤 면에서 여성 늑대는 폭식증/거식증 피해 여성의 전제적인/애처로운 얼굴의 안티테제이다.

에스토니아 작가 아이노 칼라스^{Aino Kallas}는 단편 「늑대의 신부」에서 여성 늑대 인간의 변신을 이야기한다. 소설은 인간의 형태를 포기하는 관능감뿐만 아니라 자유와 흥분을 감동적인 방법으로 묘사한다. 신체적 변형의 과정은 또한 점차 무리의 우두머리인 리더 늑대와의 공통성이나 동일성을 발견하는 여자의 의식의 변화도 나타낸다. "그리고 그녀는 숲의 가문비나무의 중얼거림에 녹아들고, 나무의 붉은 면에서 떨어지는 금빛 송진 방울에 눌려, 늪지 이끼의 녹색 습기 속으로 사라졌고, 지금은 **악마의 숲**^{Diabolus Sylvarum}에 속하기 때문에, 그녀는 사탄의 손아귀에 있었다."(Kallas 1990: 133-134). 아알로의 늑대 되기에서 일어나는 경계의 황홀한 융해는 깊은 에로티시즘을 전달하고 표현한다. 레아 로욜라^{Lea Rojola}(1995)는 이 소설의 해설에서 에스토니아 문화에서의 이 신화의 역사적, 문학적 계보를 추적한다. 그녀는 또한 이 이야기의 매우 성-특수적인 구조를 강조한다. 밤이 되면 이 여자는 늑대들과 함께 달리고 짝짓기를 하지만 낮에는 얌전하고 순종적인 아내다. 죄악의 아이를 낳은 후에야 그녀의 죄가 알려지고 마을의 여자들에 의해 사우나에서 불타게 된다. 이 의식이 끝난 후, 그녀의 인간 남편은 자신의 결혼반지를 녹여 만든 은탄으로 거대한 회색 늑대를 죽인다. 아알로의 영혼은 이 늑대 안에 산다. 로욜라는 이 이야기를 1920년대 북유럽 국가의 해방된 여성들의 사회적 정신분열증을 반영하는 분열되거나 이중적인 삶의 사례로 읽는다. 고대인과 신인의 갈등은 여성 늑대 인간의 여러 다른 위치에 반영되어 있다. 그러므로 상징으로서 여성 늑대는 해방된 여성의 성적 욕망의 괴물성을 나타낸다. 그녀의 욕망의 표현이 그녀의 생명을 앗아 갔다는 것은 그 욕망의 강도나 가치를 떨어뜨리지 않는다.

여성 늑대 인간의 토포스에 대한 여성 욕망과 주이상스의 중요성을 고려하여, 나는 늑대 인간 되기의 유목적 이론이 원형적 융Jung 사상과 아무런 공통점이 없다는 것을 강조할 것이다. 융에 따르면, 집단 무의식은 역사 속에서 계속 반복되는 원형이나 원시적인 이미지를 포함하고 있다. 원형이나 원시적 이미지들은 심리적 재발생을 통해 보편적이고 본질적인 진리를 전달한다. 클라리사 핑콜라 에스테스Clarissa Pinkola Estés(1992)는 여성 심리와 관련하여 늑대의 원형에 대해 융에게 영감을 받은 가장 훌륭한 코드를 제공한다. 그녀의 접근 방식은 야생과의 연관성, 황야와의 친숙함, 바깥, 특히 숲에서의 쾌락, 사냥, 출혈과 피의 맛, 달빛 아래 짝짓기와 야생적 섹슈얼리티의 다른 형태와 같은, 여성들과 늑대들 사이의 공통적 특질의 양적 축적이다. 다양한 예술 형태를 통해 재현되고 다양한 문화에서 역사를 초월하여 현재에 이르고 있는 그것들은 문화적 상수를 구성한다.

그러나 이것은 내게 들뢰즈의 동물 되기 개념과는 정반대라는 인상을 준다. 융의 집단 무의식은 일차원적이고 단방향적인 체계 내의 양적 복수성이지, 철학적 유목주의에서처럼 복합성들의 개방적인 집합의 질적 다양성이 아니다. 즉, 원형의 실재화는 외연과 속성의 확고한 틀 안에 자아를 고정하고, 유목적 사고에서 추구된 지각과 내재성에 대한 질적 재구성을 행하지 않는다.[2]

융의 원형에 대한 비평에서 볼딕Baldick(1987)은 다음과 같이 훌륭하게 표현한다. 융의 신화는 그 자체의 문학적, 문화적 발현에 대해 선행성을 부여받으며, 결과적으로 더 오래되고 시대를 초월한 자연의 리듬에 관한 한 현대 과학 문화에 대해 더 높은 권위를 누린다. 이는 신화 자체의 권위를 지나치게 강조하는 결과를 낳는데, 현대 생활보다 더 중요하고 역사 경험에 뚜렷이 반대되는 '신화 의식'을 지나치게 중요시하는 것이다. 융의 원형의 경우, 이것은 신화(불변성과 치유적임)와 역사(변화무쌍함과 불안정함)를 범주적으로 구분하는 반종교적 신념이 된다.

원형은 그 자체가 비어 있고 순수하게 형식적이며, 단지 미리 형태를 만드는 능력facultas praeformandi, 즉 선험적으로 주어지는 재현의 가능성에 불과하다. 재현 자체는 전래되지 않고 형식만 주어지며, 그런 점에서 또한 형식으로만 결정되는 본능과 모든 면에서 일치한다. (Jung 1982: 106)

이러한 본질주의와 역사적 변화에 대한 대립은 융의 원형을 불

---

2 들뢰즈와 융 사이의 가능한 공명을 탐구하려는 시도는 다음을 참조하라. Semetsky 1999.

안한 독단적 방법론으로 만드는 것이다. 모든 신화가 같은 심리적 평면과 시간을 초월한 영역에 속한다고 가정함으로써, 이러한 신화에 대한 가장 진부한 해석들이 유포되고 있다.

토도로프Todorov(1975)는 신화와 상상력의 문제에 대해 현대의 대륙 사상에는 두 개의 사상적 학파가 있다고 주장한다. 하나는 구조주의에서 이끌어낸 것으로, 레비스트로스, 프로이트, 마르크스에게 영감을 얻는다. 이 학파는 무의식적인 과정과 전 과학적 사유에서도 본질적인 합리적 요소를 뽑아낸다. 다른 학파는 바슐라르, 융, 프라이Frye에게 영감을 받았다. 그들은 인간의 의식의 산물을 읽는 데 있어서 주제적인 접근에 더 가깝다. 그들은 또한 감각적인 상상력의 자원을 신뢰하고 인간 사유의 구조적 요소에 덧붙여 그것을 강조한다. 나는 들뢰즈의 접근 방식이 역사적으로 구조주의자와 더 가깝다고 생각하지만, 그것은 궁극적으로 토도로프의 유용한 구분을 넘어서게 된다. 유목적 주체는 정신/신체, 의식/무의식 또는 이성/상상의 전통적인 축을 따라 분열되지 않는다. 반대로, 체현과 내재라는 개념은 다면의 외부 경계/타자로 확장하려는 욕망에 의해 근본적으로 추동되는, 활기차고 영원히 변화하는 하나의 실재로서 유목적 주체를 상정한다.

그런 점에서 나는 상상력의 문제나 늑대 인간과 같은 신화의 구조와 기능에 대해 융과 들뢰즈 사이의 화해가 가능하다고 보지 않는다. 하이데거와 마찬가지로 융의 경우, 나는 또한 내 입장에서 이 '위대한' 사상가가 동일자의 시대를 초월한 재발생의 추상적인 고지를 향해 역사 밖으로 비행하려 했고 이러한 경향(사회적으로 장려되고 심지어 보상받기도 함)이 악의 평범성 내에서 정치적으로 구현되었다는 사실을 잊기가 심각하게 곤란하다는 사실을 인정해야 한다. 하이데거와 융 모두가 나치즘에 협력한 사실은 우연의 일치도 아니고, 하이데거에 대해서 아렌트가 말했듯이 그들의 사상 체계에 외부적인 것도 아니다. 그것은 그들 사유의 바로 그 개념적 구조에 내장되어 있다. 나는 판단하고 싶지도 않고, 성급한 결론을 내리고 싶지도 않다. 하지만 나 역시 망각의 사치를 스스로 누림으로써 상처에 모욕감을 더하려 하지 않겠다. 역사는 **모든** 위치들, 입장들, 의미들 또는 신념들의 역사적 발현과 마찬가지로 중요하다. 유물론적 철학은 다른 방법이 없을 것이다.

도러시아 올카우스키는 '작가는 개다'(1999b)라는 의미심장한 제목의 논문에서 정신분석학자와 들뢰즈의 동물 되기 개념의 차이점에 대한 매우 흥미로운 해석을 제공한다. 프로이트의 늑대 인간을 주요 사례로 삼은 올카우스키는 경험의 강도적 구조를 강조한다. 올카우스키는 늑대 인간이 단지 한 마리 늑대만이 아니라 늑대 무리 전체를 꿈꾸고 있다는 것을 지적하면서 프로이트가 늑대 인간의 정동성의 이질성과 다양성에 대해 거짓된 종류의 통합을 강요한다고 주장한다. 신경증으로 다시 해석되고, 비록 흔들리기는 하지만 단일한 주체를 중심으로 다시 일괄된 전체 에피소드는 정신분석 치료를 주 전환점으로 삼아 병리학-정상성의 변증법에만 국한된다. 반면 올카우스키는 들뢰즈와 함께 자아에 대한 질적 확대가 창조적인 다양성으로 확대된 경우로 '늑대 인간'을 읽는데, 이 경우 속도에 의해 다른 늑대들의 동반 혹은 집합성이 결정적인 요소가 된다. 이것을 아르토의 작품oeuvre과 교차해 읽으면서, 그녀는 글쓰기 과정을, 단순히 '너무 지나치고', 그래서 정신분열증, 형언할 수 없는 것의 어두운 깊이, 의미의 부재로 넘어갈 수 있는 강도의 변이를 통한 여행과 비교한다.

| 생명 중심 평등주의 |

동물은 또한 인간의 유전적 형제로서, '조에zoe'는 인간과 동물을 막을 수 없는 상호연결망으로 연결시킨다. 조에는 물론 담론적 혹은 지적 생명으로 정의되는 '비오스bios'를 전면에 내세우는 한 쌍 가운데 빈곤한 반쪽을 가리킨다. 수 세기 동안 기독교의 세뇌는 여기에 깊은 흔적을 남겼다. 비오스보다는 동물적 생명, 즉 조에와의 관계가 서구 이성이 자신의 제국을 세운 질적 차이들 중 하나를 구성한다. 나는 인간의 '생명'에 대해 이야기되고 있는 가장 끈질기고 도움이 되지 않는 소설 중 하나가 소위 그 자명함, 즉 암묵적인 가치라고 믿는다. 조에는 차선책이다. 그리고 때로는 합리적 통제와 독립적으로, 심지어 관계없이 그리고 때때로 그 통제에도 불구하고 계속 나아가는 생명에 대한 생각은 비인류에게 귀속되는 의심스러운 특권이다. 비인류는 모든 동물계를 포함하고 있는데, 가장 작은 물속 생명에서 공중의 변종에까지 이른다.

그러나 다윈과 진화론 이후 점점 더 확장되면서 인간 유기체의 넓은 중심 지대를 포괄하게 되었다. 키스 안셀 피어슨Keith Ansell

Pearson이 '배아적 생명'이라고 부르는 것의 승리로 인해 고전적인 합리주의 사상 체계에 야기한 고통과 혼란을 과소평가할 수 없다. 전통적으로, 생명에 대한 자기반성적인 통제는 인간에게 주어져 있는 반면, 생물학적 시퀀스의 단순한 전개는 비인류를 위한 것이다. 전자는 거룩하고(비오스) 후자는 꽤 비천하다(조에). 그것들이 인간의 몸에서 교차한다는 것은 육체적인 자아를 분쟁의 공간, 즉 정치 무대로 바꾼다. 정신-신체 이원론은 역사적으로 이 사이 분쟁 지대의 복잡성을 통과하는 지름길 역할을 해왔다. 예술가들은 이 중간 지역으로 몰려들어 여러 가지 상호연결성을 제공해왔다.

예를 들어 카프카가 인간을 비참한 곤충으로 변신시킨 것은 지속 가능성이라고도 알려진, 견뎌낼 수 있는 능력의 한계에 이르는 여행이다. 그 변신은 그것의 예시 속에서 정확히 인간과 연결되는 어떤 비인간성의 밑바닥에 닿아 있다. 당신은 당신이 보는 것을 얻는 것이다. 핵심은 바로 이것. 고통을 멈추기 위해 필요한 것을 적절히 표현조차 할 수 없는, 비천하며 빠르게 사라져가는 신체이다. 이 외설, 내 안의 이 생명은 나의 존재에 내재되어 있으며, 그럼에도 불구하고 너무나 '그 자체'이기에 주권자의 의식에 대한 의지와 요구와 기대와는 무관하다. 이 조에는 나를 행동하게 만들지만 나르시시즘과 편집증이라는 쌍둥이 기둥 위에 세워진 자아의 감독 기관의 통제에서 벗어난다. 조에는 끈질기게 이어지고, 통제를 요구하되 통제를 얻는 데 실패하는 '나'의 성스러운 경내에서 쫓겨나며, 결국 이질적인 타자로서 경험된다. 그것은 비인간적인 것으로 경험되지만, 그러나 오직 너무나 인간적이기 때문에 그렇다. 외설적이지만, 의식 없이 존재하기 때문에 그렇다. 이 추문, 이 경이로움, 이 조에, 즉 비오스 이상이며 로고스와 전혀 관계없는 생명에 대한 관념, 나의 '몸'이라고 불리는 이 살덩어리, 나 '그 자체'라고 불리는 이 아픈 고깃덩이는 의식이 두려워하며 살아가는 생명의 비천한/신성한 힘을 표현한다. 유목적인 주체성은 대조적으로 조에를 사랑하고 있다.

이 점은 다른 신체 경험들로 확인된다. 예를 들어 내가 1장에서 인용한 스테이시의 암 연구에서 지적한 바와 같이 임신이나, 좋건 나쁘건 다른 빠른 세포 증식의 경우가 그렇다. 자아에 얽매인 인간 유기체가 통제하지 못하고, 무자비하고 무관하게 계속되는 생명 공정의 숙주로 체험되는 경험은 조에의 힘을 표현한다. 전통적으로 이 힘은 비오스를 특권화하고 이성-물질, 통제-혼돈의 가치 이원적 척도를 반영하는 위계 관점에서 만들어졌다. 이 삶의 역량(포텐티아)은 스스로를 포개고 마치 자기 자신의 구성 요소를 위탁하듯이 순찰하는 것 외에 아무것도 할 수 없는 정신에 의해 '타자'로 경험된다. 부정적인 열정에 의한 이러한 내면의 역전은 우리가 '의식'이라고 미화해 부르는, 깊이 자리 잡은 불안한 형태의 가벼운 정신분열증이다. 그러나 내 안의 생명은 법, 기표, 결핍의 제국 아래 있는 것이 아니다. 생명은 그저 존재한다. 의식은 나를 구성하는 생명의 특정 부분을 포착하는, 사회적으로 인정받고 허용되고 장려되는 형태일 뿐이다. 의식적 자기 재현은 서로 다른 인간들을 결속시키려는 중요한 목적을 이루는 사회적 관습으로, 이들 인간들은 인간 존재들 사이에 상징적인 교환의 경제를 설치함으로써 사회적 유대 관계를 협상한다. 의식은 진리나 행위자성의 장소가 아니며, 오히려 만약 그렇다면 교차하고 대립하는 힘의 현장으로서의 기능 때문이다. 프로이트가 좀 더 보수적으로 표현했듯이 자아는 서구 문명의 사회화되고 도시화된 거주자들이 얽매여 있는 종류의 신경증을 번식시키는 어음 교환소이다. 문명과 그 불만은 달빛 속에서 울부짖고 짝짓기를 하고 죽이는 늑대 인간 무리가 되지 못한 것에 대한 대가인 그들의 살점을 극구 칭찬한다. 그러므로 자아의 다른 이름은 정치이며, 주식과 교환, 축적과 이익에 기초한 흡혈귀 같은 경제 체제의 목적을 수행하는 주체에 대한 지배적인 시각의 미시적 파시즘이다.

철학적 유목론에서 동물의 강점은 영토에 대한 애착과 상호의존성으로 표현되는, 일자가 되지 않는 데에 있다. 동물들은 감각적이고 지각적으로 연관되어 있는 작고 매우 제한적이거나 한정된 환경의 조각에 의존한다. 곤충, 특히 진드기 같은 기생충과 거미는 들뢰즈가 가장 좋아하는 동물에 속한다. 예술가와 같이, 동물들은 자신들의 영역을 색, 소리 또는 표시/틀로써 물리적으로 표시한다. 자신들의 영역을 표시하거나, 코드화하거나, 점유하거나 또는 틀 지우기 위해서, 동물들은 끊임없이 신호와 기호를 만들어낸다. 곤충들은 윙윙거리며 모든 종류의 소리를 내며, 고등 영장류는 실제로 이야기한다(제인 구달Jane Goodall에게 물어보라). 고양이, 늑대, 개는 그들 자신이 생산한 체액으로 땅을 표시하고, 개는 고통과 욕망 속에서 짖고 울부짖는다. 그들은 욕구와 환경에 대처하기 위한 자신들의 몸짓에 내재한다. 인식, 코드화, 대처 과정에서, 동물들은 영토를 표현하고 거주하고 보호하려는 노력으로 인간과 결합하면서 자신들의 순수한 동물성을 초월한다. 낯선 영토에 적응하는 것, 짝짓기는 물론이고 음식과 물을 찾는 것, 이 모든 것을 표현하여 집단이나 무리의 다른 동물들이 아이디어를 얻을 수 있도록 하는 것—그것은 재평가되어야 할 급진적 내재성의 모델이다. 그것은 최상의 비언어적 의사소통이다.

이런 점에서 인간은 유전적 이웃인 동물들과 인정하고 싶은 것보다 더 많은 공통점이 있을지도 모르며, 어떤 면에서는 덜 본질적이다. 인간과 그 유전적 이웃 사이의 구조적 근접성에 관해서는 영화 〈매트릭스〉의 스미스 요원에 의해 대중문화 속에서 웅변적으로 추동되고 있다.

이 행성의 모든 포유류는 본능적으로 주변 환경과의 자연 평형을 발달시킨다. 하지만 너희 인간들은 그렇지 않아. 어떤 지역으로 이동하면 너희는 증식하지. 모든 천연자원이 소비될 때까지 증식한다. 너희들이 살아남는 유일한 방법은 다른 지역으로 퍼지는 것이다. 이 행성의 또 다른 유기체가 이 패턴을 따르고 있지. 바이러스 말이야. 인간은 이 행성의 질병이다. 너희는 전염병이야.

앤절라 카터와 마틴 에이미스Martin Amis 같은 동시대 작가들은 현재 포스트산업 도시 풍경과 그곳에 서식하는 인간 주체와 포스트휴먼 주체들의 심리적 지평에서 현재 일어나고 있는 유전-윤리적 돌연변이의 종류를 빈틈없이 추적하고 있다. 이것에 대해서는 다음 장에서 다룰 것이다. 그러나 이러한 근접성은 '우리 네발 달린 친구들'을 돌본다는 고전적이고 자애로운 방식으로 받아들여져서는 안 된다. 반려동물의 문화는 어떤 면에서는 인본주의의 전형이다. 반려동물은 사실 우리와 TV를 함께 시청하는 오이디푸스화된 실재들이다. 반면에 철학적 유목론에서 근접성은 1장에서 논한 물질/어머니라는 의미에서 종-횡단적이고 유전-횡단적인 물질이다. 그것은 비통일적이고 체현된 주체의 생태 철학으로 가장 잘 묘사될 수 있는 일련의 망과 관련이 있다. 따라서 나는 이 논의가 '동물권'이나 동물 윤리학에 대한 다른 진행 중인 인간 중심적인 논의의 방향으로 흐르기를 바라지 않는다. 여기서 내게 중요한 것은 유전학과 분자생물학의 최근의 과학적 발전과 그로 인한 문화적 발현에 비추어 인간중심주의와 자유주의적 개인주의를 정확히 비판하는 것이다. 메테 브륄드Mette Bryld와 니나 뤼케Nina Lykke의 최근 연구 『코스모돌핀Cosmodolphins』(1999)은 이 참신한 접근 방법에 대한 훌륭한 예를 제시한다. 그들은 '기술애호적' 태도와 생태학적 관심, 성차에 대한 페미니즘 윤리, 현대 생물학 및 생명공학과의 활발한 대화를 결합하는데, 이 모든 것은 '고도의' 대중적인 형태로, 현대 포스트산업 문화에 대한 강렬한 참여와 향유에 의해 틀이 잡혔다.

동물이 되는 것과 동물 되기를 혼동하지 않기 위해서는 유기적인 기능을 다루는 생리학의 담론과 윤리학의 담론을 구분하는 것이 중요하다. 스피노자에게 영감을 받은 유목적 윤리학은 신체의 물리학 및 생물학과 관련이 있다. 즉, 육체가 정확히 무엇을 할 수 있고 얼마나 걸릴 수 있는지에 대한 문제를 다룬다는 뜻이다. 이것은 내가 '지속 가능성'으로 규정하는 문제로서, 신체가 포텐티아 (또는 코나투스)의 고통이나 빈곤처럼 잠재력의 쾌락이나 고양을 얼마나 받아들일 수 있는가 하는 것이다. 이것은 윤리적 미덕, 권한 부여, 기쁨과 이해 사이의 방정식을 의미한다. 자기 자신에게 좋은 것을 적절하게 재현하는 것은 그것을 이해하는 것이다. 그러나 그러한 이해의 행위는 단순히 특정 사상의 정신적 획득만은 아니다. 그 행위는 오히려 육체적인 과정, 즉 주체에 좋은 것을 시행하거나 구체화하는 활동, 주체의 포텐티아의 현실화와 일치한다. 정신과 육체는 일제히 작용하며 스피노자가 말하는 코나투스, 즉 되고자 하며 그 되기의 강도를 증가시키는 욕망에 의해 서로 뭉쳐진다.[3]

이러한 접근은 들뢰즈의 몸 철학에 관한 키스 안셀 피어슨의 연구(1997)에 명시되어 있다. 니체와 다윈을 들뢰즈와 함께 읽음으로써 피어슨은 가치의 윤리와 신체의 본질 사이의 상호연결성을 탐구한다. 따라서 그는 물질주의적인 동시에 활력적인 '생명'이라는 유목적 개념에 내포된 가치들의 변성뿐만 아니라, 되기들의 연속체를 강조한다. 그렇게 함으로써 피어슨은 "생명의 비인간적 되기들의 지도화를 시작하기"(p. 109) 위해 들뢰즈의 통찰을 이용한다. 피어슨은 능숙한 방식으로 생물학과 기술을 결합하여, 지속하기 위해 인간의 정신의 감독이 필요하지 않은 생명의 무한한 힘을 주장하는, 순수하고 과정적인 변신들의 '트랜스휴먼' 공간을 구상하고 있다.

따라서 들뢰즈의 생명 철학은 또한 이러한 힘들의 선택에 기초한

---

3 나는 이것을 지속 가능한 윤리에 대한 향후 연구에서 발전시킬 것이다.

정동의 위상학이기도 하다. 이러한 정동의 전개 과정은 급진적으로 내재적인 신체들의 구성에서 중심적이므로, 육화된 유물론의 현실화로 볼 수 있다. 들뢰즈는 여기에서 스피노자를 따른다. 되기의 힘들의 선택은 부정성의 긍정적인 열정으로의 변형을 통해 기능하는 기쁨과 긍정의 윤리에 의해 규제된다. 이 선택은 기쁨의 반복 및 슬픔과 슬픔을 표현하는 관계의 회피를 암시한다. 복합적이며 긍정적인 열정의 선택은 되기 또는 육체적 정동의 공간들을 구성한다. 이는 본질적으로 친연성의 문제로서, 한 사람에게 호소하는 그 요소들이 즐거운 조우를 만들어내는 다른 실재와의 관계에 들어 갈 수 있는 것이다. 이 공간들은 자신의 포텐티아를 표현하고 주체의 능력을 높여 더욱 깊은 관계로 진입하고 성장하고 확장한다. 이러한 확장은 시간과 얽혀 있다. 긍정적인 열정을 표현하고 증가시킴으로써 유목적 주체는 시간 안에서 그리고 시간을 통해서 스스로를 지속하고 견뎌내고 계속할 수 있는 힘을 부여한다. 유목적 되기들은 관계를 맺음으로써 가능한 미래를 만들어내고, 지속 가능한 상호연결망을 만들어서 세계를 건설한다. 이것이 되기의 요점이다. 즉 공통적으로 공유되는 요소들을 중심으로 뭉쳐져 성장하고 지속할 수 있도록 하는 힘들의 집합적 배치이다.

동물 되기는 그에 따라 끊임없는 돌연변이와 정동 그리고 관계를 통해 기능한다. 이 점에서 들뢰즈는 스피노자와 니체 둘 다와 함께 국가의 억압적인 개념에 의해 유지되고 있는 사회적 규정과 규범의 폄하적인 매혹적 영향으로부터 주체에 대한 긍정적인 시각을 방어하기 위해 작업한다. 니체는 특히 반인간중심주의 문제와 의식의 기존 관념에 내재된 부정성 비판에 영향을 미친다. 유목적 주체성은 이 부정성을 해체하고 싶어 한다. 이러한 해체는 의식을, 비록 헤게모니적이기는 하지만 주체의 표현의 한 형태, 즉 단단히 결합된 일단의 부정적인 열정, 잘 잊지 않는 경향, 곪아터진 의혹을 중심으로 구조화된 형태로서 다시 올바른 위치에 돌려놓는 것을 목표로 하고 있다. 자아는 나르시시즘과 편집증을 모시는 신전인 것이다. 이에 반대하여, 유목적 주체는 되기를, 인간이라는 단정하게 구성된 버전으로서 '합리적 동물'을 그 경계선에서 분열시키기를, 내재된 모순을 폭발시키기를 목표로 한다.

의식이 사실 자기 자신의 환경과 타자들과 관련된 내적 양태였다면? 의식이 인지적으로나 도덕적으로나 보름달 아래 늑대의 애처로운 울부짖음과 다르지 않다면? 동물의 노하우와의 비교로 의식적인 자기 재현이 나르시시즘적 망상에 의해 파괴되어 결과적으로 자기 투명성에 대한 자신의 열망에 눈이 멀었다면 어떨까? 만일 의식이 궁극적으로 그 애매한 병, 이 생명, 이 '조에', 나의 허락을 구하지 않고 나를 움직이는 비인격적인 힘에 대한 치료법을 찾을 수 없다면 어떻게 될까? 결국 죽음은 한계와 지평선으로서 존재하며, 정해진 순환의 즉각적 완성으로부터 죽음을 막을 수 있는 의식의 자만심은 존재하지 않는다. 동물 되기는 안과 밖이 함께 있는, 균형을 맞추는 스침이다. 동물 되기 없이는 창조성이 없다. 그리고 그럼에도 동물 되기는 변증법을 단순히 비합리성으로 역전시키는 것이 아니라, 되기의 다른 길이다.

포스트휴먼을 향해

앞에서 말한 바와 같이, 신체의 힘(포텐티아)을 결정하는 것은 정동들의 강도의 정도와 속도이며, 결과적으로 다른 실재들과의 상호작용성 수준이기도 하다. 이러한 윤리적 접근은 또한 현대 유전 이론의 결정론과 들뢰즈의 논쟁의 핵심이기도 하다. 삶은 욕망의 강도와 긍정을 확인하는 것을 목표로 하는 기획으로서, 육체화된 주체의 유물론적 토대 위에 놓여 있다. 이러한 생물학적 측면을 강조함으로써 들뢰즈는 동시에 현대 생물학의 교훈을 받아들이고 있으며, 또한 사회생물학자들과 진화심리학자들의 신결정론에 동의하지 않고 있다. 들뢰즈는 분자생물학자들이 지지하는 주체의 환원적 시각에 대해 동의하지 않는다. 현대 생물학을 내재성의 경험 철학의 '매혹된 유물론'을 참고하여 해석함으로써, 들뢰즈는 DNA로 추동된 선형성의 구조적 기능주의와 신결정론에서 생물학을 분리하고, 대신 유목적 되기의 지그재그 패턴을 향해 방향을 바꾸려 한다. 핼버스탬Halberstam과 리빙스턴Livingston이 말한 바와 같이 (1995: 3) "인간 신체 자체는 더 이상 '인간의 가족'의 일부가 아니라 포스트휴먼들의 동물원"이다.

엘리자베스 그로스는 최근 페미니스트들에게 인간의 생물학적 구조를 재고하는 것의 중요성을 강조했다. 신체의 생물학적 근원으로 돌아가라는 이러한 요구는 세 번째 밀레니엄의 페미니즘 이론에 중요한 사회 구성주의의 거부를 반복한다. 그로스는 최근 다윈에 대한 연구에서 다음을 의제로 정한다. "문화적, 사회적, 역사적 힘이 그 존재를 적극적으로 변화시키고 협력할 수 있게 하는 생물학적 존재 내의 실질, 잠재성은 무엇인가?"(1999) 나는 이 호소가 이리가레와 들뢰즈가 평행적으로 그러나 유사한 방식으로 옹호하는 일종의 급진적 내재성과 '매혹된 신체적 유물론'에 의해 투자되는 것을 발견한다.

그러나 그로스와 다른 동시대의 들뢰즈 사상가들이 제안한 '다윈으로의 복귀'에는 구체적인 철학적 접촉이 있다. 진화 이론에 대한 관심과 비판적 참여가 항상 의제의 중심이었던 과학 연구와 같은 다른 연구 분야에서는 보다 회의적인 견해가 대두되고 있다. 따라서 진화 이론에 대한 최근의 상당히 강력한 비평에서, 힐러리 로즈Hilary Rose와 스티븐 로즈Steven Rose(2000)는 진화 이론에 있는 심각한 여성혐오증 그리고 백인 유럽 중심의 사이비 과학에 대한 제국주의적이고 식민주의적인 기획과의 연관성을 비판한다. 이 학자들은 과학에 대한 급진적인 비판에 평생 관여했다는 점을 고려하면 경고성 담화를 발표할 수 있는 좋은 위치에 있다. 그들은 또한 정치적 중립과는 거리가 먼, 동시대 생물학적 연구와 상업적, 산업적 관심사의 상호의존성이 증가하는 것을 추적한다. 나는 이러한 비판적 주석들에 의해 듣게 되고 설명되는 것이 유목적 주체성의 정치에 중요하다고 생각한다. 그러므로 동시대 문화에서 이러한 이론들의 권력 효과를 탈맥락화하고 이탈하게 하는 다윈으로의 복귀는 참담한 일이 될 것이다. 나는 철학자와 유전학자들 사이에 새로운 건설적인 대화가 설정될 수 있다고 생각한다. 그것은 '생명-윤리학'으로 알려진 모호한 영역에 대한 합의를 모색하기 위한 것이 아니라, 오히려 동시대 생명과학이 가져온, 주체의 급진적인 탈중심화의 함의를 완전히 탐구하는, 보다 엄격한 과제를 위한 것이다.

들뢰즈의 동물 되기 개념은 그가 속한 세대의 철학자들을 표시하는 반인간중심주의 개념이다. 도나 해러웨이Donna Haraway는 비록 그녀가 다른 개념적 토대 위에 서 있음에도 불구하고 포스트휴먼과 생명 중심 평등주의를 지지하는, 인간의 중심성을 전위하는 정신을 공유한다. 들뢰즈와 해러웨이 둘 다 인간적 환경과 비인간적 환경 사이의 모순과 불연속성을 과소평가하기를 거부한다. 그들은 또한 둘 사이의 상호작용을 낭만화하는 것도 거부한다. 인간과 동물의 근접성을 감상적으로 미화하는 것은 현대 문화에서 특히 문제적이다. 첫째, 이것은 힐러리와 스티븐 로즈의 비판에서 보이듯, 부활하는 사회생물학적 결정론의 사회적 풍토 때문이다. 이것은 인간의 '동물적 본성'을 지나치게 강조하는 결과를 낳으며, 대개는 사회적 불평등의 구실이자 정당화로서 인간 남성들을 상당히 단순하게 다룬다. 『강간의 자연사: 성적 강압의 생물학적 기초A Natural History of Rape: Biological Bases of Sexual Coercion』[4]라는 책은 이 신결정론적이고 심오하게 차별적인 경향의 사회적, 정치적 함의를 나타낸다. 인간을 동물로 낭만적으로 희미하게 하기를 거부하는 두 번째 이유는 비인간적 환경과 인간적 환경 둘 다에서 깊숙이 구성된 본성에 대한 인식이다. 나는 이 연구를 통해 철학적 유목주의의 핵심 특징 중 하나로 본질주의의 거부를 강조해왔다. 내 입장에 함축되어 있는 것은 또한 우리 자신이 살고 있는 서식지의 인공적인 본성에 대한 인식이다.

---

4 저자들은 랜디 손힐Randy Thornhill과 크레이그 파머Craig Palmer(MIT Press, 2000)이다.

이러한 특징은 후기 포스트산업 문화에서 생태학적, 환경적 관심을 세계화 시대의 시장경제에 통합시킴으로써 더욱 강화되었다. '바이오 제품'과 유기농으로 재배된 생산물은 기술적으로 발달된 사회의 소비 습관에 있어 중요한 관심사가 된다. 브륄드와 뤼케는 이것을 '실재real'의 관념을 신성화하는 동시에 카니발리즘화하는 행위, 즉 포스트산업 문화에서 길들지 않고 오염되지 않은 자연이라고 읽는다. 역설적으로 '야생적' 본성은 "이제 과학기술적, 군사적 또는 상업적인 기획을 위한 자원, 이제 신성한 모성 에덴에 대한 향수의 욕망을 기입하는 장소"(Bryld and Lykke 1999: 5)가 되었다. 그것은 자연의 낭만적인 재포장뿐만 아니라 '지구-타자들'의 소비주의적 소모에도 반하는 것이며, 특히 내가 대안으로서 동물 되기의 들뢰즈적 과정으로 돌리고 싶은 정치적 향수의 입장에 반하는 것이다.

해러웨이는 인간의 동물 되기에 관해 빈번한 예들을 제시한다. 유인원과 다른 고등 영장류들은 유전적으로 말하면 우리의 옆집 이웃들이다. 그것은 이전의 생물학적 담론들에서 종들 사이에 만들어진 질적 차이의 아주 환영할 만한 경감輕減이다. 동물과 인간의 상호작용은 오늘날의 기술 과학에 의해 재정의되고 있다. 유전자 변형 쥐와 다른 실험동물들과 곤충들(초파리 같은), 개와 유전적으로 재조합된 다른 '반려동물들'은 현대의 테크노 신체를 구성하는 생명공학 실험실의 소모품이다. 수많은 네발 달린 복제들, 즉 실리콘으로 가득 찬 돌리들이 우리 사회의 지평선을 가득 메우고 있다.

게다가, 들뢰즈와 마찬가지로 해러웨이에게도 깊은 반오이디푸스적 감성이 작동하고 있는데, 비록 해러웨이의 경우 스스로 인정하듯 정신분석학에 대한 저항에 거의 가깝다 해도 그렇다(Penley and Ross 1991a). 나는 무의식에 대한 정신분석적 정의를 둘러싼 상상계는 아주 보수적이고 가족에 얽매여 있으며 동성애 차별적이라는 해러웨이의 의견에 동의한다. 그러나 그다음에 지도 제작자로서 말하자면, 이것이 우리 문화와 그 지배적인 규범에 대한 완벽히 적절한 반영이라고 생각하기 때문에, 나는 정신분석학이 팔루스로고스중심주의 체제에서 우리가 살고 있다는 나쁜 소식을 가져왔다고 해서 결코 비난하지 않을 것이다. 그러나 나는 정신분석학이 팔루스로고스중심 체제의 역사적 필요성과 불변성을 주장한다면, 정신분석과 논쟁할 것이다. 이러한 정치적 보수주의에 반대하여 나는 페미니즘이 그 예시를 가장 잘 보여주며 철학적 유목주의가 그 이론화에 도움이 되는 변형적 정치를 선택한다. 따라서 해러웨이의 페미니스트 사이보그 기획은 오이디푸스 서사들을 문화적으로 헤게모니적인 위치에서 끌어내려서 정체성 구축에 대한 그 힘을 감소시키는 것을 목표로 한다. 동시대 기술 문화와 그것의 돌연변이 또는 혼종적 사회적 상상계의 짐승의 배 속에 확고히 자리 잡고 있는 해러웨이는 우리의 역사적 시대를 구성하는 동물, 돌연변이, 기계와의 새로운 상호작용을 위해 긍정적이고 힘을 실어주는 형상을 상정함으로써 맞서 싸우기를 원한다.

　해러웨이 기획의 강점은 영감을 주는 힘이다. 그녀는 무의식을 위한 새로운 담론을 발명하기를 원한다. "이는 예상치 못한 것을 만들어내고, 여러분을 실수하게 하거나 속일 수 있다. 당신은 가족 서사를 벗어나는 무의식을 생각해낼 수 있는가? 또는 개인적이면서 동시에 집단적인 차원에서 무의식의 구조화에 대해 들을 수 있는 다른 역사가 있다는 것을 인식하면서 가족 서사를 지역적 이야기로 주장하는 무의식은?"(Haraway 1991: 9) 비오이디푸스화된 무의식에 대한 반형상화는 일종의 동물 되기를 추적한다. 즉 사이보그, 코요테, 트릭스터, 유전자 변형 쥐는 타자성의 대안적 구조를 생산한다. 들뢰즈처럼 해러웨이도 그 내재적인 이원론과 전치, 응축, 배제의 법칙을 가지고 무의식을 개념화하는 언어적 패러다임에 대해서는 인내심이 거의 없다. 해러웨이는 대신 다중성을 선호하고 난민의 정체성을 증식시킨다. 비선형성, 비고정성, 비통일적 주체성이 우선이며, 그것들은 여성, 토착민, 빼앗긴 자, 학대받은 자, 배제당한 자, 동시대 문화가 후원하는 첨단 기술의 청결하고 효율적인 신체들의 '타자'와 가까운 곳에 위치하고 있다. 이것은 우리가 되고 있는 휴머노이드 혼종의 형상화로서의 동물 되기를 재사유하려는 들뢰즈의 시도와 견줄 만하다.

| 반오이디푸스적 동물성 |

나는 지금까지 주로 의식에 대한 지배적 모델을 통해 증상들, 감정들, 욕망들, 지각들, 감각들과 그들에게 이용 가능한 표현의 형태들, 즉 체현된 실천들 사이의 상호작용에 대한 문제가 상상계에 대한 정신분석 이론에서 적절히 표현되지 않는다고 주장해왔다. 따라서 들뢰즈의 동물 되기 이론은 정신분석학과의 들뢰즈와 가타리의 논쟁, 더 구체적으로 말하면 해석학적 핵심으로서 은유와 환유의 메커니즘 의존에 대한 논쟁의 정점에 있다. 상상계는 기호학적 축과 잠재적 의미와 명시적manifest 의미의 논리를 따라 개념화되지 않는다. 즉 하나의 증상, 텍스트, 음악 등의 '의미'는 기표의 권력에 따라 지표화되지 않는다. 대신 중요한 것은 언어를 초과하여 그것—증상, 텍스트, 음악—을 구성하는 여러 요소들의 조직이다. 급진적 내재성에 대한 들뢰즈의 철학은 언어의 우리cage를 폭발시키고 좀 더 복잡한 분석 체계가 필요한 이질적이고 다중적인 변이의 집합으로서 정동성을 제안한다.

나는 앞 장에서 들뢰즈와 가타리가 보기에 프로이트는 결국 자신이 열어준 바로 그 문을 닫게 되었다고 말했다. 즉 프로이트는 인간 주체성의 정동적, 성적 구조에 대한 근본적인 통찰의 목소리를 내지만, 그 후 그는 그것을 자기 시대 문화의 목적에 봉사하는 이원론적 양상으로 개념화한다. 의미심장하게도, 동물은 어린 한스의 거세 불안을 괴롭히는 팔루스적 말에서부터 슈레버 박사의 망상은 말할 것도 없고 늑대 인간의 항문 강박증까지 프로이트의 환자 병력들 안에서 상당히 빈번하게 나타난다. 그러나 정신분석학적 사고에서 각 동물은 환자의 기억된 경험에서 억압되거나 부인된 측면을 의미하며, 이제는 조용히 병리학 속으로 파고든다. 그것은 환자의 무의식 속으로 들어가는 관문이며, 환자의 비밀스러운 환상의 삶으로 들어가는 중요한 단서다. 동물들은 가공되지 않은 트라우마의 은유적인 재현이나 환유적인 전치를 말한다. '치료' 정신분석학은 언어적 해석 방법에 의존하고 있기 때문에, 해결하기 위해 가공되지 않은 물질에 언어적 방법으로 접근한다. 이 해결은 언어 기호학적 패러다임에 따라 '명시적' 의미를 드러내는 것으로 개념화된다.

따라서 프로이트는 인간을 동물과 친밀하게 연관시키거나 둘 사이의 경계를 흐리게 하는 일종의 욕동이나 욕망을 '인간화'하게 된다. 나는 프로이트가 이러한 욕동과 열망을 좀 더 감당할 수 있게 하기 위해서, 즉 정신분석에 적어도 요법, '치료'로서의 존중 같은 것을 부여하기 위해서 그렇게 한다고 생각한다. 다시 말해서, 다른 모든 '어둠의 대륙들'과 마찬가지로 동물적 부분도 관리되어야 하며, 문명화된 주체와 명확하게 구분되어야 한다. 그것은 도덕성 못지않게 취향의 문제다. 따라서 여러 번의 만남, 거친 육체적인 동기, 높아진 감각적 지각 및 억제되지 않은 성행위를 향한 이러한 비인간적 충동은 잘 조직되고 기능하는 유기체에, 그리고 유추에 의해 잘 조절되고 정상적인 오르가슴에 동화되거나 통합되어야 한다. 잠재적으로 가능한 이질적이고 복잡한 쾌락과 욕망에서, 즉 원래의 '다형적 도착성'에서 새로운 종류의 견딜 수 있는 질서를 조각해야 한다. 성감대는 신체적인 감각과 쾌락이 강도적으로 집중된 영역으로 코드화된다. 즉 리비도의 절대적으로 안전한 곳인 포트녹스Fort Knox[5] 같은 것이다. 나는 종종 그것들을 달의 공원으로 상상하곤 하는데, 그곳에서는 특정한 유형의 즐거움을 비용을 들여, 특별한 시간에, 사회적으로 받아들여지는 방식으로, 그리고 보통 휴일에 계획하여 행하는 것이다.

5 미 육군 기지.(옮긴이)

프로이트의 욕동 이론은 감각적 지각과 감각으로 신체 기능들을 표현하고 나서 욕망의 '적절한' 대상에 그것들을 부착했다. 앞서 내가 제안했듯이, 들뢰즈와 가타리의 분열분석으로 번역되면, 이것은 '입, 배고픔, 음식 또는 유방 ＝ 빠는 것, 삼키는 것, 먹는 것!' 같은 '자연스러운' 것처럼 보이는 일련의 배치들을 생산한다. 거식증/폭식증은 무엇보다도 지시를 잘못 받는데, 이 잘못된 지시는 거식증/폭식증이 예의와 도덕만큼이나 건강의 문제라는 것이다. 이와 유사하게 성도덕에서도 욕망의 '적절한' 대상(이성異性의 인간)은 욕동의 충족을 목표로 할 필요가 있고 감각의 적합한 배치를 적절한 장기에 접목시킬 필요가 있다. 프로이트의 단계인 항문기, 구강기, 성기기를 통한 긴 행진은 그러한 종류의 여행을 위한 로드맵이다. 당신 안의 짐승은 길들여져야 한다. 당신은 빨 수 있다. 그냥 물지 말 것!

더욱이 욕망의 대상은 소화가 가능하게 돼야 한다. 즉 자신의 리비도의 더 어둡고 덜 바람직한 면들을 동화시키는 과정 안에서 촉진하고 작동해야 한다는 것이다. 사실 '적절한' 대상을 선택하려면 다른 대상을 부적절하거나 '비체'인 것으로서 제거해야 한다. 욕망의 적절한 대상과 비체적 대상의 구분은 정신분석의 기본이며 정상적인 것과 병리적인 것 사이의 경계를 감시하는 데 이용되는데, 이는 문명화된 행동에, 따라서 사회질서에 들어갈 수 있기 위한 전제조건의 하나이다. 그것은 법, 종교, 의학의 문제다.

마지막으로 중요한 것은, 동물적 욕동이 견뎌낼 수 있는 것으로 처리되고 길들여져야 한다는 것이다. 동물들의 날것의 강도는 약하게 만들 필요가 있다. 절망하거나 행복에 겨워 달을 향해 울부짖는 것은 적절한 행동이 아니다. 고상한 무리에게 너무 야생적인 것과는 별개로, 그러한 수준의 강도의 해방은 실제로 고통을 가져온다. 그것은 '너무 많다'는 것이다. 세계적으로 유명한 메이 웨스트Mae West의 격언인 '좋은 게 너무 많은 경우도 멋질 수 있다'를 분명히 알지 못한 채, 프로이트는 (어떤 것이든) 너무 많은 것은 결코 멋질 수 없으며, 자기 절제의 양은 '좋은 것'의 정의에 내재되어 있다고 믿는다. 여기서 '너무 많다'는 것은 신체의 경계를 넘어서거나, 뒤엎거나, 정신분열증 환자의 경우 폭발시키는 과도한 수준의 정동을 의미한다. 감정, 열정, 슬픔, 즐거움 또는 이 모든 것의 결합으로 '제정신이 아니게' 존재하는 것은 건강하지 못하며 잠재적으로 병적인 것으로 간주된다. 이것들은 지속 가능하지 않은 상태인데, 이러한 상태들을 피하거나, 신중히 약을 복용해야 한다. 니체가 지적했듯이, 대부분의 인간은 '열정'과 '환희' 또는 '트라우마'와 '비통함'으로 교대로 이름 붙여진 강도에 대한 두려움과 갈망 속에 살고 있으며, 이 공포와 욕망이, 자신을 친절하게 양육해주기를 바라는 외부, 외부인, 타자를 향해 자기 자신을 초월하여 이동되기를 바라고 있다. 그러나 보살핌과 양육에 대한 오이디푸스적 환상조차도 프로이트가 말하는 죽음 욕동, 니체가 표현하는 생명의 무자비함이나 폭력에 의해 자격을 얻을 필요가 있다. 만약 내 안의 생명이 내 것이 아니라면, 그것은 나의 안녕에 대한 걱정 없이 나를 갈기갈기 찢어버릴지도 모른다. 아무리 친숙한 사람일지라도, 외부/외부인은 항상 안심해서는 안 된다. 따라서 '동물 되기'의 개념은 비인격적이고 무정하며 위험하고 폭력적인 힘에 대한 지각의 문을 열어준다. 여성/남성은 다른 여성/남성 울프woolf이며, 따라서 외부/외부인은 또한 야생 쪽에서 산책할 수 있는 초대장이 될 수 있음을 이해하고자 한다.

토도로프가 문학적 상상 속 동물의 형상을 분석한 것은 들뢰즈가 거부해온 기호학적, 정신분석적 접근법을 상징적으로 보여준다. 이 접근법은 환상적인 것이라고 알려진 장르에 대한 토도로프의 연구의 맥락에서 나타난다(Todorov 1975). 환상이 경이(미지의 현상)와 기괴(약간 친숙하지만 불안하게 만드는 현상) 사이에 위치한 중간 장르라는 가정에서 출발하여, 토도로프는 환상의 힘은 대부분은 형이상학적 상태나 은유적인 상태를 문자 그대로 재현할 수 있는 데서 존재한다고 주장한다. 그러므로 변신과 변이는 환상 문학의 주된 요법이며 그 호소력은 정신-물질 구별의 붕괴에 달려 있다. 토도로프는 19세기에는 이러한 종류의 위반이 광기나 정신병의 고유한 특징이었으며, 어린이, 신비주의, 신화적 사고, 마약 사용자 및 기타 장르 생산자들이 결합과 범주적 구별을 완화시키는 특징이었다고 덧붙인다. 토도로프에 따르면 변신의 재현을 은연중에 위반하게 만들 뿐 아니라, 거의 유아적인 방법으로 범성애적으로 만드는 것이 바로 이러한 구별의 소거라고 한다. 즉 구별의 소거가 무의식적인 충동 체계의 표적이 된다는 것이다. 동물의 형상은 환상적인 상상이라는 이 놀이의 결정적인 요소다. 정신분석 담론은 동시대 상상 속의 환상 문학을 대체하는 데에 기여했다. 우리는 이제 더 이상 과도한 성욕을 설명하기 위해 악마를 지칭할 필요도 없고, 시체들이 발휘하는 매력을 표현하기 위해 흡혈귀들을 가리킬 필요도 없다. 심리적인 영역은 환상적인 차원을 통합했고 그것을 오이디푸스화했다. 카프카가 보여주듯이, 비이성적인 것은 우리가 모두 붙잡혀 있는 일반화된 환상과도 같다. 초자연적인 것은 문학과 융합하여 환각, 심리 장애 또는 신경쇠약의 원형으로서 변이를 바탕으로 한 심리적 불안의 문학 장르를 만들어냈다.

또한 SF를 포함하는 환상 문학 장르에서 나타나는 변이, 변신, 변형의 종류에 대한 토도로프의 고전적 설명은 의미심장하다. 그것은 유목적 사고가 제거하기 위해 전념하는, 인간과 그 타자들 사이의 그러한 범주적 차이를 유지할 필요성에 대한 근본적으로 인본주의적인 믿음을 되풀이한다. 그렇게 함으로써 토도로프는 경계나 구분이 모호해지는 것이 종종 위협적이거나 위험한 것으로 인식된다는 또 다른 요점을 증명한다. 토도로프가 변신과 광기 또는 마약 환각 사이의 유사성에 중점을 두는 것은 의미심장하다. 그것은 일자라는 기표가 지닌 힘의 완전한 단순성에 대한 믿음을 예시하며, 그것이 지지하는 이원적 구분에 대한 친숙함을 재증명한다. 토도로프는 궁극적으로 포스트모던 판타지나 SF와 같은 장르를 만들어내는 역사적 맥락의 '지금 여기'에 관심이 없다. 이에 대해서는 다음 장에서 설명하겠다. 어쨌든 그는 도덕적인 목적을 가지고 있으며, 변화, 변형, 변이가 어디에나 있는 사회 현실과의 복잡한 상호작용을 조사하기보다는, 이러한 텍스트들에 의해 야기되는 잠재적 피해를 억제하는 것에 훨씬 더 신경을 쓴다. 정치적으로 이것은 신新인본주의적 믿음을 향수에 찬 부정이나 역사성에 대한 혐오와 일치시키는 매우 보수적인 입장이다.

역사적으로, 범주적 구별이나 경계를 모호하게 하려는 위험한 경향이나 강렬한 욕동은 '열정'이라는 표제로 모호하게 포장되어 왔다. 물론 열정이라는 용어는 병리학의 개념과 어원적 근원이 같다. 둘 다 서구 문화에서 주체의 균형을 깨뜨리는 질병이라는 의미를 지니고 있다. 특히 18세기 이후, 열정의 병리화는 푸코가 **성애의 기술**과 **성의 과학**scientia sexualis 사이의 분리라는 관점에서 분석하는 섹슈얼리티의 근대 체제를 이끌었다. 그것은 감정의 의학화와 섹슈얼리티의 성기 환원이라는 이중적인 부담으로 인간의 강도의 점진적인 피폐를 나타낸다. 이러한 역사적 과정도 여성 젠더를 고위험을 지닌 '감정적' 범주로 주로 투자해왔다. 어떤 면에서는 여성의 히스테리적 신체가 인간의 정동성을 병리화하는 이 과정의 문턱을 나타낸다(Ehrenreich and English 1979).

나는 문화적 매개mediation의 형태를 관장하는 하나의 중심적 상징 체계인 주인코드라는 개념에 대해 매우 불만족스러워졌다. 이리가레는 남성성에 침윤된 팔루스로고스중심적 상징의 일의성에 도전하고, 페미니스트 여성을 현실화하는 기획으로서, 잠재적 여성성 상징의 가능성으로 이에 대항한다. 베르그송과 니체에 이어 들뢰즈는 여러 이질적인 '되기들', 즉 주체 위치 재정립을 추진하도록 하는 변형하는 힘으로 상상계를 재정의한다. 되기의 과정은 집단적으로 추동된다. 즉 관계적이고 외적인 것이다. 그것은 또한 정동성이나 욕망에 의해 틀이 잡혀 있고, 따라서 합리적 지배의 중심에서 벗어나 있다. 둘 다 무의식적인 정동, 욕동 또는 욕망의 본질적 힘을 인정한다. 상상계는 무의식의 매개체 중 하나이다. 나의 작업에서조차 더욱 중요한 것은 페미니즘 이론과 실천의 영향이었다. 이것은 내게 변화와 변형의 과정들이 아무리 어렵고 때로는 고통스럽더라도, 힘을 실어주는 매우 바람직한 사건들이라는 것을 확신시켜주었다.

위에 언급한 바에 기대어, 나는 '상상계'가 결과적으로 정체화 및 그에 따른 정체성 형성에 대한 고정점—불안정하고 우연적임에도 불구하고—으로서 기능하는 일련의 사회적으로 조정된 관행을 가리킨다고 제안하고 싶다. 이러한 관행들은 보다 광범위한 사회 정치적 의미에서 주체적 열망과 행위자성으로서의 욕망이 상호 간에 의해 형성되는 상호 구조로서 작용한다. '순수한' 상상력(이성에 대한 고전적인 반대에 갇혀 있음)도, 프로이트적 의미의 환상도 아닌 상상계는 내게 전이와 거래의 공간을 나타낸다. 유목적인 그것은 사회와 자아, 외부와 주체, 물질과 에테르 사이에 상징적인 접착제처럼 흐른다. 그것은 흐르지만 끈적끈적하다. 그것은 흘러가는 대로 따라잡는다. 그것은 유동성이 있지만 분명히 투명성이 부족하다. 나는 '욕망'이라는 용어를 사용하여 상호 관련된 사회적 효과와 담론적 효과의 이 끈끈한 네트워크에 대한 주체 자체의 투자, 즉 그물화를 의미해왔다. 성차는 상상계를 구조화하는 데 중요한 역할을 한다. 사회관계의 네트워크는 사회 영역을 규범적 또는 규율적 틀뿐만 아니라 리비도적 또는 정동적 지형으로 구성한다.

사회적 상상계는 모더니즘 철학과 포스트구조주의 철학 모두에서 다소 길고 존중할 만한 계보를 지니고 있다. 루이 알튀세르가 사회적 상상계를 실재하는 삶의 조건과 자기 자신에 대한 이러한 조건들의 재현 사이의 매개 과정으로 정의한 것은 극히 유용하다. 고전적인 알튀세르적 의미에서 '상상계'는 자아와 사회 또는 주체의 '내부'와 '외부' 사이의 분리를 흐리게 한다. 그 연결은 '정체화'라는 정신분석적 개념에 의해 제공되는데, 이것은 사람이 사회적, 문화적 형성에 의해 붙잡히는, 즉 '포획되는' 기제를 묘사하고 있다. 라캉과 알튀세르 둘 다에게 상상계는 상징 체계인 팔루스로고스중심주의로 조명되는 주인코드에 의해 지배된다. 이들의 상호작용은 사회관계의 눈에 보이거나 보이지 않는 망에 종속되기 being-subjected-to라는 관점에서 주체 되기becoming-subject(또는 **예속** assujetissement)의 과정을 위한 동력을 제공한다.

이 '상상계'의 정의를 참고한 가장 즉각적인 언급은 마르크스주의 이론에서 '이데올로기'라는 고전적인 개념이다. 알튀세르의 '상상계'는 내가 '이데올로기'와 '과학적 진리' 사이의 이원적 마르크스주의의 대립이라고 여기는 것에 대해, '진정성authenticity'과 대립하는 '소외'의 교리를 가지고 혁신한다. 더 중요한 것은, '상상계'는 이데올로기가 그 주체를 어떻게 '얻는가'라는 딜레마에 대한 건설적인 해답을 제공한다는 점이다. 이데올로기적 코드 또는 문화적 코드의 '내면화' 이론들과 그 이론들이 암시하는 자아와 사회 사이의 대립은 나를 결코 납득시키지 못했다. 상상계는 사회 정치적 관계의 다층화된 망에 주체 형성의 과정을 삽입하는 추가적인 이점을 제공한다. 그러나 알튀세르는 라캉적 구조에 고착돼 있으며 이 작업의 중심에 하나의 주인코드인 팔루스로고스중심주의를 위치시킨다.

포스트구조주의 세대는, 푸코를 시작으로, 매개의 형태가 좌우되어야 하는 이 중심적 주인코드에 도전한다. 권력에 대한 논의에서 앞서 언급했듯이, 사회 상징 영역을 구성하는 자격, 금지, 욕망, 통제의 안무를 통해 자아와 사회가 서로 상호적으로 형성되는 경우가 오히려 그렇다. 주체는 상호 관련된 사회적 효과와 담론적 효과의 이 네트워크 안에 걸려 있다. 이 네트워크는 규범적 또는 규율적 틀뿐만 아니라 리비도적 또는 정동적 지형으로서 사회 영역을 구성한다. 포스트구조주의자들에게 중요한 점은 이 복잡한 권력관계 네트워크와의 관계가 항상 매개되고 있다는 것, 즉 상상계적 관계의 망에 걸려 있다는 것을 강조하는 것이다.

상상계에 대한 정신분석학적으로 투자된 판독값과의 분리를 나타내기 위해 나는 심리 생활에서 중요한 기제로서의 '은유'에 대한 언급을 피하려고 한다. 은유와 환유, 응축과 전치의 법칙은 라캉에 의해 상정되었고, 정통 라캉주의자들에 의해 무의식의 중심 기제로 반복된다. 나는 무의식을 라캉처럼 우리의 심리 생활의 중심적인 데이터 흐름을 담고 있는 필수적인 '블랙박스'로서가 아니라, 차라리 들뢰즈와 함께 창조성의 유목적인 과정으로서 접근하고 싶다.

내가 볼 때 정신분석 체계로부터의 입장 변화는 여러 가지 면에서 정당화되는데, 그중 첫 번째는 실로 역사적인 것이다. 속도와 동시성이 핵심 요소인 세계화와 첨단 사회의 시대에 우리는 적절한 주체의 형상을 만들어낼 필요가 있다. 우리가 이미 되고 있는 종류의 주체에 대한 적절한 표현 형태에 대한 생각은 내가 여기서 개괄적으로 설명하고 있는 신유물론 철학에 결정적이다. 그러나 개념적인 필요성 또한 있다. 그리고 이것은 자아 윤리로서의 정신분석학의 한계와 관련이 있다. 다방면에서 포스트라캉주의인 들뢰즈는 정신분석적 실천의 많은 부분을 부르주아 개인의 일종의 과잉인플레이션과 연루된 것으로 생각하는데, 그중 '에고심리학'이 궁극적인 예다. 정신분석이 추구하는 '인간화 과정'은 주체를 법, 결핍, 기표가 지배하는 기호학적인 우리 안에 다시 새긴다. 되기 이론은 주체성의 중심에 전복을 다시 새기고 그것을 작동시키는 것을 목표로 한다. 동물 되기는 자아의 형이상학의 주요 경계선 중 하나를 되돌려서 인간과 비인간 사이의 구분을 혼란스럽게 한다. 그것은 세 번째와 심지어 N번째 종류의 접점에 경계를 개방한다. 동물 되기는 곤충/분자/지각할 수 없는 것 되기로 변한다. 동물 되기는 인간의 고전적인 '타자', 즉 내부의 괴물, 지킬 박사, 짐승과의 대화에 관여할 뿐만 아니라, 인간 중심적인 시선에서 동물을 완전히 해방시킨다. '타자'는 유기적이면서 비유기적이고, 가시적이면서 비가시적이며, 비이원적이고 비대립적인 일련의 실재들로, 즉 포텐티아라는 의미에서 아주 강력한 물질로, 죽음과 유한성을 넘어선 확장으로 변한다. 오비디우스는 카프카와 함께 주체의 타자들을 그의(젠더는 일치하는 것이 아니다) 일원론적 손아귀에서 풀어줌으로써 주체의 카르토그라피를 다시 그리는 것을 돕는다.

동물 되기는 바로 움직임을 만들고, 모든 긍정성으로 탈출선을 추적하며, 문턱을 넘고, 오직 자신만을 위한 가치를 지닌 강도의 연속체에 도달하며, 모든 형태와 모든 의미화 작용들이 없어지는 순수한 강도의 세계를 찾아낼 뿐 아니라, 모든 의미화 작용인 기표와 기의를 아직 형성되지 않은 물질, 탈영토화된 흐름, 비의미화하는 기호들로 지지한다. (Deleuze and Guattari 1975)

이는 변화를 추구하고 주체성의 경계를 넓히는 데 있어서 어디까지 갈 것인가에 대한 윤리적 문제를 제기한다. '너무 많다'는 문제 역시 고통, 심지어 격렬한 감정이나 과도함의 문제를 제기한다. 들뢰즈의 동물 되기는 지속 가능성에 대한 스피노자적 윤리에 대한 들뢰즈의 재평가로 이어진다. 동물 되기는 한계와 가능한 전복의 수준으로 실험해야 한다는 요구다. 그것은 또한 개념적 창조성에 도전하여 우리가 '내부에서' 경험하는 강도를 표현하는 비부정적이고 비병리적인 방법을 찾을 수 있도록 하는 방법이다. 이 점에서 그것은 변형의 윤리의 출발점으로 욕망의 대안 이론과 정동성의 재정의를 제공한다.

지배적인 도덕의 메시지는 분명한데, '너무 많다'는 것—너무 강렬한 수준으로 경험되는 강도—은 건강에 해롭다는 것이다. 정신분석학의 윤리가 환자의 고통을 줄이는 데 바탕을 두고 있기 때문에 강도의 고조된 고통은 없어져야 할 문제가 된다. 프로이트는 자신의 문제를 평형을 목표로 하는 과잉과 결핍의 경제로 번역한다. 반면, 들뢰즈는 이 이원적인 체계를 거부하고, 스피노자의 표지인 일원론에 기대고 있으며, 따라서 내재성의 개념에 기초하고 있다. 그는 이미 폭발한 비통일적 주체에서 출발하여, 복잡하고 다중적이며 이질적인 흐름이나 정동을 경험할 수 있게 하는 강도의 변이 및 대안적 배치의 측면에서 문제를 제시한다. 그 과정의 틀을 짜는 기준으로서, 나는 지속 가능성, 즉 지속하고 견딜 수 있는 능력을 단적으로 제시하고자 한다. 철학적 유목주의가 실험과 상호관계성에 중점을 두고 있다는 점을 고려할 때, 지속하고 견딜 수 있는 능력을 배양하는 것이 주요 우선순위다(Gatens and Lloyd 1999). 동물 되기는 자신의 감각적, 지각적 행동 영역의 이런 종류의 재조직을 가리키고 있다. 그것은 정신분석에 매우 중심적인 욕동을 인간화하는 과정에 정면으로 반대된다. 들뢰즈에게 더 중요한 것은 이것을 포스트휴먼의 과정으로 바꾸는 것이다. 포스트휴먼의 과정에서는 구분되지 않는 순수한 감각의 수준이 표현되고 체험되는데, 이는 선과 악, 고통과 쾌락을 넘어서는 것이다. 나는 이것을 강도의 일련의 변이들로 상상한다.

철학적 유목론에서 강도는 본질적으로 위험하거나 과도하거나 병적인 것은 아니다. 들뢰즈가 플라톤주의를 뒤집은 것은 그가 이 해석의 틀에 의문을 제기한다는 것을 의미한다. 따라서 부적절한 것은 인간을 구성하며 기술, 과학, 특히 분자생물학과 유전학, 그리고 발전의 다른 형태를 통해 역사적으로 우리가 이용 가능하게 된 강도, 흐름이나 열정의 종류가 아니라 역사적으로 확립된 의식의 개념이라고 주장하는 것이 타당하다. 선진사회를 구성하는 힘의 차이와 배제의 패턴을 한시도 잊지 않고, 그러한 사회는 인간의 노력의 결과라는 것을 강조하는 것이 내게는 중요하다. 즉, 기술 변화는 정신이나 과학에서 매뉴얼이나 노동에 이르기까지 복잡한 상호작용적인 집단 노력의 영향이며, 그 중간 단계도 많다는 것이다. 기술공포증은 새로운 기술을 설계하는 데 들어간 인간의 에너지, 지능, 상상력의 엄청난 투자를 부정한다는 점에서 결과적으로 부적절한 입장으로 보인다. 게다가 그것은 인간 진화에 반하는 것으로 기계를 구성하는 데 있어서 인본주의의 수사를 복구한다. 이 입장의 위선을 지지할 수는 없다. 나는 결과적으로 중간 입장이 개방되어야 하며, 기술공포증적이어도, 순진하게 기술애호적이어도 안되며, 오히려 우리의 역사성에 의해 야기된 복잡성을 다루기에 충분히 냉정해야 한다고 주장하고 싶다. 이에 대해서는 5장에서 더 다루겠다.

들뢰즈는 동물이나 기계와의 상호작용을 통해, 윤리적 주체성의 동시대적 형태를 표현할 수 있는 형상화의 종류의 상상적 빈곤을 질문한다. 우리가 과거로부터 물려받은 정신적 습관과 재현의 이론적 틀을 우리 자신에게 계속 적용하는 것은 콩코드를 단지 또다른 비행 물체로 묘사하는 것만큼 게으르고 불충분하다. 확실히 우리가 어떤 종류의 주체가 되어왔는지를 설명하기 위해 더 많은 노력을 기울일 수 있을 것이다. 이러한 자기 패배적인 움직임을 피하기 위해서는 복잡성을 또한 특히 정동성의 측면에서 생각할 필요가 있다.

내가 선호하는 내재성의 유물론적 철학에는 단 하나의 물질이 있으며, 그것이 육체적인 것이거나 체현된 것인 점을 고려할 때, 되기의 과정은 변신에 다를 바 없는 지각, 정동성, 되기라는 새로운 장으로 침투하는 것을 허락하는 질적 증가(속도, 강도, 지각 또는 색상)의 측면에서 변형이다.

이 장의 앞부분에서 내가 제안했듯이, 되기 과정에 대한 궁극적인 틀이나 지평선은 우주, 즉 '지각할 수 없는 것 되기'의 무한성이다. 이것은 프로이트가 여성 주이상스와 연관시킨 전체론, 우주와의 융합, 또는 일종의 대양적 느낌이라는 구식 언어로 표현되곤 했다. 들뢰즈는 이러한 친밀한 상호연결성의 감각을 생태학적 공감과다른 종들, 즉 비오스와 조에의 서로 다른 수준을 가로지르는 정동성의 윤리로서 재조명하기를 원한다. 이 종-횡단적 이동과 연속성의 축들은 정보에 기반한다. 그 축들은 기억, 유전, 그리고 더 인간적이거나 계보적인 종류의 문제로 귀결된다. 따라서 생명 중심적 평등주의는 허무주의적인 암울함에서 벗어나는 긍정의 윤리다. 들뢰즈와 가타리는 살아 있는 환경이나 영토에 대한 비인칭화된 유전-횡단적 상호의존의 양상에서 그것을 개념화한다. 바로 지리 정치적관심에 의해 틀이 지어진 생태 철학이다. 이런 관점에서 인간은 절대적으로 중심에서 벗어나 있고, 아주 자주 의미에서 벗어난다.

외부, 열린 공간, 체현된 구현을 매우 많이 생각하는 들뢰즈는 '내부/외부'라는 점에서 생각하지 말고, 오히려 낯선 힘, 욕동, 열망 또는 감각의 표현과 지속 가능성의 수준, 우리 경계의 일종의 정신적, 감각적 확장, 내재된 종류의 발생happening으로 생각하도록 장려한다. 즉 질적 도약이 필요하며, 그것은 공허 속으로 자살하듯 뛰어드는 것도 아니고, 도덕적 상대주의에 빠지는 것도 아니다. 또한 그것은 자아 **자기자신**per se의 정신분열증적, 비인간적 요소를 낭만적으로 재전유하는 것도 아니다. 나는 이것이 오히려 동시대적 주체를 자신의 살아 있는 체현되고 내장된 자아가 주체 자신에게 힘을 실어줄 수 있는 아직 미개척된 가능성에 대해 조금 더 친숙하게 만들고 결과적으로 덜 불안하게 만드는 방법, 즉 자신의 포텐티아를, 그리고 그와 함께 자신의 자유와 복잡성에 대한 이해를 증대시키고, 또한 바로 그 복잡성을 틀 지우고 유지하고 견디는 것을 목표로 하는 윤리를 고양함으로써 더 강렬하게 사는 방법이라고 여긴다.

| 곤충 되기 |

곤충은 또한 유럽 문화에서 매우 존중받는 문학적 계보가 있으며 문화적으로 매우 코드화되어 있다. 포스트핵 시대의 역사적 맥락에서 곤충들은 팽배한 공포와 깊은 불안의 레퍼토리가 널리 퍼져 있다는 신호가 되었다. 그러나 공포증의 대상으로서 상품화되기 전에는 훨씬 풍부하고 다양한 레퍼토리로 곤충을 즐겼다. 섬뜩한 돌연변이, 하수구에서 나오는 해충, 회복력 있는 생존자, 진화이전 시대로부터의 촉수의 잔재, 요한계시록의 7대 재앙 중 하나, 대규모 메뚜기 떼로서 신의 진노의 징후 등 곤충들은 수많은 충격적인 의미화의 실천을 포함한다. 긍정적인 측면으로 이솝부터 라퐁텐, 현대 할리우드 애니메이션 영화까지, 개미는 산업용 로봇, 즉 근면한 공장 노동자의 원형이다. 자기 체중의 50배를 들어 올릴 수 있는 개미는 살충제에 저항력이 있고 생식 주기가 빠르다. 귀뚜라미는 태양 아래 누워 있는 게으른 쾌락주의자일 수도 있지만, 놀라운 파괴력이 있다. 토마Thomas(1979)는 귀뚜라미가 제곱미터당 2000마리까지 존재할 수 있다고 추정한다. 또한 하루에 10킬로미터를 갈 수 있고, 따라서 24시간마다 예컨대 4000톤의 녹지를 파괴할 수 있다. 광적인 정밀성으로써, 토마는 또한 500만 종의 곤충들이 있다고 덧붙인다. 평균 2.5밀리그램의 무게로, 곤충들은 지구에서 그들의 존재를 느끼게 한다! 결국, 곤충들은 3억 년 이상 살아왔다. 벌은 역사적으로 정교한 산업 기술자들이다. 플리니우스는 『박물지』에서 벌들을 실제 공장이라고 경탄한다. 벌은 꿀을 생산하고, 밀랍을 만들고, 천 가지의 실용적인 용도에 쓰인다. 벌은 열심히 일하고, 지도자들을 따르고, 통치 조직을 존중한다. 집단적인 성격인 벌은 이상적인 정치 구성원이다. 하지만 개미처럼 강박적인 경향도 있다. 데리다(1987)는 학계 페미니스트들에 대한 거부감을 표현하고 우리의 소위 강압적이고 권위주의적인 사고방식을 비난하기 위해 벌의 은유에 의존한다. 하지만 벌들은 또한 개별적으로 일한다. 벌들은 자신들의 약인 프로폴리스를 생산하며, 겨울에 동면하고 훌륭하게 잘 조직된다는 점에서 자신들의 환경에 완벽하게 통합된다. 위대한 군인들, 사업가들, 기술자들인 벌은 플리니우스를 헐떡이게 하고 데리다로 하여금 더 많은 것을 바라게 한다.

플리니우스 자신은 곤충의 특징을 강조하는데, 내 생각에 이것은 들뢰즈가 신체적 유물론과 되기의 철학에서 옹호하는 곤충 되기를 이해하는 데 중요한 것 같다. 첫째, 규모의 변화와 그에 따른 시각의 역설이 있다. 섹슈얼리티에 대한 유아적 궁금증 같은 것에서 플리니우스는 다음과 같이 묻는다. "자연은 모든 감각을 위한 공간을 벼룩 내의 어디에서 찾았을까?"(Pliny 1983: 433) 그리고 다시 질문한다. "자연은 벼룩의 표면 어느 지점에 시각을 배치했는가? 어디에 미각을 두었는가? 후각을 삽입한 곳은 어디인가? 그리고 그 통명스럽고 비교적 큰 울음소리를 어디에 이식했을까?"(Pliny 1983: 436) 둘째, 곤충의 매우 경제적이고 효율적인 해부학이다.

벼룩들은 꽤 많은 경우, 뒤틀린 창자를 제외하고는 내부 장기가 없다. 따라서 산산조각 날 때 벼룩들은 놀랄 만한 삶의 끈기를 보이고, 분리되어 있는 부분들은 계속 약동한다. 왜냐하면 벼룩의 생명 원리가 무엇이든 간에, 그것은 확실히 특정한 부위들에 있는 것이 아니라 몸 전체에 있기 때문이다. 특히 머리 부분이 그러한데, 이 부분은 몸통과 분리되어 찢어지지 않는 한 홀로 움직이지 않는다.

곤충은 인간의 이해력을 붕괴시킬 정도로 악화시킨다. 작은 소형 생물들은 공룡, 용 또는 다른 거대한 괴물들과 같은 엄청난 괴리감을 발휘한다. 사실 같지 않은 형태학적 구조들은 도전적이고 자극적이며 뛰어나게 혼종적이다.

곤충 패러다임을 만드는 또 다른 특성은 변신력, 기생력, 모방력 또는 영역 및 환경과 혼합되는 힘, 이동 속도 등이다. 샤비로(1995: 47)는 "곤충의 생명은 우리가 동화하지도 추방하지도 못하는 외계의 존재"라고 주장한다. 이와 같이 곤충은 서로 다른 사이 상태에 머무르는 괴물, 신성, 외계인과 같은 것으로서 인간에게 경련 반응을 불러일으킨다. 이 반응은 끌림과 혐오, 욕망과 구토의 동시적 반응이다. 곤충은 은유적 용어가 아닌 생물 형태적인 용어로 급진적인 타자성, 즉 감각과 인지 장치의 변신에 대한 질문을 던진다. 그런 점에서 곤충은 큰 분열disruption 없는 불연속적인 변성에 대한 새로운 패러다임을 제공한다. 이것의 핵심 요소는 유충 변태, 생식계의 속도, 돌연변이를 발생시키는 경향, 유전자 재조합의 더 빠른 속도 등이다. 게다가, 어떤 중요한 신경 저장고도 없는 곤충들은 기억 및 제도라고 알려진 사회적으로 강제된 형태의 침전된 기억의 보유로부터 자유롭다. 들뢰즈의 용어로 말하자면, 곤충들은 고정된 정체성이 없는 다중 특이성들이다. 이 모든 것은 문학, 영화, 문화에서 충분히 탐구되고 문서화되었다.

벌레와 여자, 이와 남자에 대해

이후부터는 곤충을 인간중심주의를 분산시키는 지표와 형상으로 접근하여 포스트휴먼의 감수성과 섹슈얼리티에 대해 지적하고자 한다. 그러기 위해서는 SF나 호러 같은 대중문학 장르를 탐구해야 할 것이다. 다음 장에서 이러한 장르에 대한 좀 더 자세한 분석으로 돌아가겠지만, 나는 여기서 여성과 곤충의 연계에 대한 카르토그라피적 읽기를 시작하고 싶다. 나는 결과적으로 이 상호연결이 포스트산업의 기술 문화에서 어떻게 재현되는지를 보기 위해 사회적 상상계를 조사할 것이다. 곤충/여성/지각할 수 없는 것 되기의 노선을 추구하면서, 나는 곤충을 다른 의미와 연관성을 가질 수 있는 경계선상의 형상, 비체의 형상으로서 받아들일 것이다. 이 것은 여성성과 구조적 형상의 많은 부분을 공유하는 사이성과 임 계성의 일반화된 형상이다. 나는 이를 실제 동물'계kingdom'보다는 기술에 더 가까이 연결됐다는 점에서 '포스트휴먼'의 지평선에 놓 고 싶다.[6]

  동시대 SF 텍스트들은 여성, 기술, 동물 또는 곤충 사이의 친연성 과 공존성의 수많은 노선들을 추적한다. 평론가들은 대개 이러한 측면들 중 하나에 초점을 맞추고 있는 반면에, 나는 이러한 측면들 이 되기들의 블록으로서 함께 합쳐져야 한다고 생각한다. 좀 더 구 체적으로 말하자면, 들뢰즈에 이어, 나는 이러한 양상들을 '여자 = 괴물 혹은 외계의 타자' 패러다임의 변이로 본다. 이에 대해서는 다 음 장에서 다시 보게 될 것이다. 이러한 노선들은 여성과 외계인 사 이의 깊은 공감을 촉진하고, 또한 교류와 상호 영향을 선호하는 '차 이'의 일반적 범주 내에 동화된다. 이것은 SF의 특징인 되기와 변신 의 다양한 과정에 대한 매우 젠더화된 접근 방식의 방향을 가리킨 다. SF 공포 영화는 종종 여성의 몸과 외계의 동물 또는 곤충의 몸 사이에 분명한 유사점을 그려낸다. 바버라 크리드Barbara Creed는 곤 충 되기와 여성 되기 사이에는 특권적인 관계가 있다고 주장한다. 예를 들어 크로넌버그의 〈플라이The Fly〉(1986)는 과학자의 카프카 같은 변신을 보여준다. 이 영화는 거대한 구더기를 낳는 악몽의 장 면에서 강화되는, 여성과 파리 사이의 유사점을 그린다.

---

6 '동물 되기'에 대한 초창기 개괄은 다음을 참조하라. special issue of *Polysexuality* (1981). *Semiotext(e)*, 4, 1.

크로넌버그의 작품에서 흔히 볼 수 있듯이, 되기 과정에서의 양성 간 비대칭성은 준수되고, 체현의 서로 다른 구성/해체에서 시각적으로 탐구된다. 더 중요한 것은 차이가 두 성의 출발 위치뿐만 아니라, 변신 과정의 최종 결과에도 있다는 점이다. 곤충 되기의 이 비대칭적으로 젠더화된 변신의 더 많은 예는 핵 시대에 대한 뿌리 깊은 우려를 나타내는 1950년대 미국의 고전 SF 영화에서 찾아볼 수 있다. 이러한 불안은 매우 자주 여성 또는 외계인, 혹은 어쩌면 둘 다의 파괴적인 힘의 형태로 덮여 있다. 이 공포는 고전문학의 '비라고Virago' 테마의 전통에 비유돼왔으며[7], 그 예로는 영화 〈50피트 우먼The Attack of the Fifty-Foot Woman〉(1958)이 있다. 이 영화는 매우 분노한 젊은 여성이 원자력 방사선에 노출되고 엄청나게 커져서 남편과 온 동네를 공포에 떨게 하는 것을 보여준다. 〈타란튤라Tarantula〉(1955)나 거대한 포스트핵 개미들이 등장하는 〈뎀!Them!〉(1954)과 같은 곤충 영화처럼, 이 과장된 거대한 여성 형상은 다른 모든 종류의 불안이 투영되는 화면이다. 이 점은 또한 50년대의 또 다른 컬트 영화 〈놀랍도록 줄어든 사나이The Incredible Shrinking Man〉(1957)를 참조할 때 증명될 수 있다. 영화 〈50피트 우먼〉에 거의 대구적인 역할을 하는 이 영화에서는 핵 방사선에 노출된 후 비참한 정도로 작아진 남자 주인공이 거대한 검은 거미의 먹잇감이 된다. 그가 털 많은 짐승과 마주치는 장면은 교차 편집을 통해 비례상 이제는 거대해진 아내의 이미지들과 시각적으로 비교된다. 그 결과 조너선 스위프트의 『걸리버 여행기』에서 가장 여성혐오적인 구절을 연상시키

---

7 다음을 참조하라. Dorrit Einersen and Ingeborg Nixon 1995.

는 부분에서, 여성의 몸은 괴물적 타자로 출현한다. 〈플라이The Fly〉
(1958)에서 미친 과학자가 벌레의 눈으로 아내를 바라볼 때, 우리
는 또 한 번 여성이 열 배로 커지는 확대 현상을 보게 된다. 캐머런
의 〈터미네이터〉(1984)를 예고하는 제스처로, 그녀는 공장의 인쇄
기로 자비롭게 그를 살해한다.

　동일한 이화異化적 힘들(원자력 방사선)에 노출되었을 때 두 성의
시각적 운명을 재현하는 비대칭성이 두드러지며, 젠더의 경계에 따
라 그 과정이 전개된다. 여자는 무서운 힘으로 폭발하고, 가난한
남자는 보이지 않게 움츠러든다. 시각적으로, 이 비대칭의 효과는
더욱 두드러져, 한편에는 여성 생식기의 거대한 클로즈업이, 다른
한편에는 털이 많은 거대한 생물들과의 치명적인 만남에서 대단
히 작은 인간 남성들의 영웅적인 의식이 각각 뒤따른다. 영화 〈타란
튤라〉에서도 같은 기법이 사용되는데, 교외에 사는 백인 여성 집의
창틀 너머로 거대한 거미의 얼굴이 클로즈업되며 공포에 질린 여성
이 털투성이 입을 바라보는 장면이 나온다. 이것은 고전적인 이빨
달린 질vagina-dentata 숏일 뿐만 아니라 흑과 백의 대립을 구현하는
것이며, 주요한 차이인 기괴한 털로써 인간과 비인간의 대립 또한
구현하는 것이다. 〈타란튤라〉는 극적인 텍스트로, 여성 되기와 곤
충 되기가 끊임없이 교차하여 거의 서로 바꿀 수 있는 것처럼 보인
다. 여성 되기와 곤충 되기는 사회적, 문화적 돌연변이에 대한 뿌리
깊은 우려를 표현한다. 이 텍스트는 핵 방사선의 결과로 비정상적
으로 성장한 거미의 비체를 확대함으로써 기능한다(Carroll 1990).
히로시마 원폭 이후의 SF 영화의 표준 항목인 유전자 코드의 내부

변화는 외부의 혼란과 무정부 상태를 반영하고 또한 야기하고 있다. 타란튤라는 가장 나쁜 여성 늑대 인간보다 더 나쁘다. 음흉하고 강하고 원시적인 털을 지닌 공포스러운 그녀는 전통적인 근대적 정화 수단인 전기로 죽일 수 없다.[8] 그 짐승을 절멸하는 유일한 방법은 미 공군을 불러서 하늘에서 잿더미로 만들어버리는 것이다.

지금까지 수집된 증거는 현대 사회의 상상계에서 여성, 기술, 곤충 사이에 연관성이 형성되어 있음을 시사한다. 타자성의 세 가지 범주는 자극, 공포, 문화 소비의 한 축으로 바뀌었다. 내가 이 현상에 관해 제기하고 싶은 핵심적인 질문은 그것이 어떻게 들뢰즈의 되기의 과정과 관련이 있느냐 하는 것이다. 다수자성에 대한 편집증적 상상과 두려움의 투영으로서의 이미지 그리고 소수자 되기 패턴을 불러일으키는 형상의 창조적 탐구 사이의 상호관계는 너무나 복잡하기 때문에 나는 다음 두 장을 이 논의에 할애할 것이다. 당분간은 이 요소를 나의 문화적 카르토그라피에 추가해두고, 기술적 인공물 또는 유기체와 무기체 사이에 있는 실재로서의 곤충에 대한 나의 논의로 돌아가겠다.

브루스 스털링Bruce Sterling의 사이버펑크 소설 분석에서 부캣먼 Bukatman은 다음과 같이 쓴다. "곤충은 생명/비생명, 생물/기술, 인간/기계 등 화해할 수 없는 여러 용어를 융합하는 가장 분명한 은유적 과정일 뿐이다."(1993:277) 이와 같이 곤충은 유기체와 기술의

---

8 전기는 생명의 원천으로서 〈프랑켄슈타인Frankenstein〉, 〈메트로폴리스Metropolis〉, 〈비인간적 여자L'Inhumaine〉, 『미래의 이브L'Eve Future』의 핵심이다. 1950년대까지는 계속 그렇지만, 원자력 에너지가 중앙 무대에 등장하자 절멸의 수단으로 변하게 된다(〈아웃 스페이스It Came from Outer Space〉, 〈50피트 우먼〉).

고도의 겹침imbrication을 나타낸다. 이것은 첨단 기술, 특히 로봇과 가상현실 인공물을 설명하기 위해 매우 자주 사용되는 곤충과 거미의 용어로 입증될 수 있다. 이러한 종류의 이미지화는 다른 사회적, 환경적 힘들에 대한 기술의 상호의존성을 강조한다. 판 올덴뷔르흐van Oldenburg(1999)와 같은 사이버 페미니스트들은 인터넷이나 컴퓨터를 매개로 한 미래는 오직 거미집, 즉 거미 모양처럼만 될 수 있다고 주장한다. 그것은 인간 두뇌와 유사한 방식으로 선, 매듭, 연결, 관계를 통해 기능한다. 따라서 거미적인 것arachnomancy의 담론은 가능한 정보 기술의 진화를 탐구하는 데 사용될 수 있다.

어떻게 곤충과 기술이 인간을 자연주의적인 토대로부터 분리시키는 되기의 과정에 연결되어 '인간 본성'이라는 모든 개념에 최종 타격을 가하는가? 샤비로(1995)는 SF에서 곤충 되기가 이화적 실천의 결과인 한, 비록 부정적이기는 하지만 그것을 촉발시키는 기술과 연관되어 있다는 것을 올바르게 암시한다. 그것은 1950년대에는 핵기술이고 1990년대에는 분자생물학이지만, 이 둘은 역사적으로나 개념적으로나 연결되어 있다.

생물학에서, 과일 파리를 현대 분자 연구에서 가장 중요한 실험 현장으로 만든 것은 그것의 분자 구조와 특히 생식 주기의 속도와 효율이다(Fox Keller 1985). 해러웨이는 또한 현대의 분자생물학에서 '곤충 패러다임'을 암시한다. 이는 '활력론' 원리와 '기계론' 원리의 고전적인 대립을 넘어, 대신 연속적인 반복의 방향으로 진화하는 것이다. 해러웨이는 이것을 우리가 이미 '생명 정치' 시대를 떠나 '지배의 정보학' 시대로 접어들었다는 것을 보여주는 진지한 표시로 받아들인다. 클라리시 리스펙토르Clarice Lispector(1978)의 텍스트가 증명하듯이, 그러한 우주에서는 곤충들이 가장 확실하게 지구를 물려받을 것이다.

곤충은 또한 동시대 문화에서 널리 유명해졌으며 미디어의 최상단에 있다. 명백한 곤충과 거미 패러다임은 사이버펑크와 SF 장르의 최근 영화적 위업에 만연해 있다. 거대한 금속 틀로 이루어진 모조 곤충들은 〈제다이의 귀환Return of the Jedi〉과 〈로보캅Robocop〉 같은 영화의 표면에서뿐만 아니라, 〈매트릭스The Matrix〉의 디지털적 악몽의 세계에서도 온통 기어 다닌다. 곤충의 미학은 동시대의 상상계에 확고하게 주입된 토포스, 즉 유기체와 무기체의 포스트휴먼적 혼합을 공식화한 〈개미Antz〉와 〈벅스 라이프A Bug's life〉의 디지털 이미지에서 최고조에 도달한다. 영화 〈코스모폴리스Kosmopolis〉 또한 이 점을 강조하는데, 그것은 거의 지각할 수 없지만 어디에나 만연해 있는 모든 곤충의 존재, 즉 '우리가 상상할 수 있는 것 너머, 우리의 눈에 거의 띄지 않는 것'을 빛나는 이미지로 찬미하는 것이다. 곤충의 다음과 같은 특성들은 미디어의 최상단 자리를 얻게 된다. 바로 음악 제작자이자 소리 생산자로서의 엄청난 힘, 그들이 내는 진동의 속도, 중력을 물리치고 수평으로 그리고 수직으로 기어가는 능력, 매우 빠른 리듬을 가지고 있으며, 식물과 꽃뿐만이 아니라 같은 종의 실재들과 수많은 리좀적인 종-횡단적 짝짓기를 하는 과잉 활동적 섹슈얼리티(생애 주기는 24시간 내에 끝날 수 있다) 등이다.

그러나 곤충 되기는 다른 측면들이 있다. 들뢰즈적 관점으로 읽었을 때 곤충 되기는 호모 사피엔스(지적 인간)보다는 호모 파베르(도구적 인간)라는 점에서 기술을 지향하고 인본주의와는 멀어지게 된다. 들뢰즈는 『천 개의 고원』에서 몇 가지를 꽤 분명하게 시사한다. 즉 곤충은 본질적으로 지각할 수 없는 것 되기에 관한 것이고, 대부분 수명의 속도 때문에 분자 되기에 관한 것이다. 들뢰즈의 힘들의 지도 그리기 측면에서 곤충의 중요한 특성은 건조함, 털이 많음, 금속처럼 생긴 몸통, 대단한 회복력이다. 곤충들은 지구와 지하/지각(지력)에 연결되어 있기 때문에, 또는 항공기와 같은 몸체 구조로 인해 중력을 무시하기(카프카의 그레고르 잠자가 자신이 천장을 기어 다닐 수 있다는 것을 발견했을 때 그의 흥분을 기억하라) 때문에 환경에 묶여 있으며, 따라서 근본적이다.

가장 중요한 것은 곤충을 진정으로 존중할 만한 유기체로 만드는 감각과 시공간의 좌표다. 그들 중 일부의 시력의 힘, 예를 들어 파리의 눈은 진화의 걸작으로 간주될 수 있다. 커트 뉴만은 1958년 영화 〈플라이〉에서 돌연변이로 인해 이미 파리로 변한, 죄의식에 사로잡힌 과학자가 아내를 향해 다가가며 대상을 무한히 증식시키는 만화경을 통해 보듯 곤충의 눈을 통해 아내를 바라보는 극적 장면에서 이것을 완벽하게 강조하고 있다. 다시, 장면의 젠더화는 이를 효과적으로 보여준다.

음향 환경

이러한 모든 면에서, 곤충들은 포유류, 따라서 인간에게서 나온 생물학적으로 가능한 다른 것과 마찬가지로 매우 완벽한 기계와 같은 유기체다. 그러나 곤충의 신체 속도에 대해 들뢰즈가 특히 관심을 갖는 것은 곤충의 기술적 성능이다. 곤충은 환상적인 음악 제작자이다. 들뢰즈는 자신이 뜻하는 것은 곤충이 지구를 이동할 때 내는 일반적인 육체적 소음이 아니라 인간의 구조에 걸맞은 속도, 변화, 강도를 가진 소리를 내는 특수 능력이라고 우리에게 분명하게 알린다. 다른 동물뿐만 아니라 곤충들도 비언어적 의사소통 및 사고방식의 설득력 있는 예를 제시하며, 이는 시각적 이해에서부터 내적 시간에 대한 정확한 감각, 음파나 다른 음향적 기술에 이르기까지 다양하다. 곤충이 인류에 진정하게 도전하는 것은 아마도 이 점에서일 것이다. 곤충은 인간에게서 음악 제작에 대한 독점권을 빼앗는다. "새들도 그만큼 중요하다. 그러나 새들의 치세는 훨씬 더 많은 분자 진동, 찌르륵거리는 소리, 바스락거리는 소리, 윙윙거리는 소리, 딸깍거리는 소리, 할퀴는 소리, 긁는 소리 등으로 인해 곤충의 시대로 대체된 것 같다."(Deleuze and Guattari 1980: 379) 이 노선들을 따라 메러디스 몽크Meredith Monk나 다이아만다 갈라스와 같은 테크노아티스트들의 현대 음악을 분석하는 것은 흥미로울 것이다. 갈라스는 특히 보컬 기교와 음소들을 내파 지점까지 밀어붙이는, 단어들의 내핵의 소리 같은 것을 포착하는 능력 때문에 카르멜로 베네Carmelo Bene에 비견될 수 있다. 테크노 음향 미학은 음악을 만드는 데 있어서 인간 목소리의 우위를 해체할 뿐만 아니라, 우리 시대를 반영하는 리듬과 소리를 성취하는 감각적인 수단으로서 인간 중심성 또한 해체한다. DJ의 하이브리드 믹스 잠재력은 연주자들의 기교를 대체했다.

포스트산업 도시 공간의 거주자들은 대부분 자신들의 음향 공간과 역설적인 관계를 발전시켰다. 하리 퀴네만Harry Kunneman이 '워크맨 주체walkman subject'(1996)를 분석하면서 빈틈없이 관찰했듯이, 기술은 우리 자신의 음악적 서식지를 체현된 자아 안에서 창조하고 가지고 다닐 수 있는 능력을 우리에게 부여했다. 이것은 상업적 소리들이 대량생산된 포화도 또는 MTV 화면의 고딕적 모방과 일치할 수도 있고 그렇지 않을 수도 있다. 우리가 거하는 모든 기술 중에서 뮤지컬, 어쿠스틱 또는 사운드 기술이 가장 널리 보급되어 있지만, 또한 가장 집단적이다. 따라서 이 기술들은 유목적 주체성의 역설들을 외부성과 단수성으로 동시에 요약한다.

그러나 소리, 기술, 곤충, 음악의 상호연결은 우리 대부분이 살고 있는 환경의 음향 품질을 반영하는 음악이나 소리를 마주치는 일이 얼마나 드문가 하는 또 다른 의견을 촉발시킨다. 즉, 고요와 적막을 사실상 알 수 없는 매우 혼잡하고 시끄럽고 고도로 공명하는 도시 환경 말이다. 나는 오늘날 대안적인 종류의 많은 음악이나 소리의 생산이 우리가 살고 있는 공간의 강렬한 소음을 정확하게 포착하는 것을 목표로 하고 있으며, 그럼에도 불구하고 이 소음의 재현적 가치를 비워내지는 못하고 있다고 생각한다. 테크노사운드, 그리고 스캐너Scanner라고도 알려진 로빈 랭보Robin Rimbaud나 디제이 스푸키D. J. Spooky와 같은 들뢰즈에게 영감을 받은 음악 컬러리스트들의, 또는 사운드랩 컬처럴 알케미Soundlab, Cultural Alchemy와 같은 현대 예술가들의 기술적인 연주는 모순된 것처럼 보이는 다음의 목적을 가진 도박이다. 그것은 인본주의적 주체의 가장 숭고한 이상들의 화신으로서의 음악의 고전적 기능을 해체하면서 지금 여기의 음향 환경을 지도화하는 것이다.

　음악에서는 시간을 들을 수 있다. 리듬의 조정을 통한 순수한 형태의 시간이다. 이것은 한마디로 유목적 주체성과 관련돼 있다. 기술적으로 매개된 음악은 시간의 연속성을 탈자연화시키고 탈인간화시킨다. 음악은 속도와 음높이를 포스트휴먼의 높이까지 밀어낼 수도 있지만, 전前 인간pre-human의 불가청의 깊이까지 희미하게 만들 수도 있다. 어떻게 하면 우리가 들을 수 없는, 지각할 수 없는, 침묵의 반대편에 놓여 있는 저 함성을 듣게 할 수 있는가 하는 것이 이 과정에서 관건인 것이다. 우리가 거하는 무정형의 소리 덩어리에 어떻게 가청 형태를 부여하느냐 하는 것은 들뢰즈주의 작곡가들의 도전이다. 구성 방법은 들뢰즈의 선택 기준, 과정 및 사이 전환에 부합하고 있다. 음악에서는 음정interval이 있는 형태로 전환되는 것을 들을 수 있다. 유목적 음악에서 합성, 화음 또는 멜로디 해결[9]을 피하기 위해서, 음정은 근접성은 물론이고 각 소리의 특이점을 표시한다. 이는 소리가 속해 있는 외부 세계에 유목적 음악을 돌려놓음으로써 불협화음을 추구하는 방법으로, 마치 들을 사람이 아무도 없는데도 무선전파가 불가항력적으로 외부 공간으로 움직이며 떠드는 것처럼 음이 항상 전달되는 것이다.

　굳이 왜 그러는 것인가? 왜냐하면 이것은 우리가 살고 있는 세계에 대한 적절하고 역사적으로 정확하며 문화적으로 관련성이 있는 음향 지도이기 때문이다. 그러나 독자 여러분, 우리가 1장에서 맺

9　불협화음에서 협화음으로 옮기는 것.(옮긴이)

은 협약과 구두계약을 기억하길 바란다. 즉 우리가 같은 세상에 살고 있는가? 내가 여기서 그리는 카르토그라피를 알아보겠는가? 이 곡조가 귀에 거슬리는가? 울려 퍼지는가? 만약 그렇지 않다면, 이 구절을 건너뛰고 계속 나아가서, 시간을 낭비하지 말기를.

감각으로서의 시각이 주체의 구성에서 헤게모니적 요소로서 역사적으로 특권을 누려왔으며, 또한 관찰scopic이 현대의 인식론과 정신분석학에서 우세하다는 점을 고려하면, 모든 카르토그라피와 마찬가지로 여기에도 정치적인 측면이 있다. 그리고 시각화 기법이 지배로서의 권력을 현대적으로 형성하는 데 중심적이라는 것을 명심하면서, 나는 포스트모더니티의 정치 경제에서 시각 체계가 지배적이거나 몰적이라고 결론지을 수 있을 뿐이다. 이와 같이 시각 체계는 권력관계로 포화 상태다. 이것은 소리나 음향 체제의 경우가 아니다. 소리나 음향 체제는 권력에 의해 덜 코드화되어 있기 때문에, 더 전복적이다. 소리는 더 추상적이고, 언어의 경제로 즉시 상품화되는 경향이 덜하다. 1968년의 사건 이후, 유럽에서 반문화는 1970년대의 무료 라디오 방송국에서 오늘날의 테크노 음악에 이르기까지 문화적, 정치적 행동주의의 중심 요소로서 소리 전송의 대체 음향 환경과 형식을 생산하는 데 투자했다. 새로운 정보 기술과 사이버 페미니즘의 도래는 단지 이러한 경향을 심화시켰을 뿐이다.

전통적으로 음악은 수학적 질서에 근거하여 선형적이고 순차적일 것으로 예상된다. 이 순서는 반복, 즉 리듬에 의해 구축된 멜로디들에 의해 만들어진다. 그것은 다수 주체의 기억이나 소수자 주체들의 망 같은 계보들을 표현할 수 있다. 당신의 곡조를 골라보라. 팝, 록, 그 파생 장르를 포함한 고전음악은 공명을 목표로 하며, 대안적 저항, 반문화적 주체성들, 기술에 기반한 리좀적 종류의 실험음악의 구성은 우리에게 불가청 음악을 듣게 하고자 시도한다. 그것은 아킴 아제판스키 Achim Azepanski(Force Inc. Music Works 1996: 18)가 '잠재적 소리 공간'이라고 부르는 것을 목표로 하고 있다. 이는 기대하지 않았던 빠른 속도의 적대적 소리들의 생산을 통해서 우리의 음향 습관을 탈영토화하는 공간이다. 이러한 소리들은 "기억이 음악으로 저장해둔 형태를 찢어버리고, 소리의 흐름들이 부풀어 오르고 물러가는 것과 같은 절대 속도의 소용돌이를 일으키면서도, 서로 다른 미세 줄기로 흐르는 작은 소용돌이들은 미세한 점프와 이상한 응축을 만든다…"(1996: 18).

사실, 곤충의 예는 우리가 항상 익숙하지 않은 포스트휴먼의 음향 환경에 살고 있다는 것을 암시한다. 우리는 단지 곤충의 소리를 듣지 않을 뿐이다. 즉 우리는 '곤충을 받아들이거나' 곤충에게 맞추는 것에 익숙하지 않다. 리좀 음악은 최고의 음악 전통에서 음악을 기술적으로 재창조함으로써 이 조우에 힘을 부여한다. 이와 같이 그것은 되기의 공간을 나타낸다. 리좀 음악학에서와 같이 곤충 되기에서의 핵심 개념은 환경, 음향 영역, 리듬이 생성되거나 기억되거나 저장되고 결국 생성되는 시공간 좌표 위치이다. 따라서 동물과 곤충, 영토 또는 서식지에 대한 연결은 반복과 점유의 패턴과 공간의 표시로서 이해되는 후렴 또는 리듬의 구성과 조직을 통해 이루어진다. 말하자면 보이지 않는 기호를 통해서다.

보그는 이러한 후렴 또는 반복 패턴의 기능을 다음과 같이 요약한다. "후렴 또는 반복의 패턴은 (1) 영토를 표시 또는 배치한다. (2) 구간 충동 그리고/또는 외부 환경과 영토를 연결한다. (3) 특별한 기능을 정체화한다. (4) 영토를 집중화하거나 외부로 나가기 위해 힘들을 수집한다."(Bogue 1991: 91) 후렴의 기능은 음악적 소리로 포장된, 녹음된 시간의 선형성을 불안정하게 하는 전환의 공간들이나 사이에 있는 통로들을 만드는 것이다. 음악의 소수자 되기에 대한 들뢰즈의 관점은 주체와 주체의 환경 사이의 지구적이고 우주적인 관계를 비수학적인 양태로 재구성하는 방법을 제공한다. 곤충 되기로 가장 잘 표현되는 들뢰즈의 '추상 기계'는 리듬감 있고 추상적이다. 들뢰즈는 불가해한 우주의 미지의 혼돈과 반대로 천체의 조화를 표현하는 음악의 재현적 기능에 도전한다. 우주에 대한 설명 가능성은 수학적인 질서에 의해 보장된다. 플라톤 철학에서 이것은 음악, 수학, 우주론 사이의 오랜 연결로 귀결된다. 매우 기초적이고 내장된 방식으로 무한한 것을 가리킨다는 점에서 철학적인 유목주의와 관련되게 만드는 것이 바로 음악의 이 우주적 질質이다.

명확한 반플라톤적 양상으로, 들뢰즈와 가타리는 수학적 질서의 합리성에 대한 의존에서 우주의 재현을 분리하기를 원한다. 그들은 대신 그것을 인간의 계산 능력으로는 수용할 수 없고 비교도 할 수 없는 개방적인 체계로 접근한다. 이에 따라 음악은 인간적 제약으로부터 해방되어 분자적 되기들의 횡단적인 공간으로 변한다. 리듬은 분자적 되기들만의 특이성과 자율성을 얻는다. 로리 앤더슨부터 스틸락Sterlac까지 많은 현대 예술가들이 지적했듯이, 인체의 순수한 물질성과 그 육체적 내용물(폐, 신경, 뇌, 창자 등)에는 소리를 만드는 음향실이 그만큼 많다. 기술적으로 향상되면, 이러한 내적 소리들은 듣는 사람에게 우주의 외적인 소란만큼 충격적인 생소한 감각을 직면하게 할 수 있다.

동물 되기나 곤충 되기는 동물이나 곤충의 소리를 흉내 내는 것과는 아무런 관계가 없다. 그 모방적인 정태성은 고전음악에 충분히 사용되어왔다. 그것은 자기 자신들을 조롱하는 동물 소리를 생기 없고 대부분 진부한 표현으로 만들어냈다. 들뢰즈가 말한 대로, 예술은 모방하지 않는다. 예술은 훔치고 도망간다. 화가는 새를 모방하지 않는다. 화가는 새를 선과 색으로 포획한다. 이는 예술가와 예술가의 목적 둘 다를 탈영토화하는 되기의 과정이다. 모방에 대항하여, 리좀 음악은 우리의 음향 습관을 탈영토화하는 것을 목표로, 인간이 천체의 조화를 지배하는 원리가 아님을 우리에게 일깨운다.

그로스버그Grossberg(1997)는 음향적 후렴을 비록 일시적으로나마 안정을 허용하는 소리 블록, 주체를 둘러싸고 포함하는 공간을 만들어내는 사운드 벽을 구상하는 데 중요한 요소로 생각한다. 그러나 분자 되기의 영향 아래에서 음향적 후렴은 모든 경계를 쪼개고 벽을 허물고 우주에 다시 합류할 수 있다. 이것은 사회 공간의 '규율화된 동원' 대 이동성의 사례다(Grossberg 1997: 97). 음악의 소수자 되기는 운영을 감독하고 그것을 자본화하는 단일하거나 통일적인 주체 없이 표현의 관행을 만들어낸다.

음악은 되기의 강도를 증가시킨다. 그것은 주체가 지속할 수 있는 한 많은 강도의 문턱을 건너는 것이다. 모든 되기는 횡단적인 것이다. 그것은 또한 지각할 수 없는 것, 생각할 수 없는 것, 청각적인 것에 접근하는 것을 목표로 한다. 들뢰즈에게 글쓰기가 자동사적이 됨으로써 되기를 야기할 수 있는 것과 마찬가지로 음악은 정동성, 내재성, 경계의 해소를 표현할 수 있다. 음악은 그 후렴과 리듬 있는 서사 안에서의 끊임없는 되기이다. 음악은 사이 공간, 다성적 혼종, 다중 음향 간섭의 환원 불가능성을 들리게 한다.

곤충/성적 텍스트

변형의 속도뿐만 아니라 적응의 엄청난 힘은 곤충을 분자 되기 그리고 지각할 수 없는 것 되기와 가장 밀접하게 관련된 실재로 만드는 힘이다. 곤충의 생애 주기의 대부분이 발달의 다른 단계를 통한 변신으로 이루어진다는 사실은 동일한 원리의 선언이다. 그러나 이 에세이의 제목에서 알 수 있듯이 나는 차라리 변신-자궁변형, 즉 성적 차이를 지우지 않는 일반적인 소수자 되기에 대해 말하고 싶다. 나는 나중에 이것을 다룰 것이다. 나는 들뢰즈주의적 관점에서 그 증거가 곤충과 전자 기술, 즉 빛의 속도로 끊임없이 째깍거리는 정보 사이의 강력한 연관성을 가리킨다고 생각한다. 나는 이 불안한 포스트휴먼의 속도가 버로스와 같은 작가들뿐만 아니라 이해할 수 없을 정도로 들뢰즈가 무시하는 캐시 애커와 앤절라 카터 같은 다른 작가들과 들뢰즈와의 연관성의 원천이라고 생각한다. 다음 장에서 이것에 대해 더 자세히 설명하겠다.

아리스토텔레스에게 곤충은 특별한 성이 없으며, 플리니우스에게 곤충의 성은 보이지 않기 때문에 섹슈얼리티는 결정되지 않았다. 반대로 엘리자베스 그로스는 곤충을 특히 성과 죽음의 문제에 관한 집단적 상상력을 자극할 수 있는, 고도로 성적인 '퀴어'의 실재로 본다(1995b). 그로스는 곤충의 섹슈얼리티에 대한 인간의 매혹에 초점을 맞추고 있다. 그로스는 특히 두 곤충, 즉 로제 카유아 Roger Caillois와 알폰소 링기스의 저작에 나오는 검은독거미와 사마귀에 집중한다. 그로스는 여기에서 포스트휴먼 철학의 원형을 발견한다. 곤충은 모방 능력과 위장 능력에서 정신쇠약psychasthenia이라는 정신분석적 현상, 즉 의식의 경계가 해체되고 신체에 대한 유착이 포기되어 안과 밖의 구별의 유지가 어려워지는 현상을 구현한다. 이에 따라 곤충의 표면 경계의 이러한 오르가슴적 해소가 지니는 성적인 함축은 카유아를 다음의 반半착란적인 일련의 연상으로 이끈다. 바로 기도하는 사마귀[10]-종교-음식-구순성-뱀파이어-이빨 달린 질-자동성-여성 안드로이드이다. 일련의 연상에서 크고 선명하게 나타나는 것은 다형성 반팔루스적 섹슈얼리티 모델로서의 곤충 패러다임이다. 링기스는 오르가슴적 신체를 유기체로 환원할 수 없고, 곤충의 섹슈얼리티 속에서 흥미로운 공명을 발견하는 형태학의 경계를 넘어서서 그에 도전하는 힘들의 유기적 배치로 환원할 수 있을 뿐이라고 주장한다.

번식에 있어서 곤충은 완벽한 혼종을 만들어냈다. 곤충은 포유류와 비교할 때 불안할 정도로 다양한 성적 주기를 보인다. 사실 곤충은 알을 낳는 비포유류이다. 이와 같이 곤충은 부자연스러운 결

---

10 서 있는 자세가 기도하는 모습을 연상시키기 때문에 붙은 이름.(옮긴이)

합과 출산에 대한 가장 은밀한 불안감으로, 특히 인공 생식에 집착하는 '포스트휴먼' 문화 속에 들어가는 것 같다. 더구나 빠른 생애 주기 때문에 유충을 돌보지 않는데, 그것은 대부분 (인간처럼) 미성숙한 상태로 태어나지 않기 때문이다. 들뢰즈적 맥락에서, 상대적으로 분명한 인간과의 이러한 차이점들이 새로운 일련의 시공간 좌표들을 배치하는데, 이것은 정동적 유형들과 속도 또는 리듬으로 변한다.

곤충, 거미, 무척추동물, 어류, 야행성 동물의 퀴어한 섹슈얼리티는 1920년대와 1930년대에 장 팽르베Jean Painlevé에 의해 창조적으로 훌륭하게 촬영되었다. 그는 수중 촬영과 같은 새로운 기법뿐만 아니라 기이하거나 특이한 대상 물질을 폭넓게 실험한, 과학 촬영의 선구자였다. 예를 들어, 그의 단기간의 해마 탐구는 대안적인 삶과 성의 체계로만 묘사될 수 있는 것을 이미지화하는 데 진정한 기량을 보여준다. 무엇보다도, 해마는 암컷이 수정한 배아를 수컷이 운반하여 혈관을 지닌 특별한 주머니에서 배양한 다음, 적절한 경련과 수축으로 낳는 수컷의 출산 장면을 제공한다. 팽르베는 이 영화적 이미지를 관객들의 영원한 도전으로 만들어낸다. 해마는 동물이나 유기체가 어떻게 보여야만 하는지에 관한 인간 중심적인 기대에 도전하는 무척추동물에 속한다. 해마는 수직성의 위엄을 발휘하고, 이족 보행 스타일을 기이하고 우아하게 환기시킨다. 눈은 있어도 입이 없는 해마는 우리의 독특한 지상의 습관에 어리둥절해하는 외계 생명체처럼 보인다. 땅 위, 공중, 수중의 자연 흡혈귀, 포식자, 야생동물에 관한 다큐멘터리에서도 같은 목표가 추구되고 있다. 박쥐, 곤충, 귀뚜라미, 바다표범, 문어, 벌레, 기생충, 메뚜기, 수영하는 인간의 의심 없는 팔다리로 송곳니가 침투해 피를 빨아 먹는 성게, 조수潮水가 운반하는 수정의 파편과 같이 떠다니는 기둥stilt에 알맞은 한 쌍의 눈처럼 보이는 새우들. 이들의 섹슈얼리티는 '자연'에 대한 기독교의 찬미를 완전히 조롱하기에 충분하다. 양성애, 동성애, 자웅동체, 근친상간, 그 밖의 모든 종류의 자연스럽지 않은 성행위는 동물계의 일부분이다. 팽르베는 자연 질서에 대한 낭만주의나 본질주의적인 가정을 허물기 위해 그것들을 모두 기록하고 보여준다. 바깥은 퀴어한 세상인 것이다!

정신분석학의 인본주의에 반대한 들뢰즈의 사례를 해설하면서 앞서 내가 주장했듯이, 유기체는 타자의 (욕망에 대한) 변증법적 이성애 욕망의 규범적 매트릭스에 따라 기관과 기능의 통일된 정렬에서 기능한다. 둘 다 이 질서의 전복을 통해, 즉 예상치 못한, 쾌락의 프로그램되지 않은 표면의 건설을 통해 최대의 쾌락을 얻는다는 데 동의한다. 이성애 유혹의 예측 가능한 낡은 시나리오의 전개보다는 붕괴가 이 포스트휴먼 시대에 욕망을 촉발시키는 열쇠다. 변형과 변신은 욕망의 진정한 장소로서, 차이가 그리고 차이 안에서 비대칭적으로 체현된 황홀감이지, 동일자의 리비도적 경제의 분절이 아니다. 유목적 양태에서의 육욕과 쾌락은 육체에 대한 응집력과 통일성을 녹여, 당신 안의 귀뚜라미가 노래할 수 있게 하고, 당신 안의 바퀴벌레가 견딜 수 있게 한다. 이는 데이비드 크로넌버그가 완전히 이해한 것이다. 이 성적인 테마는 현대 사회의 상상계에서 기술과 곤충을 연결시켜 윤리적, 정치적 함의도 유발한다.

이 곤충/성적 텍스트들insexts의 '퀴어한', 즉 불안하게 만드는 자질을 고려해, 성차가 현대 사회의 상상계에서 재현에 어떤 영향을 미치는가에 대한 질문을 다시 한번 제기하겠다. 현대 대중문화가 여성, 곤충, 기술 사이의 연계를 어떻게 촉진하는지에 대한 분석에서 내가 앞서 제시했듯이, 우리는 곤충 되기의 과정을 다양화할 필요가 있다. 그것은 다수자(지배적 주체 위치)의 불안감과 소수자 주체 위치의 열망을 동시에 표현할 수 있다. 후자를 탐구하기 위해서, 나는 이제 여성/곤충 되기의 구체적인 패턴이 있다고 주장하고 싶다. 이 패턴은 그 자신의 특징을 가지고 있고 들뢰즈가 가정하는 미분화된 되기로 환원될 수 없다. 이에 대해서 이제 보이겠다.

| 반카프카로서의 클라리시 리스펙토르 |

"모든 여자는 모든 여자들의 여자다. 모든 남자는 모든 남자들의
남자다. 그리고 그들 각자는 인간이 위태로운 곳에 그녀/그 자신
을 제시할 수 있다."

클라리시 리스펙토르, 『G. H.에 따른 수난』, p. 193.

『G. H.에 따른 수난』의 주인공은 해방된 여성 주체의 이미지로, 현대 남미 대도시의 호화로운 대형 아파트의 맨 꼭대기 층에 살고 있는 조각가다. 그녀는 우아함, 여가, 경제적 독립성, 창의성 등 계급의 이점들을 대변한다. 게다가 그녀는 재정적으로나 성적으로나

자기만의 방을 가질 권리를 얻었다. 그녀는 남편도 아이도 없는, 이 공간의 유일한 주인이다.

이야기의 줄거리는 그녀의 주체성의 수준을 해명하는 과정의 단계들 같은, 문턱이 되는 일련의 경계선을 통과하는 것으로 구성된 변신-자궁변형이다. 그녀의 주체성의 다층적인 구조를 가로지르는 이 여행은 긍정적인 해체, 즉 모방적인 반복의 과정으로, 주인공의 되기의 예기치 못한 길들을 열어준다. 이 과정에는 계급, 인종, 생활양식, 비인간, 동물, 무기체, 우주 등 일련의 차별적인 변수에 따라 타자성과 그녀의 관계에 대한 의문도 수반된다. 이 과정은 또한 우주적 되기로 분해될 때까지 그녀의 정체성을 점진적으로 상실하는 결과를 낳는다. 그 모든 과정의 촉매제는 그녀와 곤충의 친밀한 만남인데, 이에 대해서는 다시 언급하겠다.

그녀가 통과하는 첫 번째 문턱은 계급 경계로, 이는 또한 그녀의 대중적 인격이나 사회적 자아를 의미하며, 인종이나 민족 정체성과 밀접하게 연결되어 있다. 사건은 하녀가 쉬는 날에 일어난다. 하녀는 피부가 검은 브라질 원주민 여성으로, G. H.만큼 유럽 중심적이지 않다. 지저분한 방이라고 예상하며 정리하고자 하는 욕망으로 인해, G. H.는 하녀의 숙소로 들어간다. 그 방의 새하얌과 청결함은 그녀를 눈멀게 하고 그녀 자신의 문화 특유의 색맹에 대립될 것이다. 이 방은 그녀의 호화로운 아파트 맨 끝, 집의 가장 먼 곳, 부엌 뒤쪽에 있다. 이 텍스트에서 집의 내부 공간은 여성 신체의 투영이고, 부엌 뒤쪽은 집의 나머지 의식적인 공간의 주변부에 놓여 있는 영역이다. 이 방은 이 아파트의 조용한 편안함의 부정이자 상대적 대조이다. 그것은 G. H.가 자기 자신을 둘러쌌던 아이러니한 거리감을 들어 올리거나 드러낸다. 그러므로 그녀가 수행하는 과정은 자신의 깊은 곳으로 뛰어드는 것이다. 이곳은 성차가 작용하게 될 다중 되기들의 공간이다. 두 번째 문턱은 인간과 동물과 비유기적 타자들 간의 장벽의 붕괴를 의미한다. 곤충과의 일련의 구조적 유사성을 통해 이러한 장벽은 체계적으로 용해된다. 이것은 그녀의 집을 단단하지만 대기 중에 있는 '벌집 꼭대기'라고 묘사하는 것에서 시작하여, 그녀가 바퀴벌레와 만나는 것으로 절정에 이른다. 그녀 자신의 살 한 덩어리가 되면서, G. H.는 자신의 물질성, 동물, 곤충, 광물 되기의 전개에 훨씬 더 깊이 빠져 들어간다. 그녀는 생명에 대한 욕망과 숭배의 양상으로 그것을 경험하는데, 그녀를 통과해 흐르는 이 생명은 그녀 혼자만의 것이 아니다. 그녀에게 매우 깊이 서식하기 때문에 그녀가 이름을 댈 수 없는 힘에 의해 유혹되어, 그녀는 바퀴벌레에 동화되는 이 카니발리즘을 소비한다. 이 몸짓은 많은 문턱을 넘어서고 많은 금기들, 즉 인간-비인간, 먹기에 적합함-먹기에 적합하지 않음, 요리된 것-날것 등을 깨뜨린다.

이 부유한 백인 여성은 사회적으로 정의된 정체성을 점진적으로 상실한다. 그 결과는 말로 표현할 수 없는 깨달음이다. G. H.는 자신이 공간과 시간이 깊이 상호 연계된 체계의 일부라는 것을 깨닫게 될 것이다. 그녀는 지각할 수 없는, 과거로 가는 시간의 흐름을 거의 들을 수 있다. 그녀는 다른 시간대들에 동시에 거주하기 위해 시공간 연속체를 압축하면서 아직 일어나지 않은 사건들을 기억한다. 따라서 그녀는 자기 안에 깃든 가능성들의 다양성을 포괄하기 위해 의식을 확장한다. 더 이상 하나의 개인, 하나의 인격이 아니라 그녀는 생물 입자, 생각하고 기억할 수 있는 지적인 살, 급진적인 내재성의 살아 있는 예, 탈인간이자 포스트휴먼, 그리고 동시에 너무나 인간적인 존재로 변한다. 바퀴벌레의 비체와 G. H.의 대결을 중심으로 모든 사건이 전개된다. 처음에는 응시함으로써, 그런 다음에는 점차 이 오래되고 나이가 없는 생물 일부의 좌표를 통합함으로써, G. H.는 공간과 시간을 체현한 그녀 자신의 물질적 부분, 즉 내재적인 지각하는 존재가 된다.

다음과 같은 점을 되새겨보자. 곤충은 비인간이되, 또한 어느 정도 비동물적인 '순수한 물질의 한 방울'(p. 60)이다. 그것은 오히려 동물과 광물 사이에 있는 경계선상의 존재다. 특히 바퀴벌레는 지구의 지각만큼이나 오래되었고 핵 방사선에 저항하는 것과 같은 놀라운 생존력을 부여받았다. 바퀴벌레는 또한 당연히 혐오와 거부감의 대상이다. 생물로서의 곤충은, 서로 다른 종의 교차점에 놓여 있는 한, 혼종이다. 그것은 날개가 달린 종류의 동물이다(p. 62). 작은 생물이기도 하다. 곤충은 또한 상상과 과학 사이에 놓여 있다. 그 완전한 목록bestiary은 인간의 경계를 넘나들거나 흐리게 하는 힘에 있어서 이 벌레에 필적할 만한 비체적 존재들의 목록에 포함되어 있다. 성서나 다른 민담에서 따온 불순한 동물들의 목록이 뒤따른다.

크리스테바가 비체에 대한 메리 더글러스Mary Douglas의 연구에 대한 논평에서 지적하듯이, 이것은 혼합과 중간 상태의 형상이다 (Kristeva 1980). 대부분의 비체적 존재들, 동물들, 상태들은 또한 신성하다. 왜냐하면 근본적인 경계를 표시하기 때문이다. 그중에서 가장 중요한 것은 기원의 경계, 즉 삶과 죽음의 접점이다. 생명을 주는 자로서의 어머니는 비체적 형상, 즉 햇빛이 비치는 한낮으로 가는 길을, 그리하여 먼지투성이의 죽음으로 가는 길을 표시하는 상징적 표지판이다. 대부분의 원시종교가 어머니에 바탕을 두고 있고 생식력에 매여 있다는 것은 놀랄 일이 아니다. 비체적 존재들은 창조되었을 때와 동일한 존재라는 의미에서 영원하다. 비체적 존재들은 본질적이고, 따라서 신성하고 두렵고 토템적이다. 비체적 존재들은 혼종과 사이 상태들에 대응하며, 그렇게 함으로써 매혹과 공포, 욕망과 혐오 모두를 불러일으킨다.

G. H.의 '되기'는 우선 일종의 각성 속에서 이루어진다. 그녀는 인간 관찰자의 시선과는 전혀 무관하게 살아가는 반은 동물이고 반은 암석인 생물의 이 특정한 일부와 자기 자신 사이의 물질의 공통성을 동시적인 고통과 기쁨의 강도와 함께 경험하게 된다. 점진적인 일련의 변화에 의해, G. H.는 생명과 생물에 대한 인간의 비중심성을 깨닫는다. 그 뒤에 오는 것은 육체 안에서 그리고 육체를 통한 초월의 경험이다. 성적 황홀감과 유사하게, 이 경험은 자아, 종, 사회의 경계를 완전히 해체하는 것 중 하나이다. 그리고 그녀가 존재의 체현된 부분의 여성성을 경험하는 것은 그녀가 전前 인간적인 동시에 너무나 인간적인 바로 그 순간이다. 그녀의 여성적 물질성은 다른 생물과의 결합 능력이나 경향, 그리고 숭배로서의 욕망의 경험에서 정확하게 이루어진다.

그러나 아주 놀랍고 강렬한 구절에서 G. H.는 자신이 인간의 외피로부터 떨어지는 바로 그 지점에서 그 모든 것들과 자신의 물질적 단일성을 발견하고, 또한 자신이 여성으로 성차화된 물질의 일부라는 것을 명백한 힘으로 경험한다는 것을 발견한다. 그녀는 정확히, 심지어 특히 육체를 통한 초월의 황홀한 경험에서 하나의 여자she이다. 그리고 그 상황에서 그녀는 자신이 삼켜서 포함한 비체와 하나이자 동일자가 된다. 그녀는 지각할 수 없는 물질이 된다.

다음 단계에서 시간의 선형성은 용해된다. 되기의 과정은 그녀 존재의 개인적이고 친밀한 시간(아이온)과 역사적이고 외부적인 시간(크로노스) 사이의 일련의 유추들을 통해 외부적으로 묘사된다. 따라서 G. H.는 언젠가는 지진과 같이 현 문명의 토대가 가라앉아 그 숨겨진 토대를 드러낼 것이라고 말한다. 이것은 문명화된 허식 너머나 그 이전의 원초적 상태로 되돌아가는 것을 의미한다. 그 방은 시간이 연속적인 현재로 스며드는 미시 공간이다. 점진적인 선형적 시간은 그녀 자신의 되기 과정의 순환적 시간에 의해 누전된다. 그녀의 소수자 되기의 순환적인 일시성은 그녀의 구성 요소를 기본적으로 재분배하는 것과 결합되어 포스트휴먼 의식을 위한 새로운 용어들을 만들어낸다. 이것은 등장인물이 시간의 해체를 넘어 고행의 경지로, 또는 개방의 경지로 이르게 한다. 미시 공간적인 그 방은 첨탑의 끝, 사막의 한가운데, 유클리드 기하학을 거역하는 그 자체의 공간이다. 그것은 변체變體/anamorphosis와 시각적 환영이 선형적 시간의 붕괴에 동반되는 공간이다. 지구와 마찬가지로 오래된 전前 역사적 공간이다. 즉 하녀가 남긴 프레스코화는 고대 의례의 감각을 창조하는, 원시적인 작은 조각상이며, 벽에 새겨진 글은 석관의 비문이다. 그것은 자아의 문명화된 공간의 반대편에 있다.

마치 신성한 산의 꼭대기에 있는 신비주의자처럼, 그녀는 깊은 곳을 응시하고 곧 보기 시작한다. 그녀는 존재들의 상호연관성을 경험한다. 건물들은 신체들이고, 둘 다 생물체로 이루어져 있다. 자연은 물질의 통합이고, 이 통합은 자연적인 것이 아니라 다른 힘들 중에서도 인간의 노력에 의해 수작업으로 만들어진 것이다. 그것은 피라미드, 사원, 고층 아파트, 아크로폴리스, 하수구 등의 건설업자들의 교묘한 솜씨로 완성된다. 그녀가 인식하게 되는 것은 곤충뿐만 아니라 자신의 무생물 되기, 즉 자신 또한 곤충임이다. 이렇게 자신의 물질성을 인정하면서 그녀는 선과 악을 뛰어넘는다. 그녀는 살flesh이다. 우주적으로 뻗어가는, 즉 지각할 수 없게 되는, 체현된, 생각하는, 지각하는 물질이다.

클라리시 리스펙토르는 낙태의 경험에 따라 『G. H.에 따른 수난』을 썼다는 것을 인정한다. 그 모든 이야기는 그녀가 여성의 몸 안에서 생성되는 유기 물질과의 만남의 흔적의 기억을 깨끗이 하는 의식으로 읽힐 수 있다. 그것은 또한 모성과의 대립을 여성 정체성의 비체적이지만 피할 수 없는 장소로 분명하게 나타낸다. 바퀴벌레라는 존재의 일부와 마주치는 것은 그녀에게 억압된 것의 회귀를 가져온다. 그것은 우선 그녀가 쥐와 바퀴벌레와 함께 불결한 환경에서 사는 가난한 아이였던 어린 시절을 떠올리게 한다.

그녀의 존재와 모든 종류의 유기 물질들의 존재의 공존의 실현은 그녀의, 생물체와 같은 방식으로 생생하게 살아 있는 것 되기를 의미한다. 인간성을 넘어서 G. H.는 문명화된 인간과는 동떨어진 욕동과 욕망을 경험한다. 그녀는 앞서 내가 분석한 욕동 혹은 정동의 인간화를 다시 되돌린다de-programme. 곤충 되기에 대한 이 묘사는 들뢰즈의 정의와 유사하다. 인간과 곤충의 또 다른 기억할 만한 조우인 카프카의 『변신』에 대한 분석에서, 들뢰즈와 가타리는 보편적 탈영토화의 한 형태로서의 동물 되기에 대한 완전한 이론을 개발하는데, 이것은 결코 단순한 복제나 모방이 아니다. 동물 되기는 운동, 진동, 문턱 횡단을 수반한다. 되기는 연결, 동맹, 공생에 대한 질문이며, 다중성의 문제다. 이러한 점에서 되기들의 연쇄, 즉 여성 되기, 아이 되기, 동물 되기, 곤충 되기, 식물 되기, 물질 되기, 분자 되기 또는 지각할 수 없는 것 되기는 계속된다.

그러나 되기 과정에 대한 논의의 다른 단계들에서와 마찬가지로, 들뢰즈와 가타리는 그들의 분석에서 성차라는 변수를 고려하지 않는다. 카프카의 이야기에 대한 그들의 논평에서, 변신 과정은 이러한 변형이 일어나기 위한 육체의 장을 제공하는 체현된 남성 주체성과 전혀 관련이 없다. 반면 클라리시 리스펙토르의 이야기에서는 곤충과의 조우에서 가장 중요한 부분까지 되기의 모든 과정이 성차화된 여성으로서 특수하게 표시된다. 여성 섹슈얼리티, 모성애, 체액, 피와 점액의 흐름에 대한 언급은 틀림없이 여성적이다. 그러나 이와 동시에 G. H.가 경험한 연속적인 되기들의 구조는 공생적 변신으로서의 되기에 대한 들뢰즈의 분석과 일치한다.

『G. H.에 따른 수난』은 내가 여기서 할애할 수 있는 것보다 더 많은 관심을 받을 만한 풍부한 텍스트다. 나는 단순히 성차에 의해 개방된 관점이 젠더화된 되기 혹은 초월성의 젠더 특수성 형태와 같은 개념들을 어떻게 허용하는지 보여주는 예시로 이 텍스트를 사용했다. 이러한 것들은 들뢰즈와 같은 차이의 철학자들이 주창하는, 되기의 성적으로 구별되지 않은 패턴들과 극명하게 대조된다. 이탈리아의 성차 철학자 아드리아나 카바레로Adriana Cavarero는 이 텍스트에 대한 철학적 논평(1990)에서 이 글에서 급진적 유물론의 페미니즘의 긍정을 본다. 자기 자신의 이름을 가지고 있지 않는 삶은 한 사람을 다른 모든 생명체와 연결시키는 힘이다. 카바레로는 이 통찰을 가부장적 로고스에서 자신의 존재에 대한 감각을 분리하려는 시도로 읽는다. 카바레로에 따르면, 리스펙토르는 생물의 연결성을 사유의 대안적 체계의 기초로 상정함으로써 서구 사상의 중심 전제 중 하나인, 존재와 언어가 하나라는 것에서 탈피한다. G. H.에게는 원시적인 힘으로서의 생명이 로고스중심적 좌표를 초과한다. 더욱이 이리가레의 통찰에 따라 카바레로는 보편적인 것과 남성성의 동화를 비판하고, 특수한 여성 존재에 대한 생각을 옹호한다. 생물이 존재하기 위해서 '나'라는 생각을 요구하지 않을 수도 있다는 것은 '그녀-나'의 성차화된 본성의 중심성에 더 중점을 두는 결과를 낳는다. 어떤 이의 성차화된 정체성은 원시적이고 그의 존재와 불가분의 관계에 있다. 성차는 여성을 정의 내리는 것이며, 조건에 따른 것이 아니다. 그것은 항상 이미 존재하는 것이다.

프랑스 작가인 엘렌 식수(1986b)는 같은 텍스트를 매우 다른 방식으로 독해하며, 그 사건을 대안적 여성 상징 체계의 구성 과정을 뜻하는 '여성적 글쓰기écriture féminine'의 우화로 읽는다. G. H.의 수난은 통제, 권력, 지배가 없는 삶을 위한 것이다. 그녀의 숭배의 감각은 기독교 순교자의 능력이 아니라 베풀고 받아들이는 능력에 비견된다. 식수는 이 역량을 선물을 주고받는 능력, 즉 타자의 놀라운 차이에도 그 타자를 받아들이는 능력과 연결시킨다. 주체성의 정치에 대한 그녀의 윤리적 방어에서, 식수는 타자성을 받아들이는 능력을 새로운 과학, 자아와 타자 사이를 존중하는 친연성 개념에 바탕을 둔 새로운 담론으로 규정한다. G. H.의 수난은 공통 물질, 즉 완전히 비인칭화된 방식의 생명에 속하는 것에 관한 것이다. 식수에게 '접근'이라는 용어는 그녀의 윤리 체계의 기초를 정의한다. 이는 모든 생물체가 상호 수용적인 실재들로 이루어진 세심한 망인 새로운 세계관 속에서 자아와 타자가 연결될 수 있는 방식을 가리킨다. 핵심 용어는 친연성과 수용성이다. 여기서 인간이 아닌 타자의 문제는 정의상 인간 중심 로고스적 주체의 지배에서 벗어나 자신의 주변성을 받아들여야 한다는 것이다. 더 구체적으로 말하면, 모든 인간 안의 신성은 상호연결성과 공감을 볼 수 있는 능력이다. 식수에게 이 존재한다는 고양된 감각은 여성성이고, 그것은 시인과 작가라는 창조적인 힘으로서의 여성이다. 신성은 창조성만큼 여성성이다. 이것은 앞에서 말한 급진적 내재성의 철학, 특히 감각적 초월 개념과 일치한다.

이에 대한 상대적 대조로, G. H.가 연기한 수난극을 유목적으로 읽을 수 있는 가능성을 설명하겠다. 그녀와 곤충의 만남은 그녀의 경험 영역에서 공간과 속도의 변화를 나타낸다. 우리는 여기서 곤충과 같은 피부밑sub-cutaneous 감수성의 은유를 다루는 것이 아니라, 다른 신체들로 성장하거나 또는 다른 기관들을 기르는 것에 대해 다루고 있다. G. H.는 곤충 그 자체가 된다. 이것은 다른 단계들에서 발생하며, 또한 힘, 감각 또는 흐름의 새로운 영역들을 환기하는 다른 정도들에 해당한다. 관건은 다른 의식의 재현이 아니라 변형의 역동적 장으로 산산조각 나는 것이다. 들뢰즈와 마찬가지로 G. H.는 어떤 속성을 공유하고 그것들 때문에 서로 병합할 수 있는 단일한 개체성들인 '이것임'(Deleuze and Guattari 1987b)의 조우로서의 되기 과정을 정의한다. 이 과정은 무기체 되기, 원시적 물질 되기, '형언할 수 없는 것' 되기, '악령적인 것' 되기, '악마적인 것' 되기, '전前 인간' 되기로서 기술된다(p. 112).

G. H.가 마주친 공허는 사르트르의 무無와는 달리 상호연결성과 상호의존성의 현장이다. "내 사랑, 생명은 살아 있는 모든 것이 서로를 유혹하고 있는 하나의 커다란 유혹이다. 사람이 살지 않던 이 방은 최초 상태의 삶이 된다. 나는 공허에 이르렀고, 공허는 살아 있고 촉촉했다."(Lispector 1978: 73) 이 공허의 공간에는 여성의 성적인 함축이 있는데, 그것은 '살아 있고 촉촉한' 점액질 공간으로서 공허를 바라보는 것이다. 비체적 벌레와의 만남은 두 가지 형태의 물질인 G. H.와 바퀴벌레 사이에 있는 치명적인 종류의 유기적 친연성을 드러낸다. 둘은 상호적인 잔인성 속에 연결되어 있다. G. H.는 죽일 것이고, 그 죽임은 파괴의 몸짓만큼이나 연결하려는 몸짓이 될 것이다. 그녀가 바퀴벌레를 죽이자, 그 찌그러진 몸에서 하얀 물질이 흘러나온다. 마치 원시적인 마그마처럼, 불순물이 배

출되는 것처럼, 이 유기 물질은 불가피하게 쏟아져 나온다. 모든 경계의 위반을 표시하는 이 순간은 G. H.를 문명화된 행동의 경계선 밖으로 밀어내고, 뭉크의 그림 '절규'에 대한 확장된 논평처럼 읽히는 구절로 묘사된다.

이 만남을 통해서 인정되는 것은 그녀 자신의 전前 역사적 물질성이다. 살아 있는 모든 것의 비인간성과 살아 있는 물질에 대한 인간의 중심을 벗어난 위치에 대한 이러한 감각은 현실적인 것의 직접성에 녹아 있는 시간의 구조에서 상대를 발견한다. 그녀가 묘사하는 이 경험은 "세상은 인간이 아니다"(p. 81)라는 변신의 경험이다. 생물에 대한 이 뿌리 깊은 친연성은 이 계시의 놀라운 결과물이다. 그녀 속에 있는 생명의 부분은 그녀의 것이 아니다. 그녀는 문화적으로 여성성으로 구성되는, 감성적이고 실용적이며 다수로 묶인 심리적 실재였다. 이제 생명은 그녀에게 문명화된 중립성에서 벗어나기를 요구한다. 생명은, 무너지고 무너지면서 모든 것을 휩쓸어버리는 제방처럼 그녀로부터 터져 나온다. 그녀는 여성/소수자/곤충/지각할 수 없는 것 되기이고, 다수적이지만 이 과정에서 이보다 더 단일한 적은 결코 없었다. 생명의 회귀는 반복으로 묘사된다. "때로는 생명이 돌아온다."(p. 82) 돌아오는 이 생명은 단순히 표현되기를 요구하는 힘에 불과하지만 너무나 강렬하여 모든 것을 휩쓸어버리기도 한다. 인간이 생명 흐름에 불필요하다는 깨달음은 그녀를 두렵게 하고, 생명의 원기는 무섭다. 생명의 '감정화sentimentalization'는 이 생기를 덮고 공포를 분산시키기 위해 필요하다. 그녀는 감각적인 물질이 되기 위해 모든 관념을 잃는다. G.

H.는 이 과정에 대해, 타자의 탐욕스러운 소유가 아니라 애무하는 근접성으로서 시각을 정의하는 이리가레를 연상시키는 방식으로, 생식력의 은유를 사용한다. 그녀에게서 생명의 이 재발견은 인간의 초월성의 형태, 즉 재생의 힘에 있어서는 반카프카적이고, 생성력에 있어서는 여성적이나, 대문자 여성의 심리 성적 정체성을 넘어서는 형태를 취한다.

세계를 평화롭게 받아들이는 이 과정은 성가곡으로 묘사된다. 기도나 간구 없는 열정/수난의 순수한 표현이다. 이것이 바로 그녀의 초월성, 즉 급진적 내재로서의 초월성, 즉 그 속에 머무르는 길이다. 이것이 그녀가 '신'이라고 부르는 것이다. 신성은 존재의 기쁨/존재 내 기쁨의 순수한 표현이다. 죄의식이나 죄에 대한 감각보다 강하다. 이 과정에서 G. H.는 기독교 도덕을 뛰어넘는다. 따라서 그녀는 낙태와 임신을 생명 속에 존재하기, 중립적으로 존재하기, 물질 되기의 방법들, 즉 기쁨과 끔찍함으로서 기억한다. 그녀에게서 새로운 생명의 중단은 물질에 작용하는 물질로 묘사된다. 그것은 가치로부터 자유롭다. 이 지점에서, 그녀는 녹아서 지각할 수 없는 것이 된다. 그 모든 것들의 광대함과 거룩함에 직면하여, 그녀는 고개를 숙이고 숭배한다. 이는 타자에 대한 접근과 지각의 최고의 방식으로서 숭배이다.

리스펙토르의 '곤충/지각할 수 없는 것 되기'는 앞 장에서 분석한 이리가레의 감각적 초월과 유사하다. 이는 초월성의 젠더화된 문턱에서 작용하는 급진적으로 내재적인 주체성의 과정을 나타낸다. 이 과정은 생명을 신성한 것으로서 무신론적으로 재정의하는 결과를 낳는다. 즉, 되기에서 재결합된 조에와 비오스를 말한다. 나는 리스펙토르의 소설『G. H.에 따른 수난』을 여성-동물-곤충-지각할 수 없는 것 되기의 순서에 따라 분석하고 싶다. 나는 또한 되기의 과정과 그것을 표시하는 시간의 순서 모두의 젠더화된 성격을 강조했다. 해방된 여성과 이 공간 내부의 비체적 거주자 사이의 조우는 모든 생물의 공존성에 대한 그녀의 재인식에서 해소된다.

그러나 이는 또한 들뢰즈의 경험적 초월의 표현이다. 다른 의식의 층위들을 연결하는 강도들의 위도-경도의 범위에 대한 들뢰즈의 분석은 매우 적절하다. 그러나 되기의 미분화된 궤도에 대한 그의 주장은 확인되지 않는다. G. H.의 경우 이 과정을 표시하는 신체 부위 및 체액에 대한 교차 참조와 같이 그 진행 과정은 매우 젠더 특정적이다. 그것은 신체의 급진적 내재성이자 신체 내의 급진적 내재성이다. 그녀는 분자 되기 쪽으로 움직이지만, 지각할 수 없는 것 되기는 자신을 전 인간적인 것과 연결시키는 일종의 조명과 일치하고, 또한 포스트휴먼의 상호연결성을 향해 그녀를 가차 없이 투영한다. G. H.는 역동적인 원리로서의 우주와 하나가 된다. 그녀는 단지 그 안의 한 점에 불과하며, 그녀를 조직 원리로 만드는 강도로 불타고 있다. 그녀 안에 있지만 그녀에게 속하지 않는 이 힘의 광대함에 직면하여, G. H.는 단지 이 총체성을 숭배하면서 경배를 하고 경의를 표한다. 이 생명력은 팔루스로고스중심적인 지배력을 초과해 그 지배에서 놓이며, 그럼으로써 G. H.는 미분화된 것으로 용해되지 않고, '모든 여성의 여자', 즉 속도와 강도를 완전히 취하는 것 외의 다른 방법으로는 재현할 수 없는 젠더화된 인간성의 전체를 지닌 한 사람으로서 출현한다. 그 뒤에는 침묵만이 있을 뿐이다.

| 결론 |

그러나 리스펙토르의 되기의 이야기 안에서 벌어지는 변신에 대한 이 분석과 비교하면, 들뢰즈의 '여성/곤충 되기' 분석은 성적으로 미분화된 접근이라는 점에서 불충분하다는 것을 알게 된다. 내가 다시 한번 더 대담하게 제안하는 것은 들뢰즈가 어딘가 다른 곳에 '위치해' 있기 때문인데, 대안적 여성 주체성에 힘 기르기 하는 페미니스트의 주장에 가깝지만 이를 무시할 수 있을 만큼 거리가 멀다. 들뢰즈의 다른 추종자들은 동의하지 않을 것이고, 이데올로기적 형성 혹은 우리 사회 질서의 집단적 환상의 표현일 수도 있는 정체성과 여성성의 원리에 대한 나 자신의 몰적/도덕적 애착을 나타낼 수 있다고 내 말을 심지어 뒤집을지도 모른다. 뷰캐넌Buchanan(2000)은 성차에 대한 나의 애착을 중독의 문제라고 부른다. 만약 그렇다 해도, 나는 크게 반대하지 않는다. 그러나 나는 뷰캐넌의 입장이 들뢰즈의 입장과는 달리 상당히 분명하게 그 자신의 위치를 표현하며, 따라서 그의 관점이 편파적이라는 사실을 발견했다. 차이점은 그가 이를 인정하지 않는다는 것이다.

정치는 이론적으로 정보에 입각한 지도에 지나지 않기 때문에, 들뢰즈는 자신의 위상학을 끌어냈고, 그는 그것에 대해 충분한 자격이 있다. 페미니스트로서 나는 이것을 '위치의 정치'와 성차의 중요성을 확인하고 성들 사이의 비대칭적인 위치를 표시하는 것으로 본다. 우리의 체현된, 역사적으로 위치한 주체성들에서 기인한 위치 설정은 또한 우리가 그릴 것 같은 정치적 지도들과 개념적 도식들의 종류를 결정한다.

욕망이 의도적인 변형과는 반대로 정치적 변화의 효과적인 원동력이라고 믿는 들뢰즈주의자로서, 나는 들뢰즈의 사고에서 진실하고 긍정적인 모순을 경험한다. 이러한 모순은 팔루스로고스중심적인 전제에 기초한 정체성으로부터의 출구점에 대한 탐구가 성들 간의 비대칭을 의미하는 성차에 의해 영향을 받는다는 나의 믿음을 뒷받침한다. 결과적으로, 우리는 되기의 과정이 현대 기술 문화와 차이의 철학자들이 원하는 만큼 통일적이고 동질적이지 않을 수 있다는 가정을 해야 한다. 그러므로 여성 되기 혹은 곤충 되기, 벌레와 여자를 넘어서는 여성의 급진적인 변형 과정에 대한 마지막 말은 개념적이고 정치적인 기획으로서의 성차의 **실천**에서 나온 것일 수도 있다고 바랄 수 있을 뿐이다. 변신-자궁변형들은 이러한 변형적 실천의 개념적 핵심이다.

이것이 아무리 '몰적'으로 보일지라도, 나는 정동성의 특수한 형태들, 시간 순서, 설계할 수 있는 내재성의 판의 종류에 이르기까지 다수자성과 소수자성 사이의 비대칭성을 주장하는 것이 중요하다고 생각한다. 들뢰즈 **이후**의 사람들로서, 나는 또한 우리가 이 점을 심각하게 받아들이고 순차적으로 발전시키는 것이 중요하다고 생각한다. 내가 보기에, 소수자성—그 다양성에도 불구하고—이 들뢰즈가 옹호하고 있는 비주체적 의식의 일반화된 양태의 완벽한 원형을 이루고 있다는 진부한 주장에 빠질 위험에서 들뢰즈의 작업을 구하는 것이 시급해 보인다. 또는 권력 **그리고** 자격의 차이는 중요하지 않다는 것을 암시하는 외설에 빠질 위험에서도. 나는 단순히 여성, 흑인, 어린이, 곤충 또는 식물이 **그말이 생기기도 전부터**avant la lettre 리좀적이라거나 태초부터 유목적이었다는 것은 들뢰즈의 경우가 **아니라고** 생각한다. 그럼에도 불구하고 지나치게 단순화된 이 개념은 들뢰즈 수용의 현 단계에서 계기를 모으고 있다.[11] 나는 이것이 들뢰즈의 되기 개념을 잘못 읽고 있는 것일 뿐만 아니라, 내 생각으로는 착수될 필요가 있는, 그의 연구에 대한 진지한 개념적 비판을 방해하기 때문에 위험하다고 생각한다. 나는 지나친 단순화와 그에 따른 진부함이라는 이중 함정을 피할 수 있는 유일한 방법은 한편으로는 주인의 목소리를 독단적으로 반복하는 것이고, 다른 한편으로는 다수자와 소수자들 사이의 비대칭성이 되기의 전체 과정뿐 아니라 그 시작의 전제에 어떻게 영향을 미치는지에 대한 개념을 더 탐구하는 것이라고 제안하고 싶다.

여기서 중요한 것은 포스트모더니티라는 역사적 시대의 정치학의 정의다. 마수미의 표현대로라면 다음과 같다.

선진 자본주의에서 정체성의 경계가 빠르게 변화하고 있다. 사실 너무 빠른 나머지 심지어 주변화된 집단에 의한 특수한 정체

---

11 들뢰즈의 소위 철학적 오리엔탈리즘 혐의에 대한 페미니즘 비평은 다음을 참조하라. Grewal and Kaplan 1994.

성들의 어떤 결정체도 기껏해야 세계 자본주의 시대의 상대적인 정체 상태의 오아시스, 즉 불확실한 풍경 속에서 국경 지대가 지켜지는 지역적 재영토화에 불과하다. 정체성 정치에 의해 통합된 집합은 그 성공 때문에 그런 것은 아니더라도 즉각적인 의고주의인 것이다. (Massumi 1992: 209)

젠더, 성적 지향, 계급, 민족, 국적 또는 종교에 기초한 정체성의 모든 몰적 침전물은 사회 영역에서 실제로 일어나고 있는 정체성의 재형상화에 한 발짝 뒤처지는 운명이라고 주장하면서, 마수미는 재영토화된 토대의 '외부'에 더 많은 주의를 기울여야 한다고 주장한다. 시간성의 측면에서, 정체성의 통합은 되기의 과정을 방해하고 간섭하는 시간과 공간의 응집이다.

그러나 마수미는 많은 다른 들뢰즈주의자들을 괴롭히는 고결한 척하는 개념적 순수성을 피하고, 들뢰즈적 되기의 과정이 규범적인 관점이 될 필요가 없다는 것을 인식한다. 결과적으로 그것은 정체성 정치를 포기하거나 기본권을 위한 싸움을 중단하라는 명령을 수반하지 않는다. 또한 그것은 의식 고양에서 시민 불복종에 이르기까지 대립 정치에서의 투표에 대한 신뢰에 해당되지 않을 수 없다. 요점은 어느 한 지점에서 단순히 그 과정을 차단하는 것이 아니라 오히려 정치에 운동을 주입하는 것이다.

경계를 설정하고 재설정해야 한다. 경계는 임계점이 된다. "이것은 특수한 정체성의 정치를 포기하는 것에 대한 문제라기보다는 그것을 보완하고 복잡하게 만드는 것에 관한 문제이다."(Massumi

1992: 210) 이는 내적으로 차별화된 방식으로 과정이 지속적으로 진행된다는 인식에 해당한다. 이것은 또한 독창적인 또는 전략적인 모방의 전략을 통해서도 실현될 수 있는데, 그것은 원본을 본질화하지 않는 긍정적인 시뮬레이션이다. 요점은 자신의 정치적 과정의 변형적 영향을 목표로 하는 것이다. 나는 이 책을 통해 철학적 유목주의가 열정으로 설파하고 있는 것 같은 종류의 심층적인 변형적 정치를 위치의 페미니즘 정치가 시작했다고 주장해왔다. 시각화된 여러 다양한 장소를 집단적으로 재검토함으로써 잠재적 여성성을 긍정하는 페미니즘 전략이 한 가지 좋은 예다. 현재 집단적으로 생산되고 있는 새로운 특이점에 대한 대안적 형상의 생산은 또 다른 좋은 예이다. 이러한 대안적 주체 위치들은 그들이 체현하는 변형을 표현하고 자유롭게 부동하는 정동성으로 작용하는데, 마수미는 이 정동성을 끝이 없는 경향, 또는 자아 소모적이지 않은 비자본화 과정으로 묘사한다.

우리 시대에 진행 중인 변형들이 성차를 지우는 것이 아니라 단지 그것을 전치할 뿐이라는 나의 주장은 결론이자 동시에 새로운 출발이다. 이전까지의 변형들은 지금까지 이 책의 중심이었던 들뢰즈와 페미니즘 이론에 대한 논의를 최고조에 달하게 한다. 그러나 이번 장을 시작으로 나오는 새로운 가설로서의 변형들은 논의의 장을 변화, 변형 또는 변이에 대한 동시대 사회의 상상계의 분석 쪽으로 옮긴다. 나는 특히 여성-괴물-곤충-기술 축에 대한 분석에서 이 가설을 제기해왔다. 다음 장에서 나는 이 축을 상세히 설명하고 그것을 좀 더 전 지구적으로 분석할 것이다. 그렇게 함으로써,

나는 특히 기술 문화 내에서, 성 중립성이나 성적 무관심을 목표로 하는 경향에 반하여 성차의 역량과 지속에 대한 나의 결론을 명시적으로 내려볼 것이다. 그러나 나는 또한 포스트산업 문화에서 돌고 있는 퇴폐적이거나 허무주의적인 레퍼토리에 반대하면서 여성, 곤충, 기술을 연관시키는 기술애호적이고 긍정적인 방법에 대해 주장할 것이다.

차이를 가치 저하의 용어로 표현하는 습관이 서구 사상에 얼마나 깊이 뿌리박고 있는가를 생각해보면 그것은 상당한 공적이다. 정신분석 담론과 정신분석 페미니즘 담론에서 괴물스러운 타자는 대개 '비체'의 범주로 제시된다. 크리스테바가 주장하듯이, 비체는 잠재적으로 주체의 안정을 위협하는, 동화될 수 없는 타자이다. 이러한 불안정하게 만드는 요소들이 전복의 잠재적 자리로서 부정적으로 평가되든 긍정적으로 평가되든, 지속적으로 남아 있는 것은 이 타자들이 필요한 동시에 받아들일 수 없는, 부적절한 것으로서, 따라서 외계의 것으로서 구성되는 타자성의 변증법이다. 들뢰즈의 동물 되기는 이 모든 것에 도전하며, 주체와 주체의 상상계를 소수자 되기로 재형상화하는 작업에서 귀중한 도구다.

후기 포스트모더니티의 사이버 생태학적인 사회적 상상계의 중심에 놓여 있는 기술techno과 비오스와 조에의 불경스러운 결합이 감수성, 주체성, 행위자성의 전위를 불러오고 있다는 것은 분명하다. 내 생각으로는, 이러한 변화에 대한 적절한 재현을 찾는 것은 주인의 목소리에 대한 오이디푸스적 충성심을 통해서는 충족될 수 없고, 오히려 곤충 같은 수많은 음향 환경의 즐거운 불협화음에 의해 충족될 수 있는 도전이다. 나는 개념적 창의성을 위해 분명한 선택을 했다. 이는 다시 말해, 모든 육체화된 주체의 방식에서 질적 도약을 위해 두 걸음 뒤로 물러나야 할 것을 요구받았다는 것이다.

철학적 유목주의는 포스트휴머니즘의 한 가닥이다. 결과적으로, 나는 들뢰즈적 되기의 과정을 실행하기 위해서, 당신이 "내면의 아이 대신에 내면의 집파리나 바퀴벌레"를 기르는 것이 더 낫다고, "그리고 이 말이 단지 의인화하는 은유라고 잠시도 상상하지 말라"(Shaviro 1995: 53)고 제안하는 것이 옳다고 생각한다. 이러한 좌표들의 변화는 오히려, 깊이 변화하여 자기재현을 위해 이용할 수 있는 이미지의 레퍼토리를 우리의 육화된 기억에서 추출할 정치적, 개념적 필요성을 지적한다. 그것은 단순한 임의의 정체화의 전환이 아니며, 고의적인 자기 명명에서 더 이상 제거될 수 없다. 나는 차라리 그것을, 우리 몸의 표면에, 그리고 더 중요하게는 그 심리적 틈새와 신성불가침한 '경험'의 내적 주름에 문신으로 새겨진 의미화의 층들을 한 층 한 층 벗겨내는 과정이라고 표현하고 싶다. 뱀이 묵은 껍질을 벗듯 그 껍질을 잊어야 한다는 것을 기억해야 한다.

유추에 따르면, 그 과정은 이화異化[12]에 속한다. 예를 들어 가족 앨범을 교환하고, 전혀 모르는 사람의 앨범을 집어 들어, 그 안에서 친숙한 특질들을 찾는 것을 상상해보라. 그러면 당신은 **항상** 그 특질들을 발견할 것이다. 그 특질들을 인식하는 행위에서, 당신은 변하게 될 것이다. 좋은 정동성 혹은 상호관련성의 비인칭적 양태 안에서 특이성을 현실화한다. 버지니아 울프의 표현대로 "그것은

---

12 일상적인 대상을 다른 방식으로 제시함으로써 새롭게 인식시키는 것.(옮긴이)

어린 시절이 될 것이지만, **나의** 어린 시절은 아닐 것이다!" '나'는 내가 점유하고 있는 공간과 시간 일부의 주인이 아니다. '나'는 고무도장일 뿐이고 '나'는 실제로는 통과하고 있을 뿐이다. 그러나 조에는 운전자의 자리에 있다.

4장 사이버 기형학

"SF 영화에서 히어로는 맨 처음에 날아든다. 그는 맨손으로 강철을 구부릴 수 있다. 그는 무중력 상태에서 걸을 수 있다. 그는 납으로 된 문 너머를 투시할 수 있다. 그러나 아무도 그에게 어떻게 이런 일들을 할 수 있는지 묻지 않는다. 그들은 그저 말할 뿐이다. '봐! 그가 무중력 상태로 걷고 있어.' 따라서 당신은 인간의 본성을 다룰 필요가 없다."

로리 앤더슨, 〈미국〉

"기형들한테는 전설적인 자질이 있다. 당신을 멈춰 세우고 당신에게 수수께끼에 답하도록 요구하는 동화 속 인물처럼. 대부분의 사람들은 트라우마를 경험할까 봐 두려워하며 인생을 살아간다. 기형들은 트라우마를 안고 태어났다. 그들은 이미 인생에서 시험을 통과했다. 그들은 귀족들이다."

　지금까지 나는 두 가지 상호 관련된 개념을 부지런히 얻으려 해왔다. 첫 번째는 비판 이론의 카르토그라피적 실천이고, 두 번째는 비통일적 또는 유목적 주체에 대한 새로운 스타일이나 형태에 대한 갈망과 탐구이다. 내가 구축하고 있는 사례는 결코 선형이 아니라, 그 파장에 있어서 다면적인 거미줄 같은 것이다. 이러한 스타일은 위치의 정치에 따라, 즉 위치 지어져 필연적으로 부분적인 독자의 관점에 따라 감탄할 만하거나 완전히 이해하기 힘들다고 평가될 수 있다. 나는 작가를 텍스트의 의미에 대한 열쇠를 실제로 소유하여 텍스트를 결집시키는 통일적 개념으로 정의하는 것에 반대하면서, 독자들과 이와 다른 협정을 맺었다. 독자와 작가 간의 외견상 복잡한 이 대화적 교류는 무엇으로 귀결되는가? 나는 그 교류를 양쪽의 복잡성에 대한 관용의 상호 협약이라고 표현하겠다. 그렇기에, 내부적인 구별은 허용되어야 한다. 이제 중간 지점을 지난 나는 두 가지 강력한 유인 사이에서 갈팡질팡하고 있다. 첫 번째는 1장에서 비꼬듯 해설한 명료성 페티시즘에 대한 나의 저항감에도 불구하고, 자명한 투명성을 지향하는 것이다. 그러나 두 번째 유인은 유목적이고 유연한 접근을 위한 것으로, 독자들이 내 텍스트를 통과하는 자신만의 경로를 만들 수 있게 하는 것이다. 그리하여 가상의 손길로 독자들을 이끌어 목표와 의도의 개괄로 안내하지 않는 것이다.

　독자들에게 혼자서 해나가라는 이 호소가 무례한 것으로 받아들여지지 않도록, 독자들에게 다음을 상기시키고 싶다. 만약 이 책이 CD-ROM이나 인터넷 사이트였다면, 독자들은 주저하지 않고 개입할 것이고, 테크노 친밀도의 가장 내적인 수준에서 그것을 조작할 것이다. 독자들은 그것을 간단히 넘겨받아 훑어보고 선택하고 클릭하고 다운로드하고 인쇄하고 잘라내고 붙여넣기 할 것이다. 마치 가장 자연스러운 사건의 과정인 것처럼 말이다. 구텐베르크 은하계에 바탕을 둔 작가로서 나는 이중의 불리함을 느낀다. 첫째, 나는 1장부터 내가 옹호해온 저자—독자 공동의 유목적 감수성에 반하는 읽기 과정의 선형성에 대한 의무감에 사로잡혀 있다. 둘째, 나는 그 상황에 대한 나 자신의 좌절감을 극복하고, 개괄하고 요약하고 반복하는 데 필요한 인내심을 길러야 한다. 나는 결과적으로 최소한의 일련의 표지판을 제공함으로써 그렇게 할 것이다.

형상들에 관하여: 형상들은 선진 사회의 '글로컬한' 맥락에서 진행되고 있는 변화와 변형을 불러일으킨다. 정체성의 확립된 개념에 대한 빠른 변화율에 의해 야기된 전치 현상이 특별히 강조돼왔다. 형상들은 주체 자신의 내장되고 체현된 위치의 카르토그라피적 읽기를 표현한다. 이와 같이, 형상들은 억압적이면서 동시에 힘을 실어주는 종류의 관계라는 복잡한 망에 의해 사회적 상상계에 연결된다. 그러므로 형상의 관념은 정치적 문제뿐만 아니라 다음과 같은 인식론적, 미학적 질문 모두에 대한 해답을 제공한다. 어떻게 하면 새로운 사고 구조를 발명할 수 있을까? 개념적 변화는 어디에서 시작되는가? 그 변화를 가져올 수 있는 조건은 무엇인가? 과학적

328

합리성의 모델은 새로운 주관성을 표현하기에 적합한 기준의 틀인가? 예술적 창의성의 모델이 더 나은가? 그것이 사회적 상상계에 어떻게 작용하는가? 뮈토스나 로고스는 포스트모더니즘의 공백을 크게 뛰어넘어 더 나은 동맹으로 증명될 것인가? 이 논의에 대한 철학적 유목론의 구체적인 기여는 무엇인가?

전이들에 관하여: 비판 이론의 유목적 또는 리좀적 양태는 고정점이 아닌 과정을 설명하는 것을 목표로 한다. 이것은 다양한 지적 담론의 영역을 통과하면서 서로 다른 추론 영역들 사이에 들어가는 것을 의미한다. 오늘날의 이론은 '전이 중에' 일어나고, 나아가고, 통과하며, 사물들이 이전에 연결이 끊기거나 관련이 없어 보이는 곳에서, '볼 것이 없는' 것처럼 보이는 곳에서 연결 고리를 만든다. 전이, 이동, 전치는 또한 개념들 사이에 다리를 놓고 관계를 맺는 새로운 방식의 고안으로 나아가기 위한 노력을 의미한다. 사실 이자벨 스탕제르스Isabelle Stengers(1987)가 인식론적 유목론이라고 부르는 이 작업 방식은 적절하게 위치하고, '사이' 지대에 단단히 고정되어 있어야만 효과를 볼 수 있다. 그러므로 개념뿐만 아니라 과정에 대해 생각하는 방법을 배우는 것이 중요하다. 문제는 어떻게 경험 혹은 인식의 사이 지대와 영역을 재현하느냐 하는 것이다.

차이에 관하여: 차이는 문제이자 해결책이다. 이것은 변화나 변형을 가치 저하적 용어로 표현하는 습관과 관련된 도전을 의미한다. 이 장에서 나는 포스트모던 고딕, 즉 포스트산업 사회의 기형적인

사회적 상상계에 대한 나만의 카르토그라피를 제시하고자 한다. 나는 또한 정신분석 및 기호학과 함께 괴물적 형상에 대한 많은 표준 해석을 개괄할 것이다. 한편, 다음 장에서는 첨단 기술 사회의 사이버 괴물들에게 창의적인 방법으로 접근하는 유목적, 리좀적 방법에 대해 설명하겠다. 그 모든 것을 통해 나는 카르토그라피로 부터 철학적 유목주의의 중심 개념, 즉 체현성, 유물론, 성차에 대해 토론하는, 보다 형상적인 방식으로 서서히 진화해갈 것이다.

성차화된 되기들에 관하여: 이전 장에서 여성-곤충-기술 축을 분석하면서 나는 이 장의 핵심 질문인 '어떻게 그러한 재현을 생성하는 사회적 상상계를 평가할 것인가'에 대한 문제를 제기했다. 그것은 다수자의 뿌리 깊은 불안을 표현하는가, 아니면 작용하는 만큼 전복적인 소수자 되기의 다른 패턴들이 있는가? 이런 문화적인 경향에서 성차의 장소는 어디인가? 새로운 괴물들에게 희망이 있을까?

이러한 표지판들을 염두에 두고 계속해보자.

| 후기 포스트모더니티의 사이버 괴물들 |

포스트모더니티는 차이를 확산시키는 시대라는 점에서 악명이 높다. 여성, 민족적 또는 인종적 타자와 자연 또는 '지구-타자들'이라는, 근대적 주체의 반사적 보완물로서 평가절하된 '타자들'은 맹

럴히 되돌아온다. 이러한 타자들은 근대적 주체의 보충물인데, 근대적 주체는 행위자성 혹은 주체성의 감각에 포함시킨 것을 통해 자신을 구축한 것과 마찬가지로 그 감각에서 배제한 것으로도 자신을 만들었다. 주체성의 장치로서의 팔루스로고스중심주의는 표준화된 주류 주체에 의해 지배되는 계층적 척도에 따라 의미 있는/의미화하는 차이들을 조직함으로써 작용한다. 들뢰즈는 그것을 '다수자 주체' 또는 존재의 몰적 중심이라고 부른다. 이리가레는 그것을 '동일자', 즉 초인플레이션된, 거짓 보편적인 '대문자 그^{He}'라고 부른다. 전후의 사회적, 정치적 운동이 비판적 노력을 집중시킨 것은 '그'에 대항해서이다. 캉길렘의 표현에 따르면, 정상성은 결국 괴물성이 영도인 것일 뿐이다.

그러나 차이는 이론적 담론에서 가치 저하의 부정적인 용어로 표현됐다. 페미니즘 이론은 이것을 구조적으로 배제된 타자들을 먹고 사는 일종의 '형이상학적 카니발리즘'(Braidotti 1991)으로 묘사한다. 이 기능은 일탈적 타자나 괴물적 타자 같은 부정적인 차이의 형상들에 중요하다. 내가 이 장에서 주장하겠지만, 차이가 종종 번역되는 것은 사실 괴물성의 언어 속에서다. 이러한 가치 저하된 차이는 구조적이고 구성적인 기능을 충족하기 때문에, 전략적인 위치도 또한 점유한다. 그것은 결과적으로 지배적인 주체 위치 내에서 작용하는 복잡하고 비대칭적인 권력관계를 조명할 수 있다.

이러한 '차이들'의 확산은 더 이상 변증법적인 대립 양태에 들어맞을 수 없다. 예를 들어 여성운동은 팔루스중심 문화의 상징적 조직에 지울 수 없는 상처를 남겼다. 포스트식민주의 지평선으로부터 출현한 주체성들은 유럽 중심의 세계관을 탈피했다. 공산주의와 공산주의 이후의 민족주의뿐만 아니라 다양한 갈래의 근본주의는 모두 '위협적인 외계의 타자들'이라는 강력한 이미지를 만들어냈다. 이 과정은 자아-타자 이분법에 따른 가치의 분배를 혼란시킨다. 설상가상으로, 생태학적 재앙은 자연의 지배를 향한 욕동의 종말을 의미하는 반면, 기술혁명은 지배의 정보학이 위협하는 민주주의에 대한 접근과 참여의 문제를 해결하는 것을 더욱 시급하게 만든다.

정신분석학, 언어학, 민족지학의 새로운 비판적 담론들은 고전적인 철학 담론에서 위기의 징후이자 그 위기에 대한 대응이다. 위기는 또한 고전적 인문주의의 '타자들'의 출현을 표현한다. 예를 들어, 타민족이 민족학의 초점이듯, 체현된, 체험된 경험, 환상, 욕망에 대한 지시 대상으로서의 여성은 정신분석학 담론과 실천의 중심에 있다. 그리고 그 안에서 인간의 주체성이 구성되는 비언어적 틀로서의 환경은 단순히 이를 '자연'으로 코드화한 고전적인 재현 체계를 깨뜨리고, 보다 미묘한 형태의 조정을 요구한다. 현대의 생물학, 언어학, 인류학은 모두 '인간의 본성'을 어떻게 할 것인가 하는 문제와 싸우고, 어떤 면에서는 그중에서 담론 노동의 일종의 분과를 조직한다.

이러한 담론들은 근대성의 경계를 표시했던 '타자들', 가치 저하되고 종종 병리화되지만 구조적으로 필요한 '타자들'의 관점을 표현하고 체현한다는 사실에서 정확하게 파괴적이고 혁신적인 힘을 끌어낸다. 그러므로 이러한 타자들은 지배적인 주체성의 위기의 징후이자 완전히 새로운 주체 위치의 표현이다.

더욱이 후기 포스트산업 사회는 기존의 좌파들이 예상했던 것보다 훨씬 더 유연하고 '다양한 차이'의 확산에 적응할 수 있는 것으로 입증되었다. 이러한 '차이들'은 시장성이 있고 소비할 수 있으며 거래할 수 있는 '타자들'로 전환되고 구성되었다. 포스트산업주의의 새로운 산발적이고 다중심적인 권력관계는 다원적 차이의 마케팅과 소비주의의 양상에서 '타자들'의 존재, 문화, 담론들의 상품화를 초래했다. 대중문화는 이러한 추세의 믿을 만한 지표로서, 종종 '차이'의 새로운 식민주의적인 낭만적 전유의 형태로 '월드 뮤직', 즉 이국적인 것과 국내적인 것의 영리한 혼합물을 판매한다. 민족과 인종이 차이를 확산시키는 소비적 전유의 구성에 계속 큰 역할을 하고 있지만, 그 추세는 모든 정체성에 손댈 정도로 전 지구적이다. 초콜릿 칩 쿠키나 미국의 옛날 아이스크림을 아무 제품이나 가져가서 외국산 소리가 나는 이름으로 다시 포장하면 '글로벌 경제'라는 느낌을 받을 수 있다. 동시대 음악과 패션은 깔끔하게 딱 들어맞는다.

이러한 상황의 중요한 함의는 후기 포스트모더니티에서는 선진 자본주의가 상품화된 제품의 이동성을 주관하는 위대한 유목민의 역할을 한다는 것이다. 그러나 '자유 유통'이라는 일반화된 감각은 최대 이익이 보장된다면 원산지와 상관없이 재화와 상품의 영역에 거의 독점적으로 관련된다. 사람들은 거의 자유롭게 순환하지 않는다. 따라서 중요한 것은 이윤을 추구하는 상품 유통과 유목적 흐름을 동일시하는 경제적 착취의 논리를 드러내는 것이다. 기술이 포스트산업 사회의 사회적, 담론적 구조에 너무나 내재되어 있다는 점을 감안할 때, 기술에 특별한 주의를 기울일 가치가 있다. 비판적 관점에서 기술의 가장 두드러진 측면은 접근과 참여의 문제다. 전화선과 모뎀은 말할 것도 없고 전 세계에서 겨우 20%밖에 안 되는 가정에 전기가 보급되어 있음을 아는 사람은 새로운 전자적 국경의 '민주적' — '혁명적'이지는 않더라도—잠재력에 대해 궁금해할 수도 있다. 그러므로 새로운 첨단 기술 세계에 대한 접근과 참여는 세계적으로 불균일하게 분포되어 있으며, 젠더, 연령, 민족이 부정적인 차별화의 주요 축으로 작용하고 있다.

마수미는 포스트모더니티의 역사적 조건에 대한 정치적 분석(1998)에서 글로벌 자본주의를 모든 것의 피를 빠는 이익 지향적 믹스매치로 묘사하고 있다. 현대 자본주의는 '순환의 계층화'에 의해 기능한다. "그것은 기존의 형태에서 가치를 빨아들이지만 그 형태를 죽이면서 그 형태에 영원한 내세를 부여하는 것이다."(1998: 53) 미디어 산업은 상품화의 이 순환 논리의 필수적인 부분이다. 이미지는 자본의 심각하고 끝없는 영원히 죽은 원천인 영원회귀의 유령 경제를 구성한다. 이것은 또한 정신분열증의 일반화된 감각이 새로운 세기가 시작될 때 대부분 문화의 사회적 지평을 표시한다는 것을 의미한다. 나는 포스트모더니티의 조건은 모순된 추세의 동시 발생의 역설에 달려 있다고 주장하고 싶다. 예를 들어, 한편으로는 생활 방식, 통신 및 소비주의의 순응을 증가시키는 경제적, 문화적 과정의 세계화에 달려 있고, 또 한편으로, 우리는 또한 이러한 과정의 단편화를 보게 되는데, 구조적 부정의의 증가, 인구 다수의 주변화, 그리고 지역적, 국부적, 민족적, 문화적 차이의 부활이 지리 정치적 블록들 사이뿐만 아니라 그 안에서도 나타난 결과다(Eisenstein 1998). 기술은 여기서 주요한 요인이다.

사실상 '글로벌' 경제는 '글로컬' 효과이다. 소비될 수 있는 재화로서 차이를 포장하고 마케팅하는 데 있는 고도로 국부적이고 위치적인 현상이다. '글로컬한' 문화를 분석하기 매우 어렵게 만드는 것은 보다 일반적인 추세에 대해 고도로 국지적으로 나타나는 역설이다. 글로컬한 문화는 모호해지지만, 동시에 새로운 유형의 권력 분석을 요구하는 방식으로 '집'과 '어딘가 다른 곳' 사이의 경계를 유지하기도 한다. 기술적 포스트모더니티는 또한 주로 '포스트산업/탈식민지/포스트공산주의' 사회의 구조적 부정의와 불평등에 대한 것이기 때문에 개념적 창의성이 필요하다. 제1세계의 제3세계 되기에 관한 것인 동시에, 제1세계는 개발도상국의 착취를 계속한다. 이는 '법적' 경제의 쇠퇴와 세계 경제의 한 요소로서의 구조적 불법성—'코카인으로서의 자본'(Land 1995)이라고도 하는—의 증가에 관한 것이다. 그것은 기술 공간의 군국화에 관한 것이고, 또한 인간 생명의 무자비한 거래에 있어서 포르노의 세계화 및 여성과 아동의 매춘에 관한 것이다. 그것은 빈곤의 여성화와 여성 문맹률의 상승뿐만 아니라 인구의 다수, 특히 청년층의 구조적 실업에 관한 것이다. 이 사회 질서는 또한 인터넷과 환경 규제의 저작권 문제는 말할 것도 없고, 복사기 및 영상 녹화 기기 사용의 저작권법에서부터 대리모 및 인공 생식의 규제에 이르는 새로운 재생산권과 같은 현상에 대처하는 법률의 어려움에 관한 것이다. 권력에 대한 미시 관계의 이 광범위한 망은 푸코가 '생명 권력'이라고 부르는 것의 핵심에 있다. 이는 널리 퍼져 있으며 모든 것을 망라하는 감시와 과도한 규제의 체계로, 중심이 없고, 결과적으로 더 치명적이며 효과적이다.

나는 이러한 현상들의 경련적이고 약간 정신분열적인 동시 발생을 우리 시대의 독특한 특질로 생각한다. 차이들의 근접성과 준친밀성은 '타자들'을 소비의 대상으로 바꾸어, 변증법의 회전문을 우회하면서 안심시키기도 하고 위협하기도 하는 자질을 타자들에게 교대로 부여했다. 대신에, 우리는 불협화음을 일으키는 유목적 주체들의 지그재그 패턴에 진입했다. 유목적 주체를 추적하는 것은 비판 이론이 충족시키기 위해 시도하고 있는 가혹한 도전이다. 그러나 상품화된 차이의 확산의 시대에 차이의 긍정성을 표현하는 것은 변증법적인 사고 습관의 벽에 계속 부딪치는 개념적 과제이다.

도시화된 서구의 후기 포스트모더니티의 사회적 상상계는 기형적이거나 괴물적인 타자들에 잡혀 있다. 괴물, 그로테스크, 돌연변이, 완전한 기형들은 '포스트모던 고딕'으로도 알려진 포스트산업 도시 문화에서 널리 통용되었다. 그의 고전적인 분석에서, 레슬리 피들러Lesley Fiedler(1979)는 60년대 이후, 비록 아이러니하고 패러디적이긴 하지만, 기형들과의 강력한 관계를 즐기는 청년 문화가 진화했다고 지적한다. 페미니즘 문화도 예외가 아니다. 수전 손택 Susan Sontag(1976)은 60년대 문학과 영화의 기형에 대한 문화적 관심의 부활이 코니아일랜드의 유명한 불법 기형 쇼와 일치한다고 지적했다. 기형적 존재에 대한 물리적 억압은 그들에 대한 은유적인 소비를 촉진했다. 다른 멸종 위기에 처한 종들과 마찬가지로, 치안 상태가 매우 엄격한 영토에서 기형들을 쫓아내는 것은 대중 예술과 문화의 주제로서 이들의 상품화를 위한 허가증 역할을 했다.

이 장르가 큰 인기를 누린 원인 중 하나는 이러한 구조적 모호성으로 인해 멀티미디어 응용, 즉 시각화, 극화, 연속극화, 뮤지컬로의 극화(앤드루 로이드 웨버Andrew Lloyd Webber의 〈캣츠〉와 〈오페라의 유령〉)와 모든 종류의 비디오게임에 제공된다는 사실이다. 초기 영화들은 실제로 〈노스페라투〉와 〈골렘〉처럼 온갖 종류의 괴물들로 붐비고 있다. 주변부에서 주류로의 이동은 70년대에 W. P. 블래티W. P. Blatty의 〈엑소시스트The Exorcist〉(1971)와 아이라 레빈Ira Levin의 〈로즈메리의 아기Rosemary's Baby〉(1967), 〈스텝포드 와이프The Stepford Wives〉(1972)와 함께 일어난다. 스필버그Spielberg, 크로넌버그, 드 팔마De Palma, 캐머런, 린치Lynch, 카펜터Carpenter, 리들리 스콧Ridley Scott과 토니 스콧Tony Scott, 비글로Bigelow 등 차세대의 뛰어난 영화감독들이 도전장을 낼 준비가 되어 있었다. 관객들은 주로 베이비붐 세대였는데, 이들은 최초의 전후 세대로 TV와 끝없는 B급 영화들의 재방송과 함께 성장했다. 캐럴Carroll이 지적했듯이 (1990) 이들은 페미니즘, 시민권, 그리고 다른 중요한 사회적, 정치적 변화의 세대이기도 하다.

기형, 괴짜, 양성구유, 자웅동체는 다양한 '록키 호러 쇼'의 공간을 차지한다. 마약, 신비주의, 악마주의, 다양한 이름의 광기 또한 목록화되어 있다. 60년대에 〈살아 있는 시체들의 밤〉에서 로메로Romero에 의해 시각화된 살인과 카니발리즘은 80년대에 그리너웨이Greenaway에 의해 성애화되었고, 90년대에 이르러서는 〈양들의 침묵〉으로 주류가 되었다. 기형적인 반인반수나 짐승 형상의 인물에 끌리는 현재의 매혹에 대한 분석만으로도 한 권을 채울 수 있을 것이다. 예를 들어, 우리는 만화('닌자 거북이'), 〈스타트랙〉과 같은 고전적인 TV 시리즈, 음반, CD와 LP의 표지, 비디오게임과 CD-ROM, 비디오 클립, 그리고 컴퓨터로 만들어진 인터넷과 가상현실의 이미지들을 같은 추세의 추가 증거로 생각할 수 있다. 이것들은 음악, 비디오, 컴퓨터 문화의 부산물만큼이나 마약 문화와 연결되어 있다. 이런 문화의 상당 부분은 데이비드 보위의 혁신적인 〈지기 스타더스트〉 이후 만연해진 성적 불확정성을 즐기고 있다.

동시대 문화는 유전자 돌연변이 문제를 첨단 기술 연구소에서 대중문화로 옮겼다. 따라서 SF와 사이버펑크의 새로운 괴물의 관련성은 변신을 문화적 아이콘의 지위로 올린다. '변성된 상태'는 유행을 선도하고 있다. 비디오 마약은 현재 실제 마약과 경쟁하고 있다. 이 사이버 기형학은 또한 여성성과 괴물성 사이의 수 세기 동안 이어져온 관계에 새로운 변화를 준다. 현대 사이버 문화에는 사실 독특한 기형학적 재주가 있는데, 이것은 종종 단지 우주 공간으로 옮겨지는 것뿐인 새로운 괴물들의 확산을 통한, 괴물 타자들의 매우 고전적인 도상학적 재현이다. 유토피아적이든(〈미지와의 조우〉) 디스토피아적이든(〈인디펜던스 데이〉), 메시아적이든(〈E.T.〉) 악마적이든(〈에이리언〉) 은하계의 괴물 타자들은 오늘날의 미디어와 전자 국경의 상상계에 확고히 자리 잡고 있다. 〈툼 레이더〉 시리즈의 라라 크로프트는, 포스트 바바렐라(〈바바렐라〉)이자 또한 포스트

리플리(〈에이리언〉 시리즈)인, 그리고 철저히 고딕적인, 디지털 히로인 캐릭터 장르의 막을 연다.

상당히 주목해야 할 것은, 포스트에이즈 시대에 특별한 호의를 누리는 듯 보이는 레즈비언 뱀파이어와 다른 퀴어한 돌연변이를 포함한 뱀파이어, 복제 인간, 좀비 등 섹슈얼리티의 경계적 혹은 역치적 형상이라는 동시대의 경향이다. 이것은 '저급' 대중문화 장르뿐만 아니라, 앤절라 카터, 캐시 애커, 마틴 에이미스, 브렛 이스턴 엘리스Bret Easton Ellis, 페이 웰던과 같은 작가들이 증명한 대로 비교적 '고급' 문학 장르에도 똑같이 해당된다. 공포, 범죄 이야기, SF, 사이버펑크와 같은 장르의 확실한 성공은 또한 더 전통적인 버전의 인간보다 일탈자나 돌연변이에게 특혜를 주는 새로운 '포스트휴먼' 기술 기형학 현상을 가리키기도 한다. 주자네 베커Susanne Becker는 이러한 형태의 신고딕은 감정과 과잉이라는 사회적 의제 문제를 다시 다룬다는 점에서 포스트모던 조건의 해방적 잠재력을 표현하기도 한다고 주장한다. 그녀는 또한 "고딕의 끈질긴 성공 비결 중 하나는 젠더 관련성이다. 고딕은 매우 여성적이기 때문에 매우 강력하다"(Becker 1999: 2)라고 주장한다. 베커와 린다 허천Linda Hutcheon에 따르면, 이렇게 여성성을 담당한 일부는 과잉과 경계 흐리기로 이루어져 있으며, 이 모든 것은 고전적인 고딕 장르뿐만 아니라 펄프, 포르노, 패러디, 기타 저명한 포스트모던 하위 장르들의 경계를 넘는다. 이는 문화 비평을 향한, 젠더가 가득 실린 진지한 도전이 된다.

이 지점에서 페미니즘은 이 문화의 많은 부분을 차지하고 있다.

현대의 페미니즘 문화는 후기 포스트산업 사회의 다른 사회 운동이나 문화적, 정치적 실천만큼이나 열정적으로, 패러디적이고 역설적으로 사이버 괴물 우주와 연관되어 있다. 페미니즘은 우리 문화의 기형적 기술 상상계를 완전히 공유하고 여기에 적극적으로 기여하며, 1장과 2장의 욕망의 대안 패턴에 대한 논의에서 내가 주장했듯이, 혼종 및 돌연변이 정체성과 트랜스젠더 신체에 중점을 두고 있다. 사이버 페미니스트들은 신체 경계와 육체적 윤곽을 가지고 놀며, 친숙한 이미지를 엄청나게 낯선 형태로 재조립하는 시각적인 몽타주와 함께 이론적인 질문들이 어우러지는 그래픽 표면을 제시한다. 이는 포스트모더니티에서 여성성이 경합하는 위치에 대한 적절한 표현으로, 그리거스의 설명에 따르면, 재현할 수 없는 것의 등록부이다.

합리적 의식의 붕괴가 수반하는 것과 같은 말할 수 없는 것은 끊임없이 우리 주위에서 흐른다. (…) 그 붕괴는 여성 주체화의 성공적인 실패, 즉 여성 주체성들의 반생산으로서 작용한다. 말할 수 없는 것 너머에는 병적인 증상들, 즉 중독된 모체의 폭식 구토증, 팔루스 섭취를 거부하는 거식증, 느린 자살과 같은, 사회적 여성성에 대한 신경쇠약적 수용, 감각 절개를 통한 '실재' 지각 표상으로서의 사회적 신체의 자폐적 거부증만이 위치 지어지고 회복되고 지도화된 채 남아 있으며, 기억 신호들은 정동들과 사건들에 대한 단서와 불가해한 화면을 모두 제공하지만 재현될 수 없다. (Griggers 1997: 104)

흉내 낼 수 없는 스타일로, 그리거스는 고전적인 주체성을 해체하는 매우 격동적인 지대에 체현된 여성을 배치한다. 그리거스가 제공하는 정신병리학의 목록은 선진 포스트산업 문화에서 (대부분) 백인 여성성의 애처로운/전제적인 위치의 틀로서 기능한다. 이에 대한 자세한 내용은 2장으로 되돌아가 살펴보라.

70년대식 레즈비어니즘이라기보다는 트랜스섹슈얼한 상상계의 일종인 젠더 트러블이 페미니즘 문화에 들어왔다. '퀴어'는 더 이상 그들이 우리에게 경멸하도록 가르친 정체성을 표시하는 명사가 아니라, 정체성, 심지어 특별히 특수한 성 정체성에 대한 어떤 주장도 불안정하게 하는 동사가 되었다. 캘빈 클라인 광고 여주인공의 시크함과 케이트 모스와 같은 거식증 톱 모델들의 성공은 신체를 비체의 방향으로 패션화시켰다. 지금은 혼종 돌연변이 신체가 유행인 것 같다. 거식증과 무월경의 신체는 여성성과 그 불만이라는 세기말적 정신병리학적 증상으로서 히스테리를 대체했다. 어빈 웰시 IrvineWelsh의 『트레인스포팅』의 약물 중독자들의 비체는 거대한 문화적 반향과 전례 없는 성공을 만났다. 퀴어 섹슈얼리티, 마약, 사이버 기술의 제휴는 치명적인 외계의 신체 기계들이 포스트산업 도시 경관 전체에 바이러스처럼 퍼지는 환각적인 마약 영화 〈리퀴드 스카이 LiquidSky〉(1983)에서 발표되었다. 외계의 신체 기계들은 유혹하고 우주적 오르가슴을 유도한 다음 오르가슴 상태에 이른 인간을 죽여서 사라지게 한다. 외계인들은 오르가슴 동안 분비된 행복 생성 화학물질을 먹고 산다.

사도마조히즘 경향과 함께 더 차갑고 아이러니한 감성은 '더 이상 착한 여자는 없다'의 현대판이 된다. 마돈나가 사진집 『섹스Sex』 (1992)에서 주장하듯이 메이 웨스트[1]는 리베카 웨스트Rebecca West[2]를 대신하여 페미니스트 어머니가 됐다. 사이버 페미니즘은 모든 다양한 리좀적 변이들에 있어서 괴물적이거나 혼종적인 상상력을 촉진한다. 나쁜 여자들은 기형적 상상계 내부에 있다. 그리고 나쁜 여자들은 기형적 상상계를 전하거나 그것에 의해 전달된다. 워너의 표현대로 "록 음악에서, 영화에서, 소설에서, 심지어 포르노에서조차, 여성들은 자신들을 악마학의 암컷 짐승으로 파악하고 있다. 나쁜 여자는 우리 시대의 여주인공이고, 위반은 주요 오락물이다"(Warner 1994: 11). 근육을 단련하는 거인 닌자 돌연변이 바비 인형이 우리 앞에 있다!

메리 루소Mary Russo는 여성적 그로테스크에 대한 중요한 연구에서 1990년대의 기형에 대한 매혹을 주류 페미니즘 문화의 정상화하려는 규범적 요소에 대한 반작용이라고 보고 있는데, 이것은 세대교체와도 관련이 있다. 그녀는 80년대, 즉 1장에서 내가 '성 논쟁'이라는 용어로 분석한 기간 동안, 미국의 페미니즘은 보수적 백래시와 페미니스트 여성에 대한 미디어의 부정적인 묘사에 대응하여 규범화의 과정에 들어갔다고 주장한다. 주류에서 소외되고 배제되는 것을 두려워한 페미니스트들은 "이상한 자들, 위험한 자들, 소수자들, 극단적인 자들, 무법자들, 외계인들"(Russo 1994: vii)을 거부하도록 하는 안심 전략을 채택했다. 이렇게 해서 기형이나 괴

---

1 미국의 배우, 극작가, 각본가.(옮긴이)
2 영국의 작가, 언론인, 문화비평가.(옮긴이)

물은 오늘날의 정치적 상상계에 있는 그로테스크와 겹치게 된다. 90년대가 이러한 범주를 재전유한 것은 "'흑인' 또는 더 최근에는 '퀴어' 같은 단어들이 지배 문화의 관리하에 있는 낙인 기능에서 벗어나는 강력하고 역사적인 우회, 수치에서 긍지로 이동하는 것으로 흔히 묘사된 궤적에 필적하는 해체주의적인 전환이다"(Russo 1994: 76). 크리스테바와 바흐친Bakhtin의 이론적 연구에 의지하여, 메리 루소는 여성적 그로테스크를 위반의 장소, '탁월한 공포의 지대'(1994: 10)라고 정의한다. 이는 과도하고 위험하고 비체인 자들의 카니발적인 문화의 표현을 통해 후기 포스트모더니티의 정치적 무의식에서 억압된 것이 귀환하는 것을 나타낸다. 루소에게 기형은 육체적인 사회 정치적 범주로서의 그로테스크와 겹친다.

괴물적이거나 기형적인 상상계는 테크노 문화 현상을 중심으로 일어나고 있는 사회적, 문화적, 상징적 변이를 표현한다(Penley and Ross 1991a). 시각적 재현 체제는 그 중심에 있다. 푸코가 '생명 권력' 이론에서 탐구한 파놉티콘적인 눈으로부터 텔레비전, 감시 카메라, 컴퓨터 스크린의 유비쿼터스적 현존에 이르기까지 편재하는 권력을 규정하는 것은 동시대 기술의 시각적 차원이다. 진행 중인 전자 혁명이 정점에 도달하면서, 이 비체현적 응시는 친밀성의 정도가 증가하며 우리와 공존하는 가상 공간과의 충돌을 구성한다는 것이 꽤 분명해지고 있다. 이러한 맥락에서 페미니즘 분석은 '시각적 정치'(Vance 1990)와 특히 생명공학 분야에서의 시각화의 정치(Franklin, Lury and Stacey 1991)가 즐거움을 주지만 동시에 위험하기도 하다는 것을 우리에게 일깨워주었다. 시각화의 힘에 대한 강조는 허무주의 포스트모던 미학의 이론적 대가들(Kroker 1987; Baudrillard 1995)에게 육체적인 자아를 단지 재현의 표면으로 환원하고 가상적 체현성에 대한 일종의 행복에 겨운 환영을 하도록 장려하는 반면에, 페미니즘의 반응은 더욱 신중하고 양가적이었다. 그것은 신기술의 잠재적으로 일방적인 적용과 자유화 둘 다를 강조하는 것으로 구성된다(Haraway 1991; Sofia 1992). 페미니스트들은 우리의 기술적 우주의 복잡성과 모순에 대해 정의를 내릴 동시대 여성 주체성의 형상화를 발전시킬 필요가 있다고 주장한다. 이에 대해서는 다시 논하겠다.

│ 동시대 SF 장르 │

"SF는 동물, 식물, 광물 되기로부터 박테리아, 바이러스, 분자, 지각할 수 없는 것 되기로 발전해왔다."

들뢰즈와 가타리, 『천 개의 고원』, p. 248.

현재 일어나고 있는 변화와 변형에 대한 적절한 문화적 실례를 찾기 위해서는 SF, SF 공포, 사이버펑크 같은 주변적, 혼종적 장르는 아니더라도 '소수' 장르를 참조할 필요가 있다. 나는 또한 소수 장르가 문화, 체현, 되기에 대한 들뢰즈의 연구를 시험하고 적용할 수 있는 훌륭한 분야를 제공한다고 생각한다. 들뢰즈는 이들 텍스트의 유목적인 힘에 대해 칭찬할 때 SF 장르의 중요성을 인정하는

데, SF는 정말로 전치, 파열, 비연속성이 전부다. 게다가 '하위문화' 장르로서 SF는 또한 미학적 또는 인지적 종류의 거창한 가식으로부터 다행히도 자유롭기 때문에, 결국 다른 것보다도 더 정확하고 정직한 현대 문화의 묘사, 더 자의식적으로 '재현적인' 장르(예를 들면 다큐멘터리와 같은)가 된다.

더욱이 내가 이 책을 통해 계속하고 있는 주장, 즉 가치 저하적인 의미를 지닌 차이의 소비와 구축을 전복시키려는 방식으로 혼종, 괴물, 비체, 외계의 타자들에 대한 긍정적인 사회적, 문화적 재현을 모색하는 것을 목적으로 하여, 나는 SF 장르가 해러웨이가 "괴물들의 약속"이라고 정동적으로 묘사한 것을 탐구하는 이상적인 온상을 제공한다고 생각한다. 이 절에서 나는 SF 텍스트 및 영화와 들뢰즈의 되기 이론의 관련성[3]에 대해 강력하게 논쟁하는 한편, 이러한 과정의 성차화된 성격의 문제에 대해서도 그와 논쟁할 것이다. 나는 또한 성차화되지 않은 '되기들'이라는 그의 생각에 젠더 특수성 패턴들에 대한 중요한 증거를 지적함으로써 도전할 것이다.

가장 보수적인 논평자들조차도(Smith 1982) SF가 진지한 철학적 내용과 뚜렷한 도덕화 경향을 가진 관념들의 문학이라는 것을 인정한다. 그러나 보수적인 비평가들과 다른 비평가들 사이의 경계선은 환상 장르, 마술적 장르, 엄격한 SF 장르 사이의 관계에 관한 것이다. 따라서 스미스는 "인간이 뚜렷한 이유 없이 바퀴벌레로 변형되는 유형인 부조리 문학, 실존주의 문학은 SF로서의 자격을 갖

---

3 이 점에 대해서는 White 1995도 참조하라.

추지 못한다"(Smith 1982: 9)고 주장한다. 나는 이 환원적 접근법과는 달리하기를 부탁하고 싶다. 이것은 토도로프가 모범으로 삼은 전통적인 판단 기준을 상기시킨다. 즉, 환상 문학일지라도 인간주의적 세계관의 형태학적 정상성과 도덕적 규범성을 심각하게 위협해서는 안 된다. 변신들이 청결하고 통제가 되는 한, 즉 인간 중심적이고 도덕적인 한 괜찮은 것이다. 나머지는 모두 진지하게 고려할 필요가 없다. 나는 대신에 SF가 인간 중심에서 벗어나도록 우리의 세계관을 전치시키고, 동물, 광물, 식물, 외계, 기술 세계들과 함께 연속체를 정립해낸다는 생각을 옹호할 것이다. 그것은 포스트휴머니즘, 생명 중심 평등주의를 가리키고 있다.

　　로리 앤더슨이 재치 있게 표현했듯이, 이 장르의 반인간중심주의는 '인간 본성'과 그 정신적 레퍼토리에 대한 질문과 함께 이 장르가 빠르게 확산되도록 하여 다른 가능한 세계의 탐험으로 나아가게 한다. 인간과 공통적으로 연관된 감정은 텍스트 전체에 분산되고 확산되는 만큼 제거되지 않는다. 로버트 숄스Robert Scholes(1975)는 이 기법이 잠재적으로 혼란스럽지만 종종 활기를 주면서 거리 두게 하는 감각이나 익숙한 것으로부터의 괴리를 작동시킨다고 주장해왔다. 따라서 SF는 우리 문화와 우리 시대의 위기를 반영하고 심지어 확대하며 그것의 잠재적인 위험들을 부각시키는 수단을 가지고 있다. 숄스는 위기 상황에서 상상력이 발휘하는 예지력과 교훈적 역할에 높은 가치를 둔다. 그는 SF는 '우화'라는 기존의 전통에 따라 미래를 들여다보고, 인지적으로 중요하고 도덕적으로 적합한 결론을 도출하는 위험을 무릅쓰는 장르라고 강력하게 주장한다.

숄스는 SF를 '구조적' 우화, 즉 (독단적인 것과 반대되는) 반사적 양태의 하위 장르 및 교훈적인 모험담romance에 가까운 것으로 정의한다. SF는 과학의 강한 영향을 받고 있고, 분명한 도덕적 어조로 물들어 있으며, 독자들에게 꽤 많은 상상력을 요구한다. SF는 사물을 다르게 상상하려는 시도에 대해 모든 책임을 받아들이고, 따라서 자신의 상상적 비행에 대해 일종의 인지적 책임을 부과하는 장르다. 이와 같이 SF는 사회뿐만 아니라 진보하기 위해 상상력과 반사성이 필요한 과학에도 이롭다.

테레사 데 라우레티스는 "서사화와 공존하고, 의미를 전체화하려는 경향에 반하는"(1980: 160) 매우 명확한 텍스트적 과정이라는 관점에서 SF의 긍정성을 옹호한다. 이러한 점에서 데 라우레티스는 푸코의 말을 인용하여 동시대 SF가 유토피아와 디스토피아 사이의 화해할 수 없는 고전적 갈등을 넘어, 그 대신 주체의 통일적 개념 해체를 시사하는, 상호 간 기반을 약화시키는 의미 체계가 공존하는 헤테로토피아heterotopia 쪽으로 나아갔음을 시사한다.

덜 고상하지만 SF 장르의 진지함을 똑같이 확신하는 프레드릭 제임슨Fredric Jameson은 그 속에서 엉뚱한 상상력이 발휘될 수 있는 지배적인 역할을 정확하게 중시한다. 이는 SF가 플롯 자체 수준에서 우리 문화의 두려움과 열망 모두를 극화하게 한다. '서사의 야생적 사유narrative pensée sauvage'의 망인 관념, 서사, 환상, 기억, 기대의 광대한 네트워크로서 '정치적 무의식'(Jameson 1981)에 대한 생각에 기반한 제임슨은 SF가 문화적인 생산뿐만 아니라 사회 분야도 구조화하는 힘을 가지고 있다고 주장한다. 제임슨(1982)은 특히 SF에 대해 쓰면서, 문화뿐 아니라 '수준 높은' 이론과 과학에 있어서 상상과 환상의 인식론적 우위를 찬양하여, 이 둘의 구별에 도전한다.

동시대 SF와 19세기 SF를 구별하는 것은 유토피아적인 시나리오를 제시하기보다는 현재 일어나고 있는 빠른 속도의 변화에 대한 우리의 괴리감을 우리에게 다시 반영한다는 것이다. 즉 SF는 가능한 미래를 꿈꾸는 것이기보다는 '지금 여기'를 탈친숙화하는 것이다. 그것은 불안을 반영하기도 하고 유발하기도 한다. 제임슨은 이를 미래에 대한 '생각 불가능성', 즉 유토피아의 죽음으로 요약하고 있는데, 이는 선진 자본주의의 문화적 논리로 이해된 후기 포스트모더니티의 표시다. 동시대의 상상력은 빈곤하여 깊은 불안의 틀 바깥에서는 차이에 대해 생각할 수 없다. 따라서 SF는 우리 자신의 한계, 우리 시대의 문화적, 이념적, 기술적 폐쇄성을 반영하는 수단이 된다. 이렇게 SF 텍스트들은 그 자체의 한계와 상황을 반영한다는 점에서 자기 참조적이다. SF 텍스트들은 전체 문화 그 자체를 향한 근본적인 불신감을 반영하고, 따라서 오늘날의 대규모 사회 변혁에 직면한 선의의 진보주의자들에 대한 의심을 반향한다.

일례로, 정치적 무의식에 대한 프레드릭 제임슨의 영향력 있는 생각은 현재에 대한 '인지적 지도 그리기'라는 개념을 교육적 정치 문화와 결합시켜 총체적인 효과를 만들어내려는 시도를 하고 있다. 이에 있어서 정신분석학의 역할은 상당하다. 제임슨은 프로이트의 방법론적 체계를 적용하고 (사회적이든 문학적이든) 텍스트들에서 잠재적 의미와 명시적 의미를 구별하려고 한다. 그러므로 정치적 무의식은 숨어 있는 잠재적 의미 덩어리를 가리킨다. 즉, 그것은 명시할 수 있고 또 명시돼야 하는, 아직 명백하게 나타나지 않은 물질의 하부 구조이다. 그런 다음 제임슨은 프로이트 정신분석에 따라 문화적 서사의 메커니즘과 개인의 무의식적 작용에 대한 이러한 의미들을 지표화한다. 이는 문화의 축적된 텍스트들이며 비판적 분석에서 재구성될 수 있는 파편들의 집합에 깊고 비밀스러운 통합을 제공한다. 헤겔과 마르크스의 유산은 제임슨의 연구에 긴 그림자를 드리우면서, 잠재된 의미를 드러내는 고전적인 변증법적 방법 쪽으로 그의 해석의 개념을 기울인다. 제임슨이 자신의 '반선험적 해석 모델'(1981: 23)과 들뢰즈와 가타리의 반해석 모델 사이에 개념적 유사성을 그려내려는 후속 시도는 내 생각으로는 납득이 가지 않는다.[4] 제임슨은 그 파편을 칭찬하고 있으며 동시에 그것을 좀 더 비통일적인 플롯 안에서, 그리고 사실은 전체를 반영하는 부분들의 단일한 이론적 틀 안에서 재조립될 필요가 있는 공포의 비체로 구성하고 있다.

그 결과, 제임슨의 '정치적 무의식'은 자본주의 발전의 역사적 해석에서 확고하게 지표화된 또 다른 주인 서사가 된다. 나는 그의 단일한 선형적 사고방식이 특히 동시대의 복잡성에 적합하지 않다는 것을 알았다. 사실 카르토그라피는 현재에 대한 정치적 정보를 가진 지도라는 점을 감안할 때, 이는 일차원적인 것이 아니라 온갖 종

---

4 이 부분에서 나는 제임슨을 들뢰즈적 추상 기계 또는 도식에 접목하려는 이안 뷰캐넌의 모험적인 시도에 강력하게 이의를 제기한다.

류의 논쟁과 불협화음을 불러일으키는 해석이다. 불협화음의 주요 축은 성차, 젠더, 민족, 연령, 종교, 국가 정체성, 사회 계급, 교육에 대한 접근성이다. 이러한 불협화 차이들의 확산은 철학의 유목적 실천을 복잡하고 다층적인 권력관계의 망으로 만들어, 양자 간 그리고 보통 이항적 또는 이원적 상호관계를 깨뜨린다. 나는 마르크스주의적인 사회 분석 방식은 이원론에서 벗어나지 못하며, 어떤 면에서는 특히 '이데올로기'와 '과학' 사이의 대립에서 괴로운 확신을 가지고 이원론을 재언명한다고 생각한다.

따라서 제임슨은 들뢰즈의 선례를 따르겠다고 주장하지만 파편과 전체 사이의 관계에 대한 그의 총체적인 시각에서 그는 완고한 마르크스주의자로 남아 있다. 나는 SF나 다른 어떤 텍스트에도 세계사와 개인의 심리 과정들의 동시적인 배치에 의해 공개되거나 밝혀질 주인 플롯이 없다고 생각한다. 프로이트의 리비도적 운명이나 마르크스의 목적론적 과정보다는 우연한 만남들의 단편과 집합, 그리고 사건들의 임시 교차점, 들뢰즈의 교차 지점이 있을 뿐이다.

따라서 용어에 있어서 아무리 들뢰즈와 가깝더라도 제임슨의 기획은 유목론과는 개념적으로 그리고 정동적으로 다르다. 제임슨은 후기 포스트모더니티의 사회 경제적인 문화적 조건 분석에 근대 철학을 적용한다. 그는 유목론의 통사가 아닌 어휘를 채택한다. 포스트구조주의는 상대주의의 방종이나 공황증의 히스테리 또는 우울증의 의심스러운 사치에도 빠지지 않고 단편과 불연속성을 즐긴다. 포스트구조주의는 형이상학적 내부성의 유령, 즉 잃어버린 현존의 '유령론'을 배격하는 실용 철학이다. 포스트구조주의는 특히 영원히 뭔가 다른 것, 즉 결코 '거기' 있지 않으며 어쨌든 결코 '그것'이지 않은 것을 지칭하는 기표의 횡포를 거부한다. 발터 벤야민Walter Benjamin이 나치가 그를 자살로 몰아넣기 전에 이에 대해 명쾌하게 표현했듯이, 당신은 당신이 보는 것을 얻을 뿐이요, 당신이 보는 것은 단지 진보라고 부르는 파편 더미일 뿐이다.

재앙의 상상계

노엘 캐럴(1990)의 주장처럼 SF 공포 영화의 장르가 문화적 규범들의 동요에 바탕을 두고 있다고 한다면, 그때는 위기와 변화의 상태를 재현하고 우리 시대의 널리 퍼진 불안을 표현하기 위해 이상적으로 배치된다. 이와 같이, 이 장르는 그것이 반영하는 변형만큼이나 막을 수 없다.

현재의 괴물성에 대한 매혹의 징후는 흔히 '포스트핵의 감수성'(*Diacritics* 1984)의 역사적 현상과 연결될 수 있다. 에이미스, 애커, 웰던, 러스Russ, 카터 같은 중요한 작가들은, 내가 생각하기에 동시대 문화의 괴물적 상상계를 조명하는 설명들을 제공했는데, 그들은 이 괴물적 상상계를 포스트핵 시대의 곤경과 직접적으로 연결한다. 이러한 변화를 보여주는 역사적 요인은 과학과 기술인데, 이것들은 인간의 완벽성을 목표로 하는 목적론적 과정에서의 선도적인 원칙과는 거리가 멀 뿐 아니라 '넘쳐흘러' 우리의 현재와 미래에 대한 영구적인 불안의 원천으로 변모했다. 핵 재앙에 대한 '사유 가능성'은 공포의 거의 하찮은 인기를 만들어내는데, 이는 미래에 대한 사유 불가능성과 연결되어 있다. 돌연변이의 이미지로 가득 찬 상상계의 세계는 자연주의 패러다임의 확정적 상실보다 훨씬 더 많은 것을 나타낸다. 즉 이러한 상상계는 또한 우리 문화가 역사적으로 멸종에 대해 사색하도록 운명 지어졌다는, 이전에 말할 수 없던 사실을 전면에 내세운다. 바버라 존슨Barbara Johnson은 데리다적 관점에서 유사한 주장을 펼친다. 존슨은 메리 셸리Mary Shelley의 『최후의 인간The Last Man』에 대한 논평(Johnson 1980)에서 미래의 죽음, 마지막 인간의 멸종에 대한 사색은 동시대 문학의 가능성의 조건이라고 생각한다. 자신이 아마도 역할하지 않을 미래를 재현할 수 있다는 것은 독서를 즐기는 행위 자체를 독자들에게 확인시켜준다. 텍스트는 우리 자신의 죽음에 대한 사유 너머로 우리를 투영한다.

이 '종말론적 상상력'(Ketterer 1976)은 이렇게 종교적이고 도덕적인 주제들을 다룬다. 이 장르의 고전적 정의에서 수전 손택은 SF를 재난의 상상력 및 파괴의 미학과 연관시킨다. "파괴적인 재앙 속에서 난장판을 만들면서 발견할 수 있는 특이한 아름다움."(Sontag 1976: 119) 재해의 규모가 광범위할수록 더 좋다. 그래서 SF 장르를 공포 영화와 겹치게 만드는, 잔인함에 대한 내재된 감각이 있다. 손택은 사실 비체와 비정상적인 신체들의 전시, 즉 "공포와 혐오에 대한 자극과 다양한 비율로 결합되어 있는 기형적인 것에 대한 우월감이 도덕적 양심의 가책을 풀어주고 잔인성을 즐길 수 있는 것으로서 가능하게 한다"(Sontag 1976: 122)고 주장한다. 즉 SF는 매우 단순하고 고도로 도덕적인 틀 속에서 고통과 파괴의 즐거움을 제공한다. 그것은 보통 과학과 기술, 특히 핵을 불안과 악의 근원으로 간주한다.

역사적으로 핵폭발의 실제 사건은 전 세계의 일부 지역에서만 일어났지만, 핵무기의 증강은 그 자체로 문제가 되고 있다. 한편 핵 상황의 유독성 폐기물과 다른 오염의 부작용은 유전적 결함 및 기타 선천적 기형을 증가시켰다. 기형독성학teratoxicology(Glamister 1964)은 생화학적으로 유도된 선천적 결함과 돌연변이를 다루고 맨해튼 프로젝트[5] 이후 경과를 모니터링하는 분자생물학의 분과다.

포스트핵 문제의 정치 경제와 재난에 대한 사유 가능성의 심도 있는 분석에서 조에 소피아Zoë Sofia는 매우 기탄없이 말한다. "무언가에 대한 사유 불가능성은 순진하게도 사유되지 못했다. 거의 최근의 미국 정치 담론에서 멸종 문제의 두드러진 부재는 모호한 상징들로 멸종에 대한 불안을 응축하고, 그것을 다른 정치적, 도덕적 문제로 전치시키면서 유지되었다."(Sofia 1984: 47) 소피아는 미국 뉴라이트의 낙태 반대 단체들의 정치 운동과 태아의 인간 여부에 대한 생각과 함께 태아의 생명에 대한 SF적 재현들을 읽는다. 이 놀랄 만한 비교 독서는 태아에 초점을 맞춘 문화 실천의 목표 중 하나가 군산복합체의 결과인 현재 세계에서 성장하고 있는 몰살 관행으로부터 우리의 주의를 분산시키는 것임을 보여준다. 조에 소피아는 핵 무장의 죽음의 문화, 방사성 폐기물 등 유독물질의 축적, 환경 위기 등을 계속 방치하면서 낙태와 생식의 문제에서 '생명에 대한 권리'에 그토록 신경을 쓰는 동시대 문화의 모순을 지적한다.

---

5 2차 세계대전 중에 미국이 주도하고 영국과 캐나다가 공동으로 참여했던 핵폭탄 개발 프로그램.(옮긴이)

소수의 태어나지 않은 아기들에 대한 억압이라고 널리 알려진 광경은 이 지구 행성 전체 생물체 멸종의 훨씬 더 크고 극적인 가능성을 모호하게 하도록 허용하는 듯 보인다. 다시 말해, 비오스는 중심부의 우파라는 정치적 담론 안에서 조에를 지배한다.

SF의 일부 불안하게 하는 특질, 즉 친숙함과 괴리감의 혼합이 주요 특징 중 하나로 등장한 것은 불안 수준에 비례하여 증가하는 일종의 공간과 시간의 응축에서 거시적 사건을 미시적 사례와 결합시키고 있기 때문이다. 스튜어트Stewart는 공포 장르처럼 SF는 공간적으로 혼종성과 경계성을 다룬다고 주장한다. SF적 장면은 종종 지하 감옥(일부 지하, 일부 동굴), 늪(일부 흙, 일부 물), 숲(일부 정원, 일부 황야) 그리고 가장 중요하게는 교외의 가정(일부 집, 일부 지옥)에서 일어난다. 주자네 베커는 이를 간결하게 표현한다. "고딕 공포는 가정의 공포, 가족의 공포다. 그리고 일상생활의 명백히 '젠더화된' 문제들을 정확하게 다룬다."(1999: 4)

마수미(1992)는 선진 자본주의의 정치 경제 분석에서 불안의 관리와 공포의 편재성을 핵심 요소로 보고 있다. 그는 들뢰즈와 안토니오 네그리Antonio Negri의 말을 인용, 이를 '사고 형식accident-form'이라고 정의하고 있는데, 이것은 새로운 세계의 무질서에서 동시대 주체의 위치를 규정하는 사고를 말한다. 마수미는 이데올로기의 쇠퇴를 배경으로 공포와 불안의 논리를 요약하는데, 이는 하나의 이데올로기(자본주의)의 다른 이데올로기(공산주의)에 대한 타도가 아니라 오히려 이데올로기의 패배 자체를 의미한다. 특히 1989년 냉전이 종식된 이후 새로운 상황이 생겨났는데, 이는 자유와 전제주의 사이의 이항 대립이 쇠퇴했음을 보여주는 것으로, 레이건과 부시는 악의 제국에 대한 민주주의의 투쟁이라고 칭송했다. 적은 더 이상 바깥에 있지 않고, 지금 내부에 있으며, 우리가 냉전이라고 부르던 것이 국내 전선으로 이동했다. 즉 테러리즘은 현대의 지배 방식이다. 테러리즘은 무작위적인 폭력에 의해 작동한다. 치명적인 타격을 가하는 총탄은 문자 그대로 어디서든, 언제라도 그리고 아무나 공격할 수 있다. 그것은 무작위적인 사격, 공포의 정치 경제를 정의하는, 재앙으로서의 사고다. 즉 인공적으로 엔진에 설치한 폭발물 또는 콩코드의 경우처럼 마모된 타이어 때문에 비행기가 추락한다든지 하는, 시공간 어느 시점에서나 임박한 재난의 위협인 것이다.[6] 안전이 우리 삶의 곁을 떠난 것 같다. 우리 아이들은 어떻게 될까?

마수미가 날카롭게 지적했듯이, 사고는 임박하는 것이지만 또한 내재되어 있고, 지금 여기, 가장 친숙하고 가장 친밀한 것과 혼합돼 있다. 즉 대재앙의 순간에 거시와 미시가 일치한다. 일반적인 재난 감각은 정체성과 친족 관계의 확립된 패턴의 붕괴를 동반한다. 이제 적은 더 이상 하나가 아니고, 도처에 적이 있을 수 있는 무한한 가능성이 있다. 공포의 경제에서 적은 잠재적이게 되었고, 그리하여 현실화를 기다리게 된다. 적은 아이, 여자, 이웃, 에이즈 바이러스, 지구 온난화 또는 컴퓨터 고장일 수 있다. 적은 한 번에 많은 청구서를 넣을 수 있는 원형이자 일반 범주가 되었기 때문에 불특정적

---

6 이것에 대한 매우 생생한 예시로서 요한 그리몬프레즈 감독의 영화 〈다이얼 히스토리 Dial H.I.S.T.O.R.Y.〉(1998)를 데이비드 셰이의 영화음악과 함께 보라.

이다. 사고는 일어날 것이며, 그것은 단지 시간문제일 뿐이다.

> 공포는 가능한 형상의 이중의 무한성을 '인간의' 용어로 번역
> 하는 것이자, '인간적' 범위로 번역하는 것이다. 공포는 자본
> 에 대한 주체 형식으로서의 사고 형식을 가장 경제적으로 표현
> 한 것이다. 잠재태로서의 존재인 잠재성은 재난 가능성으로 축
> 소되고, 재난은 위협 대신에 유령적 연속성으로 상품화된다.
> (Massumi 1992: 185)

소비주의, 재산의 취득과 구매는 이런 종류의 시장경제의 포획
을 가장 잘 표현하는 논리다. 통제할 수 없는 힘을 그것의 혹은 우
리의 생존에 대한 영원한 위협으로 규정하는 것이 바로 그것이다.
그래서 소비주의는 공포의 오르가슴적 소모의 기능으로 격상된
다. 서양에서 우리는 우리 자신의 괴물이 되어버렸다. 상품은 공간
과 시간을 수축하여 요약한다. 각 기기나 전자 제품은 즐거움의 약
속을 나타내며 결과적으로 이러한 약속의 지연도 나타낸다. 따라
서 상품은 유령과도 같은 성취의 현존-부재라는 유령 경제에서 포
착된다. 이렇게 상품은 우리 주위를 떠돈다. 상품은 저장된 시간(미
래 사용)이나 절약된 시간(생산성 강화)과 같이 미래성을 체현한다.
마수미는 상품이 주체성의 내부 공간뿐만 아니라 시장과 사회관계
의 외부 공간의 공동 영역이 되었다고 주장한다. 포스트산업 주체
성은 소비주의, '위기'의 끊임없는 관리, 위기에 따른 모순의 착취
에 관한 것이다.

들뢰즈의 신체적 유물론에 따라, 마수미는 현재의 경제적 세계 질서의 승자와 패자의 질적 차이를 지적한다. 승자는 돈만 걸고 가는 반면에, 패자는 자신들의 신체를 위험에 빠뜨린다. 독자들은 이 시점에서 1장에서의 논의를 기억할 것이다. 사이보그와 같은 주체 위치는 추상적인 이미지, 즉 유령적 상품화(슈워제네거)와 매우 체현되고 구체화되고 현실화된 이미지, 즉 기술혁명의 원동력인, 대부분 익명인 저임금 노동자들의 착취된 육체들, 주로 민족적으로 원주민 또는 이민자인 자들의 육체들을 동시에 연상시킨다는 것 말이다. 후자의 지나치게 노출된 익명성은 그들을 착취당한 몸과 일치시키고 결국 그들을 비가시화한다. 그러나 지배적인 주체 위치는 비록 유령 같은 종류이긴 하지만, 정체성 혹은 특이성에 대한 고도의 정의에 도달하여 가시성에 대한 접근성을 획득할 수 있다. 다이어Dyer에 따르면, 시체와 좀비의 희끄무레한 색상은, 배제된 자와 패자의 익명성 과대포장과는 반대로, 정체성의 고도의 정의로써 가시성에 대한 접근을 규제하는 주요한 요인이라고 말한다. 오늘날 권력은 선택과 통제, 자격과 접근성의 문제인데, 이는 신체 및 신체의 상상된 전망과 끔찍한 위협에 초점을 맞춘 생명 권력이다. 푸코가 말했듯이, 생명 권력은 모든 곳에서, 그리고 특히 현재에 이르러서는 허물어진 경계에서 잠재적인 가상의 적들을 가정하는 통합적이고 포괄적인 감시 체계를 구축한다. 오늘날의 정치는 임박한 편재하는 위협으로 야기된 테러의 관리이다. 미디어는, 최소한 음지에서라도, 어디에서나 그리고 언제나 생기는 재난이 실제로 일어나기 전에 다음 재난에 대한 생중계에 집착하면서, 이러한 공포와 공황 발작을 중계하고 생산한다.

공포의 정치 경제에 대한 마수미의 탁월한 분석은 철학적 유목주의의 기본 개념과 일치한다고 생각한다. 또한 정치 이론 문제의 상호의존성을 문화적, 예술적, 문학적인 관심사로 이해하는 데도 도움이 된다. 철학은 세상에서 일어난다. 철학은 사회적 상상력, 사회적 상상력이 유지하는 사회적 위치들, 그리고 사회적 상상력이 지지하는 욕망들을 고찰하는 것으로 구성된 카르토그라피와 함께 공동 확장된다. 그러므로 이러한 이유로, 나는 SF는 고도로 철학적인 장르라고 결론지을 수 있을 뿐이다.

| 페미니즘 SF |

탐험, 전쟁, 정복, 파괴에 대한 모험적이고 액션 지향적인 이야기로서 SF는 비교적 전통적인 젠더 서사와 맞아떨어지는데, 그것은 꽤 남성 중심적인 모험 이야기이다. 그러나 세라 르파누Sarah Lefanu의 표현대로, 실험적인 장르로서의 SF는 1960년대에 이르러 사실주의 문학과 환상 문학 모두의 축적된 관습에 대한 도전으로 다가왔다. 정치적으로는 디스토피아적 의미와 유토피아적 의미 모두에서 모든 형태의 권위를 불안정하게 만들었고, 그리하여 SF는 문학과 사회의 남성적 편견에 도전하는 페미니즘 작가들에게 치명적인 매력을 발휘했다. 여성 SF 작가들의 수는 결과적으로 빠르게 증가했다(Lefanu 1988).

SF 작가들은 19세기 고딕 전통에서 역사적 근원을 발견하는데, 고딕 전통은 여성들이 온갖 종류의 여행자, 살인자, 도둑, 모험가로서 적극적인 역할을 할 수 있도록 하는, 그 시대의 몇 안 되는 장르의 하나이다. 고딕 양식 대부분의 여주인공들이 극악무도하다는 것은 그들의 지성과 재치에 대한 찬사이기도 하다. 고딕 양식과 SF의 직접적인 연결점 중 하나는 시공간 여행이라는 개념이다. 말하자면 우주여행은 대안적 체계로 탈출하는 환상을 허용한다. 오늘날 젠더 관계, 섹슈얼리티, 출산, 그리고 대안적인 생태적, 기술적 체계들은 모두 포스트핵 여행에 속한다. 그러므로 과학과 기술을 여전히 가장 직접적으로 참조한다. 심지어 마거릿 애트우드 Margaret Atwood의 『시녀 이야기』(1985)에서와 같이 가장 디스토피아적이더라도, 나는 페미니즘 SF가 구조적으로는 기술애호적이라고 생각한다. 이는 여성들이 완전히 기계적인 생식의 노예가 되는, 생명공학과 대립적인 페미니즘 전통, '재생산 매음굴'로도 알려진 '어머니 기계'라는 제나 코리아 Gena Corea의 개념(1985a, 1985b)에 의해 가장 잘 예시되는 페미니즘 전통과 거리가 멀다. 도러시 디너스틴 Dorothy Dinnerstein(1977)은 역사적으로, 기술 개념이 남성의 기계적인 힘에 대한 여성 인간의 종속으로 시작됐다고 제시한다. 멈퍼드 Mumford의 '거대 기계megamachine' 개념을 페미니즘 운동에 적용한 디너스틴은 선진 기술에 수반되는 거인주의gigantism, 관료주의, 사회의 총체화에 대해 비난한다. 그녀는 동시대 문화의 비유기성에 좀 더 유기적이고 생명을 주는 여성적 세계관을 대립시킨다.

이 입장은 논픽션 페미니즘 이론 내의 또 다른 분명한 기조와 대조되는데, 이러한 기조는 과학과 기술 문화의 유토피아적인 측면과 좀 더 긍정적으로 관련된다. 슐라미스 파이어스톤Shulamith Firestone은 이에 대해 가장 설득력 있는 사례이다. 파이어스톤의 걸작 『성의 변증법』(1970)은 2차 페미니즘 물결의 이론적, 정치적 실천뿐 아니라 차나스Charnas, 피어시Piercy, 러스, 기어하트Gearhart 같은 작가들의 허구적인 작품들에도 영향을 끼쳤다. 파이어스톤은 페미니즘의 '기술애호적' 경향을 나타내는데, 이는 1980년대 후반에 보다 '사이버에 관심이 많은' 페미니스트들이 등장하기 전까지 소수의 입장이었다. 사이버네틱스 페미니즘은 여성들이 고달픈 유급 노동, 가부장제적 가정의 억압, 남성 폭력으로부터 벗어나도록 하기 위해 재생산 등 사회적 상호작용의 모든 측면에서 기술의 사용에 의존하고 있다. 파이어스톤의 마르크스주의 유토피아에서 기술의 궁극적인 목표는 구시대적 자연 질서로부터 인류의 노예화를 완화시키는 것이다. 테크노 아기들의 재생산 유토피아는 그 일부분이며, 집단주의 정치, 사회적 유토피아주의, 1970년대 급진적 페미니즘과 연결되어 있다.

르파누가 이 논의에 가져다주는 또 다른 중요한 통찰은 제2의 성—뤼스 이리가레를 인용하자면 '동일자의 타자'—으로서의 여성과 외계인 또는 괴물적 타자 사이의 구조적 유사성이다. 그들은 '차이'의 일반적 범주 내에 동화되어 있으며, 가치 저하적 용어로 이해된다. 르파누는 이러한 통찰을 확장해 SF 문학에서 교류와 상호 영향을 선호하는 여성과 외계인 사이의 깊은 공감에 대해서 말한다. 사실, 여성들이 쓴 SF에서 여성들은 단순히 외계인을 사랑하고, 인정recognition의 깊은 유대감에 의해 그들과 연결되었다고 느낀다. 그러나 이 유대는 작가들에 따라 다르게 행해진다.

이런 점에서 페미니즘 SF의 두드러진 특징은 본질주의적이고 도덕주의적인 태도로 '여성성'을 긍정하는 것이라기보다는 젠더 이분법 그 자체에 의문을 던지고 그것을 해체하는 것이다. SF는 '여자'와 '남자' 같은 개념들의 문화적 토대를 잠식하는 장르다. 말린 바Marleen Barr는, 페미니즘 문학의 포스트모더니즘에 관한 그녀의 연구 및 숄스와의 대화에 따르면, 가부장제적 서사, 가치, 신화의 재구조화를 공유한다는 점에서, '페미니즘적인 우화'라는 표현하에 SF, 유토피아, 판타지 작품들뿐만 아니라 버지니아 울프, 거트루드 스타인, 주나 반스Djuna Barnes, 도리스 레싱Doris Lessing의 주류 소설들도 포함시킨다(Barr 1993). 바의 평가에서, 이 텍스트들은 주인 서사의 포스트모던적 해체와 문학의 위계질서에 대한 도전에 기여한다.

SF는 성적 변신과 돌연변이에 관한 것이다. 앤절라 카터의 '뉴 이브New Eve'는 울프의 올랜도처럼 남성에서 여성으로 바뀐다. 조애나 러스의 '여자 남자female Man'는 성적 양극성 사이를 항해하며 새로운 가능성을 열어간다. 어슐러 르 귄Ursula Le Guin의 등장인물들은 그들이 우연히 누구를 사랑하느냐에 따라 자신들의 성적 특성을 결정한다. 이러한 돌연변이의 대부분은 문명의 붕괴와 기록된 시간의 종말을 전후한 극도의 강요된 상황에서 섹슈얼리티와 욕망을 탐구하는 방법이다.

이러한 물리적, 형태학적 돌연변이의 상당수는 괴물성, 비체, 공포의 언어로 표현된다. 사실, 고딕 양식의 레퍼토리는 모두 SF 텍스트들에서 뒤범벅되고 뻔뻔하게 재활용된다. 공포와 관련된 것은 인간과 그 타자, 즉 인종화된 타자, 민족적인 타자, 동물, 곤충 또는 비유기적이고 기술적인 타자 사이의 범주적 경계를 해제하는 것이다. 결과적으로 공포의 주된 기능은 근본적인 구분을 모호하게 하고 공황과 혼돈의 감각을 도입하는 것이다. 괴물 신체는 차이의 등록부에 대한 마법적 혹은 징후적 지표의 기능을 수행하는데, 그 때문에 괴물은 결코 여자와의 만남을 피할 수 없었던 것이다. 포스트 핵의 사이버네틱스 시대에는 더욱이 모체와 기술적 기구의 만남이 강렬하여 새로운 분석 틀이 요구되고 있다. 현대의 '괴물적 타자들'은 유기체와 무기체 사이의 경계를 흐리게 하여 기술공포증과 기술애호증 사이의 정치적 차이를 불필요하게 만든다. 이 문제는 본질적인 자아에 대한 향수 어린 재평가에 젖지 않고 특이성의 감각을 보존하기 위한 방법으로 테크노 신체를 재정의하는 것 중 하나가 된다. 정체성의 경계들의 문제는 그 괴물 같은 머리를 든다.

자궁 외 출산

몇몇 페미니스트 비평가들(Creed 1990)은 SF 공포 영화 장르가 명백히 모체의 탐구 및 출산의 과정에 열중하고 있기 때문에 페미니즘과 큰 관련이 있다고 주장해왔다. 이 장르는 잠재적으로 파괴적이거나 긍정적인 미래를 위한 가능성을 탐구하기 위해 여성의 신체를 이용한다.

모든 SF 팬들은 『프랑켄슈타인』 이후의 SF가 어떻게 과학과 기술이 신체를, 특히 재생산하는 신체를 조종하는지에 대한 환상과 관련이 있다는 것을 알고 있다. SF는 나무나 양배추에서 태어나는 아기들의 다소 유치한 이미지에서부터 불온한 구멍을 통한 괴물의 탄생에 이르기까지 생식과 출산의 대안 체계를 나타낸다. 자궁 외 출산은 SF 텍스트들의 중심이다. 따라서 괴물들의 어머니로서의 여성과 여성 성기의 괴물성은 SF에서 결정적인 요소가 된다. 수태와 출산의 주제는 하나의 장르로서 SF의 상수지만, 최근 수년간 그 주제에 대한 관심이 높아지고 있다. 바버라 크리드는 SF 공포 영화는 예를 들어 생식에 대한 근본적인 남성 불안을 활용한다고 주장한다. SF 공포 영화들은 이러한 불안들을 대개 **바로** 그 공포의 현장, 즉 괴물의 시각으로 재현되는 어머니의 몸으로 옮겨놓는다. 이는 여성의 재생산 주기와 연관된 이미지들, 즉 〈듄Dune〉, 〈인세미노이드Inseminoid〉, 〈더 씽The Thing〉, 〈에이리언〉, 〈에이리언 2〉의 거대한 태아들에 집중돼왔다.

이 텍스트들은 우리를 외부화하며, 따라서 재생산하는 한 여성으로 코드화되지만 여전히 위협적인 외계인 형상의 내면을 탐구할 수 있게 해준다. 이 형상들은 인간을 닮았지만 공포와 극도의 경외심의 원천으로 재현된다. 정신분석, 특히 여성이라는 성의 메두사와 같은 힘에 대한 프로이트의 에세이에서 영감을 받은 해석은 이러한 영화들을 모체의 초자연적이고 괴물적인 힘과 여성 성기의 불가해한 깊이에 대한 뚜렷한 선입관을 보여주는 것으로 본다. 괴물로서의 어머니는 이 장르의 강력한 토포스가 되고, 그것은 여성성과 젠더 정체성에 대한 깊은 불안을 표현한다.

이러한 공포의 효과의 대부분은 결함과 신체 특징을 확대시키는 규모의 변화를 통해 달성된다. 거인주의를 조명하는 분석에서 칼람Calame(1985)은 거인체가 오측, 과잉, 결과적으로 일탈의 징후라고 지적한다. 이는 고대 이래로 서구 미학의 중심이었던 올바른 중앙이라는 불가해한 원리를 눈에 띄게 위반한다. 보그단Bogdan(1988)은 19세기 이후의 기형 쇼에서 확대와 왜소 현상의 중요성을 강조한다. 그는 키가 큰 것은 전통적으로 이국적이고 동양적이며 인종차별적인 서사와 관련이 있다고 지적한다. 비정상적으로 키가 큰 동물로서 기린조차도 예외는 아니다. 그러나 난쟁이들은 자생적인 유럽 전통인 미니어처와 잘 어울리는 경향이 있고 결과적으로 더 잘 받아들여질 수 있다(엄지 동자 톰을 생각해보라). 곤충과 다른 초소형 행위자들에 대한 동시대의 매혹 또한 이것과 잘 들어맞는다.

인간 재생산과의 관계에 따라 영화 안에서 재현되는 여성-괴물 결합의 카르토그라피를 그려보겠다.

첫째, 과학이 재생산을 조작하여 기계가 만든 인간을 생산하는 영화들이 있다. 여기에서 고전적인 예가 바로 〈프랑켄슈타인〉 영화 시리즈인데, 이 시리즈에서 미친 과학자는 신 역할을 하여 자신의 이미지로 생명을 창조하고 싶은 충동에 굴복하고 그 과정에서 변체만 탄생하게 된다. 〈프랑켄슈타인의 신부The Bride of Frankenstein〉에서는 그 괴물이 너무나 추해서 약혼자도 그를 거부한다. 이런 영화들은 기술과 과학의 힘에 대한 다소 모더니즘적인 시각을 보여주는데, 이것은 인본주의 정신에 대한 위협으로 보인다. 이 장르는

〈메트로폴리스〉라는 걸작에서 정점을 이루는데, 이 영화에서 복제된 로봇인 여성의 신체는 인간의 양가적인 기술적 미래의 상징이 된다. 이 영화에서 기술은 여성 로봇에 체현되어 있는데, 이 기계 요부는 노동자들을 광란의 도가니로 이끌다 그 후에 화형에 처해진다(Huyssen 1986). 다음 장에서 이것에 대해 더 다루겠다.

두 번째 공통의 토포스는 모든 종류의 외계인들이 여성을 수태시키는 것이다. 〈플라이〉에서 여성의 몸은 미지의 것, 즉 인간과 비인간이 혼합된 혼종체의 장소가 된다. 〈인세미노이드〉는 지구를 파괴할 외계인에 의해 임신이 된 여성을 보여준다. 크로넌버그의 〈브루드The Brood〉에서 여성은 위의 한쪽에 붙어 있는 자루를 통해 괴물 난쟁이들을 낳는다. 이 주제는 악마 빙의possession에 대한 변주로 볼 수 있으며, 그중 주요 참고 요소는 〈로즈메리의 아기〉에 있다. 〈이츠 얼라이브!It's Alive!〉와 같은 영화는 사탄의 출산에 대한 변주이다. 여성과 좀비와의 성교는 〈저주받은 도시Village of the Damned〉에서 탐구된다. 좀 더 가벼운 접근은 〈에이리언 몬스터I Married a Monster from Outer Space〉와 같은 50년대 영화들에서도 찾아볼 수 있다.

세 번째는 기계-여성의 결합과 괴물의 첨단 기술적 탄생으로, 〈우주 괴물 엑스트로Xtro〉, 〈인세미노이드〉의 경우이다. 기계적으로 태어났지만 정동, 사랑, 욕망 때문에 인간이 '되는' 로봇으로는 〈다릴Daryl〉, 〈터미네이터 2Terminator 2〉, 〈지구에 떨어진 사나이The Man who Fell to Earth〉, 〈자신을 접은 사나이The Man who Folded Himself〉가 있다. 〈에이리언〉에서 인간의 몸은 위를 통해 태어나는 괴물 배아를 위한 둥지다. 이 영화들은 인간을 닮았고 비체 공포와 압도적인 경외심의 원천으로 코드화된 외계 여성 인물들의 내면을 탐구한다. 〈에이리언〉 시리즈는 자궁처럼 생긴, 습하고 끈적거리는 내부, 나팔관 통로, 그리고 참을 수 없는 공포로 가득 찬 작은 밀폐된 공간으로 특징지어진다.

다음은 〈클론The Clones〉과 〈세컨드Seconds〉 등의 영화에서 등장하는 복제 인간이다. 이 전통에서 더 진지한 영화들 일부는 복제에 내포된 정치적 위험을 보여준다. 따라서 〈브라질에서 온 소년The Boys from Brazil〉은 나치의 우생학 실험에 따라 마스터 종을 만들어내고자 하는 유혹을 다룬다. 그러나 이 장르에서 가장 고전적인 시리즈는 〈더 씽〉이다. 원작과 많은 리메이크 작품들 모두 이것을 잘 보여준다. '그것(더 씽)'은 외계 생명체의 몸인데, 대개는 우주에서 떨어지거나 어떤 사람의 정상적인 몸 안에서 폭발하여 대혼란을 일으킨다. 원작에서 '그것'은 피 대신 녹색 액체를 가진 식물성 실체이다. 그것은 복제에 의해 생식된다. 손목에 포자를 지니고 있으며 꽃처럼 그 포자로부터 재생산된다. 현대의 리메이크 작품에서 '그것'은 다른 사람의 몸을 찌르는 살아 있는 죽음의 무정형 덩어리다. 하지만 식물처럼 무해하게 보일지도 모르는 '그것'은 기본 음식으로 동물의 피를 필요로 한다. 그래서 희생자들을 죽이고 모든 체액을 빼낸다. '그것'은 흡혈귀처럼 행동하고, 사람이 아닌 것처럼 보이며, 엄청난 양의 피를 흩뿌린다.

자가 출산을 주제로 한 변주로는 〈신체 강탈자의 침입The Invasion of the Body Snatchers〉의 식물로부터 태어난 복제이다. 이 영화는 50년대 후반의 영화로, 모든 느낌과 감정이 결여된 동일한 외모의 안드로이드에 의해 인류가 점차적으로 점령되는 것을 보여준다. 이것은 전형적인 편집증-메카시 시대 영화로, 분신body-double들은 식물로부터 태어난다.[7]

　남성의 출산도 주목할 만하다. 여기서 환등상은 상당히 두드러진다. 〈에이리언〉에서 남자는 입을 통해 수태가 된 후 자신의 위를 인큐베이터로 사용하여 비인간적 존재를 낳는데, 이는 자궁 선망의 노골적인 경우라고밖에 표현할 수 없다. 〈더 씽〉과 〈플라이〉에서 남자는 살인적인 괴물이나 거대한 곤충 같은 다른 생명 형태로 변형된 자기 자신을 낳는다. 사실 스필버그는 남성 출산 환상의 대가이다. 영화 〈인디아나 존스Indiana Jones〉가 이것의 완벽한 예로, 어머니는 눈에 보이지 않지만, 아버지 하느님이 어디에나 계신다. 스필버그가 제작한 〈백 투 더 퓨처Back to the Future〉 시리즈에서 자신의 탄생 기원에 존재하고자 하는 십 대 소년의 환상은 세대를 건너뛰고 심지어 진화적인 규모를 내려가기 위해 시간 여행 장치를 사용함으로써 완전하게 장기간 노출된다. 콘스턴스 펜리Constance Penley(Penley et al. 1991b)는 〈터미네이터〉와 같은 영화가 타임루프의 형태로 원초적 장면의 환상을 구현한다고 주장했다. 이미 자신의 정체성에 영향을 준 사건을 일으키기 위해서는 과거로 돌아가야 한다. 프로이트에 따르면, 자신의 수태 현장에 있다는 것은 부모의 성교를 목격하는 환상을 나타낸다고 한다. 시간의 선형성(크로노스)이 분할되어 시간 여행을 통한 시간의 공간화를 허용한다. 그

7　라메트리La Mettrie의 철학적 걸작인 『인간 기계론L'Homme machine』에 비추어 이것을 분석하는 것은 흥미로울 것이지만, 여기서 그렇게 할 수 없어 유감이다.

러나 그것은 또한 재난 가능성, 즉 시간의 종말과 멸종에 대한 사유도 허용하고 있다. 나는 다음 장에서 기술의 타임루프 역설을 다시 다루겠다.

마지막으로 중요한 것은 성전환의 의미에서의 남성의 '여성화', 즉 〈싸이코Psycho〉나 〈드레스드 투 킬Dressed to Kill〉과 같은 트랜스섹슈얼 또는 트랜스젠더 영화에서 '여자 같은 것'으로서의 '여성성'이다.

성적 무정부 상태나 무질서는 괴물의 상상계에 내장되어 있어서, 내가 2장에서 분석한 트랜스섹슈얼 상상계에서처럼 퀴어적이거나 일탈적인 신체에 비유된다. 예를 들어, 헐리Hurley(1995)는 동명 영화 시리즈에서 〈에이리언〉의 매력의 많은 부분이 에이리언의 혼란스러운 섹슈얼리티와 관련이 있다고 언급했다. 에이리언은 팔루스적이면서 버자이너적이다. 에이리언은 이성애나 어떤 성행위도 없이 생식한다. 에이리언은 자궁 외 출산을 하고, 최고의 기생 전통 안에서 인간을 단순한 숙주로 취급한다. 성性에 대한 형이상학적 이원론을 가진 인간의 섹슈얼리티는 이 '끔찍한 체현'(Hurley 1995: 218)을 설명하기에는 매우 불충분한 패러다임이다. 이 부자연스러운 출산의 환영과 가장 혼성적인 종류의 재현될 수 없는 섹슈얼리티는 대안적 신체 형태, 즉 형태학을 가지고 작동한다. 따라서 그것은 내가 3장의 동물/곤충 되기에 대한 분석에서 탐구한 포스트휴먼 양상의 잠재적 재체현의 레퍼토리를 제공한다. 외계인의 신체 형태학은 적절히 복잡하며, 따라서 인간과의 비교를 거부한다. 외계인은 거미, 갑각류, 파충류, 곤충, 살갗이 벗어진 해골을 닮았다. 게다가 이 살은 화성에서는 보편적인 물질로 이루어져 있지만, 지구상 인간의 생명에는 적대적인, 대부분 산성의 금속 배선 물질로 간주된다. 헐리는 이 끔찍한 체현성을 "다중적이고 양립할 수 없는 형태적 가능성을 하나의 비정형적 체현으로 붕괴시키는 것"(1995: 219)으로 결론짓는다. 이것은 보통 일자로 추론되는 인간 정체성을 향해 종말적 도전을 한다. 게다가, 외계인이 인간 숙주와 맺는 기생 관계는 인간 유기체를 오염시켜, 내부로부터 분리시킨다. 정상과 병리, 인간과 괴물의 이러한 파괴적인 공생 관계는 인간과 다른 종들의 구분을 흐리게 하는 것과 같다. 따라서 범주적인 구분이 지워지고, 이것은 인간 주체의 종말을 나타낸다. 몸은 폐허가 되고, 존재론적 안전은 산산이 부서지고, 정체성은 산산조각 난다. '인간의 죽음'에 대한 포스트구조주의자들의 생각을 이보다 더 생생하게 연출할 수는 없다.

그러나 그 사이에 이 주체의 어머니는 전혀 좋은 평가를 받지 못했다. 즉, 그녀는 생명공학 기업 체제에 의해 인수되었다. 대부분의 공포 영화는 남자에 의해 만들어지고, 제공되는 유일한 즐거움이나 공포는 남성 중심으로 정의된다는 것이 이유일 수 있다. 공포 영화는 현대의 사회적 상상계에게 말하고 있으며, 아마도 다른 어떤 장르보다 더, 남성과 여성 인간 주체의 무의식적인 두려움과 욕망, 즉 여성의 재생산 역할과 거세에 대한 남성의 두려움, 그리고 팔루스적 공격과 폭력에 대한 여성의 두려움을 폭로하고 있다. 여성들이 더 많은 공포 영화를 만들게 되면, 후자의 영역은 더 충분히 탐험될 것이다. 그러나 현재 상태로는, SF 공포 영화는 남성 중심이며, 재생산에 대한, 그리고 결과적으로 여성 권력에 대한 남성의 불안이 펼쳐지는 특권적 현장이다.

괴물로서의 물질적/모성적 여성성

SF 공포 영화는 근본적인 남성 불안과 함께 다루어지고, 재생산에 대한 대안적인 관점을 발명하고 여성 신체의 형상을 조작함으로써 그 불안을 대체한다. 앞에서 말했듯이, 이 영화들에서는 종종 여성의 몸과 외계인, 동물 또는 곤충의 몸 사이에 유사점이 그려진다. 여성 신체는 괴물 같은 페티시화된 타자로부터 생겨나는데, 그것은 불온하고 보기 흉한 오점들misfits을 번식시킬 수 있는 능력이 있다.

모성적 여성성에 대한 공포에 사로잡힌 것은 사회적, 상징적 질서에 대한 깊이 자리 잡은 포스트모더니즘적 불안감을 표현한다. 여성의 괴물성은 일종의 역설로, 한편으로는 여성 섹슈얼리티가 악하고 비체적이라는 가부장제적 가정을 강화하지만, 한편으로는 여성 주체의 엄청난 위력을 기술하기도 한다. 크리드(1993)는 이러한 텍스트와 여성 거세자에 대한 남성 공포의 요소를 구분하는 데 주의하는 동시에 여성성의 긍정 요소도 강조한다. 크리스테바의 작품에 주로 기반하는 크리드는 타락, 죽음, 인신 공양, 살인, 배설물, 근친상간, 그리고 여성 신체를 포함하는 변태와 혐오에 대한 종교적인 금기와 모성적 여성성의 양가적 구조를 연결시킨다. 크리드는 괴물 같은 어머니의 지배적인 토포스를 여러 개의 반복적인 이미지로 분해한다. 즉 괴물 같은 자궁, 거부할 수 없을 만큼 혐오스러운 레즈비언 뱀파이어, 거세하는 어머니 등이다. 이 영화들의 '공포' 부분은 삶과 죽음의 기원의 열쇠를 동시에 쥐고 있는 전치된 환상적 '모성' 기능에 의한 작용 때문이다. 메두사의 머리처럼 공포스러운 여성은 상징으로 바뀌어, 즉 페티시화되어 정복될 수 있다.

따라서 이 장르의 고전인 〈에이리언〉에서 우주선을 조종하는 주 컴퓨터를 '마더'라고 부르며, '마더'가 특히 포스트페미니스트 여주인공(시고니 위버)에게 악랄하다는 것은 우연이 아니다. 이 영화에서 모성 기능은 전치되었다. 에이리언은 입으로 삽입하는 팔루스적 행위를 통해 사람들의 위 안에 알을 낳음으로써 괴물 같은 곤충처럼 번식한다. 영화에는 어머니가 지배하는 괴물 같고 적대적인 우주선에서 소형 비행선이나 항공기를 탈출시키는 장면이 많이 나온다. 어머니는 만능의 생성력이며, 전前 팔루스적이고 악의에 차 있다. 그녀는 모든 생사가 이루어지는, 재현할 수 없는 심연이다 (Penley 1986).

그러나 괴물 같은 모성적/물질적 여성성의 동전의 이면은 남자들이 아버지의 권위를 유지하는 데 실패했다는 명백한 선언이다. 많은 SF 서사들이 도시 붕괴의 포스트핵의 맥락을 분명히 만들어내므로, 그것들 또한 정치적, 경제적, 영적 특권을 지키지 못한 아버지의 실패를 강조한다. 내 생각에 데이비드 크로넌버그는 이 점에서 가장 흥미로운 작가 중 한 명이다. 그러므로 어머니의 분노와 좌절 및 가부장제 질서에 대한 그녀의 반란은 〈브루드〉와 같은 영화 속 괴물 탄생의 핵심이다. 처녀 생식 출산은 언제나 길들여지지 않는 여성의 잠재적으로 치명적인 힘들의 표시다. 이 토포스는 여성 상상력의 괴물적인 힘에 대한 고대의 일련의 믿음을 부활시킨다(Braidotti 1996). 그러나 그 힘들은 동시에 남성들의 성적 무능함과 커져가는 무관함의 감각을 표현한다. 타니아 모들레스키^{Tania} Modleski는 동시대 문화에서 남성들은 분명 혼자 힘으로 아기를 갖는 생각에 대해 시시덕거리고 있다고 지적했다. 이 중 일부는 비교적 순진하며, 새로운 아버지로서의 새롭고 확실히 도움이 되는 사회적 형태를 실험하는 형식을 취한다(Modleski 1991). 그러나 포스트모던 시대에는 실종된 아버지에 대한 이 남성의 불안이 새로운 생식 기술과 함께 읽혀야만 한다. 새로운 생식 기술은 일종의 첨단 〈마이 페어 레이디My Fair Lady〉, 피그말리온 신화의 현대판 기술 장치인 기계로 여성을 대체한다.[8]

후기 포스트모더니티에서 '여성성'에 대한 담론의 확산과 괴물성 사이의 연관성을 분석하려는 시도에서 많은 페미니스트의 글이 쏟아졌다. 이러한 담론의 인플레이션은 대부분 남성 철학자, 예술가, 문화 및 미디어 활동가들에 관한 것이다. 위기의 남성적 전시의 현장으로서 이런 종류의 '여성성'에 대한 투자가 이루어짐으로써, 괴물 같은 여성의 토포스는 그에 비례하여 널리 증가했다. 나는 그것이 포스트모더니즘의, 또는 '부드러운' 가부장제를 위협하는 위험들에 대한 환상의 표현으로 나타난다고 생각한다. 들뢰즈와 함께 이 자료를 통해 생각해보면, 나는 SF의 여성화한 괴물 같은 타자는 그 타자를 가부장제 권력에 대한 위협으로 보는 다수자적 주체의 공포를 일차적으로 표현하고 있다고 생각한다. 문제의 상상계

---

8 이것은 세 명의 십 대 소년들이 여성의 가슴 크기를 길게 토론하면서 컴퓨터로 이상형 여성을 디자인하는 영화 〈신비의 체험Weird Science〉(1985)의 경우다.

는 위기의 역사적 시기에 있는 유럽 남성들의 상상계이다. 여성들이 쓴 SF 텍스트들에서 여성, 민족적, 기술적, 외계의 타자들을 연결하는 공감의 유대 관계에 대한 르파누의 논증은 여기에서 특별한 관련성을 얻는다. 그것은 '일자'의 제국에 대항하는 '타자들'의 동맹을 가리키고 있다. 따라서 나는 여성, 인종적, 민족적, 기술적 타자들과 괴물들 사이의 일차적이자 어떤 면에서는 가장 중요한 연결이 주인 식민주의자의 시선에 있다고 생각한다. 오직 그의 응시 속에서만 그들 각각의 차이는, 필연적으로 남성적이고 백인적이며 이성애적일 뿐 아니라 자연주의적이고 본질주의적인 믿음을 촉진하는 규범의 확립에 따라 구조적으로 가치 저하된 자리에 놓인 '차이'의 일반화된 범주로 평평해진다. 내가 1장에서 주장했듯이, 여성성과 괴물성은 모두 자신이 배제한 것을 먹고 사는 주체의 '형이상학적 카니발리즘'에 이상적인 표적이 되게 하는, 체현된 부정적 차이의 기호들이다. 가치 저하된 타자성, 즉 '괴물적 타자들'은 주체성의 서구 이론들 안에서 역설적이고 비대칭적인 권력관계를 조명하는 데 도움을 준다. 기형은 여성적 '타자들'과 민족적 '타자들'과 마찬가지로 가치 저하된 차이를 의미한다. 지배적인 주체 위치에 대한 구조적 상호연관성으로 인해, 이는 일부 유형에서 동일성 또는 정상성을 정의하는 데에도 도움이 된다.

노엘 캐럴(1990)은 동화나 신화, 전설 같은 타 장르와 SF 장르를 구분 짓는 것은 바로 괴물 타자가 위협적인 타자성의 형태로 주조된다는 사실이라고 주장한다. 그들은 존재론적 부적절함을 구체화하고 있다. 이 부정적인 차이는 현상에 혼란을 초래하고, 따라서 관객들의 매혹과 혐오의 혼합인 불안을 불러일으킨다. 다이앤 아버스Diane Arbus가 너무 잘 알고 있었던 것처럼, 그들의 변형의 힘이 엄청나기 때문에 우리는 그들을 피해 움츠러든다. 이것이 비정상, 일탈, 범죄, 비체, 추악함의 함축으로 가득 찬 괴물 같은 상상계로 표현된다는 것은, 내 생각에, 괴물적인 인종과 일탈적인 성에 대한 19세기 담론의 유산이다. 1장에서 개략적으로 서술하고 이 책 전반에 걸쳐 상세히 서술해온 포스트모더니티의 정치 경제에서 '타자들'은 물질적 소비와 담론적 소비의 대상으로 동시에 상품화된다. 그러나 타자들은 또한 대안적이고 저항하며 힘을 실어주는 반주체성으로서 혼자 힘으로 떠오르고 있다. 일단은 전자에 집중하도록 하겠다. 영화와 같은 인기 있는 문화적 실천은 가치 저하된 타자들의 귀환을 소비의 대상으로 등록하는 데 매우 빨랐다. 타자들의 비체 내에는 시장성이 있는 것이다. 차이에 관한 영화 제작의 시간적 연대기를 지표로서 제시하겠다. 그것은 나 자신이 밀접하게 위치해 있는, 결과적으로 매우 부분적인 괴물-원주민-로봇-여성축의 계보를 보여준다.

1920 〈칼리가리〉	미친 과학자에 의한 심리적 빙의
1923 〈비인간적 여자〉	오리엔탈리즘적 성적 쾌락과 끝없는 파멸을 만들어내는 로봇과 팜 파탈의 융합
1926 〈메트로폴리스〉	심연으로부터 문명을 구할 목적을 공유한, 처녀-창녀가 각각 투영된

	살찐 여성-안드로이드
1931 〈스벵갈리〉	싱글 백인 여성을 영원히 파멸시키는 노래하는 목소리라는 신적 힘을 지닌, 동방의 위협으로 묘사된 악마 연인
1932 〈화이트 좀비〉	남쪽 바다의 백인 편집증과 짝을 이룬 악마 빙의
1932 〈타잔〉	
1932 〈프랑켄슈타인〉	
1932 〈지킬 박사와 하이드〉	도덕적, 성적으로 타락한 미친 과학자에 의한 유전학적 파멸에 관한 변신 이야기

에이네르센Einersen과 닉슨Nixon(1995)은 여성에 대한 남성들의 깊은 불안감을 표현하는 여성혐오의 두 주요 인물로 남성적인 여성인 '비라고'와 과장된 여성성으로 심지어 치명적이기까지 한 '라미아'를 꼽는다. 내가 3장에서 주장했듯이 페이 웰던의 '여인-악마'는 전자의 좋은 예이며, 콜리지의 '크리스타벨Christabel'과 A. S. 바이어트의 『포제션Possession』에 이르기까지 크리스타벨의 많은 재화신re-incarnation은 후자의 좋은 예들이다. 또한 '라미아' 쪽에는 필름 누아르 장르의 여주인공들과 영화 속 여러 팜파탈이 있다. 길버트Gilbert와 구바Gubar(1977)는 '비라고'라는 인물이 여성의 신체적, 도덕적 불완전성을 확대함으로써 기능하는 대단히 여성혐오적인

풍자 장르에서 특히 강한 존재감을 지닌다고 주장해왔다. 쇼월터 Showalter(1990)는 여성혐오적 레퍼토리가 역사를 통틀어 안정적이라고 지적한다. 예를 들어, 지난 세기말 여성해방은 문화의 도덕적 쇠퇴와 결과적인 서구 문명의 몰락으로 비난을 받았다. '신여성'에 대한 불만은 타락, 돌연변이, 퇴보, 변태의 괴물적인 이미지들로 표현되었다.

보다 현대판 비라고의 토포스는 포스트페미니즘 시대의 과욕적인 여성으로, 대개의 경우 대혼란을 일으키고, 올바른 자리에 놓일 필요가 있는 다재다능한 슈퍼 나쁜 년super-bitch이다. 돈Doane과 호지스Hodges(1987)는 괴물 아마존의 관점에서 이 현상에 대한 뛰어난 분석을 제공한다. 르파누 또한 이러한 관심을 반영하여, SF에서 매우 인기 있는 괴물 아마존이라는 인물이 고딕 전통에서 직접 나온다고 지적한다. 여성 SF 작가들이 저항하고 역전시키고 있는 경향이긴 하지만, 괴물 아마존은 일반적으로 남성 질서에 복종할 수밖에 없는 혐오감과 공포의 형상이다. 그러나 일반적으로 "아마존은 명목상으로는 아마도 힘, 행위자성, 권력과 같은 '남성' 특성을 가정한다는 전제에 따라 처벌을 받아야 하지만 본질적으로는 타자성의 선언에 대해서 처벌을 받아야 한다"(Lefanu 1988: 33). 마리나 워너(1994)는 파괴적이고 괴물 같은 여성의 이미지가 특히 현대 문화가 페미니즘을 묘사하는 방식에 있어서 현재적이라고 주장한다. 이 괴물 같은 여성은 오늘날 사회의 모든 악에 대해 보수주의자들이 책임을 지우고 있는 괴물 같은 페미니스트로 변모했다. 특히 비난의 대상이 되는 것은 비혼모다. 워너가 옳게 지적했듯이, 비혼모는 복지 국가의 적들에게 두드러진 '문제'일 뿐만 아니라 남성적인 권위에 대한 일반적인 위협이다. 남자 없는 재생산은 가부장제 상상계에 깊은 불화를 촉발시켜 수 세기 동안 이어져온 모권 정치의 신화를 부활시킨다(Warner 1994: 4-5). 오늘날 여성의 신체는 한 세기 이상 전 괴물 같은 신체와 같은 위치에 있는데, 그것은 바로 다양한 상표의 기계화된 재생산을 위한 시험대라는 위치이다. 코리아의 '젠더사이드gender-cide'(1985a, 1985b)의 악몽의 세계나 애트우드의 테크노 매음굴의 디스토피아(1985)는 그럴싸한 시나리오일까?

요약하자면, 동시대 상상계에서 괴물성이란 후기 포스트모더니티의 신체들을 둘러싸고 있는 재현과 담론의 놀이를 가리킨다. 그것은 물질적/모성적 여성성을 괴물성의 자리로 중요시하는 주체성의 육체적 근원에 대한 깊은 불안의 표현이다. 나는 이것을 지배적인 포스트산업 문화가 깨끗하고 건강하고 적합하고 하얗고 점잖고 법을 준수하고 이성애적이고 영원히 어린 신체들의 건설에 중점을 두었다는 데에 상응하는 대립항으로 본다. 육체적인 자아를 완벽히 하고 육체적인 자아의 죽음의 흔적을 교정하는 것을 목표로 하는 기술들—성형수술, 다이어트, 피트니스 열풍 그리고 다른 신체 단련 기술들—또한 동시에 그것이 '자연적' 상태를 대체하는 데 도움이 된다. 대중문화에서 우리가 목격하는 것은 거의 위반에 대한 바흐친적 의례이다. 괴물적, 기형적 분신에 대한 매혹은 현대 포스트산업 문화에서 추악함과 질병의 이미지를 모두 억압하는 것과 정비례한다. 마치 우리가 현관문 밖으로 쫓아내고 있는 것, 즉 빈자, 비만인, 노숙자, 동성애자, 흑인, 빈사자, 노인, 썩어가고 새는 것 같은 육체의 광경이 실제로는 뒤 창문을 통해 슬금슬금 들어오는 것과 같다. 괴물성은 테크노 문화의 '억압된 것의 귀환'을 표시하며, 그런 점에서 내재적인 것이다.

그러나 앞에서도 언급했듯이, 이러한 괴물적인 재현들은 다수자의 부정적인 혹은 반응적인 불안감만을 표현하지는 않는다. 그것들은 또한 종종 동시에 이전의 소수자들의 새로운 주체성을 표현하고, 따라서 되기의 가능한 패턴들을 추적한다.

그러므로 괴물 같은 페미니스트가 백래시의 작동자들의 상상력에 출몰하는 동안, 그 괴물적 타자에 대한 덜 파괴적인 재평가가 차이를 긍정적으로 재정의해야 할 필요가 있는 페미니스트들에 의해 수행되어왔다. 다문화주의와 오리엔탈리즘과 인종주의에 대한 비판 또한 괴물 같은 신체들을 둘러싼 문화적, 과학적 실천들을 재고하는 데 기여했다. 가치 저하적이지 않은 용어들로 차이를 다루기 위한 새로운 인식론의 필요성이 대두되었다. 이 경우, 기형적/괴물적 타자들은 서구 문화를 특징지었던 논리 중심적이고 인종주의적인 끈질긴 사고방식에서 벗어나 인간의 주체성을 재정립하려는 방대한 정치적, 이론적 노력의 상징이 된다.

이처럼 괴물적 이미지 담론의 인플레이션에 직면하여, 나는 그것들을 '주체 서사'의 쇠퇴, 또는 '고급문화'의 거대한 경전의 상실이라고도 알려진, 우리 시대의 문화적 퇴폐의 기호로 읽는 향수에 찬 입장에 대해 반박한다. 또한 나는 새로운 괴물들에 대한 편집증적이고 여성혐오적인 해석에 대해서도 똑같이 반대한다. 괴물의 사회적 상상계의 확산은 그 대신에 적절한 형태의 분석을 요구한다. 특히 이는 들뢰즈가 제공할 수 있는 독특한 위치에 있는 철학적 기형학의 형식을 요구한다. 나는 특히 사이버네틱스 변주에 있어서 그 상상계가 너무나 괴물적이고 일탈적인 문화가, 주류 문화와 페미니즘 문화 모두가 철학적 유목론에서 크게 이점을 얻을 수 있다고 주장한다. 차이의 긍정성, 되기의 철학, 변화와 변형 속도의 사유에 대한 강조를 재형상화하는 기획은 우리 시대의 복잡성에 접근하는, 매우 이해를 돕는 방법이다.

문화적인 관점에서, 동시대의 창조성에 대한 유목적인 접근은 개념적이든 과학적이든 예술적이든 간에, 선진 포스트산업 문화의 유례없는 측면 중 몇몇에 가장 의미 있는 빛을 던진다. 그중에서 나는 인본주의적 주체 위치와 가치의 분해disaggregation, 마약 문화에서 파생된 문화적 인공물과 마약 관행의 편재, 만연한 정치적 폭력과 육체와 기술의 혼합을 열거할 것이다. 흔히 '포스트휴먼' 우주라고 일컬어지는 이러한 특징들을 급진적인 내재성의 철학의 각도에서 접근한다면 완전히 긍정적인 시각으로 읽을 수 있다. 엄격한 시공간적 틀에 기반한 실천으로써 상대주의를 피하면서, 되기의 다중 패턴은 재현에 대한 인본주의적 변수를 폐기한다.

은유를 넘어서: 철학적 기형학

나는 괴물성이 사회적 상상계의 지배적인 부분인 이유는 그것이 특권적인 거울 이미지를 제공하기 때문이라고 주장해왔다. 우리는 괴물들을 공포 또는 매혹과 동일시하기 때문이다. 이것은 또한 불안으로 가득 찬 동시대 상상계에서 기형적 신체들의 재현이 충족시키면서 특이하게 안심을 주는 기능을 설명하는 데 도움이 될 것이다. 다이앤 아버스의 말대로 기형들은 이미 그 일을 겪었고 반대편 끝으로 나왔다. 완전히 생존한 것은 아니더라도, 그들은 적어도 변신할 수 있는 능력으로 회복력이 있어, 살아남고 대처한다. 대신에 많은 20세기 후반 사람들은 생존은 고사하고 자신들의 대처 능력에 심각한 의구심을 가질 수도 있다. 마수미의 말을 달리 표현하자면, 괴물의 경우 사고나 파국적 사건은 이미 일어났다. 이는 우리에게 환영할 만한 안도감을 주고 공포의 일반화된 정치 경제에서 우리를 벗어나게 할 수 있다. 정확히 공포의 파괴적인 잠재성을 충분히 구현함으로써 말이다. 괴물들은 잠재적 재난을 체현함으로써 예시하고 있다. 그 효과는 카타르시스와 성애적이고 깊은 감정이다. 안도의 한숨을 쉬면서 장래의 교외의 괴물들은 잠재적인 다른 자아를 포용하기 위해 서두른다. 현대의 공포와 SF 문학 및 영화는 '내부의 타자성'의 형태로 더 심화된 버전의 불안을 보여준다. 즉 괴물은 당신의 체현된 자아 속에 살고 있고, 그것은 예상치 못한 그리고 분명히 원하지 않는 돌연변이로 분출될 수도 있다. 괴물은 당신의 체현된 자아 속에서 펼쳐질 준비가 되어 있다. 재키 스테이시(1997)가 우리에게 암이나 다른 포스트핵 질병의 형태로 상기시켜주듯이, 자신의 유기체 내에 퍼져 성장하는 괴물도 '내부의 적'을 주제로 한 변주이다.

괴물들은 포스트핵, 포스트산업, 포스트모더니티, 포스트휴먼의 시대에 우리가 겪고 있는 돌연변이를 인식하게 하고 만화경적 거울 기능을 충족시키는 '변성' 생물체다. 예를 들어 손택(1976)은 다이앤 아버스의 인간 괴짜들에 대한 사진들이 사진작가 자신의 강한 의식과 그들과 관련됐다는 강한 감각으로 인해서, 주체 물질로서 그다지 문제가 되지 않는다고 주장해왔다. 아버스가 자살했다는 사실은 그 이미지들에 비극적인 진실성의 톤을 더하고, 괴짜들의 변신하는 힘을, 즉 그들이 그 예술가를 사로잡고 그녀에게 심리적 기습을 하는 정도를 증명한다. 아버스의 괴짜들에 대한 재현은 현대의 기형적 상상계의 역설, 즉 한편으로는 우리를 인간의 기형성에 익숙하게 하고, 따라서 끔찍한 것에 대한 관용의 문턱을 낮추는 반면, 다른 한편으로는 그들이 냉혹하고 비감정적인 거리를 유지하며, 자아를 의식하지 않는 꽤 자율적인 존재들로 자신들을 보여준다는 역설을 체현한다. 사실, 이 괴짜들의 사진들은 아이러니가 전혀 없고 빅토리아 시대 초상화들의 뻣뻣한 태도를 지니고 있기 때문에, 역설적으로 이 사진들로부터의 우리의 소외감을 강화시키는 결과를 낳는다. 이 사진들은 중립적인 자기 참조가 되기 때문에, 가능한 어떤 도덕적인 메시지도 물리쳐버린다.

괴물적 타자들의 변신하는 힘이 그들의 경계를 벗어나면서 '타자성'의 임곗값을 밝히는 기능을 한다. 이 장의 앞부분에서 내가 주장했듯이, 이 과정은 체현, 형태학, 섹슈얼리티의 문제를 동원하여, 그것들이 전통적으로 주조된 팔루스로고스중심적, 인간 중심적 재현의 규범과 씨름하고 있다. 예를 들어, 피들러의 현대 괴물의 유형 분석은 그들을 결핍, 과잉, 기관 전치의 관점에서 분류한다. 노엘 캐럴(1990)도 괴물의 특징을 정의하는 것으로서 혼종성과 범주적 불완전성을 지적한다. 이것은 괴물들이 다른 종들의 특징들을 중복시켜, 과잉이나 충격적인 누락의 효과를 교대로 나타낸다는 것을 의미한다. 이러한 효과에 있어 신체 기관의 분리 가능성은 매우 중요하며, 캐럴은 젤라틴 덩어리와 같은 실재들처럼 모든 의미 있는 형태학적 기준점을 지우는 형태의 완전한 결핍의 관점에서, 또는 신체 부위의 융합과 분열을 통해서 이 분리 가능성을 분석한다. 융합은 삶-죽음, 남성-여성, 인간-동물, 곤충-기계, 내부-외부 등과 같은 중요한 구별을 흐리게 한다. 반면에 분열은 이러한 범주의 속성을 다른 실재로 대체하여 분신, 제2의 자아, 친숙한 특성을 전치시킨 다른 형태를 만들어낸다. 이에 대한 변주는 괴물적인 실재를 실제로 보여주지 않고 해충, 해골, 썩어가는 신체 부위 등으로 재현하는 방법인 환유에 의해 비체의 괴물성을 환기하는 것이다.

이것은 여성과의 유비analogy를 용이하게 한다. 정신분석적 페미니즘이 성공적으로 주장했듯이(Wright 1992), 여성성도 결핍, 과잉, 전치와 특권적 관계를 가진다. 지배적 양상과 비교해 별난 것으로 또는 끊임없이 중심을 벗어나는 것으로 위치 지어짐으로써, 여성성은 인간과 그 '외부' 사이의 경계를 표시한다. 이 외부는 인간을 동물, 식물, 광물은 물론 신성과도 구별하면서 또한 연결하는 다층적인 틀이다. 신성과 비체의 연결 고리로서 여성성은 그 괴물성에 있어서 역설적이다. 즉 여성성은 전치에 의해 기능하며, 사회적 또는 철학적 '문제'로서의 그것의 편재성은 그것이 불러일으키는 경외감 및 공포와 동등하다. 변성 생명체들은 불편한 '분신' 또는 시뮬라크르로, 끌어당기는 동시에 밀어내고, 편안한 동시에 불안하다. 그들은 숭배와 일탈의 대상이다. 앞서 언급했듯이, 여성들이 쓴 SF 텍스트에서는 종의 수컷의 타자와 종 전체의 타자 사이에 일종의 깊은 공모 관계가 흐르고 있다.

역사적으로 계속되는 여성과 괴물적 존재 사이의 다른 유비는 여성의 상상력의 악의적인 힘과 관련이 있다. 고대 이후로 능동적이고 욕망하는 여성의 상상력은 특히 임신했을 경우 잠재적으로 치명적일 수 있는 것으로 재현돼왔다. 임신부의 상상력의 파괴력에 관한 문헌은 방대하다.[9] 위에Huet(1983)는 정신분석 틀을 사용하여 거세에 대한 남성 불안의 변이로서 모성적 상상력에 대한 공포를 읽는다. 임신부는 말 그대로 아버지의 서명을 취소하고 삶을 창조할 능력이 있다. 돈(1987)과 윌리엄스Williams(1989)는 할리우드 고전 영화에서도 같은 메커니즘을 발견하는데, 욕망을 가지고 "여자가 바라볼 때" 결코 멀지 않은 곳에 문제가 있다는 것이다. 이러한 페미니스트 비평가들은 욕망하는 여성의 치명적인 응시가 팔루스중심주의적 문화 안에서 여성 욕망과 주체성에 대한 일반적인 공포와 불신을 표현한다고 주장했다.

정신분석 페미니즘 이론은 또한 이 괴물적 상상계의 측면에 흥미로운 빛을 던졌다. 팔루스로고스중심적 응시에 사로잡힌 여성들은 부정적인 자아상을 갖고 거울을 볼 때 보이는 것을 두려워하

---

9 보다 자세한 설명은 다음을 보라. R. Braidotti (1994a) 'Mothers, monsters and machines' in *Nomadic Subjects*; (1996) 'Signs of wonder and traces of doubt' in Lykke and Braidotti (eds.) *Between Monsters, Goddesses and Cyborgs*, London: Zed Books.

는 경향이 있다. 버지니아 울프와 실비아 플라스Sylvia Plath가 자신들의 내부 거울의 깊은 곳에서 괴물이 출현한 것을 본 것이 떠오른다. 차이들은 종종 여성들에 의해 부정적으로 경험되고 문화적 생산에서 일탈이나 괴물성으로 재현된다. 고딕 장르는 부적합함에 대한 내적 감각의 여성적 투영으로 읽힐 수 있다. 이런 관점에서 괴물은 주로 특정 기능을 수행하여 여성의 자아 정체성의 정의에 주요한 역할을 한다. 역사적인 페미니스트의 딸의 산물인『프랑켄슈타인』은 자신감의 깊은 결여와 심지어 더 깊은 전치의 감각을 그린 초상화이기도 하다. 메리 셸리는 이 괴물의 창조자가 자신의 책임을 회피한다고 비난하면서 이 괴물 생명체의 편을 들 뿐만 아니라, 프랑켄슈타인을 자신의 비체적 분신으로 제시하는데, 이 때문에 그녀는 충격적인 명쾌함으로 자기혐오를 표현할 수 있게 된다.

길버트와 구바(1979)는 영국 문학에서 여성들이 종종 스스로를 비열하고 타락한 것으로 묘사해왔다고 주장했다. 따라서 길버트와 구바는 프랑켄슈타인을 밀턴에 대한 메리 셸리의 반프로메테우스적 응답으로 읽었으며, 또한 자기혐오의 이야기로 읽기도 했다. 나는 후자가 특히, 버지니아 울프가 "집 안의 천사를 죽이고" 내면의 악마와 대면하여 자신의 원천을 한계에 이르기까지 늘리라고 촉구했던 창조적인 여성들의 진실에 해당한다고 생각한다. 나는 메리 셸리의 프랑켄슈타인 캐릭터를 문학 창작의 과정을 반영하는 것으로 읽었다. 프랑켄슈타인은 셸리의 소설 구조와 동질적으로, 나쁘게 구조화되어 있고 형태도 없다. 그리하여 이 책은 독자들에게 우리의 한계를 경험하게 하는 이 장르의 힘의 핵심인 자기 참조성을 제공한다. 나는 이 소설이 수많은 플래시백과 우회로들과 함께 쉽지 않은 서간체의 형태를 취하는 깊은 **불안감**malaise에 의해 변용된 텍스트라는 것을 발견했다. 그것은 독자들에게도 불안과 고통을 주는 효과가 있다. 게다가 메리 셸리는 의도적으로 이 텍스트를 프랑켄슈타인의 괴물 같은 신체와 비교한다. 끔찍하고 미완성인 이 작품은 글쓰기 행위를 실패할 운명이며 기본적으로 성취감을 주지 못하는 것으로 묘사한다. 프랑켄슈타인은 셸리의 작가 되기이고, 그는 가장 불완전한 글쓰기 기계다. 이해와 의사소통에 어려움을 겪는 프랑켄슈타인은 글쓰기 과정의 순환논리를 반영하고 있는데, 그것은 명료성을 추구하도록 글쓰기 과정 자체를 이끌어간다. 생생한 자위, 유혹과 반복의 게임인 글쓰기는 갈망의 고뇌와 같은 방식으로 성애화되지만, 별로 안도감을 주지 않고 심지어 보상은 더 적다. 셸리가 건강하고 정상적인 인간 이성애와 의인화된 괴물의 무균한 쾌락 사이에 설정하는 끊임없는 대립은 이 점을 강조한다. 창조적인 글쓰기는 숭고함을 추구하는 것이 아니라 오히려 재앙과 범죄를 저지르려 한다는 것을.

따라서 메리 셸리는 인공적인 삶을 창조함으로써 신을 연기하는 과학자들의 자만심을 주로 비판한다. 즉, 미친 작은 남자들이 지하감옥과 자위실에 갇혀 자궁 선망을 제물로 삼으며, 똥을 금으로 만들거나 석화된 물질을 새 생명체로 바꾸려 하고, 해부학을 새로운 운명과 맞바꾸려고 하는 것 말이다. 시간과 공간을 자본화하고 자기 복제를 이루기 위해 미친 듯이 일하는 타락 천사들의 존재론적 질투심도 작가들을 계속 괴롭힌다. 그에 버금가는 어리석음 또한 탈출구가 없는 끝없는 자기 탄생의 과정 속에서 끝없이 백지에 자신의 체액을 쏟는 창조적인 정신 속에 살고 있다. 글쓰기 과정의 순환성은 자기 합법화의 망상을 표현한다. 모든 글쓰기는 포식적이고 흡혈귀적인 동시에 자기 봉사적이며, 창조자의 장갑 낀 손을 괴물의 흉측한 발톱과 구분하는 유의미한 거리는 존재하지 않는다. 『프랑켄슈타인』을 통해 메리 셸리는 그 자신이 그런 글쓰기 장치, 비인격적인 실재, '독신자 기계'가 된다. 볼딕은 메리 셸리의 걸작이 "작품의 구성과 그 이후의 문화적 지위 둘 다에서 자신의 이야기의 중심적 순간들을 모방하는 것"(1987: 30)이라는 이중의 자기 참조성을 획득한다고 주장했다. '책 생성bibliogenesis'이라는 주목할 만한 경우에 예술 창작의 과정, 모성애의 위상과 출산 과정이 모두 서로를 비추고 끊임없이 겹쳐진다. 메리 셸리의 어머니 메리 울스턴 크래프트가 셸리를 낳은 결과로 죽었다는 것을 기억할 때, 텍스트, 신체, 어머니는 『프랑켄슈타인』을 밖으로 폭발시켜 신화적인 차원으로 만드는, 초과하는 의미들의 통제할 수 없는 무더기가 된다.

변신의 차원은 또 다른 기능을 수행한다. 나는 앞서 경계선상에 있는 형상으로서 괴물성이 위계적으로 확립된 구분(인간과 비인간, 서구와 비서구 등)뿐만 아니라 수평적 차이 또는 인접한 차이 사이의 경계 또한 흐린다고 주장했다. 다시 말해, 제인 갤럽이 말한 것과 같이(1989), 괴물성은 같은 실재 안에 포함된 다양성에 대한 감각의 인식을 촉발시킨다. 괴물성은 다양한 부분들이 인간 관찰자와 완전히 병합되거나 완전히 분리되지 않는 실재다. 그러므로 차별화의 경계를 흐림으로써, 괴물성은 자아와 타자의 경계 사이의 차별화를 관리 가능한 차이로 유지하는 것의 어려움을 의미한다.

　이리가레, 허시Hirsch, 초도로Chodorow의 분석에 따르면, 경계와 차별화에 관한 이 문제는 모녀 문제의 핵심에 있다. 어떤 딸이든, 즉 어떤 여자든 완전히 개별화되지 않고 다른 여자, 즉 자신의 어머니와 본질적으로 연결되어 있는 자아를 가지고 있다. 어머니라는 용어는 이미 상당히 뒤엉켜 있고 복잡해서 공생적 혼란의 현장이라고 할 수 있는데, 라캉에 의하면 경계를 회복하기 위해서는 아버지의 법의 명령적 권력이 필요하다. 이것은 또한 바버라 존슨이 '나의 괴물/나의 자아'(낸시 프라이데이Nancy Friday의 잘 알려진 나의 어머니/나의 자아에 대한 암시)에서 추구한 구분이다. 괴물은 누구인가? 어머니인가, 아니면 자아인가? 아니면 괴물성은 그 사이에서 일어나는 일의 결정 불가능성의 상태에 있는 것인가? 그 질문에 대답할 수 없는 것은 자신의 어머니와 안정적이고 긍정적인 경계를 협상하기 어려운 것과 관련이 있다. 괴물 같은 여성성은 정확히 그 구조적이고 매우 중요한 난점의 이정표다.

　1980년대에 페미니즘 이론이 모녀 유대 관계의 모호성과 강도를 긍정적인 용어로, 즉 '여성적 글쓰기'와 이러한 경향의 전형인 이리가레의 '성차의 정치' 패러다임으로 모두 찬양했다는 것은 주목할 만하다. 1장에서 내가 주장했듯이, 90년대 후반까지 모성주의적/여성적 패러다임은 폐기되지는 않더라도 공격을 잘 받았다. 여성 중심적 정신분석 페미니즘에서 어머니에 대한 확실히 나쁜 태도로의 이동은 페미니즘에서 흔히 그렇듯이 세대 차이와 일치한다. 콜보스키Kolbowski(1995)는 멜라니 클라인의 '나쁜' 어머니가 욕망의 대상으로서의 어머니/타자에 대한, 라캉주의에 영감을 받은 '바닐라 섹스(정상 섹스)' 재현을 대체했다고 주장한다. 따라서 패러디 정치가 차이의 페미니즘 이론에서 전략적 본질주의와 다른 형태의 긍정적 모방을 대체했다. 닉슨은 멜라니 클라인의 공격적인 욕동 이론에 대한 관심의 부활로 가장 잘 나타나 있는 90년대의 반라캉주의 풍토를 읽는데, 그것은 "증오와 공격성을 넘어 쾌락과 욕망을 특권화하기를 주장하는 70~80년대의 정신분석 페미니즘 작업에 대한 비평"(Nixon 1995: 72)이라는 것이다.

나는 현재 페미니즘과 들뢰즈 사이에 협상 중인 새로운 동맹 관계를 라캉의 결핍으로서의 욕망 이론의 역사적 쇠퇴와 클라인의 욕동 이론의 부활이라는 맥락에 위치시키고 싶다. 비록 90년대에는 더 차갑고 공격적인 정치적 감수성이 지배적이지만, 나는 어머니의 거부나 그것이 수반하는 물질적/여성적 여성성의 폄훼를 공유하지 않는다. 그렇다고 해서 내가 다시 자궁 본질주의의 어두운 나락에 던져진 것은 아니다. 젠더를 넘어선 것으로 알려진 입장이나 성적 무차별성에 대한 나의 거부는 오히려 철학적 유목주의의 틀 안에 있다. 즉, 나는 변화와 변형의 과정을 다른 힘들과 실재들과 행위자들과의 상호연결 네트워크에서 잠재적 여성성을 실현하는 방법으로서 중시한다는 의미다. 마수미처럼, 나 역시 들뢰즈를 정치, 심지어 기본적인 해방 정치를 포기시키려는 선동으로 받아들이는 것이 아니라, 정치에 운동, 역동성, 유목주의를 도입함으로써 복잡화시키는 방법으로 받아들인다. 2장과 3장에서 나는 또한 이것을 자유롭고 다층화된 잠재적 여성성의 변신-자궁변형이라고 불렀다. 자궁은 살도, 금속도, 운명도, 목적도 아니다. 그것은 시간적 의미뿐만 아니라 공간적 의미에서도 운동이다.

할 포스터Hal Foster는 1990년대 후기 포스트모더니즘에서 선진 기술 문화는 주체의 죽음이라는 개념을 넘어 일종의 '외상적 리얼리즘'(Foster 1996: 131)으로 이동했다고 주장한다. 1980년대에 문화의 텍스트 모델이나 리얼리즘의 전통적인 개념을 지나치게 강조했던 것과는 반대로, '실제real' 주체가 복귀한다. AIDS 위기와 세기말 복지국가의 전반적인 쇠퇴에 대응하여, 실험과 이동성으로서의 욕망이라는 정신분석적 환영歡迎에 대한 환멸이 커지고 있는 것도 눈에 띈다. 포스터는 이러한 문화적 불만이 트라우마를 입은 주체의 충격받은 주체성으로의 회귀로 표현된다는 것이 중요하다고 주장한다. 아버스가 지적한 바와 같이, 기형들은 트라우마가 그들 몸 곳곳에 쓰인 채 태어나고, 현실화된 재앙을 체현한다는 점을 감안하면, 복귀한 문화적 패러다임으로 드러나게 된다. 신디 셔먼Cindy Sherman의 예술적 궤적은 이런 관점에서 유효하다. 초기 로맨스부터 역사 초상화를 거쳐 오늘날의 비체적 재난 회화에 이르기까지, 그녀는 기호에 대한 매혹과 현실 재현의 효과로부터 전체 신체가 어떤 의미화 체계에서 분리된 응시에 의해 잡아먹히고 cannibalized 있다는 깨달음으로 이동하는 것을 보여준다.

따라서 경계를 흐리는 것에 대한 크리스테바의 감각에서 공포의 귀환은 말하자면 비정형적인 것, 형체가 없는 것, 외설적인 것에 대한 문화적 매혹이다. 이것은 부상당하고 병들고 트라우마를 입은 신체들에 대한 숭배라는 부정적인 형태를 띤다. 포스터는 공포의 귀환을 차이의 정치에 대한 실재적 피로와, 무차별과 죽음의 동등한 매력을 표현하는 발전된 우울증의 동시대적 형태라고 묘사하고 있다. 미학적으로, 이는 기술적 응시에 의해 침범되는 육체에 대한 황홀한 매혹과 진정한 절망과 상실감을 초래하는 이 침범에의 공포를 동시에 만들어낸다.

다시 말해, 후기 포스트모더니즘의 이러한 역사적 맥락에서 차이는 단순히 여성, 흑인, 기술적 타자들이라는 반주체성의 고전적인 포스트모던 형식으로 돌아오는 것이 아니다. 차이는 이제 비체적 신체로서 그리고 궁극적으로는 트라우마를 입은 주체들의 마지막 경계, 즉 시체로서 돌아온다. 이는 인본주의 주체의 위기에 대한 법의학적 왜곡이다. 그것은 상처를 지닌 겁먹은 목격자, 영웅적이고 손상된 생존자, 즉 이의가 제기될 수 없는 것으로서의 주체에게 경험적 근거와 따라서 권위를 제공한다. "사람은 다른 사람의 트라우마에 도전할 수 없기 때문이다. 단지 그것을 믿을 수 있을 뿐이고, 심지어 그것과 동일시할 수도 있고, 그러지 않을 수도 있다. 그러면 외상 담론에서 주체는 즉시 구해져 고양된다."(Foster 1996: 168). 사고는 이미 일어났고 돌이킬 수 없다. 흉터는 그 흔적이다. 그것은 부정적이지도 긍정적이지도 않다. 단순히 우리의 역사성을 가리킬 뿐이다. 이러한 역설은 다수자의 위기 상황의 상충하는 운동들과 소수자들에 의해 출현하는 반정체성들의 재구성을 화해시킨다. 트라우마에 대한 이 미학이 오늘날의 문화적 빈곤의 전형인지, 아니면 가능한 형태의 저항의 대안적인 공식화인지는 내게 중요한 의문으로 남는다.

나는 사회적 상상계와 그것을 코드화하는 기술의 역할 모두의 중요성을 고려할 때, 우리는 적절한 재현과 저항 양쪽 모두의 형태를 개발해야 한다고 주장하고 싶다. 기술 기형학적 문화의 미로 속에서 우리가 생각할 수 있도록 돕기 위해서는 개념적 창조성이 요구되고, 새로운 형상화가 필요하다.

선진 문화의 사이버 기형학적 상상계에 대한 면밀한 분석에서도 나타난 것은 그 안에서 모성적 여성성에 의해 행해지는 결정적이고 고도로 전략적인 역할이다. 특히 기술 도구와 모체 사이의 준準동형적 관계에 한 가지 양상이 있는데, 나는 그것이 상당히 중요하다고 생각한다. 이는 기계가 자궁을 '인수'하고 있다는 고전적인 기술 공포증적 반론(Corea 1985a)보다는 여성 재생산 권력의 위치 변화와 관련이 있다. 인본주의의 시공간 연속체의 붕괴와 일반화된 포스트핵 불안의 맥락에서 대중문화에서 부각되고 있는 것은 여성 권력의 과도한 성장에 따른 부성 권력 붕괴의 위협이다. 이것은 교외 핵가족을 호러 쇼의 특권적 무대로 지목한다(Greenberg 1991). 이것은 〈엑소시스트〉 이후 줄곧 대중문화에서 그러했으며, 물론 로메로의 〈살아 있는 시체들의 밤〉과 〈에이리언〉은 말할 것도 없고 이미 히치콕의 〈싸이코〉에서도 명백하다. 괴물의 수태는 교외 가정의 단조로운 규범성을 뒤엎는 방법이다.

그러나 이것은 여성을 어디에 놓는가? 여성은 모성적 힘으로 축소됐을 뿐만 아니라, 그 힘은 기업이 소유한, 기술 기반의 생식 생산 체계로 대체된다. 어떤 면에서 기업들은 모든 대중 SF와 사이버펑크 영화에서 진정한 도덕적 괴물로 등장한다. 그들은 부패시키고 부식시키고 착취하고 무자비하게 파괴한다. 〈매트릭스〉의 사이버 악몽 속에서 전 세계 인큐베이터들은 스스로를 대변한다.

즉, '마더'는 기술 산업 시스템에 동화되었다. 재생산, 특히 백인 남성 아기들의 재생산은 포스트자본주의 현금망의 주요 자산이며, 이 자산은 또한 자신의 젊은이들을 사육했다. 그러므로 모체는 후기 포스트모더니티에서 공포의 정치 경제의 핵심에 있다. 그녀는 미래의 가능성을 재생산함과 동시에 오늘날의 시장경제인 첨단 기술 상품화 체제 내에 이러한 미래성을 새겨 넣도록 되어야 한다. 이 이중 구속에서 모성적/물질적 여성성을 유지하는 것은 커다란 난기류 영역을 만든다. 그리거스가 지적했듯이, 이것은 여성들이 높은 수준의 불만, 병리, 질병을 경험하게 하는데, 이는 내가 1장에서 분석한 것이다.

이 토포스의 즉각적인 효과는 아이, 태아, 배아 그리고 심지어 난자까지 여성의 몸에서 떼어내는 것이다. 이러한 '태아의 매력'(Petchesky 1987; Franklin 1997)과 대중적 이미지의 독립 품목으로서 태아의 출현에 대해 많은 글이 쓰였다. 이러한 이미지들은 또한 선전 영화 〈소리 없는 비명The Silent Scream〉이 보여주듯이 위협과 테러리즘으로서의 낙태 반대 운동의 도구가 되었다. 조에 소피아 (1984)는 배아 이미지들을 주의 깊게 분석했으며, 핵 기술과 멸종 위협의 맥락에 이 이미지들을 넣을 것을 권고했다. 소피아에 따르면, SF 영화에 많이 등장하는 외계 배아 이미지들은 기술 문화에 내장된 강렬한 자궁 선망을 표현한다고 한다.

예를 들어 〈2001: 스페이스 오디세이2001: A Space Odyssey〉에서, 우

주선의 주 컴퓨터는 우주비행사와 우주선을 연결하는 탯줄을 포함한 모성 이미지로 입혀져 있다. 소피아는 여성 자궁이 남성 배를 거쳐 부성 뇌로 분명히 전치된다는 가설을 옹호한다. 이것은 그리스 고전 신화의 아테나 탄생 신화에 대한 현대판 신화를 만들어낸다. 완전히 무장한 채 아버지의 머리에서 태어난 아테나는 가슴판에 공포스러운 응시로 영원히 얼어붙어버린 메두사의 머리의 이미지를 달고 있다. 소피아는 또한 〈메트로폴리스〉의 로트왕과 마리아에서부터 〈금지된 행성Forbidden Planet〉의 모비우스 박사의 딸 알타, 〈블레이드 러너〉의 회사의 발명품 레이철에 이르기까지 SF에서 반복되는 아버지와 딸로 이뤄진 한 쌍을 주목한다. 아버지나 과학자 또는 회사는 이제 회사 소유의 테크노 매트릭스(기술 자궁)에 잡아먹힌 과거 여성 어머니-자연의 살아 있는 잔재를 투영하고, 그러한 체계를 이용하는 아테나와 같은 젊은 전사들의 형상들이 실제로 유행하고 있다. 회사의 두뇌-자궁은 데카르트의 기하학적 결정체, 즉 첨단 컴퓨터 회로에 통합된 첨단 슈퍼 엄마로 '별의 아이'를 생산한다. 여기에는 끈적거리거나 지저분한 '습한 것wetware'이 없다. 이성의 순수한 빛은 요행히 악몽들을, 〈에이리언〉의 리플리처럼 빛나는 전사들이 쓰라린 최후까지 맞서 싸우는 점액질의 나쁜 외계 생명체들을 낳기도 한다.

그런 모체 기업의 첨단 기술 권력과 여성의 자유의지에 대한 불길한 예시들에 맞선 남성들은 영웅적인 저항 투사로 재현된다. 〈터미네이터 1〉에서 남성 예언자는 구세주를 위한 길을 닦고, 인간을 구할 미래의 메시아를 낳을 선택된 여성을 안전하게 지키기 위해 지구로 내려온다. 부계 혈통을 재정립하는 것에 대한 뿌리 깊은 불안은 여성들로 하여금 옳은 일을 하도록 만들려는 새로운 남성적 결단으로 해석된다. 스필버그와 루카스Lucas는 기술 장치를 모성적 역할에서 안전하게 배제시킨 채, 기업이 운영하는 재생산의 비전에 대해 근본적으로 보수적인 접근을 하는 주요 창작자들이다. 다행히 예외가 있다. 크로넌버그는 남성 신체의 취약성을 더욱 부각시킨 감독으로, 그에 대해서는 5장에서 더 다루겠다.

| 결론 |

동시대 사회적 상상계는 내게 다소 여성혐오적으로 느껴지는 전개로, 포스트모더니즘의 정체성의 위기에 대한 책임을 여성에게 정면으로 돌린다. 다르다고 표시된 사람들을 재현할 때 너무나 자주 발생하는 그러한 이중 구속들 중 하나에서, 여성들은 바로잡아줄 필요가 있는 다루기 힘든 요소로서, 어떤 관리를 필요로 하는 사이버 아마존으로서, 하지만 또한 이미 산업적 재생산 복합체에 연루되고 통합되어 있는 것으로서 묘사된다. '나쁜 년 어머니 mother the bitch'는 또한 생명에 대한 자신의 힘을 사용하고 남용하는 '시리얼 맘'이기도 하다. 조에 소피아는 "슈퍼맨이 여성의 기능을 통합하고 인수하여 정크 푸드, 정액 이미지, 실리콘 칩으로 우리를 먹이고 수정시키는, 그리고 종말의 사과로 우리를 유혹하는 첨단 슈퍼맘이 되었다"(Sofia 1984: 51)고 감탄한다.

여성 되기를 들뢰즈적 언어로 번역한 모성적/물질적 여성성은 다수자의 전제적인 얼굴인 동시에 소수자들의 애처로운 얼굴이다. 점점 더 오염돼가는 그녀의 신체 위에서, 포스트산업 문화는 자기 자신을 갱신하기 위해 투쟁한다. 살아남기 위해서는 선진 자본주의가 어머니를 통합해야 하고, 그녀의 자손들이 신진대사를 하도록 하면 더 좋다. 이것은 또한 내가 남성의 여성 되기라고 부르는 의미에서 선진 문화의 '여성화'로도 알려져 있다.

타니아 모들레스키(1991)는 동시대 포스트페미니즘적 미국 문화 전반에서 이러한 경향을 지적한다. 예를 들어, 여성들은 가장 대중적인, 즉 저급한 문화적 소비 습관(토크쇼, TV 연속극 등)과 동일시되면서, 고급문화의 결핍의 동의어인 '문화의 여성화'를 초래한다. 그러나 남성은 계속해서 창조적이고 자율적인 정신으로 재현되고 있다. 어떤 면에서 이것은 여성에 대한 구조적인 양가성이라는 영광스러운 19세기 전통의 연속선상에 있다. 후이센Huyssen은 지난 세기의 전환기에 있었던 남성의 여성들과의 동일시의 역설에서 이를 명쾌하게 분석한다. 플로베르의 "보바리 부인, 그것은 바로 나다"는 실존하는 여성들을 문학 사업에서 효과적으로 배제하는 것과 관련이 있다. 그것은 또한 플로베르와 오늘날 TV 연속극과 마찬가지로, 여성을 대중문화의 저속함을 상징하는 싸구려 작품의 열렬한 소비자로 재현하는 형식을 취하는 반면에, 창조적인 고급문화와 전통은 굳건하게 남성의 특권으로 남아 있다.

〈에이리언〉영화 시리즈는 이 분야에서 환영받는 페미니즘적 개입을 하고 있다. 이 시리즈는 후기 포스트산업 기술 사회에 의해 고안된 '새로운 여성 괴물들'을, 기술적으로 작동하는 전면으로부터 인류를 구할 가능성이 가장 높은 영웅적인 주체들, 즉 인간의 최후의 존재인 페미니스트로 변화시킨다. J. H. 카바나J. H. Kavanagh(1990)는 〈에이리언〉이 사실 진보적인 페미니즘의 모습으로 인본주의의 재탄생을 기념한다고 주장한다. 투쟁은 여성성에 내재되어 있으며, 외계인으로 재현되는 고풍스럽고 괴물 같은 여성성과 리플리/시고니 위버로 대표되는 포스트페미니즘적 해방 여성 사이에서 일어난다. 외계인은 남자의 위에서 태어난 팔루스 덴타투스phallus dentatus인데, 대부분의 시간 동안 기괴하게 꼿꼿이 몸을 세우고 팔루스적 꼬리로 구강 강간을 시도하는 경향이 있다. 리플리는 반대로 생명을 주는 포스트페미니즘 원칙으로 나타난다. 은하계 전체의 생명뿐 아니라 반려동물과 어린 소녀들을 구하는 고결한 마음을 가진 전사인 그녀는 새로운 인본주의적 영웅이다. 바로 인류의 구세주로서의 여성인 것이다.

그러나 나는 시고니 위버의 유령 같은 하얀 얼굴을 가진 은하계의 잔 다르크[10]가 위기에 빠진 선진국의 한 종에게 도움이 되는 모든 페미니즘을 대표한다면 그것은 너무나 예측 가능한 결말이라고 생각한다. 인류를 구하는 것이 가치 없는 명분이 되는 것은 아니지만, 그것은 특히 전쟁, 침략, 해방 투쟁 또는 일상적 저항의 다른 형태에서 역사적으로 여성들에게 종종 요구되어온 역할이다. 그러나 여성들은 이러한 영웅적 사건들로부터 여성들의 사회적 지위에 대

10　아네커 스멜릭Anneke Smelik은 특히 〈에이리언 3〉(1996)에 나타난 리플리와 잔 다르크의 유사성에 대해 언급했다.

한 실질적인 이익을 얻는 일이 거의 없었다. 세 번째 밀레니엄의 새벽까지, 인류의 미래를 보장하는 데 대한 여성들의 참여는 결과적으로 협상되어야 하고, 당연하게 여겨지지 말아야 한다. 바버라 크루거Barbara Kruger가 말했듯이, "우리는 또 다른 영웅이 필요하지 않다".

게다가 내가 이 책을 통해 옹호해온 차이의 페미니즘의 틀에서, 권력 구조는 실질적으로 변하지 않은 채 주로 고학력 백인 여성들의 이익에 대해서만 성들의 변증법을 적용시키는 것은 하나의 패배일 것이다. 나는 세기말 가치관의 위기에 내재된 긴장이 페미니즘 내에서도 폭발하도록 허용되어 그 모순을 전면에 내세우는 것이 모든 관계자들에게 더 유익할 것이라고 생각한다. 나는 페미니즘이 확실히 최종적인 진실성을, 진실의 황금빛 양털을 추구하는 것이 아니라고 생각하기 때문에, 새로운 밀레니엄이 시작될 때 우리는 우리 시대의 복잡함에 부응하기 위해 문제를 복잡하게 만들 수 있는 계기를 얻어야 한다고 생각한다. 나는 페미니스트들이 한편으로는 차이 없는 반복과 젠더화되고 인종화된 권력의 차이들의 완전한 재구성 없는 반복을 피하기를 원하며, 다른 한편으로는 도덕적으로 우월하고 승리를 거둔 여성성이 미래로의 일방적인 길을 보여주는 것과 같은 만족스럽지 못한 가정을 피하기를 바란다.

유목적 페미니즘 접근법의 타당성을 이해하는 데 도움을 줄 수 있는 또 다른 고려 사항이 있다. 포스트모더니티에서는 다양한 갈래의 허무주의가 나돌고 있다. 인간주의의 붕괴를 비극적인 기쁨으로 응시하는 몇몇 파멸의 예언자들 사이에서 '재앙'에 바탕을 둔 완전한 철학적 스타일이 유행하고 있다.[11] 자기 자신을 위해 감각, 의미, 가치의 붕괴를 축하하는 사람들이 제안한 '변경된 국가'보다 긍정의 윤리, 그리고 유목적 주체의 정치적 감수성으로부터 더 멀리 떨어질 수 있는 것은 없다. 그들은 결국 내가 그에 맞서 확고하고 엄격하게 자아의 지속 가능한 정의를 제안하는 정신 나간 과대망상에 대해 불경스러운 개조를 하기에 이른다. 내가 보기에 깊은 사회적, 역사적 변화의 시기에 기술 기형학적 상상계의 손아귀에 있는 문화는 추상화가 **덜** 필요하고 과대 선전도 덜 필요한 문화인 것 같다. 이것은 또한 유령의 경제, 말하자면 미디어 재현 체계의 영원히 살아 있는 죽은 사람들의 경제와도 관련이 있다. 즉 이미지는 영원히, 특히 디지털 조작 시대에 살고 있다. 그들은 끔찍한ghastly/유령스러운ghostly 흡혈귀 소비 경제 속에서 연속적으로 현재를 순환한다. 이 포스트모던 고딕적 요소는 결과적으로 고도로 미디어적인 오늘날의 사회에서 압도적이다. 스타들의 망령 같은 아이콘들은 생방송 중이며, 항상 젊은 마릴린과 다이애나는 이미 죽은 채로 끝없이 우리의 관심으로 돌아온다.

나는 그런 맥락에서 물질적이고 활력적이며 반본질주의적이지만 지속 가능한 실재로서의 주체에 대한 구체적으로 체현되고 내재된 읽기가 현재 우리가 겪고 있는 위기와 변형에서 다가오는 긍정적인 잠재성을 심오하고 온당하게 상기시켜줄 수 있다고 믿는다. 이것은 정치적이고 미학적인 감성의 의미에서 스타일에 대한 질문이다. 우리가 세기말 침체에서 벗어나려면 긍정과 기쁨의 문화를

---

11 예를 들어 다음을 보라. Kroker, A. and M. L. 1987.

키우는 것이 중요하다. 복잡성의 기술, 그리고 그것을 지탱하는 특정한 미학적, 정치적 감각을 배양하면서, 나는 다중적 되기들을 위한 구성의 판으로서 주체를 생각하며 연구하기를 요청하고 싶다. 내재성의 비판적 철학이 우리를 중독성에서 치료하고 긍정과 지속 가능한 주체성의 방향으로 의제를 재정립해야 하는 것은 허무주의의 동시대적 형태에 대항하는 것이다. 이 기획에서 괴물들의 변이 무리, 즉 이미 돌연변이를 겪은 실존적인 귀족들은 위안을 줄 뿐만 아니라 윤리적 모델도 제공할 수 있다.

5장 변신-금속변형: 기계 되기

"지금 도시에는 느슨한 부품들, 가속된 입자들이 있다. 무언가가 느슨해졌고, 무언가가 꿈틀거리고, 올가미를 던져놓았으며, 무언가의 홈 가장자리를 향해 돌고 있다. 무언가가 퍼지고 있고 안전하지 않다. 우리는 조심해야 한다. 안전이 우리의 삶을 떠났기 때문이다. 영원히 사라졌다. 그리고 우리가 동물들에게 위험만 가할 때 동물들은 무엇을 하는가? 동물은 더 많은, 좀 더 많은, 훨씬 더 많은 위험을 만들어낸다."

마틴 에이미스, 『아인슈타인의 괴물』, p. 32.

"우리 말이 들리니?

—네.

—우리 소린 어때?

—기계처럼 들리네요.

—듣기 좋아?

　　—아름다워요.

　　—어떤 기계 같은데?

　　—평범하고 영구적인 기계요."

레너드 코언, 『아름다운 패자』, p. 204.

| 서론 |

　　지난 장에서 나는 기술, 체현, 성차에 관한 동시대 사회적 상상
계의 몇 가지 측면을 살폈다. 나는 이제 사이버 기술의 문제를 직접
다룰 수 있다. 평소와 마찬가지로 비선형적, 리좀적 논증을 펼치겠
다. 한편으로 나는 페미니스트와 다른 비평가들이 동시대 문화와
사회 변혁에 관한 보수적이거나 향수를 불러일으키는 설명을 극복
하기 위해 되기 이론을 사용할 수 있다고 제안할 것이다. 다른 한편
으로, 그러한 차이점들에 접붙인 권력의 차이들에 대한 비판을 할
수 있도록, 성들 간의 비대칭성이라는 의미에서 성차와 위치의 정
치학을 재기입하기 위해서는 철학적 유목주의 내에 확고한 페미니
즘적 개입이 필요할 것이다.

　　4장에서 내가 주장했듯이, 혼종적, 변칙적, 괴물적 타자들이 우
리를 향해 던지는 도전은 우리가 19세기로부터 물려받은 감성과
의 분리인데, 이 감성은 차이를 병리화하고 범죄화했었다. 보수적
문화비평가들은 심지어 오늘날에도 이상異常이나 일탈적인 차이

를 도덕적으로 부적절하고 인식적으로 파산한, 퇴폐의 위험한 징후로 보는 경향이 있다. 이것은 나에게 상상계 에너지 결핍의 명백한 기호 중 하나 또는 포스트모더니티를 정의하는 특징 중 하나인 완전히 상징적인 불행이다. 나는 그러한 위기를 극복하기 위해서는 새로운 개념적 창조성이 필요하다고 주장해왔다. 이 장에서 나는 우리가 변칙적이고 괴물적인 다른 타자들을 가치 저하의 기호로 접근하는 것이 아니라 긍정적인 발전과 대안을 가리키는 잠재적 가능성의 전개로 접근한다는 것을 주장하고 싶다. 들뢰즈의 언어로 재진술하자면, 이는 내가 앞 장에서 광범위하게 분석한 동시대의 사이버 기술적 상상계가 동시적으로 두 가지 상반된 경향들, 갈망들 혹은 정치적 열정들을 표현한다는 것을 의미할 것이다. 반응적이거나 부정적인 반응으로서, 이는 다수자성의 확실성이 무너지고 있는 역사적 시기에 남성, 백인, 이성애자, 도시화된 재산 소유자, 표준 언어 화자의 지배적인 주체 위치로 체현된 다수자의 두려움과 불안을 표현한다. 적극적이거나 긍정적이며 권한을 부여하는 행위로서, 이는 변형의 정치와 되기 과정을 선택해온, 즉 소수자성에 기반한 또는 소수자성에 의해 새겨진 주체들의 정치적 열정들을 표현한다. 대부분의 정통적인 들뢰즈주의자들과는 반대로, 나는 이러한 되기의 패턴들에서의 동시성을 생각한다. 이 되기의 패턴들은 출발 위치에서 비대칭적이며, 또한 똑같이 비대칭적인 표현들을 불러일으킨다. 따라서 공포와 테러의 정치 경제는 다수자와 소수자들에게 같은 방식으로 영향을 미치지 않는다.

이 장에서, 나는 이 책 전반에 걸쳐 존재해온 동시대 문화의 한 측면, 즉 신체와 기술의 관계와 보다 구체적으로 인간이 현재 포스트휴먼 기술 변수들에 있어서 성공적인 범위의 방향으로 전치되어 온 방법에 대해 좀 더 자세히 살펴볼 것이다. 이것은 사상가들이 수세기 동안 서구 인본주의에서 물려받은 집단적 인간 중심적 자만심을 흥분시키는 동시에 그 자만심에 고통을 준다. 나는 이러한 현상들 몇 가지를 추적하여 유목적 접근법의 유용성과 그 접근법을 성차의 페미니즘적 실천에 다시 연결시킬 필요성 모두를 지적하려고 노력할 것이다.

변형적 변화, 돌연변이, 변신의 개념을 강조함으로써, 나는 이러한 고전적이고 양극화된 이항들 사이의 통합을 재고해보려고 노력해왔다. 나는 이 작업에서 신체적 유물론에 대한 참조와 이리가레와 들뢰즈의 내재성 개념에 의존해왔다. 나는 들뢰즈가 복잡하고 다중적이지만 성차화되지 않은 것으로 나타내는 되기의 패턴들에 성차가 어느 정도로 영향을 끼치고 또 투자하는지에 대한 그의 무관심에 대해 들뢰즈와 논쟁해왔다. 나는 이 장에서 성애화된 (남성과 여성) 신체들과 기계 또는 기술적 타자들 사이의 평행과 반향을 주장함으로써 이 노선을 추구할 것이다. 게다가 들뢰즈의 리좀과 함께 해러웨이의 사이보그에 대해 논하면서, 나는 우리가 신체적 '타자들'과 역사적 '타자들'이 인본주의적 세계관의 토대에서 전위되어 돌아오는 바로 이때에 이들 타자들과 인간의 통일성 및 상호의존성을 생각할 수 있도록 하는 개념 체제를 고안하는 것이 매우 중요하다고 제안할 것이다. 그러나 나는 이러한 비판적 조사를 계속하면서도 성들 사이의 비대칭성, 즉 여성성과 남성성의 근본적인 불일치, 말하자면 그 비교 불가능성의, 권력을 부여하는 양태들을 잊지 않는 것 또한 중요하다는 사실을 계속 논할 것이다.

| 신체와 기계 사이에 있는 것 사이에서 |

우리는 이미 앞 장에서 신체적 자아나 체현된 주체에 대한 동시대 상상계가, 대중문화와 특히 영화계에서 보이듯이, 기술 기형학적이라는 것을 알았다. 그러나 이러한 연관 관계는 고딕 전통에서 나온 주제와 이미지를 재활용하여 포스트산업 대중문화의 테크노 괴물들에게 투영하는 다른 '타자들'의 부정적인 재현에 의해서도 촉진된다. 괴물성의 본질적인 요소는 혼종성의 요소, 즉 범주적 구분이나 구성적 경계가 모호해지는 것이다. 그중 가장 중요한 것은 다른 종들 사이, 즉 인간, 동물, 유기적 타자, 비유기적 타자, 기술 사이의 구별이다.

이처럼 자아와 타자들의 범주적 구분이 흐려지면 종들의 일종의 이종, 거대한 혼종화가 생긴다. 괴물, 곤충, 기계를 우리가 '신체'라고 부르던 것에 강력한 포스트휴먼적 접근으로 결합시키는 이 과정의 핵심에 기술이 있다. 정체성, 섹슈얼리티, 신체가 기술에 의해 변형된다고 말하는 것은 기껏해야 절제된 표현이다. 아서 크로커Arthur Kroker(1987: 181)는 포스트모더니티의 상황을 요약하면서, 다음과 같이 주장한다.

〔인간은〕그러나 더 이상 데카르트식 사고 주체가 아니라 공포의 과학이 권력의 언어인 초근대적 문화에서의 프랙탈적 주체성이다. 즉, 더 이상 과잉에 대한 추론이 아니라, 포스트모던 의식의 인식론적 형태로서의 병렬적 과정이며 (…) 더 이상 기하학적으로 집중되고 자기 조절 하는 몸이 아니라, 운영에 필요한 조건인 디자인 미학이자, 독성 신체들을 생산하는 리비도 경제에서 핵심적 특징들인 인체 면역성의 기술이며, 이는 더 이상 일의적인 (근거에 기반한) 관점이 아니라 가상 기술의 사이버공간에서 치명적으로 붕괴한 관점이다.

어떻게 이런 일이 생겼을까? 내가 카르토그라피를 시도해보겠다. 기계가 인간을 모방하고 대체해야 한다는 것은 지금쯤은 상식이다. 그러나 그것이 정확히 어떻게 작용하는지 그리고 그것의 실제적인 의미가 무엇인지는 간단하지만은 않다. 조르주 캉길렘(1966)은 일종의 원시적 의인화가 기술적 인공물에 내포되어 있으며 기술의 전체 역사에 기록돼 있다고 주장한다. 기술을 넘어서는 살아 있는 생물 유기체의 우위에 대한 이러한 주장은 기계적이거나 기술적인 타자가 유기적인 것이나 살아 있는 유기체를 모방한다는 것을 암시한다. 공정하게 말하면, 캉길렘은 또한 살아 있는 유기체가 유기적인 부분의 합보다 더 크다고 주장한다. 이것은 인간과 기술, 유기체와 무기체의 상호작용에 관한 담론이 이론적 추론에 도전하는 이유 중 하나이다. 캉길렘에게 기술적 타자는 그것을 이론적으로 재현하는 철학의 능력을 능가하는데, 이는 타자가 관계, 과정을 나타내는 반면, 철학적 이성이 과정의 재현에 뛰어난 것은 아니기 때문이다.

이는 기술적 분신, 오토마톤automaton 또는 인간형 기계에 특별한 힘을 부여하며 적용된다. 캉길렘은 그러한 기계의 역사와 인간 유기체의 기능과 구조를 재현하려는 시도를 연구한다. 모든 기술은 생명공학이 된다. 특히 19세기 이후 서구 문화는 변신-금속변형metal(l)morphoses, 즉 종적generic 기계 되기의 약속이나 위협에 직면해왔다. 캉길렘의 기술우호적 생명 철학의 큰 장점은 인간과 기술 사이의 공생관계를 다시 생각할 수 있는 길을 열어준다는 것이다. 따라서 나는 과학적 기형학에 대한 캉길렘의 선구적인 연구가 동시대 사이보그 사상의 계보학적 원천 중 하나라고 주장하고 싶다. 이 접근 방식의 함축적 의미 중 하나는 기술은 지배 욕망의 표현일 뿐만 아니라 욕망, 호기심, 정동적 개입의 대상이라는 것이다. 그러므로 나는 이 장 후반부에 이 기술우호적 의인화에는 두 가지 부작용이 있다고 주장할 것이다. 즉, 성적 대리자surrogate로서의 기술적 타자에 대한 성애화와 인간-기계 상호작용의 오이디푸스화가 그것이다.

오토마톤은 인간의 외관을 가진 기계로, 자신의 에너지를 발생시킬 수 있고 미리 정해진 프로그램을 따를 수 있다. 따라서 오토마톤은 테크노 괴물 타자의 독특한 특징들을 결합하고 체현한다. 그것은 비유기적이지만 기능적이며, 이는 유용성과 생산성의 측면에서 인간과 상호작용을 한다는 것을 의미한다. 프로그램 가능성과 기능성은 이러한 인간형 기계의 핵심 용어로서, 다른 모든 기계와 구별된다. 그들은 고대부터 그리고 완벽하게 기능하는 분신의 기계적인 현실화 훨씬 이전부터 인간의 상상력에 출몰해왔다. 예를 들어, 그리스 신화에서 기술력은 가장 큰 양가성으로 표현되는데, 그것은 신적이지만 또한 악마적인 것이기도 하다. 신체적으로 기형이며, 지구의 표면을 영원히 바꿔놓을 도구와 무기들을 어떤 곤충들처럼 지구의 내부에서 제조할 운명에 처한 대장장이 헤파이스토스 신을 예시로 들 수 있다. 피들러가 지적하듯(1996) 반신반노半神半奴로서 장인은 찬탄과 일탈의 대상이다.

비록 '괴물'이라는 용어는 살아 있는 실재나 유기적 실재를 위한 것이지만, 나는 유기적 괴물과 기술적 또는 의인화된 타자의 구조적 유사성을 주장하고 싶다. 분신, 로봇 또는 자동기계는 사실 인간 관찰자들에 대해 내가 4장에서 분석한 기형들과 동일한 변형효과를 가지고 있다. 그들은 경이로움과 공포, 혐오와 욕망의 대상이다. 분신들로서 그들은 종종 새로운 순서로 배열된 유기적 부분들의 재조립을 나타낸다. 이 배치는 괴물적 신체에 대해서 과잉, 결핍, 전치에 의해 기관들을 조직하는 규칙을 따른다.

매우 자주, 유희성뿐만 아니라 편리성의 이유로, 기계적 분신에서 유기적인 부분들의 재배치는 대안적 신체 형태, 신체 기능, 형태론 및 섹슈얼리티의 환상적 배열을 나타낸다. 이와 같이 기술적인 의인화된 기계는 상상적 투영과 환상의 대상이다. 최악의 SF 공포영화에서처럼, 그것은 반은 곤충이고 반은 금속이다. 오토마톤은 그런 환상적인 사용법들에 몸을 맡기고, 따라서 과학적인 담론 안에서 역설적인 역할을 한다. 오토마톤은 한편으로 생명과 생물을 지배하는 과학적 합리성의 힘을 예시하고, 다른 한편으로는 이성적인 이해를 거스른다. 기계적 분신은 너무나도 그 자체이면서 또한 돌이킬 수 없을 정도로 타자이다. 오토마톤은 결과적으로 근대성의 고전적인 '타자들'과 유사한 방식으로 위치하는데, 내가 1장에서 개괄한 성적, 민족적, 자연적 타자들이다. 이와 같이 오토마톤은 가장 내면적인 인간 능력을 표현하는 모델 역할을 하는 환원 불가능한 특이성의 역설을 체현하는 한편, 그 능력을 주체로부터 자율적인 외부 기능들로 만든다.

이 정도의 복잡성은 오토마톤과 괴물적 타자들 사이의 유사성을 만들어낸다. 프랑켄슈타인적 분신처럼 오토마톤은 분리 가능한 부분과 장기의 혼합물, 조각들의 콜라주 또는 몽타주이다. 따라서 다음과 같이 기만적으로 기능한다. 즉, 이성만큼이나 상상력의 산물로서 오토마톤은 모호성과 다가성으로 특징지어진다. 오토마톤은 생물체를 모방하여 인간에 이르는 것처럼 보이지만, 그럼에도 불구하고, 그 자체로 폐쇄적이고 기본적으로 쓸모없는 합리주의적인 체제에 불과하다. 오토마톤은 그렇게 한계적 경계선 위의 형상이 됨으로써 유발하는 매혹과 공포의 혼합을 통해 괴물성과 연결되어 있다. 오토마톤은 프로이트가 말한 메두사의 머리나 괴물 같은 모성적 여성성의 다른 형상들과 같이 자유로운 상상력의 작용을 촉발시킨다. 로봇의 초기 역사 버전은 반마술적인 것으로 간주되어 사랑과 공포의 반응을 유발했다. 오토마톤은 경계를 흐리고, 장르를 섞으며, 정상성과 표준성의 이중적 의미에서 정상과 그 '타자들' 사이의 참조점들을 전치하기 때문에 괴물적이다.

인간의 시뮬레이션은 기술적 타자가 성적 기관, 활동 및 에너지를 모방할 정도로 특히 강력하다. 기계는 성적 에너지의 작용을 모방하는 근본적인 리비도적 구조를 실현한다. 기계는 기능성과 무용성, 생산성과 낭비, 절제와 과잉 사이의 경계에 질문을 던진다. 기계는 연접, 톱니바퀴, 스파이크를 만들고, 튜브는 사납고 무심한 에너지로 서로를 관통한다. 예이젠시테인부터 크로넌버그에 이르기까지 기계의 성애적인 힘은 영화 제작자, 예술가, 활동가들에게 깊은 인상을 주는 데 성공했다. 그중 일부는 기계의 연극성, '독신자 기계'로서의 순수하고 비생산적인 재현적 가치, 즉 기능주의를 완전히 박탈당한 놀이와 쾌락의 순수한 대상을 강조하는 것을 주저하지 않았다. 파리의 퐁피두 센터 밖에 있는 탱글리가 디자인한 분수나 초현실주의자들의 어떤 '대상들'에 감탄해본 사람이라면 누구나 그 감각을 알아볼 것이다. 이런 무용성은 기계의 성애적인 힘에 중심이 된다. 기계의 장식 기능도 시계 장치 기계, 뮤직 박스, 거리의 오르간, 온갖 종류의 '활인화tableaux vivants', 17세기 이후 부자와 권력자의 인형과 장난감 등에서 탐구되고 이용되었다. 기형들처럼 오토마톤은 전시용이고 모든 연령대의 어린이들의 기쁨을 위한 것이다.

더구나 상상계의 투영과 욕망의 대상으로 성애화되어 있는 인간형 기계들은 우리의 성적 호기심을 자극하고 섹슈얼리티와 생식에 관한 온갖 의문을 촉발시킨다. 예를 들어, 르네상스 시대에 인간과 정밀과학 사이의 명확한 경계선이 없는 것을 고려할 때, 오토마톤은 생명의 인위적인 생식에 대한 논의에 분명히 관여됐다. 기계와 인공 생식이라는 두 가지 문제는 화학적인 상상 속에서 직관적으로 연결되어 있다. 따라서 '호문쿨루스homunculus'에 대한 파라켈수스Paracelsus의 이론은 과학적 상상력에 있어서 이 순간의 가장 분명한 표현이다. 수태의 행위자로서 정자의 우위라는 개념에 근거한 이 이론은 자기 발생이라는 환상을 뒷받침하는 자궁 외 출산 이론이다. 18세기는 기계에 대한 성찰의 철학적 시기의 시작을 나타낸다. 데카르트와 라이프니츠, 파스칼은 자동기계를 만들고 그에 매료된 최초의 사람들이었다. 인간의 기계 분신은 인간의 자질과 그 초월성을 동시에 예시하며, 그 논리가 인간보다 훨씬 우월하기에 과학적 합리성의 엄격한 적용이기도 하고 이를 위한 모델이기도 하다. 완벽한 인공물인 자동기계는 인간 지능의 규칙을 드러내고 실행하는 인공적 책략이다. 그것은 유기체와 무기체, 무생물과 생물의 문제적인 근접성을 나타낸다. 영혼 없는 신체, 그것은 데카르트 이원론 문제의 핵심이다. 18세기의 유물론적 합리주의는 오토마톤을 영혼 없는 동물들과 함께 두지만, 또한 이는 경계선에 대한 핵심 문제들을, 그에 따라 인간과 그 타자들, 동물 혹은 기계 사이 경계의 한계들을 질문하게 만든다.

이러한 경계선들은 근대성의 시대에 다시 뒤섞이고 흐려진다. 푸코의 계보학에 따라, 나는 근대성이 정신과 육체의 고전적이고 합리주의적인 구분에 도전하고, 대신 인간 체현 구조의 문제를 그 자신의 권리의 문제로서 제기한다고 제안하고 싶다. 살아 있는 유기체(비오스)의 구조와 기능은 새로운 분석 도구를 요구하는 특정 항목으로 나타난다. 살아 있는 유기체의 내재적 자질로 인식된 조에는 전통적인 담론 위계에 도전한다. 다윈, 프로이트, 니체는, 비록 근본적으로는 다른 방법일지라도, 주체성과 이성적인 의식성의 동일시를 탈중심화하는 데 힘을 합친다. 정신분석은 의식적 과정과 무의식적 과정 사이에 가공할 정도의 경계선을 그림으로써 주체의 '분열'을 달성한다. 이 기술적 인공물은 그 사이에 있는 경합 지역에 새겨지게 된다.

따라서 증기기관은 프로이트에게 리비도적 욕망에 대한 근본적인 은유를 제공한다. 19세기 역학과 열역학의 법칙에 맞추어, 리비도 주체를 증기기관으로 보는 관점은 인본주의의 위기를 알리는 동시에 미개척 에너지인 무의식의 차원을 열어준다. 위너^{Wiener}(1948)는 기술적 인공물에 대한 영향력 있는 분류에서 19세기를 전체적으로 증기기관의 시대라고 정의한다. 주체의 숨은 동력으로서의 리비도에 대한 정신분석 담론은 욕망을 기계 같은 것, 즉 기술적인 것에 내적, 외적 방식 모두로 연결시켜준다. 내적으로는 주체의 내장된 에너지와 운동의 원천을, 외적으로는 오히려 인간 존재의 표준화가 증가하는 것을 가리키고 있는데, 이는 프로이트의 환자들이 정신분석으로 가져온 불안과 신경증으로 해석된다. 이 두 경우에, 기술적 요인은 근대성의 맥락을 설계할 때 강력한 교량 제작자 또는 중간 참여자 역할을 한다.

앞 절에서 내가 주장했듯이, 기술적 신체 타자가 인간 유기체를 재현하는 변형적이며 패러다임적인 기능을 모두 가지고 있는 한, 그것은 또한 성적 은유의 역할도 수행한다. 기술적이거나 기계적인 타자는 그것이 접속, 연결 또는 사이를 나타낸다는 점에서 리비도적으로 충전된다. 이러한 전이 구역은 심하게 젠더화되어 있다. 따라서 근대적 유토피아의 고전적인 이미지에서, 영화 〈메트로폴리스〉는 여성 로봇에 체현된 기술을 재현한다. 이 '기계 요부'(Huyssen 1986)는 기술에 대한 근본적인 양가성을 구현하고 있는데, 한편으로는 파괴력을, 다른 한편으로는 진보적이고 행복에 가득 찬 힘을 강조한다. 안드로이드의 창조자가 남성인 반면, 안드로이드가 여성 형태로 주어지는 것은 너무나 명백한 토포스이기에 랑Lang 감독은 로봇의 여성적 특징을 설명할 필요조차 느끼지 못한다고 후이센은 주장한다. 안드로이드는 여성이나 자연과 마찬가지로 타자로서, 확고하게 남성의 통제하에 있으며 남성의 욕망에 완전히 복종한다. 처녀 어머니나 매춘부 요부처럼 로봇은 여성에 대한 기본적인 남성 환상을 재활용한다.

프리츠 랑의 〈메트로폴리스〉에 등장하는 여성 로봇 마리아를 위한 출처 중 하나는 빌리에 드 릴라당Villiers de l'Isle-Adam의 1886년 걸작 『미래의 이브』의 여성 안드로이드 아달리로, 기계에 대한 근대 미학을 여러 가지로 예시하고 있다. 첫째, 그것은 여성 주형과 여성적 양태에 기술적 타자를 주조한다. 메리 셸리가 프랑켄슈타인을 불임의 '독신자 기계'라는 배은망덕한 역할로 비난하며 여성의 분신 복제를 거부하는 반면, 19세기의 기술적 상상계는 완벽한 여성 로봇의 발명을 현실화하는 데 아무런 문제가 없었다.

둘째, 근대의 인간형 기계는 유사성의 미학에 의해 기능한다. 아달리는 완전한 인간인 알리시아 클라리의 정밀한 분신(더블)이다. 그녀는 완벽한 유사성 때문에, 또한 그 출생이 자연적이지 않고 인공적이기 때문에 이중으로 괴물 같다. 원본과 사본, 자연과 문화의 격차는 전자를 손상시키며 작용한다. 체현된 여성인 알리시아는 화려한 외모지만 범속한 정신을 가지고 있다. 완벽에 대한 갈망에 의해서 창조자-공학자인 에디슨은 현대 이성의 프로메테우스처럼, 알리시아의 신적인 아름다움에 적합한 영혼을 '사진-조각'(p. 259)이라는 특수한 기법으로 제조한다. 따라서 이 경험적인 여성은 사진-주물이 되고 인공 안드로이드인 아달리에 투영된다. 울렌Wollen이 주장했듯이(1989), 19세기에 기계적 타자는 여전히 매우 독특하고 개인화된 인공물이며, 성애적인 환상에 귀속된다.

셋째, 이 매우 성애화되고 젠더화된 작동은 19세기 시장경제의 논리에 필수불가결한 것으로 제시된다. 『미래의 이브』는 여성의 성을 페티시화되고 상품화된 기계적 신체 타자이자, 근대성의 사회적 상상계에서 지배적인 토포스로서 완성시키고자 하는 욕망을 표현하고 있다. 레몽 벨루르Raymond Bellour(1991)가 지적했듯이 아달리는 산업 문화의 순수한 선언으로, 이후 1920년에 산업 노예들이라는 새로운 계급을 가리키기 위해 로봇이라는 용어가 발명된다.[1] 즉, 신이 자신의 이미지를 본따 만든 인간의 이미지로 안드로이드 로봇 아달리가 만들어졌다. 로봇은 적절하고, 성서적이며, 그것이 원본과 사본의 관계를 재정립한다는 점에서 기계적인 재생산의 원칙이다. 로봇은 또한 '아우라'의 상실, 즉 전통적으로 분신과 관련된, 악과 마법의 힘의 혼합에 대한 경이로움과 두려움의 상실

---

[1] 체코어로 노예를 뜻하는 단어에서 유래한 '로봇'이라는 용어는 1917년 체코 작가 카렐 차페크에 의해 만들어졌다. 1920년에 차페크는 미래를 그린 『R.U.R』를 출판했다.

을 필연적으로 수반한다(cf. W. Benjamin 1968: 217-251).

넷째, 로봇은 사실 인간보다 더 낮다. 사본이 원본보다 우월하다. 이러한 우월성은 미학적 측면뿐만 아니라 도덕적 측면에서도 정의된다. 기계와 같은 분신은 완벽했다. 로봇은 가능한 한 가장 높은 수준의 정교함으로 격상된 책략이다. 산업 문명은 자연보다 훨씬 우수하고, 기독교에서 몸이 삶을 시작하기 위해 마음을 기다린다고 생각됐던 것처럼 오토마톤은 활성화를 기다리는 표면을 나타낸다. 비오스는 조에에게 승리를 거두었다. 여기서 가장 가까운 평행 관계는 시체와 로봇 사이인데, 이 둘 모두 자신들을 기능하게 하는 에너지의 원천을 찾는 문제를 요구한다는 점에서 그러하다. 화신incarnation을 추구하는 영혼처럼, 전기의 신적인 힘에 의해 점화되는 금속 조각처럼, (여성) 로봇은 현실화되기를 갈망하는 잠재적 생명체다. 실체의 형이상학과 에너지와 운동에 대한 질문은 기술적 분신의 매개를 통해 이루어진다.

다섯째, 이것은 모두 여성 정체성의 문제, 즉 여성성의 '어두운 신비'와 관련이 있다. 1889년에는 여성이 그녀 자신으로부터 소외된다는 생각이 상당히 흔한 일이었으며, 샤르코Charcot와 그의 제자 프로이트가 이끄는 과학자들은 그 신비에 대한 해답을 찾고 있었다. 『미래의 이브』에서 정체성의 문제는 남성 욕망의 충족과 연결되어 있다. 피그말리온과 마찬가지로 안드로이드 여성은 남성의 무의식, 그리고 시대와 인류의 새로운 정신의 발산이다. 비록 아달리의 기원은 우리에게 잘 알려져 있지만, 그녀는 인공물이기 때문에, 우리는 여전히 아버지의 흔적을 잃는 것으로 끝난다. 알리시아 클라리 대신 아달리는 에디슨의 노동력, 힘, 지식을 성공적으로 없 앴다. 예술 작품은 지워지고, 그 자리에 하나의 주체가 나타난다. 이 해방된 주체는 아버지의 서명, 그리고 바로 그의 정체성을 폐기 하는데, 이것은 기괴한 유사성의 작용을 괴물성의 영역으로 바꾸 는 움직임 속에서다(Huet 1983). 빌리에는 신체 기계의 이미지에 새 로운 반전을 주며 19세기의 꿈을 실현하지만, 그는 성sex과 까다로 운 게임을 한다. 아달리는 숭고한 몸을 갖췄을지 모르지만, 완전히 이상적인 상태로 남아 있다. 알리시아의 아름다움에서 빌린 아달 리의 압도적인 관능적 매력은 영적인 것이 된다. 그녀는 또한 불과 빛의 천사, 전기의 상징으로, 무성인 동시에 고도의 에로티시즘을 띠고 있다. 그 생각은 한 가지 측면에서 단순한 것이다. 즉 아달리 는 육체 없는 신체라는 것이다. 괴물적인 프랑켄슈타인처럼, 성욕 과 생식 능력은 기계에게는 불가능하다. 에디슨은 최면술과 사랑 의 혼합, 혹은 오히려 최면술에 의한 사랑의 상태를 에왈드 경에게 제안하고 있다. 모든 섹슈얼리티에서 해방되어 첫 순간의 열기에 사랑을 고정하는 안드로이드는 초월적인 형태의 에로티시즘을 유 도한다.

펠리시아 밀러 프랭크Felicia Miller Frank(1995)는 여성 테크노 신체 의 역설 중 하나를 강조한다. 아달리의 힘에 중요한 것은 숭고한 여 성 음성이다. 사실 아달리는 음향 신체 기계, 즉 의인화된 뮤직 박 스로, 그녀는 축음기 여성, "비체현된 목소리의 인공적으로 구현된 전달자"(Miller Frank 1995: 5)이다. 그녀의 목소리의 대상화는 사회 에서의 여성의 지속적인 대상화를 반영한다. 이와 같이 그것은 모체의 정동적인 풍부함으로 메아리치면서도 여성 주체성의 가능성을 훼손하는 커다란 양면성의 현장이다. 그러나 그녀는 또한 기술 혁신이 인간에게 도전할 새로운 시대의 도래에 관해 상당히 강력한 신호를 보낸다.

콘스턴스 펜리(1985: 39)는 약 1850년부터 1925년까지 수많은 예술가, 작가, 과학자들이 신체와 사회의 관계, 성별의 상호관계, 정신의 구조 또는 역사의 작용을 나타내기 위해 상상적으로 혹은 실재적으로 인간형 기계를 만들었다고 주장한다. 특징적으로 독신자 기계는 흔히 부르는 것처럼 폐쇄적이고 자기 충족적인 기계다. 이 기계의 일반적인 테마는 무마찰적인, 때로는 영구적인 운동, 이상적인 시간, 그리고 그것의 역전의 마법적 가능성, 전기화, 관음증과 자위적 에로티시즘, 예술의 기계적인 재현의 꿈, 인공적인 탄생이나 부활 등이다. 그러나 기계가 아무리 복잡해지더라도 부분의 총합에 대한 통제는 폐쇄, 완벽성, 지배의 환상에 굴복하는, 아는 자인 생산자에게 달려 있다. 펜리는 또한 영구적인 운동, 시간의 가역성, 기계성, 전기화, 활성화, 관음증에 대한 독신자 기계의 엄격한 요구 조건은 또 다른 근대적 장치인 영화를 연상시키는 특성을 지니고 있다고 말한다.

기술적 분신의 형상화는 포스트모더니티에서, 특히 포스트핵문제 이후 상당히 변화한다. 4장에서 내가 논했듯이, 원자력 발전과 그에 관련된 환경적, 유전적 부작용으로, 과학과 기술은 해방의 미래를 규정하는 것이 아니라, 그 대신 사고나 임박한 대재난에 대한 공포의 새로운 정치 경제를 설명한다. 재난의 상상계는 선진 사회를 나타내게 된다. 1950년대 이후 공포 영화는 기술적으로 주도되는 퇴화 또는 재난의 과정으로서 외계인-괴물-타자 시퀀스를 보여준다. 핵 방사선과 구조적으로 바이러스성이고 발현상 환경과 관련된 일련의 오염은 인간의 진화를 퇴보시킨다. 인간 유기체는 그 압력하에 붕괴되어 종의 취약성을 드러낸다. 따라서 인간, 기술, 자연환경 및 인류의 진화적 특성 사이에 폭발적 연관성이 형성되고, 신기술에 의해 향상되고 도전받는다. 포스트모더니티의 역사적 시대는 인간과 기술적 우주 사이 관계의 근접성, 친숙성, 증대된 친밀감을 강조하는, 기술과의 새롭고 비틀린 생산적 동맹으로 특징지어진다. 그러한 기술적 우주와의 상호작용의 문화적, 정치적 실천에 대한 중요한 재배치가 이루어지는 시기에, 나는 노스탤지어의 치명적인 매력과 테크노 유토피아의 환상 둘 다에 대한 저항을 호소하고 싶다. 이에 대해서는 다시 다루겠다.

　나는 이러한 퇴행적 경향에 반대하여 '소수' 문화 장르가 명백한 자기 자각의 윤리를 배양한다는 것을 알았다. 서구의 포스트모더니티에 남아 있는 가장 도덕적인 존재들 중 일부는 '인간'의 인본주의적 이상의 죽음에 매달리는, 따라서 이 상실과 그것이 수반하는 존재론적 불안을 동시대 문화적 관심의 (죽은) 핵심에 새겨 넣는 SF 작가들이다. 이러한 창조적 작가들은 인본주의의 위기를 상징화하기 위해 시간을 할애함으로써 위기를 가장 내면적인 해결로 밀어낸다. 그렇게 하면서 현재의 문화적 (무)질서의 결함들을 덮고 있는 노스탤지어의 겉켜도 벗겨낸다. 나는 현대의 위기에 대한 가장 혁신적인 개입 중 몇 가지는 페미니스트 문화 및 언론 활동가들, 예를 들어 봉기하는 소녀들 및 다른 '사이버 페미니스트들'이라고 제안하고 싶다. 이러한 창조적 정신 중 일부는 이론에 경도되고, 다른 일부—SF 페미니즘 작가들과 앤절라 카터, 로리 앤더슨, 캐시 애커 같은 다른 '우화 작가들'(Barr 1987)—는 허구와 멀티미디어 양식을 선택한다.

그러나 테크노 신체들의 사이버 상상계가 단지 공포의 징후 또는 문화적 경향, 실체적, 사회적, 경제적, 정치적 함의를 결여한 문학적 또는 유토피아적 형상이라고 생각하는 것은 잘못일 것이다. 나는 오히려 사이버 상상계가 사회 구조 전반에 걸쳐, 그리고 현재 우리 문화에 의해 유발되는 모든 재현 양상에서 강력하게 활동한다고 생각한다. 클라우디아 스프링거Claudia Springer(1991)는 인간과 전자 기술의 결합을 축하하는 담론이 현재 대중문화에서와 마찬가지로 과학계에서도 똑같이 성공적으로 순환하고 있다고 주장한다.

그러므로 나는 기술적으로 향상된 신체 기계로서의 사이보그가 포스트산업 사회에서 인간과 기술 사이의 상호작용을 위한 지배적인 사회적, 담론적 형상이라는 가정으로부터 시작하고 싶다. 그것은 또한 포스트산업 사회 영역에서 작동되는 일종의 권력관계들에 대한 살아 있거나 능동적이며 물질적으로 내장된 카르토그라피이다. 따라서 체이신Chasin(1995)은 대부분 컴퓨터인 전자 기술이 인간과 기계 또는 인간과 비인간 사이의 수 세기 동안의 구별을 창조적으로 방해했다고 주장한다. 전자 기계는 이 관점에서 볼 때, 비물질적이기 때문에 꽤 상징적이다. 그것은 정보를 전달하는 플라스틱 박스와 금속 와이어들이다. 전자 기계들은 어떤 것을 '재현'하는 것이 아니라, 오히려 명확한 지시를 전달하고 분명한 정보 패턴을 생산한다. 전자 기계들은 작동하고 그렇게 함으로써 산업 노예로서의 기계의 계보를 완성한다.

그러나 동시대의 정보통신 기술은 인간의 신경계를 외부화하고 전자적으로 복제한다는 점에서 더욱 진전되었고, 이는 시각적 재현 양상이 시뮬레이션의 감각 신경 양상으로 대체되었다는 인식 영역의 변화를 촉발시켰다. 이미지는 피질 속으로 투사될 수 있고 망막 속으로만 투영되는 것이 아니다. 이러한 변화는 인간의 의식 및 감각 데이터 지각과 인간 의식과의 관계에 대한 함의를 보여준다. 세실 헬먼Cecil Helman은 다음과 같이 말한다.

> 지금은 플라스틱, 금속, 나일론, 고무로 된 보철 기관이 있다. 인공 심장 판막과 뼈, 동맥, 각막과 관절, 후두와 사지, 치아와 식도가 있다. 몸 안과 표면 외부에 기계들이 이식되어 있다. 심장은 이제 작은 심장박동기의 전기적 리듬에 맞춰 뛴다. 보청기와 금속 폐, 투석기, 인큐베이터가 있다. 금세기에, 사이보그족의 조상인 새로운 육체가 탄생했다. (Helman 1991: 25)

사이버 실재들과 테크노 유기체는 인공지능 시대에 번성한다. 스콧 부캣먼(1993: 259)은 다음과 같이 주장한다. "컴퓨터만이 보철 연장, 중독적 실체, 들어갈 공간, 인간의 유전 구조에 대한 기술적 침입, 그리고 마침내 포스트휴먼 세계에서 인간의 대체물로서 서술된다." 인간과 전자 기계 사이 인터페이스의 증가가 병치에서 중

첩에 이르기까지 마침내 기술이 인간을 대체한다는 것을 말해주고 있다. 부캣먼은 육체적인 자아를 인공적인 환경으로 투영하는 것이 신체 외부의 궁극적인 정체성의 꿈, 일종의 '사이버주체'(1993: 187)에 반영되는 것이라고 주장한다. 이것은 포스트모던 비체현의 최악의 경향과, 기술을 통한 우주적 구원의 신시대의 환상을 예시하고 있다(영화 〈2001: 스페이스 오디세이〉의 '별의 아이'를 생각해보라). 궁극적으로는 이러한 신체로부터 탈출하는 서로 다른 방법은 인간을 넘어서는 인간이라는 진화적인 관점에서 죽음의 폐기를 제안하거나 갈망하는 경향이 있다.

나는 우리가 살고 있는 사이버 우주에서 다소 복잡한 종류의 관계가 출현했다는 것을 알았다. 즉, 살과 기계의 연결은 공생적이며, 따라서 상호의존의 결합으로 가장 잘 묘사될 수 있는 것이다. 이것은 특히 인체에 관한 한 어떤 중요한 역설들을 불러일으킨다. 주체성의 신체적 자리는 탈출의 환상 속에서 부정되는 동시에 강화되거나 재강조된다. 발사모Balsamo는 새로운 테크노 신체를 둘러싼 효과의 역설적 병존을 강조한다.

테크노 과학이 신체 부분을 대체할 수 있는 현실적인 가능성을 제공함에도 불구하고, 그것은 또한 불멸성과 삶과 죽음에 대한 통제라는 환상적인 꿈을 가능하게 한다. 그러나 신체의 기술적 미래의 '생명'에 대한 그러한 믿음은 항생제 내성 바이러스, 무작위 오염, 살을 파먹는 박테리아 등 통제 불능의 스펙터클한 신체 위협으로 인한 죽음과 전멸에 대한 명백한 공포로 보완된다.

(Balsamo 1996: 1-2)

　동시대 문화가 프랑켄슈타인적 환상을 실현시킨 분명한 한 가지 방법은 '장기이식' 수술이나 보철 신체 기술에서의 이식과 임플란트의 확산이다. 사실, 인간의 신체와 기술 지원 시스템 사이의 사이버네틱스 융합에 대한 환상은 얼마나 현실적일까? R. M. 로시터R. M. Rossiter(1982)는 장기이식 전후 투석 환자의 경우에서 인간과 기계의 상호작용을 분석한다. 그는 신체의 침입과 훼손의 감각에 연결된 심리 성적 기능 장애뿐만 아니라 의존성 갈등을 강조한다. 이식된 장기(새로운 신장)는 갈등의 장소가 되는 경향이 있다. 즉, 악성 타자의 환상을 갖게 되거나 반대로 양육이 필요한 아기의 환상을 갖게 된다. 또한 기증자나 기증자 시신과의 동일화를 증진시킨다. 더욱 가슴 아픈 것은 기증된 장기가 투석 기계와 환자의 관계를 방해하거나 확실히 중단시키는 침입자로 구성되기에 이르기도 한다는 것이다. 그 생명 유지 시스템은 반牛마법적인 안전은 물론 책임과 판단 보류의 모성적이고 안심이 되는 장소가 되었다. 그러므로 생명을 주는 기관은 침략자이자 파괴자로 인식될 수 있다.

　실리아 루리Celia Lury(1998)는 소유주의적 개인주의와 인간의 전통적 특성인 의식, 체현, 통합에 도전하는 '보철 문화'의 출현도 분석한다. 그런 인간적 특성들은 이제 실험, 협상, 인위적인 환경으로 대체되었다. 상품화의 정치 경제는 세계적인 규모의 장기 강탈을 촉진한다. 4장 말미에 기술한 '어머니-기계'는 자궁과 컴퓨터 네트워크의 융합을 표시하며, 피질과 척수는 궁극의 '축 케이블'(Hayward and Wollen 1993: 6)이다. 신체는 기술적 효과의 흐름에 완전히 잠겨 있다.

비비언 소브책Vivian Sobchack(1995)은 결국 절단 수술과 보철 다리 이식으로 이어진, 허벅지에 중대한 암 수술을 받은 경험에서 나온 언어로, 실제로 사이보그가 된 고통을 상기시켜 말 그대로 우리를 다시 정신 차리게 한다. 육체적 주체에 가해지는 상처와 박탈은 기계에 의해 대체되는 것에 대한 어떤 환상을 꺾는 그런 것이다. 대신에 소브책은 강력하고 냉철한 조언을 제시한다.

> 많은 수술과 보철 경험이 나에게 가르쳐준 것은, 만약 우리가 다음 세기로 살아남으려면, 우리는 우리 자신의 살을 무감각한 기호로 탈맥락화하거나 혹은 사이버공간에서 디지털화할 수 있는 밀레니얼 담론에 대항해야 한다는 것이다. (…) 보철로 재활했음에도 불구하고, 나는 사이보그가 아니다. 보드리야르Baudrillard 와 달리, 나는 내 육체의 고결함과 있는 그대로의 능력을 잊지 않았고, 더 중요한 것은 내가 이로부터 탈출하기를 욕망하지도 않는다는 것이다. (209-210)

소브책만이 육화된 자아의 연약함의 중요성을 신기술들을 둘러싼 과대 선전에 저항하는 방법으로서 그리고 기술적으로 향상되었음에도 불구하고 공통의 인간성과 도덕성에 대한 우리의 공통 조건의 인식의 윤리를 위한 기초로서 발견한 것은 아니다. 윤리적 문제는 비통일적 주체들, 즉 기관 없는 신체들 그리고 신체들로부터 분리된 기관들에 대한 전체적인 논의에 중요하다. 나는 이 목록에 성차의 위상에 대한 질문을 추가하고 싶다. 이에 대해서는 나중에 다시 돌아올 것이다.

| 비오스/조에가 테크노를 만나다 |

형이상학에 대항하여

철학적 유목주의는 동시대 육체성의 기술 문화적 지위를 인정하지만, 신체적 유물론과 내재성의 핵심 개념을 참고하여 일부 자기 파괴적 또는 허무주의적 경향에 도전하기도 한다. 나는 들뢰즈가 반본질주의적 활력론과 복잡성을 강조하는 것은 몸 밖으로 탈출하는 사이버네틱스 환상의 비법이 아니라 우리의 기술적 서식지와 공동 확장되는 방식으로 인간의 체현을 다시 생각해보라는 엄밀한 요구라고 주장할 것이다. 들뢰즈는 유기체의 확립된 관념들과 기계적 세계의 확립된 관념들 모두 똑같이 몰적이거나 또는 정주적이라는 혹은 다수자성에 기반을 두고 있다는 것을 보여준다. 기술 면에서 그것들은 조화롭고 잘 작동하는 전체를 만들기 위해 함께 일하는 조립된 부품들에 대한 인본주의적인 비전을 낳는다. 기계적 세계에 대한 이러한 전체론적인 시각에 반대하여, 들뢰즈는 궁극적인 목적이나 궁극성 없는 되기들인 분자적인 것 되기, 기계와 같은 것 되기, 일종의 일반화된 '독신자 기계 되기'를 옹호할 것이다.

들뢰즈의 출발점은 동물 되기의 출발점, 즉 기계에 대한 서구의 관념에 인간과 그 타자, 즉 기술적이거나 생물학적인 타자, 인종화되거나 또는 성애화된 타자 사이의 근본적인 구별에 대한 플라톤적 가정이 주입돼 있는 것과 유사하다. 인간과 기계 사이에는 인간주체성의 구성 요소인 존재론적 분열이 있다. 하이데거는 이것을 분명히 지적한다(1993: 244).

> 기술은 본질적으로 존재의 역사와 존재의 진실 속에 있는 운명,
> 망각 속에 놓여 있는 진리이다. (…) 진리의 한 형태로서 기술은
> 지금까지 존재의 역사에서 유일하게 인식 가능하며 그 자체로
> 구별적인 단계인 형이상학의 역사에 바탕을 두고 있다.

하이데거는 기술을 인간화하는 동시에, 그가 인간 주체의 구성 요소로 보는 황홀한 탈중심성(의식적 자기반사성으로 스스로 비켜서 있는)에 대한 인간의 능력으로 만든다. 이 점을 위해 3장으로 돌아가보자. 포스트모더니티는, 하이데거에게는 애통하게도, 그러한 존재론적 구분이 무너지는 역사적 시간이다. '타자들'은 갱신된 관심의 형태로 귀환하는데, 불안의 원천으로 경험되거나 새로운 주체 위치의 가능성으로 번갈아 경험된다. 다시, 철학적 유목주의는 이러한 관점과 거리를 둔다.

기름칠이 잘된 기계의 평범한 소리는 영원의 리듬을 말해준다. 기계는 살아 있는 유기체의 개념을 비유하고 표현하며, 따라서 생명의 은유로서 기능한다. 이러한 점에서 들뢰즈가 제안한 추상적인 의미에서 이해된 '기계'는 자신의 환경으로의 용해와 병합을 갈

망하는 경험적 초월의 의미에서 지각할 수 없는 것 되기와 특권적 유대를 맺고 있다. 나는 3장의 동물 되기와 관련하여 이것에 대해 논했다. 인간과 기술, 즉 기계와 같은 것의 결합은 동물과 그 서식지 사이의 공생 관계와 다르지 않기 때문에 새로운 화합물, 새로운 종류의 통합이 탄생하게 된다. 내가 옹호하는 철학적 유목주의의 관점에서 이것은 전체론적 융합도 아니고 기독교적 초월도 아니다. 그것은 오히려 급진적 내재성의 강조를 나타낸다. 그것은 생물학이 아니라 힘의 행동학, 즉 상호의존성의 윤리학이다.

이러한 현 상황은 '포스트핵' 상황의 모순을 극에 달하게 한다. 원자력은 또한 역사적으로 유전적 돌연변이에 대한 논쟁을 일으킨다. 이는 인간의 자만심, 즉 전지전능의 환상이라는 고전적인 주제와, 지구를 파괴하고 수 세기 동안의 진화를 통해 정화시켜 우주 수프에 되돌려놓는 신의 분노라는 성서적 주제를 결합시켰다. 진화의 주제는 결과적으로 돌연변이, 혼종, 포스트휴먼의 조건에 대한 논의에 기초한다. 이것은 윤리학, 생태학적 지속 가능성, 생명 중심 평등주의의 문제들이 특히 여기서 관련이 있다는 것을 의미한다. 1950년대의 향수와 보수주의에 반대하여, 1990년대 내내 포스트 산업 문화는 그 자체의 테크노 괴물 타자들, 특히 '내부의 괴물들'과 사랑에 빠졌다. 에릭 화이트Eric White(1995: 252)는 동시대 진화적 사고가 신체를 길고 고통스러운 생물학적 역사의 흔적을 담고 있는 복합체로 상정하고 있다고 주장한다. "신체는 독특하고 영속하는 본질이 부여된 완벽하게 해결된 통일체가 아니라, 진화하는 임시방편이자, 모든 다른 종류의 유기체와의 계보적 친연성이 전체를 통틀어 드러나는 역사적으로 우발적인 장치이다."

이것은 인간과 진화 단계에서 그 이전의 육아발생肉芽發生들 사이에 있는 조상의 연속성을 가리키는데, 이는 일종의 유전적 유산, 종-횡단적 근접성으로, 생명공학이 교묘하게 끌어내어 이용한다. 하이데거를 떠나 대신 〈에이리언 4〉에 묘사된 사설 공포 박물관으로 들어가보라. 이 박물관은 여주인공이 자신의 초기 버전을 볼 수 있는 곳으로, 그것은 그녀의 진화의 역사를 완벽한 복제품으로 추적하는 생명공학 연구소에 충실하게 보관되어 있다. 나는 포스트휴먼의 곤경에 대해 원래의 유기체를 기생충처럼 먹이로 삼았던 이 일련의 복제품이나 시뮬라크르보다 더 나은 이미지를 생각할 수 없다. 복제품으로부터 복제된 무시무시하고 전혀 거룩하지 않은, 기술적으로 매개된 복제품들의 탄생, 조에와 비오스 모두를 포함하는 힘의 다양체로서 DNA가 추동하는 생명 장치의 세포들에서 증식하는 세포의 이미지 말이다.

포스트휴먼 신체들

내가 옹호하고 있는 철학적 유목주의 이론이 제안한 신체의 모델은 공생적 상호의존성이다. 이것은 다른 시간대에 동시에 서식하는 것과 같은, 진화의 각기 다른 단계들로부터 다른 요소들의 공존에 주목한다. 인간 유기체는 전적으로 인간도 아니고 단지 유기체도 아니다. 인간 유기체는 추상적인 기계로, 상호연결성을 포착, 변형, 생산한다. 그러한 유기체의 힘은 확실히 의식에 의해 억제되거나 제한되지 않는다.

샤비로(1995)는 이러한 변화를 새로운 패러다임의 관점에서 설명한다. 우리는 체현된 주체성의 포스트핵 모델의 종언에 있으며, '바이러스성' 또는 '기생성' 양상에 진입했다. 이것은 오늘날의 신체가 기술적으로 매개된 일련의 보철 연장의 실천에 어느 정도 빠져 있는지를 설명하는 생생한 방법이다. 들뢰즈와 함께 읽으면, 이 양상은 결코 부정적이지 않으며, 신체와 환경이나 영역과의 공동 확장성을 표현하고 있는데, 이것은 '동물 되기'의 두드러진 특징 중 하나이다. 신체는 생명체가 양분을 주는 환경에 구속되는 힘의 일부분이다. 모든 유기체는 집단적이고 상호의존적이다. 기생충과 바이러스는 이질성을 지향한다. 다른 유기체가 필요한 것이다. 인정하건대, 그들은 인큐베이터나 숙주로 연결되어 있으며, 유전적으로 코드화된 메시지를 명백한 기쁨과 함께 방출한다. 이것은 공포 영화가 완벽하게 포착하는 이기적인 잔인함을 표현하지만, 훨씬 더 큰 그림에서는 단순한 세부 사항에 불과하다. 비록 샤비로가 조에의 이 가차 없는 전개의 영광에 대한 찬사라는, 내게는 신니체주의자들의 감상적인 축하의 느낌을 주는 것에 빠져들지만, 여기서 내가 취하는 개념적으로 확실한 요점은 바이러스나 기생충이 이항 대립을 물리치는 공생 관계의 모델을 구성한다는 것이다. 어떤 재현적 가식도 없이 무한대로 스스로를 복제하는 시뮬라크르다. 이와 같이 그것은 유목적 생태 철학을 위한 고무적인 모델이다.

인간의 생식과의 유사점을 샤비로가 꼽는데, 그는 그것이 또한 "뱀파이어, 기생충, 암의 시뮬레이션"도 포함하고 있다고 주장한다. "우리는 모두 바이러스적 기원으로 오염돼 있다. 왜냐하면 생명

그 자체는 생명과 다른 어떤 것에 의해 명령되고 강요되기 때문이다. 세포에 의해 소유되는, 그리고 다세포 유기체에 의해 더욱 소유되는 생명은 결국 DNA와 RNA에 의해 그것에 전달되는 명령들을 수행할 수 있는 능력에 불과할 뿐이다."(Shaviro 1995: 41)

나는 이것이 생명의 우선성에 관한 다른 중요한 요점의 다소 문제적인 버전이라고 생각한다. 말하자면 샤비로는 바이러스성 증식 계급의 독재(의도된 은유는 없다)가 주장되기 전에 모든 책임을 포기하는 것 같다. 소브책의 경고를 의식하여 나는 육체적 자아의 복잡성을 이렇게 성급하게 묵살하는 것에 저항한다. 이것은 내게 도덕적 무책임에 가까운 생명 중심 허무주의의 한 형태다. 이는 또한 보유하고 있지도 않은 엄청난 힘이 DNA에게 있다고 생각하면서, 동시대 과학의 상태를 오해하는 것이다. 그러므로 나는 날것의 '동물의' 삶을 지나치게 단순화한 이런 식의 미화에 반대하고 싶다. 나는 새로운 기술을 둘러싼 다른 모든 선전들과 마찬가지로 유전학적 결정론에 대한 이러한 과대 선전에도 반대한다. 즉, 새로운 혼합, 좀 더 균형 잡힌 요소들의 조합이 협상되어야 한다. 복잡성은 모두 매우 좋지만, 물질의 통합은 생명 기반의 냉소주의와 인간이라는 종을 규정하는 역설의 허무주의적인 해체로 이어질 수 없다.

인체는 정보 수신과 처리 시스템에 완전히 빠져 있는데, 그 정보는 선진 세계 전역에 인공위성이나 유선 회로가 전달하는 것만큼 그 유전적 구조들에서 나온다. 그러나 헐리가 지적하듯이 포스트휴먼 신체에 중요한 것은 포스트휴먼 신체가 인간과 기계 사이에 있는 공간인 밀도 높은 물질성을 차지하고 있을 뿐만 아니라, 고집스럽고 가차 없이 그 자신을 재생산한다는 점에서 놀라울 정도로 생성적이라는 것이다. 앞의 두 장에서 지적했듯이, 포스트휴먼의 생식 조건은 동물, 곤충, 무기체 모델을 포함하고 있다는 점에서, 좋은 옛 인간의 기준으로는 약간 빗나가 있다. 사실 그것들은 가능한 모든 종류의 대안적 형태학과 '타자의' 성적 체계 및 생식 체계를 나타낸다. 세포의 암 확산 패러다임은 생성적 또는 바이러스적 생명의 이 무의미한 자기 복제 능력의 한 예로서 언급된다. 핼버스탬과 리빙스턴과 같은 비평가들은 성차화된 정체성과 유기체의 기능이 유동적인 사회에서 일어나는 일상적인 '젠더 트러블'에 의해 현대 분자생물학 및 유전학의 이 생성적 장애가 어떻게 메아리치고 실행되고 있는지를 재빨리 지적한다.

결과적으로, 포스트휴먼 신체는 단순히 분열되거나 매듭지어지거나 진행 중인 것이 아니다. 그것은 기술적으로 매개된 사회관계로 관통된다. 그것은 변신–금속변형을 겪었고, 현재 신체–기계의 이분법적 대립을 포함한 전통적인 이분법 사이의 공간에 배치되어 있다. 즉, 기술적으로 매개된 육체의 연장들과 육체들을 구별하는 것은 역사적으로, 과학적으로, 문화적으로 불가능해졌다. 핼버스탬과 리빙스턴은 다음과 같이 결론짓는다(1995: 19). "퀴어, 사이보그, 메타메타조안, 하이브리드, PWA. 기관 없는 신체들, 진행 중인 신체들, 잠재적 신체들. 눈에 보이지 않는 양막의 불확실성과 항상 시기상조의 불필요한 정보의 과대 선전에 당황하지 않으면서, 포스트휴먼 신체는 토템과 분류의 상호 변형 속에서 번성한다." 동시대 문화는 내가 이 책 전체에서, 한편으로는 과대 선전에 대해, 다른 한편으로는 향수에 대해 비판한 이중 견인력에 따라 사이버 세계에 반응하는 경향이 있는 반면에, 나는 좀 더 '감정에서 멀리 떨어진' 접근을 호소하고 싶다. 신체에 대한 신유물론주의적 평가의 한 형태는 여기에서 우리가 살고 있는 기술 기형학적 우주와 같은 것을 통해 생각하는 데 도움이 될 것이다. 인간 주체성의 체현된 구조를 다시 생각하는 것은 혁신과 창조성의 힘뿐만 아니라 명료성의 윤리를 필요로 한다. 나는 인간 본성의 패러다임(생물학적, 심리적 또는 유전적 본질주의)에 대한 언급을 피하면서도 신체가 실제로 복잡하고 동시적이며 잠재적으로 충돌하는 권력관계의 네트워크에 빠진 기술 문화 구조가 되었다는 사실을 충분히 고려하고 싶다. 그러나 도덕적 상대주의나 윤리적 판단 중지에 빠지고 싶지 않다.

나는 이 접근법을 현대 생명공학적 결정론과 공공연히 대조되는 유목적인 진화적 사고라고 정의하고 싶다. 이러한 관점에서 특히 정밀하게 관찰되는 것은 너무나 많은 진화적, 생물학적, 과학적, 철학적 사고에 내재되어 있는 인간중심주의. 반면에 급진적으로 내재적인 철학적 유목주의는 비인간적, 비유기체적 또는 기술적 종류의 외부적 힘들로 구성된 주체를 지지한다. 그것은 영토에 기반을 두고 있으며, 따라서 환경에 구속되어 있다. 들뢰즈 사상에서 '기계와 같은 것'은 인간 중심적 인본주의 주체의 고전적 틀 밖에서 주체성을 전개하여, 힘과 되기의 구성 영역과 되기들 속으로 다시 위치시키는 역동적인 과정을 말한다.

이는 기술을 인류의 미래가 될 수 있는 것으로 여기는 선진 자본주의적인 과대 선전과는 최대한 동떨어져 있다. 이러한 과장된 표현은 인간의 체현된 자아로부터 탈출하여, 내게는 몰적, 오이디푸스적, 전제적, 착취적인 것으로 보이는 기계의 가짜 초월성으로 가는 만연한 주인 서사를 구성한다. 내가 인간과 생명공학 사이의 보다 방탕하고 성애적이며 흐르는 상호작용, 즉 비목적적이지만 유목적인 종류의 진화를 주장하고 싶은 것은 이 테크노 초월성의 사회적 상상계에 반해서이다.

그다음 단계는 포스트산업 사회에 유통되는 테크노 신체들에 관한, 빠르게 성장하고 종종 모순적인 담론들을 다루는 다음 질문이다. 즉, 이 담론들은 어떻게 신체적 유물론과 급진적인 내재성의 철학과 연관되고 교차하는가? 그러나 그런 질문에 접근하기 전에 다른 창을 다시 열어야 하는데, 이는 놀랄 것도 없이 섹슈얼리티에 대한 지나치게 인간적인 실천과 관련돼 있다.

| 사이버 시대의 성차 |

신체적 유물론의 포스트구조주의적 재정의에 이어, 포스트모더니즘 시대에 신체가 과도하게 노출되는 동시에 사라지는 역설을 출발점으로 삼고 싶다. 이것은 신체에 대한 담론들과 지식의 실천들이 확산되는 결과를 낳는다. 발사모(1996: 5)는 다음과 같이 말한다. "일련의 새로운 시각화 기술은 신체가 장기, 유체, 유전자 코드로 분열되는 데 기여하며, 이는 다시 자아 의식적 자기 감시를 촉진시킴으로써 신체는 강력한 경계와 통제의 대상이 된다." 이는 신체를 사회적 실천의 네트워크(다이어트, 의료 통제 및 의약 개입)로 폭발시키는 동시에, 페티시화되고 강박적인 관심과 배려 대상으로서 붕괴시키는 결과를 낳게 된다. 나는 2장에서 이것에 대해 논했다.

생명 권력은 신체를 다중적이고 잠재적으로 모순될 수 있는 일련의 변수들 위에 위치한 다층적 실재로서 구성한다. 철학적 전통 안에서, 주체의 체현된 본질의 계보도는 데카르트의 악몽, 스피노자의 희망, 니체의 불만, 프로이트의 강박, 라캉이 선호하는 환상, 마르크스의 누락, 욕망의 전자파에 의해 활성화되는 고기 조각, 유전적 코드화의 전개에 의해 쓰인 텍스트로 아이러니하게 그려질 수 있다. 신성화된 내적 성소聖所도, 순수한 사회형 실재도 아닌 육화된 들뢰즈적 주체는 오히려 '사이'이다. 주체는 외부적 영향들의 안으로 접힘folding-in이며 동시에 정동들의 바깥으로 펼쳐짐이다. 즉, 동적 실재, 그 자체에 계속 충실하면서 일련의 불연속적인 변이들을 통해 반복되고 지속될 수 있는 일종의 육화된 기억이다. 동시대의 신체는 궁극적으로 체현된 기억이다.

후기 포스트산업 사회들의 테크노 신체들은 동시대 과학이 그것에 대해 제공할 수 있었던 점점 더 복잡한 양의 정보에 비추어 이해될 수 있고 이해되어야 한다. 분자생물학, 유전학 및 신경학에 관해 단지 몇 가지만 언급한다면, 오늘날의 신체는 정보 네트워크의 통합 현장이자 센서로서 진지하게 신뢰할 만한 것으로 충분히 설명될 수 있고, 설명되어야 한다. 또한 신체는 심혈관, 호흡, 시각, 청각, 촉각, 후각, 호르몬, 심리, 감정, 성애 등 수천 가지의 의사소통 체계를 전달하는 메신저다. 모방할 수 없는 정보 전송 회로에 의해 조정된 신체는 살아 있는 기록 체계로, 필요한 정보를 저장하고 검색하고, '즉각적으로' 반응할 수 있는 속도로 처리할 수 있다. 근본적으로 쾌락에 빠지기 쉬운 체현된 주체는 쾌락이 주체에 대해 심리적으로 민감하게 '고정되어' 있는 경험의 회상 및 반복을 지향하는 경향이 있다(결국 기억하는 것은 반복하는 것이고, 반복하는 것은 기쁨을 주는 것을 선호하지, 고통을 주는 것은 선호하지 않는다). 신체는 다기능적일 뿐만 아니라 어떤 면에서는 다언어를 구사하기도 한다. 즉, 신체는 심장박동 등에 영향을 미치는 체온, 동작, 속도, 감정, 흥분 등을 통해 말을 한다.

체현된 자아를 그런 식으로 설명하는 것은 내가 옹호하고 싶은 활력적 유물론의 유형을 예시한다. 그러나 그것은 그러한 기능만으로 주체를 환원하는 것에 해당하지 않는다. 오히려 단지 사회 이론에서 너무 자주 그러하듯이 기능들의 회피를 방지하는 것을 목적으로 한다. 테크노 신체 시대의 과학 지식의 발견과 함께 진지하게 고려하고 생각하는 것은, 사실 주류 사회 이론과 페미니즘 사회 이론 모두에서 '하드' 과학을 실제로 거부하는 것은 아니더라도, 잘 확립된 비판의 전통에 반하는 것이다. '하드' 과학에 대한 소프트 과학(인문, 사회, 문화)의 일종의 불신감이 전후 비판 이론을 지배해왔다.

나는 이런 종류의 체현을 다시 생각하기 위해서는 개념적 창조성이 필요하다고 주장해왔다. 나는 과정, 전이, 사이 지대, 흐름을 생각할 수 있게 해주는 이론적인 스타일을 믿는다. 이것은 다양한 여정과 장소에 대한 비전통적인 형상과 빠르게 변화하는 지도가 필요할 수 있다. 어떤 경우에도, 내가 생각하는 학제 및 타 협동 학문 경계의 건전한 무시를 수반할 것이다. 철학적 유목주의는 초학제적이다. 이는 그것을 인지적 공백이나 도덕적 상대주의의 한 형태로 만드는 것이 아니라 새로운 개념적 스타일을 추구하는 것으로 만든다. 포스트모더니즘 미학에 관한 중요한 저작에서, 후이센 (1986: ix)은 동시대 평론가의 딜레마를 다음과 같이 표현했다. "질적 구분을 하는 것은 평론가의 중요한 과제로 남아 있으며, 나는 어떤 일이든 무의미한 다원주의에 빠지지 않을 것이다. 그러나 모든 문화적 비판을 질적인 문제로 환원하는 것은 오염에 대한 불안의 증상이다." 나는 오염 효과와 그것이 현대 문화에 유발하는 불안감, 그리고 그 창조적 잠재력에 관심을 집중하고 싶다.

이런 유형의 개념적 스타일, 내장된 관점과 체현된 관점에서의 유목적 변화, 바이러스적 정치와 역설들과 그것들이 일으키는 강렬한 도발은 동시대 페미니즘에서도 매우 강력하다. 표현의 한 형태로서, 이는 사이버공간에서 젠더에 도전하고 젠더를 재조명하려는 사이버 페미니스트들이 특히 선호하고 있다. 컴퓨터를 매개로 한 기술은 실제로, 풍자적이고 유머러스하며 열정적으로 정치적이고 때로는 분노한 방식으로, 정체성(Turkle 1995)과 섹슈얼리티 (Hall 1996)의 주요한 재정립을 가능하게 한다. 모든 경우에 있어서 성차는 이러한 새로운 유형의 체현에 결정적인 역할을 한다. 헤일스Hayles(1999: xii)는 "젠더화된 신체가 체현의 삭제와 뒤이어 사이보그 형상에서 기계와 인간의 지능이 합쳐지는 것과 무슨 관계가 있는가?"라고 묻는다. 이와 비슷한 맥락에서 신체는 항상 이미 젠더와 인종으로 표시되어 있다고 믿는 발사모(1996: 6)가 다음과 같이 묻는다. "인체가 장기, 유체, 유전적 코드로 균열되면 젠더 정체성은 어떻게 되는가? 신체가 기능적인 부분과 분자적인 코드로 분열될 때, 젠더는 어디에 위치하는가?"

클라우디아 스프링거(1996)는 사이보그 또는 테크노 신체를 둘러싼 사회적 상상계가 남성적이고 군국화되었으며 성애적이라고 주장한다. 그것은 근육의 힘을 대체하고 보강하는 유선 회로를 가진 초인간적인 살인 기계의 이미지를 지원한다. 스프링거는 이러한 지나치게 과장된 특성은 인간과 비인간 사이의 구별뿐만 아니라 성차에 대한 문제까지도 무시하고 있다고 주장한다. 특히 현대 영화에서 사이보그들은 여성적인 유동성이나 수동성과는 반대로 섹슈얼리티에 대한 팔루스적 은유를 주장하고 있다. 해러웨이는 그러한 전형적인 이미지에 반대하여 혼종, 혼합, 다중 연결자로서의 사이보그 개념을 내세운다.

나는 근대에서는 여성의 몸이 〈메트로폴리스〉와 『미래의 이브』에서와 같이 인공적인 타자 또는 기계적인 타자의 등록의 장소로서 기능한다고 제안했다. 다시 이는 기술적 인공물을 여성성으로 코드화했고, 남성의 환상과 욕망의 투영으로 기능하면서 매우 인격화되었다.

반면에 후기 포스트모더니티에서 여성의 신체는 기술적인 것이 아니라 자연적인 것을 재등록하는 특권적인 장소로 남아 있다. 즉 '습한 것'은 여성적이다. 앞서 인공 자궁과 어머니-기계 분석에서 이 점을 지적한 바 있다. 모성적/물질적 여성성의 전략적 위치는 포스트산업 기술 과학의 이해관계 충돌의 핵심으로 기술될 수 있다. 수전 스쿼어Susan Squier(1995)는 자궁 외 태아, 대리모, 임신한 남자라는 세 가지 주요 이미지로 그것을 요약한다. 푸코에게 영감을 받은 스쿼어는 어머니와 태아 사이의 은유적인 결별을 주로 남성 권력의 공고화를 위한 동시대 권력의 효과인 동시에 생산으로 읽는다. 이러한 이미지는 강력한 사회적, 경제적 이익을 구현하지만, 또한 위치의 정치, 즉 그것을 실천하는 사람들의 제도적 그리고 여타 권력관계에 따라 다른 기능을 수행한다. 자궁 외 태아, 대리모, 임신한 남자는 다시 말해서 선형적 이미지가 아니라, 복잡하고 모순되며 종종 겹치는 위치들이다. 상대주의라는 어떤 가능한 비난에 대한 대답으로, 나는 독자들에게 위치의 정치에 대한 나의 이전 논의를 언급하고자 하는데, 이것은 내가 앞에서 주장했듯이 상대주의가 아니라 현재에 관해 정치적 정보를 지닌 설명이다.

사이보그나 테크노 신체들의 영향으로 성차를 완전히 삭제하는 것은 아니더라도 흐릿하게 하려는 추세는 위기에 빠진 신경증적 남성 주체의 불안과 두려움을 표현하게 함으로써 여성성을 없애려는 주류 포스트모더니즘 철학의 경향에서도 뚜렷이 나타난다. 신경증적 남성의 담론과 위기의 기표로서의 여성화에 관한 마릴루이즈 크로커Marilouise Kroker와 아서 크로커의 작품이 여기서 떠오른다. 부캣먼은 크로커 부부의 작품의 '신체 공황'이라는 개념에 대해 다음과 같이 평했다(1993: 247).

크로커 부부는 워크맨, 인공수정, 컴퓨터 함수, 전신 스캐너가 동일한 몸에 모두 동시에 작동하는 융합 SF를 만들어낸다. 보드리야르와 마찬가지로 모든 의미가 함축되어 있다. 모든 사회적 실천은 동일하고, 기술 문화 체계 전체에 균등하게 분산되어 있다. (…) 생식 기술과 바이러스 봉쇄의 정치에 맞서는 것이 페미니스트와 게이 세력에 떨어진 한편, 포스트모던 은유와 담론은 그 주변에서 미친 듯이 증식하고 있다.

나는 부캣먼이 여기서 매우 중요한 것을 지적하고 있다고 생각한다. 즉 테크노 신체들의 문제와 기술적으로 발달된 신체들의 경이로움에 대해, 우리 문화는 너무 흥분한 나머지 기술들arts의 상태에 대한 냉철한 설명이 불가능하다. 의미심장하게도, 기술적으로 뒷받침되는 잠재성에 관해서 말기 히스테리에 진입한 주체에 관한 근거를 마련하거나 책임 있는 위치를 제공하는 것은 소수자들에게 달려 있다. 이로 인한 한 가지 결과는 기술의 성애화다. 이는 역사적으로 유기질과 무기질을 분리해왔던 경계를 허물어 붕괴로 몰아가는 모더니즘 전통을 이어간다. 여성, 동성애자, 그리고 다른 대안 세력들을 '습한 것'의 힘, 특권, 아름다움을 다시 주장하는 역사적으로 '누수된 신체들'(Grosz 1994a)로 믿는 것이다.

이것의 결점은 포스트모던 문화에서의 기술은 모더니즘에서도 그랬듯이 더 이상 여성화되지 않고, 트랜스섹슈얼리티와 같은 사이 영역들, 혼합성, 혼종성, 상호연결성의 형상으로 중성화된다는 것이다. 기계가 보철이며 트랜스젠더이고 모성이 기계화되면 여성의 신체는 갈 곳이 없다. 나는 그것이 고전적인 성차를 벗어나 일종의 성차화되지 않은 타자 되기로 전락하고 있다고 말하고 싶다. 나는 이런 맥락에서 들뢰즈의 기계 되기에 대한 페미니즘의 전유가 분석적 도구로서의 역할뿐만 아니라, 재체현의 대안적 형태를 강력하게 일깨워주는 역할을 할 수 있다고 주장하고 싶다. 이와 같이 그것은 후기 포스트산업 사회의 사회적 상상계에 대한 중요한 개입을 구성한다.

이렇게 실천, 사회적 지위, 주체성 재현의 변형을 겪고 있는 동일한 포스트산업 문화도 동시에 기술 기형학적 상상계의 손아귀에 있다. 즉 기계와 같은 자아/타자를 두려워하는 동시에 욕망한다는 것이다. 역설의 용어는 그 안에서 모든 종류의 입장이 공존할 수 있는 것이다. 나는 이러한 내적 불협화음이 육화된 자아의 신유물론 철학을 요구한다고 생각한다. 기술의 대대적 선전은 자아에 대한 지속 가능한 이해에 의해 견제될 필요가 있다. 즉, 우리는 우리의 첨단 기술 환경에 대해 우리가 지불하기 위해 준비된 값을 보다 명쾌하게 평가할 필요가 있다. 이 논의는 어떤 면에서 '유선으로 연결되고자 하는 욕망'이라는 수사를 보다 급진적인 의미의 유물론에 병치시키며, 들뢰즈의 철학이 끝까지 '살로 존재하는 것을 자랑스러워하는' 성차의 페미니스트들을 포함한 이들에게 귀중한 도움을 준다는 것에는 의심의 여지가 없다.

이것은 동시대 문화를 일종의 역설로 위치시킨다. 한편으로 기술에 대한 성애적인 페티시화가 우리 사회의 상상계에 스며들었고, 다른 한편으로 기술은 여성성은 말할 것도 없이 어떤 성sex과도 연관되어 있지 않고, 오히려 트랜스섹슈얼한 위치나 성적으로 결정되어 있지 않은 위치와 연관되어 있다. 그것은 일종의 신체로부터의 탈출과 일치하는데, 내 생각에 그것은 서구의 팔루스중심주의에서 가장 고전적이고 유해한 측면을 확인시켜준다. 이에 대한 증거는 사이버펑크와 사이보그 영화 장르 모두에서 젠더 경계와 젠더 차이가 과장되는 정도에서 찾을 수 있다.[2] 이런 맥락에서, 여성의 몸은 자연적인 장소, 비오스와 조에의 장소로 구성되며, 따라서 생식의 장소도 된다. 이런 점에서 첨단 기술 포스트모더니즘의 고도로 세련된 담론은 여성 주체를 근대 이전, 즉 자연에 동화되어 재생산으로 정체화되고 문명화된 진보에 적대적이었던 곳에 남겨둔다. 내가 근대성의 해방 윤리의 역설적 반전으로 간주하는 것에서, 사이버 기술적 상상계는 잘해야 퇴보적이고, 최악의 경우에 심히 반동적인 기술주의로 여성들을 다시 밀어내고 싶어 하는 것 같다. 그러나 다행히도 여자들은 더 잘 알게 되었기에, 경기는 아직 끝나지 않았다.

불협화음 되기들

앞 장에서 나는 여성의 신체와 괴물적 타자들 사이에 존재하는 특권적 연결 고리를 탐구했다. 우리가 SF 텍스트에서 기계 되기의 의미로 변신들을 분석한다면 유사한 가설이 성립될 수 있다. 동시대 문화는 남성과 기계 사이에 특권적 유대 관계가 있다는 압도적인 증거를 제공한다. 반면에 여성은 기계에 전혀 같은 방식으로 묶여 있지 않다. 내가 사례를 보이겠다.

2 사이버펑크와 사이보그 영화 장르를 분석한 아네커 스멜릭에게 감사한다.

남성이 기계로 변신하는 예들:

1. 남성 신체의 금속화 또는 로봇화에 의해: 예를 들어, 자리Jarry의 『초인Le Surmâle』, 〈터미네이터〉, 〈로보캅〉, 고전 〈비디오드롬 Videodrome〉을 보라. 슈워제네거의 근육 전기 회로에서부터 〈매트릭스〉의 테크노 원시주의techno-primitivism에 이르기까지 보디빌딩은 두드러진 공격성의 한 형태다.

2. 무중력 여행을 포함한 속도나 교통수단으로서의 남성 신체: 여기에서 고전적인 토포스는 '로드' 무비의 전통에 있는 남자와 그의 자동차다. 제임스 딘과 J. G. 밸러드에 의해 재논의된 '스크래치카'는 재활용품의 이질적인 조립품, 일종의 '바퀴 위의 패치워크', 하층 계급 남성성의 트레이드마크 중 하나인 자동화된 혼종이다. 그러나 이 시리즈는 슈퍼맨과 로켓이나 미사일로서의 남성의 몸으로 이어지게 된다.

3. 무기로서의 남성 신체: 모든 포르노그래피, 스너프 필름, 다양한 종류의 공포 영화에서 페니스는 치명적인 도구이다. 수전 브라운밀러Susan Brownmiller는 선사시대부터 남성 성기를 여성 등을 강간하기 위한 무기로 사용하는 것이 사회의 결정적인 요소 중 하나라고 주장해왔다. 이는 〈저주받은 카메라Peeping Tom〉에서 매우 명백하지만, 또한 더 낮은 수준으로는 〈터미네이터〉와 〈비디오드롬〉에서도 드러난다.

주류 문화와 여성에 의해 쓰인 텍스트 모두에서, 여성은 기계로 변신하는 경우가 거의 없다. 이 길은 남성의 특권인 것 같다. 르파누와 부캣먼과 같은 비평가들은 여성 SF 작가들이 너무 많은 남성 작가의 사이버펑크와 SF 텍스트의 특징인 신체 탈출의 과장된 찬양에 좀처럼 속지 않는다고 말했다. 아마도 '독신자 기계'를 제외한 기계가 문화적으로 능동적이고 생산적인 것으로 코드화되며 공공 영역과 관련되기 때문일까? 여성과 무기체를 연관시키는 것에 대한 저항은 여성과 생명을 주는 힘 및 모성애의 고전적 연관성에서 비롯될 수 있다. 즉, 여성이 되는 것은 아이들을 통해 이루어지며, 그녀는 '하나가 아니다'. 이것이 가부장제 이데올로기의 억압의 도구임에도 불구하고, 페미니스트들은 이 다중적 구조의 긍정성을 힘 기르기 전략으로서 재옹호했다(2장에서 밝힌, '하나가 아닌 것'으로서의 이리가레의 성차를 생각해보라). 발사모는 모든 사이보그가 인간과 기계의 상호관계에 도전한다고 주장하는데, 기술은 문화적으로 남성성으로 코드화되어 있기 때문이다. 그러나 남성 사이보그는 인간과 기계의 구별에 도전하지 못한다. 반면에 여성은 문화적으로 정서적, 성적, 모성적으로 코드화되어 있기 때문에, 여성 사이보그—체육관에서 과장되게 만들어지건, 보철적으로 강화되건—는 "기술적 상상력을 방해하는 문화적 모순을 체현한다"(1988: 335). 따라서 변신-금속변형은 성적으로 미분화되어 있는 것이 아니라, 오히려 젠더, 민족성, 성차로 크게 특징지어진다.

따라서 여성은 안드로이드나 로봇으로 변신하는 경우는 거의 없으며, 그렇게 한다면 그 결과는 SF 공포 영화처럼 파괴적이다. 〈블레이드 러너Blade Runner〉(1982)와 같은 영화들은 남성들만큼 치명적인 살인 기계로서의 여성 로봇/사이보그들을 보여준다. 영화 〈이브의 파괴Eve of Destruction〉(1991)는 여성 사이보그를 주인공으로 하고 있다. 여기서 남주인공과 해방적인 분위기는 모두 좀 더 전통적인 프랑켄슈타인적 접근을 위해 삭제된다. 사이보그 이브는, 그녀를 창조했고 심지어 그녀의 기억을 프로그래밍한 여성 과학자의 정확한 복제이다. 탈출한 사이보그는 남성들에의 복수에 대한 과학자의 억압된 환상을 모두 행동으로 옮겨 죽음과 전면적인 파괴를 일으킨다. 여성 사이보그의 자궁 안에는 핵 장치가 들어 있는데, 이 장치는 적절히 작동되어 행성의 생존을 위험에 빠뜨린다. 지금까지 영화에서는 어떤 사이보그 구세주도 여성성의 틀로 주조되지 않았다.

나는 앞 장에서 포스트산업 사회의 기술 기형학적 상상계에서 모체는 이미 기술 산업 복합체에 동화되었다고 주장했다. 이것은 결국 포스트휴먼 체현에 대해 강력하고 사회적으로 강화된 수많은 이미지나 형상을 만들어낸다. 커밀라 그리거스(1997)는 "공공영역에서 레즈비언 되기의 과정과 (…) 그에 상응하는 레즈비언의 공공연한 살인 기계 되기의 과정"(1997: 162)의 이미지에서 포스트휴먼 여성성의 의미 있는 형상을 지적한다. 항상 본질주의를 경계하는 그리거스는 여성이 본성상 평화주의적이라거나 전쟁—즉 사회적으로 받아들여지는 살인 기계—에 간접적으로 참여하지 않았다고 주장하지 않는다. 그럼에도 불구하고 또한 군대가 남성만을 위해 분리되어왔다고 주장해도 무방할 것이다. 이러한 역사적 배경에 반하여, 그리거스는 왜 살인을 하는 여성들과 특히 살인을 하는 레즈비언들의 토포스가, 낙태를 반대하며 군인으로서의 여성의 지위에 대해 반대하는 사회이기도 한 첨단 기술 사회에서 그렇게 인기가 있는지 의아해한다. 이는 또한 선진 무기 운송 시스템이 기술적으로 매개된다는 점에서, 전쟁 그 자체가 포스트휴먼이 된 역사에서 동시에 일어난다. 리지 보든Lizzie Borden[3]의 역사적 선례에 기댄 그리거스는 이 경우 살인범인 여성의 일탈이 위험한 여성성의 광범위한 문화적 레퍼토리에 들어맞는다고 주장한다. 모든 일탈과 마찬가지로, 이것은 〈원초적 본능Basic Instinct〉, 〈위험한 독신녀Single White Female〉, 고전 〈델마와 루이스Thelma and Louise〉와 같은 영화들에 의해 제시된 것처럼 동성애로 오염된다. 살인을 하는 여성들과 레즈비언들은 법에 의한 처벌과 보호 모두를 동시에 넘어선다. 그들은 다른 곳에 있다.

동물, 곤충 또는 비체와 외계인보다 훨씬 더 기술적 '타자' 또는 기계의 경우에, 혼합 혹은 되기의 과정들은 내가 앞 장들에서 언급했던 것과 같은 경향, 즉 여성성의 가치를 저하시키는 동시에 다수자와 소수자 주체 모두를 포함하는 되기의 과정들에 대한 문턱으로서의 그 중요성을 반복적으로 보여준다. 마찬가지로 놀라운 것은 변형이나 전횡적 위협을 과장된 '새로운 개척자'나 신고딕적 공포의 양상으로 나타내는, 향수를 불러일으키는 경향이 지속되는 것이다.

테크노 신체들의 경우, 기계와 인간이 1차 산업혁명 이후 모든 수준에서 상호작용을 해왔다는 점을 고려하면, '과대 선전'은 실로 놀라운 것이다. 영화는 새로운 신체 기계의 재현을 구현하고 그에

---

3   1892년 미국 매사추세츠주에서 아버지와 계모를 도끼로 살해한 혐의로 체포된 여성.(옮긴이)

기여하는 기술 중 하나이다. 많은 직간접적인 방법으로 기술에 기생하는 영화는 새로운 신체 기계의 배치에 중요한 역할을 한다. 영화는 주제적으로 이 토포스에 초점을 맞출 뿐만 아니라 다른 기술들을 흡혈함으로써, 영화적 기구에 이를 동화시키기 위해 그렇게 한다. 따라서 영화적 이미지는 기술적 신체 타자들과의 상호작용을 나타내는 결합 요소로서 전략적으로 위치 지어진다. 다시, 이 병합incorporation의 실행에서는, 내가 다음 절에서 주장할 것처럼, 섹슈얼리티와 성차가 모두 결정적인 역할을 한다.

〈커스텀 카 코만도스〉에서 〈크래시〉로

컬트 영화 제작자인 케네스 앵거Kenneth Anger는 1940년대 후반 영화 제작을 시작했을 때 콕토Cocteau의 조감독이었다. 그의 영화는 남성 동성애와 섹슈얼리티의 억제되지 않는 강도와 꿈과 같은 세계를 탐구한다. 그의 걸작 〈스콜피오 라이징Scorpio Rising〉(1964)은 미국 사회의 신고딕적 신나치 문화 부흥을 클로즈업한다. 〈커스텀 카 코만도스Kustom Kar Kommandos〉(1965)는 앵거가 자동차를 욕망의 궁극적인 페티시즘 대상으로 칭송한 것이다. 영화는 돌진하는 젊은 댄디들이 견고하게 제어한 엔진, 크롬판, 파이프, 기어, 대시보드의 아름다움을 열정적으로 찬양한다. 극단으로 치닫는 몽환적이고 자위적인 그것은 한 편의 **미완의**avant la lettre 사이보그 예술이다.

A. 링기스가 제안했던 것처럼(1998) 남자들을 자동차 및 전반적으로 속도에 결부시키는 특권적 유대 관계는 레너드 코언Leonard Cohen의 『아름다운 패자Beautiful Losers』(1966)의 두드러진 에피소

드에서 잘 드러난다. 밸러드의 소설 『크래시』의 계보처럼 읽히는 대목에서 두 남자 등장인물은 성적 황홀감의 순전한 속도에 조금도 뒤지지 않는 드라이브를 떠난다. 파격적인 발기를 즐기는 주인공 F.는 밤길을 광기에 차 달리며 친구들이 다 보는 앞에서 페니스를 주무른다. 동성 에로티시즘은 쉽게 감지될 수 있다(Cohen 1966: 92). "안전에 대한 두려움과, 그의 무릎과 대시보드 사이에 머리를 쑤셔 넣고 싶은 갈망 사이에서 내가 얼마나 갈등했던가!" 그 결과는 인간과 기계 사이의 깊은 상호침투로, 단단한 금속 차체와 함께 그들의 섹슈얼리티가 흐려지는 것이다(Cohen 1966: 93). "오타와로 향하는 상처투성이 금속 껍데기 속의 두 남자, 기계적으로 솟아오르는 황홀감에 눈이 멀어버린 (⋯) 우리 뇌 속의 폭동을 막기 위해 외로운 최루 가스로 가득 찬, 두 벌거벗은 캡슐들." F.가 계기판에 온통 정액을 튀기며 오르가슴에 이르고, 친구의 발기가 수그러들자, 차는 도로 위를 빙글빙글 돌다가 광고판이 달린 핫도그 스탠드를 정면으로 들이받는다. 전혀 심각한 것이 아니었고, F.는 친구에게 고개를 돌리며 "너 느꼈어?"라고 묻는다. 두려움과 위험은 발기에 맞춰져 있다.

데이비드 크로넌버그의 논란 많은 영화 〈크래시〉(제임스 밸러드의 1973년 소설을 바탕으로 한)의 마지막 장면에서, 법적 아내를 쫓는 뜨거운 차량 추적 후, 남자 주인공은 비극적인 자동차 사고를 일으키며 마침내 그가 줄곧 열망해왔던 변신-금속변형을 일으킨다. 뒤틀린 금속과 비참한 육체의 광경 위로 흙먼지가 내려앉자 남편은 아내에게 고개를 돌리며 "당신 느꼈어?"라고 묻는다. 그러나 이 종의 암컷은 슬프게도 피부로 덮인 신체 유기체의 경계 안에 갇혀 있다. 그녀 자신의 생물학 때문이 아니라 팔루스 기표에 의해 구성된 생물학 때문에, 그녀는 패배한 채 느끼지 못했다고 인정해야 한다. 그런 다음, 내가 숭고한 사랑의 순간이라고밖에 표현할 수 없는 장면에서, 남편은 그녀를 더할 나위 없이 다정하게 쓰다듬으며 "아마 다음번엔"이라고 약속한다. 아직 희망이 있다. 구식 인본주의에 대한 향수에 근거한 희망이 아니라, 정신분석학적으로 다시 표현된 다형적 변태성의 비뚤어진 희망이 아니라, 단지 인간 육체를 포스트휴먼 유기체로 질적 전환을 하리라는 희망일 뿐이다. 이러한 기술과 함께하는 사이버네틱스 인터페이스는 금속으로 덮인 다른 휴머노이드와의 빠르고도 격렬한 충돌을 허락한다.

밸러드의 테크노 포르노 소설에는 포스트산업적이고 포스트모던적인 암울한 점이 많이 있다. 즉 부캣먼이 말한 것처럼(1993: 41) "밸러드 소설의 도시, 정글, 고속도로, 교외는 가차 없이 폐쇄공포증적이지만 공허하다. 화려하지만 유혹적이지 않다. 끈질기게 의미 있으나 논리에는 저항적이다. 이 작품들의 반복과 강박은 공간을 축소하면서 시간성을 정지시킨다". 이미 음 소거된(변화된) 남편이 표현하는 희망은, 여자 또한 이 밀실공포증적인 우주, 그 단조로움과 예측 가능성에서 가까스로 벗어나는 그러한 것이다. 정상의 구속복에서 벗어나는 것은 말 그대로 피부에서 이탈하는 것을 의미하며, 주체의 육체적인 인본주의를 틀 지웠던 경계선이었던 것의 외피를 벗겨낸다. 변화는 상처를 준다. 변형은 단순한 은유가 아니다.

『크래시』 전체에 걸쳐 흉터는 금속 타자의 충격을 받은 후 살이 재조직되고 꿰매이고 재조립되는 곳이다. 이런 유형의 상호작용은 성애화되고 위반되는 새로운 경계로서 기념된다. 흉터는 이미 쾌락과 고통의 새로운 체제로 변신-금속변형된 신체의 새로운 위상학에 표시를 한다. "고속 충격으로 앞 유리창과 대시보드의 문자판이 파괴됨으로써 생긴 성적인 구멍"(179). 이미 사고crash의 트라우마를 겪은 신체들은 앞서 아버스가 설명한 괴물들처럼 실존적인 귀족이다. 그들은 이미 변신의 새로운 단계를 거쳤고, 따라서 그들은 아직 겪지 않은 체현된 주체들을 향한 선망의 대상이 된다. 소설과 마찬가지로 영화에서도 흉터가 있는 몸은 기술적 타자와 교제intercourse한 가시적인 흔적을 지니고 있기 때문에, 심하게 성애화된다. 그들은 차체와의 충돌로 문신이 새겨진다(Ballard 1973: 28).

나 자신을 내려다보면서 나는 내 차의 정확한 제작 연식이 내 상처의 패턴으로부터 재구성될 수 있었음을 깨달았다. 내 가슴에 멍든 핸들의 윤곽처럼 계기판의 모양이 무릎과 정강이뼈에 박혀 있었다.

모든 상처는 결과적으로 침범당할 수 있는 경계선이다. 그것은 경계 지대이고, 숭배와 일탈의 대상이며, 거부할 수 없을 정도로 매력적이다. 흉터 다음으로, 신체 변형들의 다른 형태는 『크래시』에서 성적 욕망, 특히 문신, 자해, 피어싱으로 마찬가지로 가득 차 있다. 그러나 자동차는 극단의 경계인 죽음에 이르기까지 쾌락을 추구하는 인식 변화의 도구로서 승리한다.

앞에서 말했듯이, 동시대 기술적 상상계의 매우 광범위한 특징 중 하나는 그것이 얼마나 보철 연장 및 신체 부위, 장기, 세포의 증식을 촉진하는가이다. 즉 유기적 타자 및 비유기적 타자와 함께 신체들의 일종의 분자적 혼합이 작용하고 있다. 그것은 주체들을 인간 본성과 유전적 코드의 명령을 넘어 다른 판으로 종횡 이동시킨다. 밸러드는 이 변이를 완벽하게 포착한다(1973: 179).

나는 인체 구멍의 레퍼토리를 자동차 공학의 더 많은 요소들과 관련시키고, 미래의 더욱 복잡한 기술과 관련지어 확대시킬 수 있는 다른 사고들을 꿈꾸었다. 어떤 상처가 열핵 반응실, 백색 타일로 된 제어실, 컴퓨터 회로의 신비한 시나리오가 지닌, 비가시적인 기술의 성적 가능성을 만들어낼 수 있을까?

『크래시』는 인간의 섹슈얼리티와 성차 체계에서의 변이를 근본적인 만큼 다층화된 것으로 표현한다. 이는 기어의 변화, 속도의 변화, 인본주의적 전체성에 대한 포스트모던적 향수 또는 그 상실로 인한 우울증의 마지막 흔적들에서 인간을 밀어내는 가속력이다. 그것은 동시대의 기술이 가능하게 하는 새로운 잠재적 체현들의 일치된 현실화로부터 인간을 제지하는, 마지막 의심과 망설임을 뛰어넘는 질적 도약을 촉구한다. 이 진화의 경로에서 여성은 종종 저항하는 주체로 재현되며, 여성에게는 해체나 잠재적 재체현을 향해 뛰어오를 준비가 쉽지는 않다. "아마 다음번엔"은 어떤 불가능성, 넘을 수 없는 경계선뿐만 아니라 반복, 영원회귀의 약속처럼 들린다. 『크래시』에서 여성은 매력의 훨씬 우월한 권력과 그에 따른 기계, 자동차, 그리고 그것이 가능하게 하는 주체 위치들의 경쟁 때문에 소수자 되기가 어렵다는 것을 어느 정도는 알게 된다.

살만 루슈디가 다이애나 왕세자비 사망에 대한 논평에서 지적한 바와 같이(1997), 우리 문화는 자동차에서 시작하여 소비자 기술들을 성애화하고 미화한다. 다이애나의 차량 충돌 사망은 "수백만 명을 위한 카타르시스적 사건"(Becker 1999: 282)이었다. 이와 같이 밸러드와 크로넌버그가 증명하려는 모든 것의 잔인한 삽화에 가까운 이 사고는 동시대 기술 문화의 중심 역설의 일부를 이끌어낸다. 다이애나 왕세자비의 으스러진 몸은 바퀴 위의 집단 의식儀式처럼 전 세계 음지에서 전달되는 준準종교적 의미를 획득한다(Ballard 1973: 109).

그녀는 어린 신도의 피에 잠겨 자신을 위해 마련된 사당을 점거하고 있는 신처럼 손상된 차 안에 앉아 있었다. 비록 나는 차에서 6미터 떨어진 곳에 있었지만 (…) 그녀의 몸과 개성의 독특한 윤곽이 으스러진 차량들을 변형시키는 것 같았다. (…) 마치 자동차 전체가 그녀의 모습 주위에서 존경의 몸짓으로 변형된 것처럼.

루슈디는 밸러드의 소설에서 우리 문화의 지배적인 두 가지 특징인 소비자의 상품(자동차)과 유명인(스타)이 강력한 새로운 테크노 섹슈얼리티의 기호 아래 어우러진다고 주장한다. 이 둘은 다이애나 왕세자비의 죽음에 대한 거의 외설적인 자기 증명과 결합되어 있다. 전체 이야기에 결정적인, 플롯의 제3자는 카메라의 눈이다. 다이애나의 경우, 파파라치의 플래시 불빛이다. 루슈디는 다음과 같이 설명한다(1997: 68).

다이애나의 치명적인 충돌 사고에서 (기자와 연인 모두로서의) 카메라는 자동차와 스타에 결합되고, 죽음과 욕망의 칵테일은 밸러드의 책에 나오는 것보다 훨씬 더 강력해진다. (…) 욕망의 대상은, 그녀가 죽는 순간, 그녀 위로 전진하며 찰칵, 찰칵하는 팔루스적 렌즈를 본다. 이렇게 생각해보면 다이애나 스펜서의 죽음에 대한 포르노그래피가 명백해진다. 그녀는 승화된 성폭력으로 죽었다.

루슈디는 다이애나의 절박한 마지막 욕동을 욕망의 집단적 대상으로서의 자신의 지위에 대해 어느 정도의 통제권을 행사하려는 시도, 상품에서 인간으로 스스로를 해방시키려는 시도, 어떤 주체성을 획득하려는 시도로 읽는다. 헛되게도, 그녀는 운전석에 있지 않았다.

이와는 대조적으로, 로드 무비의 유명한 페미니즘 버전인 〈델마와 루이스〉는 자동차를 전이나 탈영토화의 매개체로 사용한다. 차는 현실의 이동, 차원의 변화를 작동시킨다. 그들은 단지 남자들 곁을 지키지 않기로 결심한 두 명의 가출한 아내만은 아니다. 그들은 운전대를 번갈아 잡고, 장소를 바꾸고, 운전을 계속하면서 그 과정에서 점점 더 비인격화된다. 그들은 사회적, 성적 정체성에서 벗어나 광란의 질주를 하고 총을 쏘고 폭파를 한다. 마지막으로 그들은 미국 도로의 초현실적인 공간에서 풍경 속으로 녹아들어 그곳을 가로지르는 속도와 합쳐진다. 궁극적으로, 그들은 갈 곳이 없다. 목적지는 중요하지 않다. 중요한 것은 이동성, 유목성이다. 그들은 〈크래시〉의 고속도로에 있든 우주선을 타고 있든 공허 속으로의 마지막 도약의 절정, 즉 신화 속으로의 증발에 이르기까지 바깥쪽과 안쪽으로 동시에 향할 수 있다. 그들은 어떤 것도 의미하지 않고, 그들이 가는 대로 자신들과 우리를 변형시키고 있다. 사이보그 되기는 잠재적일 수도 있지만, 그럼에도 불구하고 사회적으로 실행되고, 물질에 근거해 있다. 즉 체현되고 내장되어, 결국 육화돼 있다. 그러나 이 모든 정보는 카메라의 눈을 통해 우리에게 전달된다. 기술적으로 전이되는 것이다. 영화와 TV는 주체들의 기계 되기라는 이 과정의 주된 수혜자다. 그들의 시각화의 힘은 사회적 영역을 포화시켰다.

| 사이보그와 유목민 |

페미니즘 이론과 여성, 동물, 곤충, 기계 되기에 관한 다른 이론들 사이의 유사성과 차이점에 대한 이 지그재그 여정에 따라 나의 가설을 다시 설명하겠다. 나는 유목민이 되는 과정이, 다른 연결들이 나타날 유동 상태로의 모든 정체성의 해소를 표시하지 않고, 그 자체로서 성sex 특정적이고 성차화되어, 결과적으로 다른 젠더화된 위치에 따라 다른 형태와 다른 시간 감각을 취할 수도 있다는 아주 현실적인 개념을 제기하고 싶다.

　페미니즘 이론과 철학적 유목론 사이의 종종 역설적인 친연성의 중요한 예는 도나 해러웨이의 유물론의 재정의다. 나는 해러웨이가 신체의 물질성에 대한 노선을 페미니즘적인 방식으로 추구한다고 본다. 하지만 그녀는 포스트형이상학적 철학의 언어보다 과학과 기술의 언어를 사용한다. 해러웨이는 완전히 노스탤지어를 갖지 않는 포스트휴먼 사상가로, 그녀의 개념적 우주는 정보학과 통신의 첨단 기술 세계다. 이런 점에서 해러웨이는 개념적으로 바슐라르와 캉길렘과 같은 인식론적 전통의 일각에 속하는데, 이들에게는 과학의 비율이 반드시 인문적 접근과 가치에 적대적인 것은 아니다. 더욱이 이러한 사고방식에서 과학의 실천은 좁은 의미의 합리주의로 보이지 않고 오히려 용어에 대한 넓은 정의를 허용하여 무의식의 놀이, 꿈, 상상력을 과학적 담론의 생산에 포함시킨다. 푸코(1977a)에 이어 해러웨이는 현재 사회 체제에서 다루기 쉽고 알기 쉬운 육체들의 구성과 조작에 관해 우리의 관심을 끈다. 그녀는 우리에게 지금 어떤 종류의 새로운 신체가 구축되고 있는지, 즉 바로 우리의 코밑에서 어떤 종류의 젠더 체계가 만들어지고 있는지를 생각하도록 유도한다.

　내가 1장에서 언급한 사이보그의 형상화를 해러웨이가 제안하는 것은 이 틀 안에서이다. 혼종, 즉 신체 기계로서 사이보그는 연결을 만드는 실재로서, 범주적 구분(인간과 기계, 자연과 문화, 남성과 여성, 오이디푸스적인 것과 비오이디푸스적인 것)을 의도적으로 혼동시키는 상호관계성, 수용성 및 글로벌 커뮤니케이션의 형상이다. 이는 해러웨이로 하여금 상대주의에 빠지지 않고 특수성을 사유할 수 있게 해준다. 사이보그는 해러웨이가 일반 페미니스트 인류를 재현하는 것이다. 따라서 그것은 여성의 급진적인 역사적 특수성을 근본적으로 재정의함으로써 인류 전체에 이익이 될 수 있는 새로운 가치를 구성해야 한다는 주장과 여성의 급진적인 역사적 특수성 자체를 페미니스트들이 어떻게 조화시키느냐 하는 문제에 답하고 있다. 그녀의 육체에 대한 시각은 포스트인간중심주의적이고 기술 친화적이다. 게다가 사이보그 모델의 신체는 물리적인 것도 기계적인 것도 아니고 텍스트적인 것도 아니다. 내적 현실과 외적 현실 사이의 상호작용에 대한 반패러다임으로서, 그것은 신체뿐만도 아니고 기계뿐만도 아니며, 신체와 기계 사이에서 일어나는 일들에 대한 해석을 마음-몸 논쟁의 강력한 새로운 대체물로 제공한다. 즉, 사이보그는 포스트형이상학적 구조이다. 나의 해석에서 사이보그의 형상화는 형이상학이 추상적인 구조가 아니라 오히려 정치적인 존재론임을 일깨워준다. 즉, 몸-영혼이라는 고전적 이원론은 단순히 분리와 계층적 코드화의 표현만이 아니라, 상호작용, 즉 어떻게 어울리는가에 관한 이론이기도 하다. 그것은 우리가 어떻게 인간 존재의 통일성을 재고해야 하는지를 암시한다.

발사모(1996)는 해러웨이의 사이보그의 두 가지 중요한 측면을 강조한다. 첫째, 물질적으로 구성된 신체로 담론적인 신체를 교정한다는 점과, 둘째, 사이보그는 여성의 몸과 특권적인 유대 관계를 맺고 있다는 점이다. '동일자의 타자'로서의 여성은 사실 '젠더의 기술'(de Lauretis 1987)의 전체 사회적 상호작용을 통해 생산되는 주요한 인공물이다. 내 언어로 번역하자면, 해러웨이의 사이보그에 대한 형상화는 좀 더 넓고 훨씬 덜 인간 중심적인 지평선을 향해 개방하기 위해 단지 여성성을 우회하는 페미니즘적 여성 되기의 일종이다. 이와 관련하여 피스터스가 예리하게 주목한 바와 같이(1998) 해러웨이가 소녀로서의 사이보그를 묘사하는 것은 의미심장하다. 소녀, 즉 이미 지층화의 몰적 선에 걸린 다 성장한 여자가 아니라는 말이다. 이것은 한편으로 사이보그의 반오이디푸스 기능을 강조하고, 다른 한편, 팔루스적 상징계에 진입하기 전 정체성 동요의 순간의 표지자로서 어린 소녀 앨리스를 지목하는 들뢰즈와 가타리(Battersby 1998)에서도 강한 그 경향을 지속시킨다. 이어 피스터스는 해러웨이의 사이보그는 들뢰즈의 기관 없는 신체에 비견될 수 있으며, 앨리스/어린 소녀의 신체는 동시대 미디어와 다중 정보 사회에서 테크노 신체들에 관한 논의에 빛나는 단서를 제공할 수 있다고 주장한다.

나는 해러웨이의 논점이 지식 생산에 있어서 보다 개념적으로 창의적인 접근과 더 상상적인 에너지를 요구하는 나의 주장과 유사함을 발견한다. 우리는 오늘날의 세계를 해독하기 위해 새로운 형태의 읽기 능력이 필요하다. 형상화는 또한 담론 윤리를 수반한다. 사람은 친연성을 갖지 않는 것에 대해 제대로 알 수 없다거나 심지어 막 이해하기 시작할 수 있다는 것이다. 해러웨이에게 비판적 지성은 공감의 한 형태다. 공감하지 못한다고 해서 비판해서는 안 된다. 비판은 비반응적 양태, 창조적인 몸짓으로 결합되어야만 팔루스중심 이론의 오이디푸스적 플롯을 피할 수 있다.

사이보그는 또한 포스트구조주의자들의 육체적 유물론의 남성 중심주의에 도전한다. 그러므로 근대적 진리 체제를 '생명 권력'으로 보는 푸코의 전제를 상당 부분 공유하는 한편, 해러웨이는 권력에 대한 푸코의 재정의에 도전한다. 포스트모더니즘 정치는 전통적인 좌파의 역사적 붕괴에 의해 필요하게 되고, 그것이 내부에서 스스로를 재창조할 수 있는 좌파의 기회를 나타낸다는 제임슨의 생각을 지지하면서, 해러웨이는 동시대의 권력은 더 이상 정상화된 이질성에 의해 작용하지 않고, 오히려 네트워킹, 통신 재설계, 다중적 상호연결에 의해 작용한다고 지적한다. 해러웨이는 다음과 같이 결론짓는다. 푸코는 "붕괴되는 순간에 있는 권력의 한 형태를 명명한다. 생명 정치의 담론은 테크노배블technobabble[4]에 자리를 내준다"(Haraway 1990a: 245, note 4). 여기에서 두 가지 주목할 점이 있다. 첫째, 해러웨이가 현대 과학 혁명을 푸코보다 더 급진적인 용어로 분석한다는 점이다. 주로 오늘날의 기술에 대한 직접적인 지식을 바탕으로 하기 때문이다. 해러웨이의 생물학과 과학사회학 훈련은 여기서 매우 유용하다. 그녀의 접근 방식과 비교하여 푸코의 신체 규율 분석은 물론 본질적으로 남성 중심적이라는 것과 별개로 이미 시대에 뒤떨어진 것으로 보인다.

해러웨이는 들뢰즈도 푸코에 대한 분석에서 언급했던 점을 지적한다. 즉, 푸코의 권력 도식은 더 이상 우리가 아닌 것을 묘사하고 있다는 것이다. 모든 카르토그라피와 마찬가지로, 푸코의 도식은

---

4 일반인들이 이해하기 힘든 최신 과학기술 관련 용어들.(옮긴이)

후험적인 역할을 하며, 따라서 지금 여기의 상황을 설명하지 못한다. 이런 점에서 해러웨이는 푸코의 생명 권력에 여성의 체현된 주체성의 해체적 계보를 대립시킨다. 푸코의 분석은 생산 체계에 대한 19세기의 관점에 머물러 있는 반면에, 해러웨이는 여성의 조건에 대한 분석을 포스트산업 생산 체계에 대한 최신 분석으로 기술한다. 백인 자본주의 가부장제가 '지배의 정보학'(Haraway 1990a: 162)으로 변했다고 논하면서, 해러웨이는 여성들은 신기술에 의해 잡아먹혀, 가시적인 사회적 행위 영역에서 사라졌다고 주장한다. 포스트산업 체제는 대립하는 대중 정치를 완전히 불필요하게 만든다. 즉, 동시대 주체의 기능에 대한 보다 적절한 이해에 근거하여 새로운 정치가 발명되어야 한다.

  첼라 샌도벌Chela Sandoval은 해러웨이의 통찰을 "기계와 신체 조직의 결합의 고통을 아는" 저임금 노동자들에 대한 착취의 인간적 요소들, "로봇 환경, 그리고 20세기 후반 인간 행위자성의 개념이 새로운 의미들을 떠맡는 사이보그 환경"에 초점을 맞추는 '사이보그' 정치 경제에 대한 완전한 분석으로 확대한다"(Sandoval 1999: 408). 이 새로운 하층 계급의 대다수가 여성, 이민족, 이민자 또는 난민으로 구성되어 있기 때문에 샌도벌은 대부분의 세계화 이론에서 현저하게 무시되고 있는 사이보그의 사회 공간의 젠더와 민족 양상을 강조한다. "사이보그의 삶: 맥도날드에서 사이보그 멘트를 하고 버거를 뒤집는 노동자의 삶은 미래의 노동자들이 작고 일상적인 방법으로 스스로 준비해야 하는 삶이다."(1999: 408) 해러웨이의 사이보그는 생존과 사회 정의에 대한 훨씬 더 광범위한 논의 안에서 젠더와 성차의 문제를 강조하기 위해, 현재 형성되고 있는 새로운 기술 사회에 대한 논쟁의 중심에 반대 의식을 삽입한다. 그러므로 그 어느 때보다도 권력관계와 윤리적, 정치적 저항에 대한 문제는 지배의 정보학 시대에 관련이 있는 것으로 나타난다.

사이보그 이론은 다양체가 반드시 상대주의로 이어질 필요는 없다고 강조한다. 해러웨이는 차이의 반反상대주의적 수용을 위한 다면적인 기초 이론을 주장하는데, 그녀의 사이보그는 내장되어 있고 체현되어 있다. 사이보그는 비젠더중심적이고 비민족중심적인 관점에서 연결과 분절을 추구한다. 나는 그 결과가 환희에 찰 정도로 해방적이라고 생각한다. 해러웨이의 독특한 특유의 글쓰기 스타일은 개념적 수준에서 운용하고 있는 탈중심화의 힘을 표현하여 독자들이 재조정되거나 소멸될 수밖에 없게 한다. 해러웨이가 동물, 기계, 그리고 괴물 같은 혼종 '타자들'을 다루는 것보다 강력한 힘을 발휘하는 것은 어디에도 없다. 해러웨이는 SF, 사이버펑크를 포함한 동시대 문화에 깊이 빠져 있으며, 재구성된 타자, 돌연변이 또는 변형된 타자에 의해 체현된 차이에 매료돼 있다. 해러웨이의 테크노 괴물들은 가능한 재체현과 현실화된 차이들에 대한 매혹적인 전망을 포함하고 있다. 다중적이고 이질적이며 문명화되지 않은 이 괴물들은 다양한 잠재적 가능성으로 가는 길을 보여준다. 그래서 사이보그, 괴물, 동물—인간 '이외의' 고전적인 '타자'—은 가치 저하된 차이 범주에서 해방되어, 전체적으로 더 긍정적인 빛 속에 나타난다. 해러웨이는 이 타자들이 필요한 만큼이나 동시에 소화할 수 없고 부적절한/전유될 수 없는, 따라서 외계적인 것으로 구성되는 타자성의 변증법을 거부한다. 해러웨이의 입장의 강점은 이 개념적 체제를 완전히 포기했다는 것이다. 해러웨이는 이미 대분열의 반대편으로 건너뛰어 포스트휴먼의 세계에서는 더할 나위 없이 편안하다. 해러웨이의 기술에 대한 친밀한 지식은 이 질적 도약을 용이하게 하는 도구다. 이 점에서 해러웨이는 진정한 사이버 기형학자다.

그러나 사이보그에 대한 내 문제의식은 개념적이다. 나는 주체의 대안적 정의는 필요하고, 심지어 바람직하다고 믿는다. 결과적으로 나는 해러웨이의 포스트휴먼 행위자성에 대한 선호를 공유할 수는 없다. 섹슈얼리티와 성차도 마찬가지다. 섹슈얼리티와 성차가 형이상학적일 수도 있지만, 그것들은 주체성에 너무 구조적으로 내장되어 단지 사이버네틱스 자아의 쓸모없는 속성으로 제쳐져 있을 뿐이라고 생각한다. 내게 해러웨이의 사이보그는 무의식적인 욕망, 환상과 정체화의 문제에 대해서뿐만 아니라 좀 더 기본적인 수준에 대해서도, 성차화되었는지 여부가 해결되지 않은 것으로 보인다. 내가 2장에서 주장했듯이, 주체를 유목화하고, 복잡하고 다중적이고 내적으로 모순적으로 만드는 것을 선호함에도 불구하고, 나는 이리가레에 동의하며 섹슈얼리티의 외부에 있는 주체 위치를 가늠할 수 없다. 하지만 아무리 복잡한 주체일지라도 주체는 결정되지도 정의되지도 않은 것은 아니다.

| 사회적 사이버공간에서의 테크노 신체들 |

나는 신기술이 신체를 폐기하거나 대체하는 것과는 거리가 멀고, 인간과 기계 모두의 육체적 구조를 강화한다고 생각한다. 〈터미네이터〉 시리즈에서 아널드 슈워제네거의 몸을 생각해보면, 전선과 금속으로 이루어져 있지만, 여전히 초근육적이며 팽팽하고 아주 건강한 상태임을 알 수 있을 것이다. 사이보그는 문화적으로 지배적인 아이콘으로, 그 영향은 영화나 미디어의 유혹을 훨씬 뛰어넘는다. 그들은 또한 전 세계에 걸쳐 '실재' 인간들의 육체적 행동에 영향을 미친다. 예를 들어, 나는 실리콘 임플란트, 성형수술, 운동선수 같은 훈련으로, 돌리 파턴, 마이클 잭슨, 혹은 제인 폰다, 셰어와 다른 많은 '스타들'의 몸이 〈에이리언〉 영화 시리즈에 나오는 어느 것 못지않게 사이보그나 괴물 같다고 주장하고 싶다. 근육을 단련하는 돌연변이들이 여기에 속한다.

모든 사이보그들은 소수자 사이보그들뿐만 아니라 다수가 포스트휴먼의 신체, 즉 인공적으로 재구성된 신체에 살고 있다 (Balsamo 1993). 여기서 문제가 되고 있는 신체는 생물학적 본질과는 거리가 먼데, 즉 그것은 강도적 힘들의 교차로이며, 사회적 코드들이 등록되는 표면이다. 자연주의 패러다임이 쇠퇴한 후 본질화되지 않은 체현된 자아를 재고하기 위한 노력이 필요하다. 프랜시스 바커Francis Barker의 표현대로(1984) 신체의 소멸은 그 탈자연화의 역사적 과정의 정점이다. 문제는 어떻게 하면 이러한 변화에 맞춰 정치를 재조정할 것인가 하는 점이다. 그러므로 체현된 주체성은 마음–몸의 구별이 역사적으로 쇠퇴하는 동시에 신체에 대한 담론이 확산되는 데 달려 있는 역설이다. 푸코는 이를 육체의 소멸과 동시에 과잉 노출의 역설이라는 관점에서 재공식화한다. 기술이 역설을 드러나게 하고 어떤 면에서는 완벽하게 예시하지만, 그러한 패러다임의 전환에 책임이 있다고 주장할 수는 없다. 여기서 윤리 문제가 바로 제기된다. 인본주의의 위기는 윤리를 지우지 않으며, 윤리의 필요성을 없애지도 않는다. 이는 오히려 우리 시대의 복잡성에 걸맞은 정교한 가치관의 필요성을 강화한다. 첫 번째 단계는 허무주의를 거부하는 것이다.

자연주의 패러다임의 상실은 신이 마침내 죽었다는 것을 수반하며, 많은 이들을 포기의 공포를 동반한 광기로 몰아세운다. 신의 죽음은 오래전부터 찾아왔고 도미노 효과에 합류하여, 마음과 몸의 범주적 구분에 대한 보장, 국가의 역할과 기능에 대한 안전한 믿음, 가족, 남성 권위, 백인 특권, 영원한 여성성, 강제적 이성애와 같은 많은 친숙한 개념들을 끌어내렸다. 이러한 형이상학에 근거한 확신들은 흔들렸고, 더 복잡하고 더 장난스럽고 무한히 더 불안한 어떤 것을 위한 여지를 만들었다. 여성으로서 말하는 것은 억압과 배제의 역사에서 떠오르는 주체로서 말하는 것인데, 나는 관습적 가치들의 이 위기가 허무주의적인 것이 아니라 오히려 긍정적인 것이라고 말하고 싶다. 사실 형이상학적 조건은 수 세기 동안 나의 젠더에 부담을 준 권력의 위치로, 여성성에 대한 제도화된 시각을 수반해왔다. 근대성의 위기는 페미니스트들에게 상실과 쇠퇴로의 우울한 급락이 아니라 새로운 가능성들의 즐거운 개방이다.

그러므로 나는 사이보그나 포스트휴먼의 곤경의 초현실성이 정치나 정치적 저항의 필요성을 없애지는 않는다고 주장하고 싶다. 그것은 단지 정치적 행동의 급진적 재정립을 작동하게 하는 것을 그 어느 때보다도 필요로 할 뿐이다. 신이 죽으면 무엇이든 가능하다는, 지나치게 인용되고 심하게 오인된 도스토옙스키의 진술만큼 포스트모던 윤리에서 더 먼 것은 없다. 도덕적, 인지적 상대주의에 대한 이러한 냉소적인 **암시**clin d'oeil는 내가 이 책에서 옹호해온 유물론과 철학적 유목주의와는 반대되는 것이다. 내게는 오히려 포스트모던적 체현된 주체들의 인식을 권력에 대한 저항과 상대주의 및 냉소주의의 거부와 어떻게 결합시키느냐 하는 것이 과제다.

둘째, 첼라 샌도벌도 지적했듯이 포스트휴먼의 체현은 현금망에 기록된다. 이러한 포스트산업 시대의 자본은 우리의 은행 계좌(의 일부)에 도착하기 전까지 사이버공간에서 순수 데이터처럼 이동하는 비물질적인 현금 흐름이다. 부캣먼이 지적했듯이(1993), 사이버공간은 점점 더 복잡해지는 사회적 현실들과 평행하게 존재하는, 경쟁이 심한 사회적 공간이다. 이러한 기술들의 사회적 힘의 가장 분명한 예는 항상 일하고 잠들지 않는 컴퓨터 주도의 전 세계 증권거래소를 통한 돈의 흐름이다. 순수한 데이터의 흐름은 모더니즘 주인 서사의 쇠퇴를 이끌지만, 부캣먼이 빈틈없이 논평하듯이, 그것은 또한 그 자체의 일종의 주인 서사를 구성하기도 하는데, 이것은 휴머니즘의 쇠퇴와 포스트휴머니즘 시대의 여명을 가져온다.

부캣먼은 새로운 가상적, 인공적 환경의 긍정적이고 잠재적으로 힘을 부여하는 영향과 그들이 신체적인 인간 주체를 전위시키는 동시에 재배치하는 정도를 강조한다. 주체의 기원 지점은 의미 있는 내면성과 의식에 따른 안정성에서 복잡하고 변화하는 테크노 문화적 구성으로 이동한다.

그러나 자본은 신체 유체를 반복하고 그것을 거래한다. 이는 제3세계 전역에 있는 일회용 인력의 값싼 땀과 피, 그리고 자신들의 실존을 과포화된 마비 상태로 소비하는 제1세계 소비자들의 욕망의 축축함이다. 초현실성은 계급 관계를 없애지 않는다. 그것은 단지 계급 관계의 강도를 높일 뿐이다. 포스트모더니즘은 구조적 불평등뿐만 아니라 계급 간 격차의 강도를 높이는, 문화의 상품화와 순응주의라는 동시적 역설에 기반하고 있다. 이 상황의 중요한 측면은 시각 매체의 전능성이다. 우리 시대는 시각화를 궁극적인 형태의 통제로 바꾸었다. 이것은 시각적 영역의 상품화에 있어서 마지막 단계를 가리킬 뿐만 아니라, 다른 모든 감각들에 대한 시각의 승리도 나타낸다. 그것은 또한 페미니즘적 관점에서 특별한 관심의 대상이다. 왜냐하면 그것은 다른 감각들, 특히 촉각과 청각에 대해서 시각을 지나치게 특권화하는 신체 지각의 서열화를 부활시키는 경향이 있기 때문이다. 시각의 우위는 절시증scopophilia에 대한 논의들을 고무시킨 페미니즘 이론에 의해 도전받았다. 이때 절시증은 사고, 지식, 과학에 대한 시각 중심의 접근법을 의미한다. 정신분석학적 관점에서 이는 시각에 내재된 팔루스로고스중심적 편견에 대한 비판의 형태를 취한다. 따라서 이리가레(1974)는 절시증을 남성적 상징계의 만연한 권력과 연결시킨다. 폭스 켈러 Fox Keller(1985)는 대신 이를 남성성의 사회적, 심리적 구성과 직결되는, '자연의 신비'에 대한 인지적 통찰을 향한 열정적인 욕동으로 읽는다. 좀 더 사회 정치적인 틀에서 해러웨이(1990)는 우리 문화가 하늘의 위성이나 눈으로 가장 잘 예시되는 비체현적 시각의 로고스중심적 지배력에 부여하는 우위를 공격한다. 즉, 해러웨이는 보는 행위에 대해 체현된, 따라서 설명 가능한 정의를 내리는데, '열정적 분리'라는 용어로써 시각 대상과의 연결의 한 형식으로 재정립한다.

동시대 전자 예술의 전편에 걸쳐, 특히 가상현실의 분야에 캐서린 리처즈Catherine Richards와 넬 텐하프Nell Tenhaaf 같은 많은 여성 예술가들이 있는데, 그들은 시각의 우월성의 내재된 가정에 도전하는 기술적 창의성의 형태들을 실험한다. 그러나 절시증의 진정한 대안은 음악과 사운드 기술 분야에서 나온다. 내가 3장에서 주장했듯이, 음향 환경은 지배적인 재현 방식의 전복을 위해 훨씬 더 크고 더 많은 미개발 자원을 제공한다. 시각화가 헤게모니적 체계인만큼 음악이나 음향이 가장 분명한 대안으로 보인다. 인터넷이 수반된 음악 생산이 '음향 컬러리스트'나 DJ 또는 오늘날의 음향 기술자들을 시각 매체의 흡혈귀적 힘에 대한 실행 가능한 대안으로 만들 수 있을지는 두고 봐야 한다.

셋째, 가시성과 고화질 정체성 또는 특이성을 동시에 획득하는 사이버 신체는 대체로 백인이다. 여기서 백인성은 특정한 인종적 실재를 가리키지 않는다. 오히려 권력, 권리, 가시성에 대한 접근을 정체성과 함께 지표화하는 방법이다. 초현실적인 키치 예술가 제프 쿤스Jeff Koons(포스트휴먼 이탈리아 포르노 스타 치촐리나의 전남편)는 삐딱한 재치로, 마이클 잭슨의 도자기 조각상을 만들어, 품에 원숭이를 안은, 백합처럼 하얀 신으로 묘사했다. 쿤스는 아주 위풍당당하게 이것은 마이클 잭슨이 육체의 완전성을 추구한 것에 대한 찬사라고 발표했다. 잭슨이 거친 수많은 성형수술은 자아에 대한 그의 의도적인 조각과 제작을 증명한다. 포스트휴먼의 세계관에서 완벽을 추구하려는 의도적인 시도는 진화의 보완물로 보이며, 체현된 자아를 성취의 더 높은 단계로 이끌어내는 것이다. 쿤스의 숭고한 단순함에서 백인성이 논쟁의 여지가 없고 완전히 최종적인 미의 기준이 됨으로써 잭슨의 슈퍼스타덤은 백인성으로만 묘사될 수 있었다. 초현실성은 인종차별을 없애지 않는다. 초현실성은 인종차별을 강화하고 붕괴를 초래한다.

포스트휴먼 신체들의 인종화에 대한 또 다른 측면은 그것이 전달하는 민족 특수성 가치에 관한 것이다. 많은 사람들은 우리 모두가 미국의, 그리고 더 구체적으로 캘리포니아의 '아름다운 신체' 이데올로기에 의해 어느 정도까지 재식민화된 존재인지에 대해 질문해왔다. 미국 기업들이 기술을 소유하는 한, 그들은 문화적 각인을 동시대의 상상계에 남긴다. 이것은 다른 문화적 대안들을 위한 여지를 거의 남겨두지 않는다. 사회적 사이버 상상계의 재식민화는 모든 다양성을 표백시킨다.

이 상황에 직면하여, 다시 말해, 경제적으로 지배적이고 이성애적이며 초젠더화된 정체성들—거대한 권력의 차이를 부인하면서 동시에 그 권력을 복원하는—이 문화적으로 강화된 아이콘인 지금, 무엇을 해야 하는가? 내가 가장 먼저 권하고 싶은 것은 이론적 틀의 아포리아와 실어증을 인정하고, 개념적이고 예술적인 창작의 방향을 희망을 가지고 바라보는 것이다. 창조적인 정신들이 메타 담론의 대가들, 심지어 특히 해체적인 메타 담론의 대가들보다 앞서 있다는 것은 의심의 여지가 없다. 이것은 매우 냉철한 전망이다. 수년간의 이론적 오만 끝에 철학은 오늘날의 세계를 따라잡기 위한 어려운 투쟁에서 예술과 소설에 뒤떨어져 있다. 중요한 것은 새로운 개념적 틀을 만들고, 발명하고, 정교화할 수 있다는 것이다. 사상의 창조성은 21세기 의제 중 가장 위에 있다.

새로운 남성성 혹은 소년들을 위한 장난감?

지금까지 나의 주장 중 하나는 테크노 신체들을 둘러싼 사회적 상상계가 육체로부터 도망치는 환상에 유혹당한다는 것이었다. 이는 주로 물질적/모성적 형태로 자연적인 것을 재등록하는 장소로 여성들을 환원시킨다. 트랜스섹슈얼 공간에 놓인 기술적 인공물 그리고 다시 말하지만 자연적인 것과 연관된 여성성과 함께, 주로 성애화된 신체는 남성이고, 잠재적 정체성에 대한 논쟁은 남성성을 중심으로 이루어지고 있다.

미디어 문화를 통해 남성성의 동시대의 재구성을 살펴보면 그 친근함에 경악하지 않을 수 없다. 예를 들어, 캐머런-슈워제네거 또는 크로넌버그 방식의 남성성이 있다. 캐머런과 크로넌버그는 포스트휴먼 남성 주체의 위대한 재구성자들이다. 그들은 반대되는 두 가지 경향을 대표한다. 캐머런은 슈워제네거 형식으로 초현실적인 남성 신체를 제안함으로써 낸시 하트속Nancy Hartsock이 말하는 '추상적 남성성'에 깊이 파고든다. 한편 크로넌버그는 팔루스적 남성성을 두 갈래 방향으로 폭발시킨다. 하나는 사이코패스 연쇄 살인범이고 다른 하나는 지나치게 여성화된 남성의 히스테릭한 신경증, 즉 트랜스섹슈얼과 히스테리 환자이다.

쇼월터(1990)는 크로넌버그를 생식 과정에 대한 남성의 공포와 선망에 가장 명백히 관심을 갖는 감독이라고 묘사하고 있다. 그는 압도적이어서 통제 불가능한 괴물 같은 여성 생식 능력에 대항하여 남성 과학자, 엔지니어, 기술의 창조성을 수행한다. 이 자궁 선망은 〈플라이〉의 곤충과 같은 태아, 〈브루드〉의 자궁 외 자루, 〈데드 링거Dead Ringers〉의 괴물 같은 수술 도구와 〈엑시스텐즈Ex-istenz〉의 사랑스러운 혼종으로 표현된다.

크로넌버그는 그의 모든 영화에서 언어의 물리성에 관한 문제를 다루고 있지만, 〈비디오드롬〉에서는 텍스트로서의 육체의 구성 문제를 충분히 다루고 있다. 이 영화에서 텔레비전은 현실을 이어받는다. 실재적인 것, 기술화된 것, 시뮬레이션된 것의 상호 겹침이 존재하며, 언어는 초기술화되었지만 반합리적이다. 이미 〈플라이〉에서 일련의 유전적 절단cut-up을 통해 인간 헤게모니의 붕괴를 보여준 바 있다. 그의 영화에는 "어떤 형태로든 인간의 접촉, 섹슈얼리티, 혹은 물질성에 대한 반복적인 두려움에 의해 보이듯이"(A. and M. L. Kroker 1987: 202) 반인본주의가 만연해 있다.

크로넌버그 영화의 주제는 인간 행동의 한계, 즉 개인이 받는 외부 힘과 통제의 구조다. 이것은 신기술의 진보와 관련이 있다. 〈비디오드롬〉에서 남성의 몸은 매우 다른 일련의 변신을 겪는다. 비디오드롬은 스너프 필름을 전문으로 하는 비디오 채널이다. 이러한 장면들을 통해, 그들은 사람들의 뇌(뇌종양을 포함해서)를 조작하는데, 이는 비디오드롬 신호를 사람들이 수용하도록 만드는 '추가 기관'으로 묘사된다. 재미있는 것은 현실과 텔레비전 이미지의 경계가 너무 흐릿해서 렉스의 환각과 구별할 수 없게 된다는 것이다.

오블리비언 교수의 표현대로, "북미의 정신을 위한 싸움은 비디오 경기장—〈비디오드롬〉—에서 펼쳐질 것이다". 텔레비전 화면은 정신의 눈이 지닌 망막이다. 그러므로 텔레비전 화면은 뇌의 물리적 구조의 일부분이다. 이 영화는 텔레비전이 현실을 점령한 세계, 즉 시뮬레이션된 이미지와 실재 사이의 차이를 구별할 수 없는 세계를 보여준다. 〈비디오드롬〉은 비디오 이미지의 조작적 효과와 비디오 이미지가 정신에 미치는 직접적인 영향을 탐구한다. 즉, 텔레비전이 시청자들을 프로그램하며, 특정한 방식으로 행동하도록 만든다. 그것은 또한 사람들의 뇌에 종양을 유발하여 환각을 일으키고, 그 환각들은 기록되어 관련된 사람들을 협박하는 데 사용된다. 사람들은 조작된 손에 의해 재생되는 프로그램된 테이프일 뿐이다. 종양은 주로 환각과 S/M 환상인 새로운 감각들을 자극할 수 있는 인간 두뇌의 새로운 진화로 묘사된다. 그러나 가장 즉각적인 효과는 남성의 몸을 길들이고, 여성의 몸이 항상 그랬던 것처럼 일회용으로 사용할 수 있는, 조작 가능한 상태로 만드는 것이다. 크로넌버그가 이 점을 재현하려고 선택하는 것은 위를 통해 남성에게 삽입하는 이미지이다. 남자는 삽입될 수 있는 내부의 구멍을 얻는다. 그에게 축적된 것은 프로그램, 메시지, 명령이다. 그가 받는 모든 명령은 살인에 관한 것이다. 페미니스트 비평가들은 렌이 비디오테이프 녹화기가 될 때 그의 몸에 생긴 상처는 크게 갈라진 질과도 같은 상처이며, 따라서 그의 여성 되기를 재현하는 것이라고 주장해왔다(Modleski 1986). 크리드(1990)는 이 여성 되기가 페미니즘적 관점에서 비판적으로 읽힐 수 있다고 주장한다. 즉, 타자성의 범주의 전위는 실행되나 진정한 대안은 나타나지 않는다는 것이다. 우리가 얻는 것은 여자로서의 자신을 훼손하는violating 남자일 뿐이고, 마조히즘은 〈비디오드롬〉의 지배적인 주제일 뿐이다. 이런 점에서 다수자의 여성 되기는 팔루스로고스중심 체제의 나쁜 특성을 반복한다. 그것은 굴욕의 훈련이고 자해의 수습이다. 남자는 여성들이 수 세기 동안 겪어야 했던 고통을 겪는다. 이것은 자기 신체의 무력함과 침해의 궁극적인 시나리오이며, 기껏해야 일반화된 사드 되기이다. 그의 적들은 그들의 모든 적을 죽이도록 그를 프로그램하는 비디오테이프를 그의 내부에 삽입함으로써 '그를 가지고 플레이할 수 있다'. 그러므로 그의 '메모리 시스템'은 다수자들에 의해 제어되고 이 체현된 남성은 〈블레이드 러너〉 '리플리컨트'만큼 안드로이드가 된다. 적극적으로 침투할 수 있게 됨으로써 그의 여성 되기는 완성된다. 〈터미네이터〉의 첨단 기술적 남성성에 비하면 〈비디오드롬〉은 고전적인 젠더 고정관념을 되살리는 것이 아니라 그들 사이의 경계에 의문을 제기하기 때문에 더욱 흥미로운 영화다.

〈비디오드롬〉을 고전으로 만드는 것은 남성 신체의 물리성의 문제와 그에 상응하는 유연성의 문제를 다루는 동시에 신체가 어느 정도로 구성되어 있는지를 보여줌으로써 반인본주의적인 분위기를 불러일으킨다는 점이다. 비디오와 TV 화면이 차례로 보여주는 매혹적인 여체, 피 흘리고 죽어가는, 고문을 당한 몸, 그리고 마지막에 피 흘리는 장기 덩어리로 생생해지는 장면들은 특별한 관련이 있다. 스크린의 가소성은 주인공 신체의 깊이나 유기적 현실의 상실과 결합되어 인간과 기계, 유기체와 무기체의 상호작용을 가능하게 한다.

모더니스트들은 기계의 도움으로 인간을 완성시키기를 바랐는데, 포스트모더니스트들은 인간을 포스트휴먼을 의미하는 기계로 대체하는 것을 목표로 한다. 포스트휴먼은 인간과는 전혀 다른 성질을 띠고 있다(Bergstrom 1991). 이러한 경향은 가상현실 기술을 둘러싼 문화 생산에 의해 강화되고 있다. 이것은 컴퓨터로 디자인된 현실의 진보된 분야로, 의학이나 건축 응용에 유용하지만, 상상력의 관점에서, 특히 젠더 역할의 관점에서 본다면 매우 빈약하다. 컴퓨터 이용 설계 및 애니메이션은 건축이나 의학과 같은 전문 분야뿐만 아니라 대중 엔터테인먼트, 특히 비디오게임에서도 위대한 창의력을 발휘할 수 있는 잠재력을 가지고 있다. 그것은 제트 전투기 조종사를 훈련시키는 기술에서 비롯된다. 걸프전은 가상현실 기계에 의해 이루어졌다(그것은 여전히 일반적인 도살로 귀결되었다). 최근 들어서는 VR 장비 생산에 드는 비용이 줄어들어서 나사 NASA 이외의 사람들도 살 수 있게 되었다.

이 분야의 페미니스트 연구자들은 이러한 신기술에 수반되는 체현의 동시대 형태의 역설과 위험성에 주목해왔다. 나는 특히 이러한 소위 '새로운' 기술 제품들을 통해 여전히 떠돌고 있는 여성들의 포르노적, 폭력적, 굴욕적 이미지들의 지속성에 충격을 받았다. 나는 '가상 강간과 가상 살인'을 허용하는 프로그램의 설계가 걱정스럽다. 예를 들어, 〈론머 맨The Lawnmower Man〉은 강력한 가상현실 이미지를 아주 평범하게 이용하는 영화임에도 불구하고 시장에 출시된 최초의 가상현실 픽션 영화라고 주장된다. 이 영화의 주인공은 나사에서 일하는 과학자로, 매우 진보된 정신 조작 기술을 고안해낸다. 처음에는 침팬지를 과학 실험 대상으로 삼았다가, 나중에는 지적 장애 남성으로 대체해, 이 새로운 기술을 통해 그의 뇌를 '확장'시킨다.

뇌 침투의 이미지는 이 영화의 시각적 영향에 매우 중요하다. 그것은 더 높은 힘의 영향력에 대한 '개방'에 관한 것이다. 이것은 크로넌버그의 〈비디오드롬〉에서 음극관 방사선에 의해 관통된 '함입된invaginated' 남성 신체, 그리고 〈코드명 J Johnny Mnemonic〉의 뇌 이식과 병치될 수 있다. 이 기술 덕분에 지적 장애 남성이나 '론머 맨'은 먼저 평범한 소년으로 나아진 뒤 초인적인 남성 인물로 성장한다. 이 영화에서 남성성의 재구성은 바보에서 어린 소년, 사춘기 소년, 카우보이, 동정 상실, 멋진 연인, 마초, 강간범, 살인자, 연쇄살인범, 사이코로 진화한 것을 보여준다. 발전의 중간 단계에서 그는 신을 볼 수 있다고 주장한다. 그리고 이 경험을 여자 친구와 공유하여 그녀에게 궁극적인 오르가슴을 주고 싶어 한다. 이어지는 것은 심령 강간의 한 장면인데, 말 그대로 여자가 날아가서 정신이 나가는 것이다. 그녀는 소년이 발전하여 신과 같은 인물, 연쇄살인마, 자연의 힘이 됨에 따라 그때부터 정신이 나갈 것이다. 이것은 거의 진화 심리학의 선언이 된다.

그러므로 첨단 기술의 승리라고 주장하는 것은 새로운 이미지와 재현을 창조하기 위한 인간 상상력의 도약과는 비교가 되지 않는다. 반대로 내가 주목하는 것은 매우 오래된 주제들과 클리셰들이 '새로운' 기술 진보의 외관 아래 반복되는 것이다. 그것은 단지 생각과 정신 습관의 패턴을 바꾸는 데는 정말로 기계 이상의 것이 필요하다는 것을 증명한다. SF 영화와 문학의 주제인 과학의 허구는 포스트모던 인류의 '새로운' 재현에 근접하기 위해 더 많은 상상력과 더 많은 젠더 평등을 요구한다.

스프링거는 대중문화는 인간과 기계의 경계가 모호해지는 것을 강화시키는 동시에 성애화한다고 주장한다. 더 중요한 것은, 이 흐릿한 운동을 흥미진진하고 즐거운 경험으로 묘사하고 있다는 점이다. 스프링거는 기계에 대한 고전적인 근대적 묘사에서처럼 사이보그 담론에는 성적인 은유가 풍부하다고 주장한다. 사이보그는 단순히 인간에게 영향을 주는 것이 아니라 인간을 **병합하며**, 따라서 유기체와 무기체 간 합병의 황홀감, 융합의 환상을 촉진시킨다.

들뢰즈가 기계를 접속기 및 에너지 분배기로 생각하는 것은 같은 지점을 가리킨다. 기계는 변환 엔진이다. 기계는 전송하고 생산한다. 기계는 일관성(배치)과 연결을 만든다. 이와 같이 기계는 에로틱하게 충전되고, 욕망이 투자된다. 안드레아스 후이센이 주장했듯이, 전자 시대의 전선들과 회로는 산업 기계의 피스톤과 그라인딩 엔진과는 또 다른 종류의 유혹을 한다. 나는 깁슨Gibson, 스털링Sterling, 캐디건Cadigan의 소설에 의해 예시된 마이크로 전자 유혹의 주된 추진력은 인간의 의식과 전자 네트워크 융합의 추진력이라고 생각한다. 즉, '매트릭스로 녹아들기'로도 알려져 있는, 자아와 기술적 타자 사이의 경계가 녹아버리게 하는 일종의 우주적 오르가슴이다. 테크노 너드들과 사이버 페미니스트들이 함께 축하하는(Plant 1997) 매트릭스로의 융합은 스프링거(1991)가 말하는 '인터페이스의 즐거움'의 핵심이다. 다시 말하면, 이것은 의식의 중심점에 연결된 집단 관리 전자 매트릭스의 추상적인 회로로의 통합을 선호하면서, 육화된 자아 재생산의 모성적 현장에서의 탈출에 달려 있다. 영화 〈매트릭스〉는 이 생식의 악몽과 인간 육체의 단일 단위가 배양되어 성숙해지는 익명의 인큐베이터 방들을 생생하게 묘사하고 있다. 내가 4장에서 주장했듯이 모성은 이미 기술 산업 복합체로 통합되었다.

이런 종류의 테크노 상상계의 에로티시즘은 명백하다.[5] 기계와의 이 인터페이스의 오르가슴(방탕하지는 않더라도)의 숨은 함의와 그에 따른 자아의 흐려짐은 명백하지만, 역설적으로 이 전체 실행에서 젠더 경계는 친숙함 내에서의 회복력을 놀라울 정도로 유지한다. 문화적 대표성의 수준에서 마이클 잭슨과 아널드 슈워제네거는, 두 대립되는 예를 들자면, 결코 젠더에 구애받지 않는 것으로 보이지 않는다. 그들은 사실상 거의 과장되게 초젠더화되어 있다.

남성성, 파시즘, 전쟁에 관한 중요한 연구에서, 클라우스 테벨라이트Klaus Theweleit는 남성 신체의 '금속화'는 점점 더 허약해지는 느

---

5   보다 명확한 논의는 Rheingold 1990을 참조하라.

낌과 남성 정체성의 위기를 표현한다고 제안했다. 보상으로, 그리고 심지어 완전히 인간성을 잃을 위험을 무릅쓰고라도, 남성 주체는 투과할 수 없는 무장으로 자신의 육체성을 보호한다. 부캣먼은 이 점을 집어 확장시켜서, 남성 사이보그의 무장한 몸을 인간의 유연성에 대립시켜 다룬다. 고르지 못한 싸움이지만, 인간은 아무리 얻어맞아도 여전히 그 속에서 버티고 있어, 검증을 위해 싸우고 있고, 살로 존재함에 자부심을 느끼고 있는 것이다!

무장한 공격적 사이보그의 초남성성은 남성 인간들이 점점 더 쇠퇴해가는 자신에 대항하려고 하는 또 다른 공황적인 반응이다. 그것은 문화적으로 여성적이거나 여성화된 것으로 코드화된 일종의 수동적 소비를 유도하는 전자 기술의 잠재적인 위협적 역할에 대한 여성혐오주의적인 반응이기도 하다. 관통할 수 없는 금속성 신체는 경계가 흐릿해지는 것을 방지하고, 뚫을 수 없으며, 오염되지 않은 것이다. 즉 자아 충족에 대한 일종의 테크노 파시스트적 환상이다. 콘스턴스 펜리(1985)는 이러한 남성성을 공격적인 사이보그 킬러로 재구성한 것은 가부장제가 남성적 우월성보다는 인간적 삶을 완전히 소진하려 한다는 것을 의미한다고 주장해왔다. 다시 말해서, 사이보그와 같이 문화적으로 강화된 패러다임도 젠더 면에서는 구조적으로 양가적이지만 정치 면에서는 상당히 전통적이다.

한편, 이와 같은 젠더 정체성의 재협상이 진행됨에 따라, 여성의 컴퓨터 사용 능력, 인터넷 장비 및 기타 값비싼 기술적 장치에 대한 접근성, 그리고 프로그래밍과 기술 설계에 대한 참여에 있어 젠더 격차는 계속해서 더 커질 것이다. 마찬가지로, 기술에 접근하는 제1세계와 제3세계 간의 격차도 계속될 것이다(Eisenstein 1998). 서양 문화가 가장 끈질긴 습관들을, 특히 차이를 만들어내고 그것을 위계적으로 정리하는 경향을 반복하는 것은 항상 대단한 기술적 진보의 시기에 있어왔다. 그러므로 컴퓨터 기술이 젠더 차이를 넘어서는 세계를 약속하는 듯 보이지만, 젠더 격차는 더 커진다. 완전히 새로운 텔레매틱스 세계의 모든 이야기는 여성들이 주된 패배자인, 점점 커지는 자원과 수단의 양극화를 감추고 있다. 그러므로 성들 간의 전통적인 경계의 이동과 새로운 기술을 통한 모든 종류의 차이의 확산은 사이버 예술가들과 인터넷 중독자들이 우리가 믿기를 원하는 것만큼 자유롭지는 않을 것이라는 강한 징후가 존재한다.

디지털 이미지의 가장 큰 모순 중 하나는 그것들이 우리의 상상력을 자극하여 젠더 없는 세계의 경탄스러움과 경이로움을 약속하면서 동시에 젠더 정체성과 계급 및 인종 관계의 가장 진부하고 평평한 이미지들을 재생산한다는 것이다. 가상현실 이미지는 또한 재현이라는 포르노 체제의 특징처럼 우리의 상상력을 자극한다. 상상적 비참함이 충분하지 않았던 것처럼 포스트모더니즘은 문화 활동의 모든 영역에서 포르노그래피의 광범위한 영향과 질적 이동에 의해 특징지어진다. 포르노그래피는 점점 더 권력관계에 관련되고, 섹스와는 점점 덜 관련된다. 고전적인 포르노에서 섹스는 권력관계를 전달하는 수단이었다. 오늘날에는 모든 것이 그러한 수단이 될 수 있다. 포르노 문화가 되는 것은 모든 문화 활동이나 제품이 상품이 될 수 있다는 것을 의미하며, 그 과정을 통해 불평등, 배제의 패턴, 지배의 환상, 권력과 통제에 대한 욕구를 표현한다 (Kappeler 1987).

가상현실의 상상적 빈곤은 앞에서 말한 몇몇 여성 예술가의 창조성과 비교해보면 더욱 두드러진다. 그에 비해 컴퓨터가 설계한 비디오게임의 진부함, 성차별, 반복성 등은 끔찍하다. 늘 그렇듯이, 큰 변화와 격변이 일어날 때, 새로운 것의 잠재성은 엄청난 공포와 불안을, 그리고 어떤 경우에는 이전 체제에 대한 향수를 불러일으키기도 한다.

가장 효과적인 전략은 여성들이 우리의 집단적 상상력을 팔루스와 그 부속적 가치인 돈, 배제와 지배, 민족주의, 아이콘적인 여성성, 체계적인 폭력으로부터 분리시키기 위해서 기술을 사용하는 것이다. 예를 들어, 캐서린 비글로의 〈스트레인지 데이즈Strange Days〉는 동시대 인터랙티브 기술, 시각 문화, 마약, 포르노 산업 사이의 연관성을 흉내 내며 동시에 폭로한다. 그녀의 영화에서 '스퀴드'는 심리 성적 감각을 전달하는 무선 장치다. 이것들은 CD 형태로 재생될 수 있어 보는 사람에게 환각적인 경험을 만들어낸다. 이 이미지들은 가장 폭력적인 종류의 실제 체험에서 나온 것인데, '스너프 필름'과 유사하다. 그것들은 신경 감각 전달과 피질을 통해 시뮬레이션될 수 있다. 망막은 쓸모없다고 선언되고, 인간의 시선도 마찬가지다. 시뮬레이션과 환각은 인간의 신경계를 모방하고 외부화하는 기술에 의해 활성화된다.

핵심 요점은, 가상현실과 사이버공간의 전망과 그것이 전달하는 것의 질 사이에는 신뢰성의 격차가 있다는 것이다. 결과적으로, 좁은 영역에서, 이 새로운 기술적 경계는 젠더 격차를 강화하고 성들 간의 양극화를 증가시킬 것으로 보인다. 우리는 전쟁의 은유로 다시 돌아왔지만, 그 위치는 추상적인 남성성의 초공간이 아니라 실제 세계다. 그리고 그 주인공들은 컴퓨터 이미지가 아니라 포스트산업 도시 풍경들의 실재하는 사회적 행위자들이다.

| (베이비) 붐에서 폭발로? |

주체에 대한 인본주의적 시각과 사회적 실천의 쇠퇴는 자아와 그 지적, 예술적 표현 형태에 대한 포스트휴머니즘적 이해를 선호해왔다. 이러한 점에서, 주체의 '외부'로서의 기술은 오늘날 주체가 될 수 있는 것의 구성 요소라고 말할 수 있다. 브래드 엡스Brad Epps는 이것을 '테크노 금욕주의'라고 부르는데, 그는 이것을 "자아, 공간, 사회의 모든 구성은 동시에 통제에 대한 능숙하고 체계적인 훈련"(1996: 82)임을 암시하는 규율 예술(기술)로 정의한다. 테크노 금욕주의는 깊은 책임감이 내재되어 있는 기술애호증을 구성하는 방식을 의미한다. 또한 그것은 옛 인본주의적 자아의 부정과 그것을 새롭게 재창조하려는 욕망 모두를, 즉 욕망하는 육체와 그 쾌락의 포기 및 재구성 모두를 내포하고 있다. 기술뿐만 아니라 예술은 확실히 포스트휴먼적 방식으로 주체성의 기술의 재정의에 있어서 역할을 한다.

사회적 상상계가 이와 같이 구조화된 문화는 내가 철학적 유목론에 위치시키는 유물론이라는 동시대의 이론에 바탕을 두어야 한다. 나는 들뢰즈와 가타리의 신체 기계들에 대한 가장 큰 오해는 이것들이 종종 실제 전선, 실리콘, 금속, 회로의 조각들로 문자 그대로 받아들여지거나, 그렇지 않으면 오토마톤과 사이보그들이 신체 기계의 철학적 개념을 가장 잘 보여주는 것처럼 비유적으로 받아들여지는 것이라고 생각한다. 그것은 결국 사이보그, 터미네이터 그리고 유목적 기계 되기들의 표현과 같은 종류들에 대한 야생적이고 광범위한 연관적 해석을 초래한다. 그런데 내가 말하고 싶은 요점은 유목적인 신체 기계는 은유가 아니라는 것이다. 이 신체 기계는 상호관계, 다중 연결과 배치를 용이하게 하면서 힘과 에너지를 포착하고 처리하는 엔진이나 장치이다.

대신에 나는 우리가 들뢰즈와 가타리의 신체 기계를 주체의 비통일적인 성격에 대한 또 다른 형상으로서 읽어내기를 추천하고 싶다. '기계 같은' 부분은 단지 수많은 외부 힘들 또는 타자들과의 다중적이고 바깥을 향한 상호관계를 위한 주체의 능력을 의미한다. 신체 기계는 되기의 선 또는 탈주의 선을 따라 배열된 상호연결망을 의미한다. 이것들은 선형 경로를 따르거나 목적이 정해진 것이 아니라, 다양하고 예기치 못한, 종종 모순되는 변수들을 가로질러 지그재그로 움직인다. 섞인 힘들의 선택과 그 적정량은 전반적인 실행에 필수적이다. 그 모델은 동물의 근접성, 친밀성, 자기 영역의 소유와 같다. 그것은 공생적인 동맹과 융합에 관한 것이며, 무엇보다도 바이러스적이거나 기생적인 상호의존성에 관한 것이다. 들뢰즈는 곤충 떼와 같은 이미지를 사용한다. 말벌과 난초의 상호의존성, 참조의 영역 틀에 대한 상호의존성 등 '욕망하는 기계'라는 개념을 표현하기 위해서 말이다. 욕망하는 기계는 소수자 되기를 위해 선택된 힘들의 생산적인 배치이다. 욕망하는 기계는 유목적인 주체이다.

굿차일드가 지적하듯이, 들뢰즈의 기계는 내재성의 판이며, 주체를 영토, 배치와 만남의 집합에 고정하는 장치를 연결하고 있다. 기계는 의미화, 인간의 의도, 또는 존재에 대한 하이데거의 의미에 관한 것이 아니다. 반복을 통해 패턴을 창조하는 배치, 사유의 이미지를 표현하는 추상적인 기계들이다. 이미지는 사상의 실제 활동에 선행한다거나, 오히려 그 앞에 오는 것으로만 파악될 수 있다는 점에서 무의식적이며, 결과적으로 언제나 이미 전제되어 있는 것이다. 기계는 특정한 힘들을 표현하고, 사고 과정을 통해 그것들을 주입한다. 이와 같이 들뢰즈의 기계들은 욕망하는 기계이다. 그것은 (소비자의) 욕망들의 대상이기 때문은 아니다. 오히려 비인격적인 힘과 사회와 정신 사이의 강렬한 반향을 표현하기 때문이다. 내 생각에 굿차일드는 이것의 예로 크로넌버그의 〈터미네이터〉를 언급함으로써 이론적 스타일의 오류를 범하게 된다. 젠더 몰이해는 한계를 모른다.

굿차일드만은 아니다. 인터넷을 통한 무제한 재체현이나 급진적 변형의 환상은 유선이 중심이 되길 욕망하는 사람들의 이데올로기의 중심이다. 셰리 터클Sherry Turkle (1995)은 네트워크를 다중적이고 이질적인 정체성들의 실험 근거로 보고 있다. 정체성이 어떻게 체현의 문제 그리고 경험이라는 이름으로 통하는, 소브책이 우리에게 상기시킨 지혜와 축적된 고통의 혼합과 연결될 것인가는 열려 있는 질문이다.

전자 기술의 도입으로 신체와 기계 사이의 친밀감이 더 높은 수준의 복잡성에 도달한다는 점을 고려하면 성차의 함의는 작지 않다. 동시대 기술이 인간과 타자들 사이의 경계를 모호하게 하는 한, 그 기술들은 위반적이다. 이와 같이, 기술들은 종종 성적인 위반을 포함한 모든 종류의 위반의 상징으로 받아들여진다. 예를 들어 「사이버 퀴어의 탄생」이라는 글에서, 모턴Morton(1999: 370)은 들뢰즈와 가타리의 신체 기계를 '성적 규제 완화'의 공간을 가리키는 것으로 받아들이며, 이 공간에서는 섹슈얼리티를 오이디푸스화하여 원초적이고 음란하고 다형적인 흐름으로 되돌릴 수 있다. 모턴은 들뢰즈의 신체가 이 퀴어 운동에 함께한다고 주장한다. 비슷한 방식으로, 조던Jordan(1995)은 들뢰즈의 욕망의 이론을 광란의 레이브 파티 그리고 하우스 음악과 엑스터시의 문화에 대한 자신의 해석에 적용한다. 이 사건들의 '기계 같은' 배치는 매우 중요하다. "이 미분화된 상태는 수천 명의 사람들이 마약과 춤, 춤과 마약, 마약과 시간, 시간과 음악 등을 연결시켜, 점차적으로 광란의 상태, 광란의 기관 없는 신체를 구성함으로써 생산된 집단 망상이다."(1995: 130) 나는 항상 이렇게 복잡한 개념을 그렇게 자유롭게 탈취하고 자신들의 목적에 적용하는 사람들의 창의력에 감탄하면서도, 들뢰즈의 개념에 대한 대중적 해석에 저항하게 된다. 마약 문화의 경우, 욕망의 유목론 내에 그 문화를 틀 지움으로써 어떤 것이 필요하거나 특별히 얻는 것이 있는지 매우 의심스럽다. 나는 모든 종류의 '마약 철학자들narcophilosophers'에 대해 회의적이다.

리처드 바브룩Richard Barbrook은 많은 인터넷 구루들의 60년대 수사에 대해 분노하며 글을 써왔다. 어떤 구루들은 들뢰즈와 가타리를 포용하고 60년대의 자유주의라는 이름으로 디지털 엘리트주의의 위험한 동맹을 시도한다. 결국 구루들은 캘리포니아 신자유주의와 극도로 유사한 귀족적 무정부주의의 형태로 끝난다. 1989년 이후 혁명 이데올로기 쇠퇴의 맥락에서, 인터넷 예언자들은 여전히 변화와 사회 변혁의 꿈을 추구하고 있는 유일한 사람들이다. 바브룩은 캘리포니아의 지배적인 기업 이데올로기에 반대하면서, 60년대의 미학화가 인터넷 실험에 관한 유럽적 접근의 중심에 있다고 주장한다.

들뢰즈와 가타리는 네트워크의 비이론적인 측면을 기술하는 이론적 은유들을 제공하는 것 같다. 예를 들어, 리좀은 사이버공간이 개방적이고 자발적이며 수평적인 네트워크로 어떻게 구성되는지를 포착한다. 들뢰즈와 가타리의 기관 없는 신체는 사이버 섹스를 낭만화하는 데 사용될 수 있다. 들뢰즈와 가타리의 유목민 신화는 동시대 네트워크 사용자들의 노동자와 관광객으로서의 이동성을 반영한다.

테크노 유목민은 인터넷을 통제하고, 혁명의 선봉에 선 테크노 뮤직으로 아방가르드를 재창조했다. 바브룩에게는 자유주의적 개인주의, 기업 이데올로기와 이 테크노 원시주의 사이의 동맹이 가장 최악의 연결 고리다. 그는 들뢰즈의 철학이 그러한 터무니없는 그룹에 속하지 않으며, 현대의 사이버 문화를 통해 흐르는 독특한 전자 활력론의 유형으로써 감정적으로 이론화하는 것이 아니라 긍정적으로 이론화하기 위해 보다 엄격한 접근이 필요하다고 주장한다.

부캣먼은 가장 심각한 문제들이 개인주의 및 자유주의 시장경제와 사이버 이데올로기의 위험한 동맹, 그리고 주체를 '의식과 심장'으로서 인본주의적으로 정의하는 감상적인 애착에서 비롯된다는 데 동의한다. 그러나 그 후 부캣먼은 계속해서 들뢰즈를 기술을 통해 신초월성으로 우리를 이끄는 테크노 아나키스트로서 낭만적이고 부정확하게 설명하고 있다. "들뢰즈와 가타리는 테크노 초현실주의의 거의 친숙한 언어로 궁극적 정체성의 허구들을 구축하는 사이버펑크이다."(1993: 326)

다시 말하지만, 나는 그러한 확언에 다소 회의적이다. 차라리 유기체적 독신자 기계의 일종인 '기관 없는 신체'라는 들뢰즈와 가타리의 개념을 이용하여, 총체성과 유기체론의 신화를 해체하고, 또한 인간 신체에 대한 테크노크라시의 인수를 거부하고 싶다. 그러나 철학적 유목주의가 제시한 정치적 저항은 짐승의 배 속에서 일하고, 인간을 공동 확장적이고 친밀하게 기술과 연결되어 있는 존재로 위치 지우며, 또한 인간이 기술과 서사 사이의 문턱을 차지하는 방식을 강조하는 데 있다고 부캣먼이 주장할 때, 나는 그의 의견에 동의한다.

헤일스(1999: 286)도 동시대 테크노 신체들에 대한 보다 냉정하고 균형 잡힌 설명을 선호하면서 강력하게 개입한다.

그러나 포스트휴먼은 실제로 인류의 종말을 의미하는 것은 아니다. 대신에 포스트휴먼은 인간에 대한 어떤 관념의 종말을 예고한다. (…) 치명적인 것은 그런 포스트휴먼이 아니라 포스트휴먼을 자아에 대한 자유주의적 인본주의 관점에 접목시키는 것이다. (…) 패턴/랜덤성의 변증법 안에 위치하며, 체현적이지 않은 정보보다는 체현된 현실성에 바탕을 둔 포스트휴먼은 지능 있는 기계와 인간의 분절을 재사유하기 위한 원천을 제공한다.

들뢰즈와 페미니즘 인식론에 기대어 헤일스는 주체성이 의식적 행위자성과 일치해야 한다는 고전적 인본주의의 개념을 공격하고, 주체의 급진적 재정의를 지지하는 입장을 확고히 취한다. 특히 그 "명백한 사명이 자연을 지배하고 통제하는 것"(Hayles 1999: 288)인 자율적 주체의 자유주의적 시각, 그 인본주의적 과거의 실수들 일부를 피하는 방식에 의해서다.

이 중 어떤 것도 재앙적일 필요는 없으며, 오히려 새로운 생명 형태들과, 인간과 기술적 타자들 사이의 새로운 형태의 동거가 허용될 수 있는 방법이 필요하다. 변신-금속변형은 종말론적 양상이나 분위기에서 주조될 필요가 없다. 나는 우리가 유목적으로 변신-금속변형들에 접근하는 것을 추천하고 싶다. 왜냐하면 우리는 그 흐름을 따라가더라도, 실제로는 뿌리내리고 있기 때문이다.

| 결론 |

사이버 문화와 관련하여, 나는 서로 관련된 두 함정으로부터 동등하게 거리를 두는 것이 중요하다고 생각한다. 한편으로는 만병통치약으로서 "유선으로 연결되고자 하는 욕망"(John Barlow, Nick Negroponte 등)에 의해 영향을 받는 시민들을 위한 전자 민주주의의 전망과 차이들의 확산을 옹호하는 전문가 낙관주의자들의 행복감, 또는 선진 기술과 특히 사이버공간을 확장, 보편성 또는 탈출에 대한 다중 환상의 가능성으로 여기고 있는 테크노 너드들의 낙관론이 있다. 다른 한편으로, 나는 또한 종말론적 폭력에 빠지는 유나바머Unabomber처럼 고전 세계의 쇠퇴를 애도하고 향수를 정치적 강령으로 바꾸는 많은 파멸의 예언자들과도 의견이 일치하지 않는다. 이러한 경고적인 어조는 오늘날 팜탑을 가지고 놀면서도 씁쓸한 미소를 지으며 최초의 기계식 타자기를 아직도 기억하는 세대의 지식인들의 트레이드마크가 될 것이 분명하다. 기술 변화의 속도는 우리 중 많은 사람들이 LP는 말할 것도 없고 45RPM 레코드를 여전히 소중히 여기는 그런 것과 같다. 실망하면서도 끈질기게, 우리는 우리 집을 '죽은' 미디어 박물관으로 변모시키는 위험을 무릅쓴다!

그러므로 나는 오히려 내가 동시대 사회 이론과 문화 실천의 큰 도전이라고 여기는 것, 즉 신기술이 어떻게 체현된 주체를 강화하게 할 것인가에 대해 냉철한 관점을 유지하고 싶다. 그렇다고 나 역시 사이버 기형학의 상상계 그 자체에 비판적이지 않을 것이라는 뜻은 아니다. 이와 관련하여 나의 구체적 목표는 허무주의적이라고 생각되는 경향에 있는데, 그것은 신체의 과잉과 그 부적절함을 선언하거나, 그렇지 않으면 신체를 '고기' 또는 친숙한 기생충의 상태와 '습한 것'의 액체적 비실체성으로 환원하는 것이다. 이는 역설적으로 신체의 필멸성을 가속화하는 동시에 부정하며, 신체적 고통을 유발하고 그 과정에서 무관한 고통을 초래한다. 그러한 부인에도 불구하고, 나는 유물론이라는 육체적 이론을 다시 주장하여 끝까지 살로 존재함에 자부심을 느끼고 싶다!

기술은 도전이 되었다. 하나의 문화인 우리 자신에게 우리 자신을 재창조하고 창의성을 보여줄 수 있는 기회다. 기술은 인간의 진화를 도와야 한다. 만약 '우리는 무엇인가?'가 아니라 '우리는 누가 되고 싶은가?'가 문제라면, 다음 단계는 '테크노 문화가 어떻게 우리가 이것을 성취하는 데 도움을 줄 수 있을까?'이다. 나는 결과적으로 현재를 지도화하고 건설적인 미래를 향해 일하는 데 있어서 중심적이라고 보는 변화나 변형의 도전이라는 틀에서 기술의 문제를 재설정할 것이다. 대신에 우리는 다르게, 더 자기 비판적으로 생각하는 법을 배울 필요가 있다. 문제의 '우리'는 중심을 차지하고 있는 사람들로서, 그것은 구조적으로 유리한 위치, 몇몇은 물론 다른 사람들보다 더 많이, 이 행성의 대부분의 다른 거주자들보다 훨씬 더 많이 유리한 위치에 있는, 북반구의 대부분의 거주자들이 위치 지어져 있는 여러 위치의 중심들 중 하나를 가리키는 것이다. 자신의 권력 위치들에의 참여와 그 위치들의 공유를 인정하는 것은 페미니즘에서 위치의 정치라고도 알려진 카르토그라피적 방법의 출발점이다.

요약하자면, 우리 문화의 상상적 결핍을 비판하면서도, 즉 우리가 이미 그렇게 된, 체현된 유목적 주체들, 다중적이고 복잡하고 다층화된 자아들의 종류에 대한 적절한 재현을 찾을 수 없는 우리의 집합적 무능을 말하면서도, 나는 변화와 변형이 주체성의 깊은 곳에서 실행되어 사회적, 문화적 영역에 지속적인 영향을 미치기 위해 필요한 개념적이고 대표적인 관점의 변화를 탐구했다. 나는 변화를 '괴물적이거나' 병적이거나 퇴폐적이거나 위협적인 것으로 만드는 편집증적인 방식으로 특히 기술적 변화를 설명하는, 향수를 불러일으키는 경향과 싸웠다. 나는 또한 이 장과 4장 모두에서 변화의 긍정성과 힘을 강조하기 위한 방법으로 이러한 변화에 대한 반反독서를 제안했다.

사이버 문화의 변신-금속변형을 둘러싸고 있는 '과대 선전'의 위험 중 하나는 다원적 단편화의 표지 아래에 있는 주체의 단단한 핵심, 통일된 관점을 다시 만드는 것이다. 철학적 유목주의 언어에서 이것은 어떤 질적 변화를 수반하지 않는 양적 다양체의 속임수를 만들어낼 것이다. 많은 현대 정치의 신자유주의적 행복감과 일치하는 이 함정을 피하기 위해서, 나는 개인주의라는 고전적인 부르주아 개념과 이에 수반되는 상품화와 소비주의와 관련된 사이보그들의 위험한 동맹을 비판하는 것이 중요하다고 생각한다.

체현되고 내장된 유물론에 대한 강한 감각은 과대 선전을 피하는 동시에 인간과 기계의 공생 관계를 다시 생각하는 일과 매우 관련이 있다. 나는 명백한 입장을 취했는데, 과장된 비체현과 도피의 환상 그리고 자유주의적 개인주의의 다시 필수적이게 된, 중앙 집중화된 개념으로부터 동등하게 멀어지고 싶었다. 나는 테크노 신체들과 그 안에서 탐색하고 있는 권력관계와 효과의 망에 대한 나만의 해석을 제공했다. 나는 소비자 중심적인 테크노 과대 선전은 배제와 지배의 전통적인 패턴을 없애거나 해결하지 못한다고 결론지었다. 나는 그것이 남성적, 백인적, 이성애적, 유럽적 정체성과 일치하도록 만들어진 주체 위치의 전통적인 자격을 재배치하는 데 많은 진전을 보장할 것으로 보지 않는다. 또한 여성성을 고전적인 남성의 타자로 재구성하거나, 백인성을 자연화된 구조적 특권의 위치로 재구성하는 것도 도움이 되지 않는다. 어떤 면에서는, 내가 이 장에서 주장했듯이, 테크노 문화는 심지어 전통적 권력 체제의 최악의 특징 일부를 강화하는데, 그 변화로 촉발된 불안의 관리를 전통적 계층 구조의 복원에 대한 사전 테스트로 이용한다.

후기 포스트산업 사회의 사회적 상상계를 분석하면서 나는 여성을 기계로 정체화하는 데 있어 몇 가지 경향을 지적했다. 이 중 하나는 여성과 기계가 밀접하게 관련되어 있다는 것이다. 사실, 모더니즘에서 기계는 종종 여성들에 의해 사회적으로 이행되는 기능을 대신하는 역할을 한다. 영화 〈메트로폴리스〉의 에로틱한 분신과 마찬가지로 집 안의 가전제품에도 잘 어울린다. 대중문화와 특히 영화에서 활성화되는, 이렇게 사회적으로 유도된 연관성 때문에 여성과 기계는 서로 경쟁하는 것처럼 보인다. 그들이 경쟁하는 것은 주로 남성들의 관심, 즉 아버지나 성적인 (이성) 파트너의 관심이다. 그렇다면 여성들이 종종 기술을 의심하고 기계를 경계하는 것은 놀랄 일이 아니다. 기계적으로 복제된 분신으로 여성의 몸을 가까이서 확인할 수 있다는 점에서 약간의 기술공포증을 이해할 수 있다.

이것은 포스트모던 기계와 전자제품의 출현과 함께 변화한다. 인간에 의한 기술의 통합 정도가 증가함에 따라 여성과 기술의 상호작용을 위한 근거도 달라지게 된다. 나는 이 장의 앞부분에서, 모더니즘에서 여성의 경우 기술과 연관되어 있는 반면, 포스트모더니즘에서는 모성적/물질적 여성성이 이미 기술 복합체에 통합된 것으로 재현된다고 주장했다. 이 통합은 여성성을 생물학적 재창조의 현장으로 재등록하고, 기술 산업 기계에 동화시키는 효과가 있다. 이것은 또한 기술 분야가 더 이상 여성성 등록의 현장이 아니라 성적 미결정성의 공간이라는 것을 암시하고 있는데, 나는 이것을 트랜스섹슈얼 상상계의 관점에서 표현했다. 여성들이 기술적으로 통제된 재생산 역할로 되돌아가는 것과 함께 읽으면, 이러한 관점의 변화에는 문제가 있다.

사실 한눈에는 이 새로운 기술의 성적인 미결정성, 그리고 이 기술들이 수반하는, 성적 정체성의 끊임없는 재구조화와 재정의의 전망들이 매력적으로 보일지도 모른다. 그래서 행복감의 어조가 많은 사이버 페미니스트들의 특징이다. 그러나 좀 더 자세히 살펴보면 우려할 여지가 충분히 있다고 주장하고 싶다. 트랜스섹슈얼의 '개방성'의 약속도 종종 그렇듯이, 사실 여성성의 철수도 그리 멀지 않았다. 그 자체로는 문제가 되지 않을 것이며, 나는 가치 저하로 이해되는 성차의 변증법을 무시하기를 원한다. 문제는 이러한 관점의 이동, 변화, 변형이 진공상태에서 일어나는 게 아니라는 것이다. 또한 단순한 텍스트적 전략 또는 담론적 전략의 영향도 아니다. 이러한 변형들은 오히려 기술을 자유로운 것으로 구성하면서도 가장 제한적이고 이윤 창출적이며 성적으로 보수적인 목적을 위해 사용하는 사회적 맥락의 특수한 역사성에 내장되고 체현된다. 생명공학, 생식 기술, 정보통신 기술에 대한 여성들의 접근의 예는 이 점에서 중요하다.

따라서 동시대 문화를 분석하는 유물론적 접근에 대한 나의 작업은 내가 이 책 전반에 걸쳐 옹호해온, 포스트산업 사회와 그 상상계 속에서 일어나고 있는 변화에 대한 카르토그라피적 설명의 필요성에 관한 것이다. 내 입장의 함축적 의미는 여러 겹이다. 이론적 측면에서, 나는 '문화 연구'에 대한 기호학적, 정신분석학적 접근법에 대해 매우 불만족스러웠다. 특히 이러한 언어학적 방법론들이 암시하는, 물질적 조건, 즉 의미화 구조의 물질성의 무시나 소거에 대해 우려된다. 또한 이 '문화적' 접근 방식과 사회 지향적인 정치적 접근 방식의 격차가 확대되는 것에 대해 훨씬 더 걱정된다.

이에 대한 대응으로, 그리고 이 격차를 해소하기 위해, 나는 체현되고 내장된 유목주의 철학 이론의 필요성을 다시 주장하고자 한다. 이는 문화와 권력, 정치 경제와 의미 구조 문제들의 동시성과 상호 함축성에 주의를 기울여야 함을 의미한다. 그러한 효과의 동시성을 생각하기 위해 나는 철학적 유목주의에 맞추어 주체에 대한 새로운 정의를 주장해왔다. 이것은 질적 변화와 자유주의적 개인주의에 대한 확고한 거부감을 결합하고, 특이성에 대한 뚜렷한 감각과 복잡성 및 상호연결성에 대한 존중을 연관시키는 주체가 될 것이다. 이는 집단 및 외부 지향적인 다중 주체이며, 그 특이성은 다양한 힘들과의 지속적인 재교섭의 결과다.

주체에 대한 그러한 시각은 욕망의 패턴에서도 재조정이 필요하다. 섹슈얼리티들도 다중적이고 유목적이어서 모순될 가능성이 있는 축을 따라 재협상되고 재구성되고 있다. 그러나 그러한 다양체들을 바로 가로질러서, 나는 정동성, 유체성, 경계의 다공성, 지속적인 상호관계성의 측면에서 유목적 주체들의 감수성에 대한 '여성화' 과정의 반복을 주장해왔다. 나는 이리가레가 제안한 '감각적 초월'의 사상과 들뢰즈의 경험적 초월의 개념의 측면에서 '여성 되기'의 그런 과정을 읽었다.

이는 남성과 여성의 성적 정체성에 대한 일반화된 '여성 되기'와 그들 사이의 경계를 상대적으로 흐리게 하는 것이 포스트산업 사회의 특징 중 하나라는 것이 분명하기 때문에 골치 아픈 문제다. 나는 이런 종류의 여성 되기가 사실 모든 관계자들에게 한 걸음 앞으로 나아가는 것이 되는지에 대해 심각한 의심을 품고 있다. 그러나 요점은 차후에 성차의 경계가 모호해지는 그런 여성화 과정이 문화적으로 상당히 지배적이리라는 것이다. 앞에서 말했듯이, 기계적인 '타자'를 둘러싼 과대 선전뿐만 아니라, 포스트모더니즘에 대한 기술 기형학의 상상계에서, 동일자의 타자인 여성의 사회적으로 구성된 재현으로 이해되는 여성성은 일련의 전통적인 위치에 서게 된다. 비록 이것이 기술적으로 추동된 성적 비결정성, 즉 성적 굴절의 표지 아래 다시 포장되기는 하지만, 그것은 다시 한번 생물학적 재생산에 동화된다. 들뢰즈와 함께 읽으면, 이러한 경향은 대문자 남성의 대문자 여성 되기와, 여성에 대한 다수자성 기반 시각의 대문자 여성 되기를 나타낸다. 나는 결과적으로 여성/동물/곤충/기계 되기 과정에 더 뚜렷한 차이화가 필요하다고 주장해왔다. 다수자 되기들은 소수자 되기들과 비대칭적이며, 소수자 되기들은 계속해서 두드러지게 다른 사회적 상상력을 만들어내고 있다. 이러한 비대칭성을 강조하면서 나는 '소수자 되기'의 과정을 주체성의 중요한 재위치화라고 칭찬해왔다. 다시 말해, 유목적 되기들이 단선적이지 않다면 이는 역설적이다. 그 되기들은 리좀적이어야, 즉 복잡하고 불협화음이어야 한다. 성차는 이 과정에서 분화의 축으로 남아 있다.

내가 이 책 전반에 걸쳐 다루어온 성적 비결정성과 젠더 위치의 확산에 대한 환상, 약속, 사회적으로 유발된 갈망은 내 생각에는 여성성, 이른바 여성을 위한 경험적 지시 대상들의 실재 조건이나 여성성의 재현에 있어서 실제 진보가 아니다. 그러므로 나는 다시 한번, 신기술들의 영향과 그것의 잠재적으로 해방하는 힘에 대해 매우 주의할 것을 이슈로 제기하고 싶다. 나의 관심은 민족성의 문제에 의해 그리고 신기술에 대한 접근과 참여 과정의 명백한 인종화에 의해 커진다. 아이젠슈타인(1998)이 말했듯이, 지속적인 권력 관계, 구조적 배타성, 지배라는 '지구적 외설'은 신기술들의 해방적 전망을 조롱한다.

동시에, 나는 페미니즘 운동의 많은 부분을 보여준 전통적인 기술공포증에 다시 빠져들고 싶지 않다. 나는 단지 여성, 페미니스트, 반인종주의자, 그리고 다른 정치적 주체들의 필요와 열망과 상상에 대한 기술의 새로운 형태의 실험, 토론, 응용에 대해 논하고 싶다. 오늘날 작용하는 모순된 힘들의 영향 아래 포스트모더니즘의 정치적 지평선에서, 나는 신체가 맹렬하게 회귀했다고 주장해왔지만, 흔히 반복되는 것처럼 정확히 같은 곳으로 되돌아오지는 않는다. 시애틀의 젊은이들의 반항과, 지구와 연계된 정치적 저항의 다른 형태들은 "이 몸은 유전자 변형 식품에 반대한다"는 글이 쓰인 반나체의 체현된 형상을 보여주었다. 가장 많이 촬영되거나 영상화된 몸들은 여성의 몸이었다. 이 신체의 특수성에 대한 주장은 "우리 몸이 우리 자신이다"라는 페미니즘 전술을 계승하면서도 보다 넓은 지평을 열어주는 전략적 본질주의의 정치적 형태라는 인상을 준다.

경계 표시가 되는 것으로부터 성차는 젠더를 넘어서는 동시에 인간을 넘어서는 다양한 차이들의 표현과 정교화의 문턱이 되었다. 지구와 '지구-타자들'이 정치적 주체들로 등장한 것은 이러한 관점의 변화를 보여주는 가장 확실한 지표다. 나는 유목주의의 생태 철학으로써 이것을 읽고 싶다. 한 사람의 환경에 대한 동시대적 관계를 나타내는 복잡한 상호관계망을 유물론적 방식으로 재고해보려는 시도로서 말이다. 이리가레의 '잠재적 여성성' 이론과 들뢰즈의 '여성/동물/기계/감각할 수 없는 것 되기' 이론에 기초하여 나는 이것이 더 이상 근대성이나 '입장론' 페미니즘의 통일적이고 자명한 주체를 가정하지 않는 새로운 종류의 정치적 주체성이라고 주장하고 싶다. 이는 다소 비통일적이고 다중적이며 복잡한 주체로서, 항상 쉽지는 않더라도 몇 군데의 위치에 거주하고 위치들 사이를 이동하는 것이다.

이런 새로운 정치적 주체들은 포스트산업적 세계관의 배경과 포스트핵 조건의 폐허 위에서 움직인다. 또한 공포의 정치 경제에서 움직인다. 즉, 임박한 내재적 사고, 곧 닥칠 재앙의 안팎에 대한 두려움의 정치 경제 말이다. 기술은 이러한 두려움에 대한 강력한 매개자이자, 이를 실현하는 데 중요한 요소다. 핵은 역사적으로 합리성을 통한 해방의 계몽의 약속을 반박한다. 포스트핵의 문제는 오염에 대한 두려움, 진화론적 재앙, 퇴화의 위기들, 신진대사 붕괴를 초래하는 바이러스 공격에 대한 두려움으로 특징지어진다. 밸러드와 크로넌버그의 〈크래시〉와 같은 예술 작품들은 재앙을 현실화함으로써 공포를 없앤다는 점에서 카타르시스를 띤다. 예술 작품들은 결과적으로 순수한 속도라는 치명적인 영역에서 신체의 치명적인 영향, 돌이킬 수 없음의 체현된 지점인 '외상적 리얼리즘'의 미학을 구현한다. 또한 위험과 두려움에 대한 네오리얼리즘적 평가의 윤리를 지적하는데, 이는 다시 마르크스주의와 정신분석과 같은 보다 거창한 메타 담론에 대한 회의를 표현한다. 나는 이것을 좀 더 냉혹하고 약간 더 잔인한 정치적 감수성으로 묘사했다.

정치는 우리의 욕망에서 출발하고 그 욕망은 우리로부터 탈출한다는 나의 첫 약속에 충실하게, 욕망들이 우리를 나아가게 하는 원동력이라는 점에서, 나는 우리가 정치적 열정을 우리의 역사적 조건에 맞는 방식으로 표현해야 한다고 주장하고 싶다. 이것은 열정들에 대한 정치적 정동을 심각하게 받아들일 필요성을 강조한다. 이것은, 이 정치적 정동들을 설명하기 위해서는, 다양한 체현되고 내장된 위치를 지도화하는 카르토그라피가 필요하다는 것을 의미한다. 그리고 유목민 독자와의 새로운 동맹 관계에서 각각의 카르토그라피들을 교환하는 것을 중심으로 지적 대화를 설정할 필요가 있다.

이로부터 말할 것은 나는 여전히 깊숙이 기술애호적이며 극도로 희망적이라는 것이다. 내 시대의 아이로서, 나는 변화와 변혁을 사랑하고 있으며, 내가 일생 동안 목격해온 혁신적인 발전들에 매우 흥분해 있다. 향수도 유토피아도 소용없다. 우리는 오히려 우리가 이미 되어버린 새로운 종류의 주체들에 대한 생명 조건, 정동성, 형상들의 창조적인 재발명을 향한 도약이 필요하다. 그러는 동안 우리는 사이 상태와 변형, 전이와 과정과 함께 살 필요가 있다. 이론적 실천의 관점에서, 나는 우리가 거의 설명할 수 없는 복잡성의 성급한 해결을 향해 서두르지 말 것을 권하고 싶다. 대신에 곧 닥칠 재앙에 대한 두려움에 저항하면서, 복잡성과 역설 속에 좀 더 오래 머물도록 하자. **시간**을 내서 이 과정들을 검토해보자. 시간은 필요한 모든 것이다.

결과적으로 향수를 느낄 시간이나 공간이 거의 없다. 들뢰즈의 혼종 유목적 자아들, 페미니즘이 운영하는 여성들의 다중 여성 되기, 이리가레의 하나이지 않은 여성, 해러웨이의 사이보그, 식수의 새로운 메두사는 종종 구식의 사회적 상상계에 괴물, 혼종, 무서운 일탈자로 그려진다. 그러나 여기서 잘못되었던 것이 공황 상태에 빠진, 일탈의 도덕주의적 등록부에**만** 이 정도 규모의 변화를 등록할 수 있는 바로 그 사회적 상상계였다면 어떨까? 만약 이 프로그램화되지 않은 타자들이 이원적 논리와 부정성의 그림자를 단순히 무시한 채 계속 나아간 주체성의 형태였다면? 변신-자궁변형과 변신-금속변형을 통해 주체의 변형 과정이 진행된다. 그래서 만약 이 새로운 주체가 평범하지 않게 보이고, 느끼고, 들린다면? 그/녀S/he는 괴물이고, 잡종이고, 혼종이고, 아름답고, 그리고 또 어떨까…? 그/녀는 웃고 있다!

에필로그

오늘날 세계에서 유일한 상수는 변화지만, 그것은 단순한 과정도 아니고 단선적인 과정도 아니다. 그것은 오히려 망과 같은 일련의 동시 이동과 모순된 경향들로 운영된다. 생명공학, 유전학, 기술 과학은 현재 사회적 변이의 주요 요인이다. 그것은 앤 파우스토-스털링이 지적하는 바와 같이, "우리는 유전자 중심의 세계에 살고 있다"(Fausto-Sterling 2000: 235)는 실제 사례다. 인류는 비인간적이고 포스트휴먼적인 종류의 힘들과의 친밀성, 공모성, 근접성의 세계적 관계, 즉 과학, 산업 및 군사 복합체, 글로벌 통신 네트워크, 전 세계적인 규모의 상품화 및 교역의 과정에 포함되어왔다. 이는 '생명'을 선호하는 제어 메커니즘으로 만든 기술들과의 인터페이스의 복잡한 네트워크들이다. 그러한 유동적인 세계의 정치 경제는 끊임없이 변화하는 상태에 의해 야기되는 불안과 공포의 관리다. 들뢰즈의 관점에서 나는 지속적인 위기 상태가 우리 시스템의 전부라고 말하고 싶다. 인간의 '생명', 인권, 또는 재생산의 위기가 되더라도, 포스트산업 사회들은 인간의 포괄적 범주에 대한 위협에 직면해 있다. 이는 근대의 정치적 행위자성에 의한 구원은 고사하고 분석의 힘들을 거스르는 문제다. 마수미는 그것을 다음과 같이 훌륭하게 표현한다. "'인간'은 완벽함의 사다리에서 신보다 한 계단 아래인, 지구 생명체의 정점에 서 있는 합리적인 동물이라기보다, 죽은 것도 산 것도 아닌 팔릴 수 있는 바이러스에 더욱 가깝다."(1998: 60)

이 새로운 포스트휴먼적 무질서의 변동을 추적하는 것은 비판 이론의 과제이고, 이는 내가 이 책을 통해 주장했듯이, 부분적으로는 그것이 설명하려고 하는 현실의 비논리적이고 자기 모순적인 성격 때문에 밀도 높은 저항에 부딪치는 과제다. 나는 논리적인 카르토그라피들이 관련된 현실들에 대한 적절한 설명을 생산하기 위한 출발점이라고 몇 번이고 말했다. 궁극적인 목표는 저항에 대한 탐색이지만, 불확실성을 뛰어넘는 창의적이고 질적인 이론적 도약이기도 하다. 나는 이 중요한 구조를 상품화 체계에 일치시키지 않기를 바라면서, 유목적 주체성의 지속 가능한 모델을 이용한 실용적 실험을 요청한다. 오늘날의 세계에서, 보다 개념적인 창의성은 다소 대담하게 필요하다.

이 책으로 나는 일시적으로나마 우리의 사고 체계에 프로그램되지 않은 돌연변이, 순간적인 혼란, 반사적인 정지, 저항의 지점을 만들어냈으면 하는 바람이다. 내가 이것을 표현하고 싶은 시간적 틀은 내 생각의 명제적 내용을 일련의 관련된 외부 정치 세력들과 연결시키는 데 있어서 현재, 과거, 미래를 연결시켜주는 미래완료 혹은 전미래이다. 나의 정치적 열정은 지배적인 권력관계를 불안정하게 하고, 다수자성 기반의 정체성과 가치를 탈영토화하고, 되기에 열중하는 주체들에게 힘 기르기의 즐거운 감각을 주입하는 종류의 긍정적인 변신에 있다. 그렇게 함으로써 나는 비판 이론의 작업과 상상력의 작업을 연결시켜, 개념적 창의성과 사고방식으로서의 위험 감수를 요청했다.

그 모든 것을 통해 나는 철학적 유목주의가 일원론의 이질적 이론이 아니라 다양한 차이들의 현실화라고 주장해왔다. 주체성의 핵심에 '하나이지 않음'의 원칙을 명시하는 성차는 유목적 되기들의 과정에서 여전히 내게 적절한 출발점이다. 이것은 일차원 및 단방향 시스템 내의 양적 다원성이 아니라, 개방된 일련의 복잡성 내에서의 질적 다양체이다. 본질주의적인 본능이나 욕동이 아니라, 목적이나 끝이 없는 생명의 경향성이며, 자아를 강화하는 것도 아니고 자본화하는 것도 아닌 실재이다. 이 비통일적이고 유목적인 주체는 포스트휴먼 시대에 복잡하지만 지속 가능한 주체성의 윤리를 위한 전제조건이라는 것이 나의 확신이다.

나의 주요 결론들을 요약해보자.

비체현에 반대하며

철학적 유목 사상의 급진적인 신체적 유물론은 육체로부터 오는 빛의 환상에 대항하여 확고하게 경고한다. 보철을 통한 향상은 또 다른 전능성의 환상에 다름 아니다. 리좀적 또는 유목적 철학은 급진적인 내재성, 즉 주체성의 육체적 근원을 강조하는 활력론의 반본질주의적인 이론을 구성한다. 그러나 이것은 사이버 문화의 추상화에 반대하는 기술애호적 입장인 동시에 주체의 기술적 서식지와 공동 확장되는 방식으로 주체의 새로운 형상을 요구하는 것이다. 유목적 신체 기계는 내가 인본주의적 주체의 위기에 대한 가장 적절한 대안으로 간주하는, 되기 안의 비통일적 주체를 위한 강력한 형상화이다. 이는 개인주의의 개념에서 주체성의 이론을 분리하는 고통스러운 역사적 과정을 긍정적으로 해결한다. 이 이론은 또한 개념적 사고와 창의성, 이성과 상상력 사이의 새로운 동맹을 맺는다.

비영리 원칙에 찬사를 보내며

사회적으로 바람직한 결과(부, 진리 등)를 만들기 위해 함께 작용하는 부분들의 조화로운 배치로서 기계를 보는 형이상학적이고 근대적인 시각에 반대되는 유목적 기계는 가차 없이 무상적인 것이다. 유목적 기계는 비영리 원칙과 기능을, 다루기 어렵고 무질서하며 불협화음이고 비생산적이거나 불임인 기계로서 장려한다. 유목적 기계는 자기 파괴를 방해하는 무상의 자기 표현의 낭비적 구조에서 자본 누적에 저항하는 것을 목표로 한다. 유목적 기계의 에너지 흐름은 창조적인 낭비라는 기쁨을 재확인하고 탐욕의 부정적인 열정에 저항한다. 이것은 선진 포스트산업 사회의 새로운 기술 개발을 둘러싸고 있는 기술의 과대 선전에 정면으로 반대한다. 테크노 신체의 낭비적이고 비영리적인 모델로서 유목적 주체성은 자유주의적 개인주의를 비판하고, 대신에 다중 연결의 긍정성을 촉진한다. 그것은 또한 자신의 사회적, 인간적 거주지와의 관계에서 자아를 확장하지 않는 양상으로서의 열정, 공감, 욕망의 역할을 강조함으로써 상호연결성을 성애화한다.

바이러스 정치를 지지하며

만약 우리가 인간 체현을 분자 유기체, 생화학 공장, 신경학적 미로, 시간성을 부여받은 진화 엔진, 즉 DNA의 시간적 배열과, 보다 개인화되거나 인격적인 기억의 계보로서 철학적 유목주의에 따라 정의한다면, 우리는 적합한 정치의 형태를 개발할 필요가 있다. 바이러스 정치는 이것들 중 하나로, 인체에 내장된 미시 정치의 한 형태다. 이는 영토에 기반을 두고 있고, 마치 동물 기계 복합체와 같이 환경에 구속돼 있다. 이는 또한 먹고사는 것을 목표로 하는 가차 없이 생성적인 유기체이기도 하다. 여기서 '기계 같은' 요소는 이 주체의 인간적인 요소들과 비인간적인 요소들 간의 상호작용의 역동적인 과정을 가리킨다. 이것은 결과적으로 대부분의 인문과학 및 사회과학과 비판 이론의 인간중심주의를 교란시키는, 외부 지향적이고 복잡하며 집단적으로 배치된 주체성이다. 바이러스 정치는 행위자성의 근대적 체제를 통해 다뤄질 수는 없지만, 정치적 주체성의 구조에서의 개념적 전환을 요구한다.

더욱이 동시대의 변신-금속변형에 대한 이러한 에너지 넘치는 개입을 통해, 반재현적이고 비영리적인 배치로서의 유목적 신체 기계는 우리가 포스트산업 문화의 심층적인 변형들을 **단지** 변화로 생각할 수 있게 한다. 단지 우리가 19세기로부터 물려받은, 그리고 인간의 변형 순서에 따라 새롭고 다른 모든 것을 병리화하려는 경향이 있는 괴물적이고 그로테스크한 상상에서 나온 일련의 돌연변이들로 말이다. 우리의 정치는 우리가 살게 된 환경에 긍정적인 변화를 일으키고자 하는 욕망으로부터 시작된다. 우리는 우리가 사는 방식, 즉 글로컬한 방식으로 생각하고 저항하고 행동해야 한다.

성차화된 카르토그라피를 지지하며

우리는 사회적 공간을 포화시킴으로써 우리의 습관과 기대를 압도하면서, 또한 습관과 기대의 지나치게 부풀려진 약속에 미치지 못하는 변화와 변이의 과정에 대해 비판적으로 생각할 필요가 있다. 젠더와 민족성은 이러한 포스트산업 시대와 포스트휴먼 시대의 기술 향상에 대한 접근을 통제하는 데 중요한 역할을 한다. 이 경고문은 기술 과대 선전을 우리 자신의 변신-금속변형에 대한 자극과 실망의 동시적 과정으로서 폭로한다. 이 경고문은 또한 기술 과대 선전에 급진적 내재성의 원리를 주입하고, 성들 간의 비대칭적 관계의 지속적 힘을 인정한다는 관점에서 성차의 정치와 함께하면서 이 과대 선전을 재체현하고 재내장하려고 시도할 것이다.

젠더화된 가치 체계가 수행하는 규범적 역할을 고려할 때, 성차의 관점에서 젠더 정치에 더 많은 관심을 갖는 것은 또한 우리 시대의 사회적 변혁에 더 적절한 형상을 제공하는 데 도움이 될 수 있다. '다른' 모든 것을 병리화하고 평가절하하는 수 세기 동안의 습관에 반하여, 대신 우리는 변화의 과정과 변형을 긍정적으로 재구성할 수 있을 것이다. 변화의 과정과 변형은 마치 디지털화된 음향과 분노로 '글로컬' 단계에서 작용하는 급진적인 돌연변이의 집합처럼 보이지만, 그렇다 하더라도 실제로는 어떤 것도 **의미화하지** 않는다. 이러한 변화는 의미화 작용을 넘어 유목적이고 비통일적인 주체성의 긍정적인 표현으로 받아들여질 수 있다. 그러나 아무리 기술적으로 향상되더라도 바로 그 '테크노 자연적' 구조 때문에 유목적 주체들은 급진적으로 내장되고 체현되며 따라서 성애화되고 자신의 시공간적 위치에 대해 책임지는 것이다. 이것은 책임의 새로운 윤리를 향한 첫걸음일 뿐이다.

지속 가능성의 윤리를 위하여

들뢰즈의 스피노자 읽기에 대한 재독과 이리가레의 성차의 윤리에 이어, 나는 주체에 대한 비통일적 시각에 기반하여 윤리적 책임의 기초를 다지는 데 전념하고 있다. 나는 인간 조건의 규범과 가치를 완전히 상실하지 않고, 변신-자궁변형/변신-금속변형을 겪는 비통일적인 사이보그 주체들에 대한 새로운 윤리의 필요성을 강조하고 싶다. 어떤 주체의 필요성에 대해 반대하는 사람들과는 달리, 나는 분산된 형태의 정동성, 흐름 유형의 일관성, 그리고 주체를 재구성할 필요성에 대해 모두 논하고 싶다. 나에게 있어서, 주체의 대안적 형상화들은 종종 모순되는 많은 위치의 카르토그라피적 설명들이다. 내가 열망하는 것은 경계 넘나들기의 첨단 기술적이고, 활력 있으며, 책임감 있는 형상이다. 게다가 나는 그러한 전이, 전환, 변혁을 살과 몸에, 그리고 여전히 진행 중이고 되어가는 주체에 대한 유목적인 시각에 다시 연결하고 싶다.

그러나 나는 주체의 내장되고 체현된 실천을 강조함으로써 유목적 주체성을 지속 가능성과 지속의 양상으로 만드는 데 관심이 있다. 유감스럽게도 나는 이보다 더 나은 것을 추구할 수 없다.[1]

번지점프 혹은 거기에 매달려 있는 기술에 대하여

지난 밀레니엄의 마지막 해 마지막 달에 나는 런던에서 델라과르다 공연을 보았다. 그들은 공중에서 로프에 매달려 매우 시끄러운 현대 하이 테크놀로지 음악 소리에 맞춰 서정적이고 공격적이며 환상적인 몸과 영혼의 움직임을 연기하는 번지점프 예술가-운동선수들이다.

전시회 〈센세이션〉과 마찬가지로 이것은 '융합'이라는 개념에 기초한 문화 행사였다. 즉, 하우스 파티가 〈태양의 서커스Cirque du Soleil〉와 거리 패션을 만나는 곳이다. 이는 고도의 집중은 물론 극도의 육체적, 심리적 대담성을 필요로 하는 흐름 상태를 만들어냈다. 그 결과는 감각 기관에 대한 영구적인 도전이었다. 음악의 음량에서 공연자들의 속도, 리듬의 변화, 시각적 지원의 선명도, 공연자 신체들의 순수한 부피에 이르기까지 모든 것이 극한적인 수준으로 도전적이었고, 공연하는 전체 시간 동안 비에 젖은 텐트에 서 있어야 하는 육체적인 불편함으로 극한의 감각에 에워싸이고, 그 감각으로 자극되고 흥분된다. 전체 체계가 극단으로 늘어나게 되었다.

건강 숭배에서 약물 복용에 이르기까지 자아의 기분 향상 기술

---

1 나는 지속 가능한 윤리에 대한 또 다른 연구에서 이 생각을 발전시키고 있다.

의 영향은 압도적이었다. 포스트산업 문화는 더 깊고 더 빠르고 더 짜릿한 쾌감, 더 많은 감각 지각의 가속화가 필요한 것 같다. 감각의 분야는 더 많은 것을 갈망하고, 지각의 문은 점점 더 넓게 열려, 위험에 대한 근접성을 추구한다. 더욱 확고하게 주장하면서 육체를 비물질화시키는 것은 도취 상태다. 도취 상태는 거의 의식의 한계, 감각과의 끊임없는 충돌에 대한 도전이다. 누가 얼마나 오래 견딜 수 있을까?

결과는 가상의 환각이었다. 즉 내가 실제로 그곳에 들어가기 위해 티켓값을 지불한 한에서만 합의가 가능하다. 전통적인 지각 양태들과 습득된 관람 습관들은 벗겨지고, 낯선 것들과 견딜 수 없는 것들 사이의 경계가 바뀌었다. 그 효과는 기이했다. 그것은 분자적이고, 바이러스적이며, 모방적이고, 우주적이고 덧없으며, 피하적이고 거부할 수 없는 것이었다. 그것은 우리의 감각에 너무 가깝게 자라나서 영원하다고 생각되었던 습관의 마지막 충돌이었다. 그런데 우리의 '습관'은 무엇일까? 반복되는 경험의 누적, 측정 가능한 시간 동안 예측 가능한 반복의 축적이다. 습관은 명백한 것, 규칙적인 것, 동일한 것의 내재된 시간성이다. 습관은 사실 자아, 국가, 가족, 헤게모니적 양태의 남성성의 권위 있는 목소리, 동일자의 말들을 영속시키는 주인의 목소리로 표현되는, 과거의 경험들을 엄숙하게 보존하는 것에 다름 아니다. 습관들, 심지어 감각적인 습관들까지도 일상생활에 적용되는 미시적인 중독이다. '우리는 항상 이런 식으로 해왔다…. 그것은 항상 그래왔다.' 사람은 습관, 관습, 전통처럼 중독적인 것에 의존하게 된다. 습관, 관습, 전통은 단지 당신의 평균적이며 합법적인 약품들이고, 편리함 때문에 자연화된 생명 유지 장치들이다.

　우리의 감각, 지각, 개념적 습관의 변화는 동시대 문화 어디에나 있고, 이 변화는 어디에나 있기 때문에 보이지 않게 되었다. 변화는 속도, 가속화, 강도에 대한 집단적인 매력을 불러일으키며 사회적, 문화적 공간에 스며들었다. 기분을 고양한다는 것은 문화 소비를 위한 또 다른 단어로, 각자에게 자신의 음향 환경을 허용하기 위해 워크맨이나 디스크맨에 의해 곧장 귀에 주입된 음악, 심지어 가장 건강한 사람의 심장박동에 도전하는 테크노 뮤직의 비트, 빠른 운전, 많은 음향 자극과 약물 자극제가 유도하는 경련적 춤이다. 사회적 행동의 독특한 방식들은 당신을 북돋을 수 있는 기분을 찾는 집단적 탐색 속으로 사라진다. 이는 캐시 애커가 예언적으로 보았던 것처럼 무감각의 향연이다. 이는 새로운 것, 낯선 것, 미지의 것을 자극하는 극한까지 뻗어 있는 감각들이다.

　그러나 이는 모두 쇼, 이 극단적인 자극의 시뮬레이션에 불과했다. 이러한 운동선수-예술가들은 사이버공간과 가상현실의 합의된 환각을 흉내 내고 있었지만, 실제로는 극도의 물리적 위험의 관능성에 의해 향상되는 것이었다. 공연자들은 천장의 번지점프 로프에 매달린 채 쏟아져 내려와 지붕 꼭대기를 향해 튕겨 올라가면서 잡을 수 있는 누구든지 붙들고 올라갔다 내려왔다. 선발된 사람이 될 통계적 확률은 얼마였을까? 혹은 추락할 확률은? 패턴은 명확했다. 임시방편, 무작위 접근, 손쉬운 선택, 불연속적임. 이것은 천장에서 떨어지는 테크노 신체들과 여전히 땅에 붙어 있는, 중력에 구속된 신체들의 조우의 잔인한 법칙이다. 이것은 근육질의 포스트휴먼 실제 신체들의 외상적인 귀환이었다. 번지점프 로프에 매달려 있는 저 두 예술가는 어떤 컴퓨터 프로그래머의 유선 환상이 아니라 탄탄한 몸의 공연자들처럼 측면 벽을 가로질러 걷고 있었다. 그러나 그들은 비실재적으로 보였다. 이는 모든 예상치 못한 돌연변이에 대한 테크노 신체의 승리였다. W. B. 예이츠의 개울 위 장다리파리들처럼 그들은 우리의 공통된 좌표에서 벗어나 인간이 곤충으로, 기계로 변신하는, 거의 있음 직하지 않은 궤적을 추구했다. 그것은 감각들의 변성이자 자아 감각의 변용이었다.

　나는 집단 변신을 보고 있었다. 그 안에 있는 사람들은 떠다니는 기표가 아니라, 반쯤은 사라졌지만 여전히 지속되고 있는, 단지 거기에 매달려 있는 인간을 덧없이 떠올리게 하는 것이었다. 우리 모두가 아닌가?

참고문헌

Acker, Kathy 1995: 'The end of the world of white men'. In J. Halberstam and Ira Livingston (eds), *Posthuman Bodies*, Bloomington: Indiana University Press.

Alcoff, Linda 2000: 'Philosophy matters: a review of recent work in feminist philosophy'. *Signs*, 25, (3), spring 2000, 841-882.

Amis, Martin 1987: *Einstein's Monsters*. London: Penguin.

Anderson, Laurie 1982: 'From the Air', *Big Science* CD, Warner USA.

Anderson, Laurie 1984: *United States*. New York: Harper & Row.

Appadurai, Arjun 1994: 'Disjuncture and difference in the global cultural economy'. In P. Williams and L. Chrisman, *Colonial Discourse and Post-Colonial Theory*. New York: Columbia University Press, 324-339.

Appiah, Anthony 1991: 'Is the post- in postmodernism the post- in postcolonial?'. *Critical Inquiry*, 17, Winter 1991, 336-357.

Arbus, Diane 1972: *Diane Arbus*. New York: Millerton.

Arendt, Hannah 1968: *Men in Dark Times*. New York: Harcourt Brace & Co.

Atwood, Margaret 1985: *The Handmaid's Tale*. Toronto: Seal Books.

Baldick, Chris 1987: *In Frankenstein's Shadow. Myth, Monstrosity and Nineteenth Century Writing*. Oxford: Clarendon Press.

Ballard, James G. 1973: *Crash*. New York: The Noonday Press, Farrer, Straus &

Giroux.

Balsamo, Anne 1988: 'Reading cyborgs, writing feminism'. *Communication*, 10, 331–344.

Balsamo, Anne 1996: *Technologies of the Gendered Body*. Durham: Duke University Press.

Barbrook, Richard 2001: 'The holy fools'. In Patricia Pisters (ed.), *Gilles Deleuze: Micropolitics of Audiovisual Culture*, Amsterdam: Amsterdam University Press.

Barker, Francis 1984: *The Tremulous Private Body. Essays on Subjection*. London: Methuen.

Barr, Marleen 1987: *Alien to Femininity: Speculative Fiction and Feminist Theory*. New York: Greenwood.

Barr, Marleen 1993: *Lost in Space. Probing Feminist Science Fiction and Beyond*. Chapel Hill and London: Chicago University Press and University of North Carolina Press.

Battersby, Christine 1998: *The Phenomenal Woman. Feminist Metaphysics and the Patterns of Identity*. Cambrige: Polity.

Baudrillard, Jean 1987: 'Nous sommes tous des transsexuels'. *Liberation*, 14/10/1997, 4.

Baudrillard, Jean 1995: *The Gulf War Did Not Take Place*. Sydney: Power Publications.

Beatty, John 1991: 'Genetics in the atomic age: the Atomic Bomb Casualty Commission, 1947–1956'. In Keith R. Benson, Jane Malenschein and Ronald Rainger (eds), *The Expansion of American Biology*, New Jersey: Rutgers University Press.

Becker, Susanne 1999: *Gothic Forms of Feminine Fiction*. Manchester: Manchester University Press.

Bell, Vikki 1993: *Interrogating Incest. Feminism, Foucault and the Law*. London, New York: Routledge.

Bellour, Raymond 1991: 'Ideal Hadaly'. In Constance Penley, Elisabeth Lyon, Lynn Spiegel, Janet Bergstrom (eds), *Close Encounters. Film, Feminism and Science Fiction*, Minneapolis and Oxford: University of Minnesota Press,

107 – 130.

Benhabib, Seyla 1992: *The Situated Self*. Cambridge: Polity.

Benhabib, Seyla 1996: 'The reluctant modernism of Hannah Arendt'. *In Modernity and Social Thought*, 10, Rowman and Littlefield.

Benhabib, Seyla 1999: 'Sexual difference and collective identities: the new global constellation'. *Signs*, 24, 2, 335 – 362.

Benjamin, Jessica 1988: *The Bonds of Love*. New York: Pantheon.

Benjamin, Walter 1968: 'The work of art in the age of its mechanical reproduction'. In *Illuminations*, New York: Schollen Books, 217 – 251.

Bensmaïa, Réda 1994: 'On the concept of minor literature: from Kafka to Kateb Yacine'. In Constantin V. Boundas and Dorothea Olkowski (eds), *Gilles Deleuze and the Theatre of Philosophy*, New York and London: Routledge, 213 – 228.

Berardi, Franco (BIFO) 1997: *Exit. Il Nostro Contributo all 'estinzione delle civilta'*. Milano: Costa & Nolan.

Bergstrom, Janet 1991: 'Androids and androgyny'. In Constance Penley, Elisabeth Lyon, Lynn Spiegel, Janet Bergstrom (eds), *Close Encounters. Film, Feminism and Science Fiction*, Minneapolis and Oxford: University of Minnesota Press, 33 – 60.

Berlin, Isaiah 1978: *Russian Thinkers*. London: Pelican Books.

Bettelheim, Bruno 1972: *The Empty Fortress: Infantile Autism and the Birth of the Self*. London: Collier-Macmillan.

Blasius, Mark 1994: *Gay and Lesbian Politics: Sexuality and the Emergence of a New Ethic*. London and New York: Routledge.

Boer 1996: 'The world beyond our window: nomads, travelling theories and the function of boundaries'. *Parallax*, 3, 7 – 26.

Bogdan, Robert 1988: *Freak Show. Presenting Human Oddities for Amusement and Profit*. Chicago: Chicago University Press.

Bogue, Ronald 1989: *Deleuze and Guattari*. London and New York: Routledge.

Bogue, Ronald 1991: 'Rhizomusicosmology'. *Sub-Stance*, 66, 85 – 101.

Bogue, Ronald 1993: 'Gilles Deleuze: the aesthetics of force'. *The Journal of the British Society for Phenomenology*, 24, 1, January, 56 – 65.

Boscaglia, Maurizia 1991: 'Unaccompanied ladies: feminist, Italian and in the academy'. *Differences* 2/3, 122–135.

Boundas, Constantin V. 1993: *The Deleuze Reader*. New York: Columbia University Press.

Boundas, Constantin V. 1994: 'Deleuze: serialization and subject-formation'. In Boundas and Olkowski (eds), *Gilles Deleuze and the Theatre of Philosophy*, New York and London: Routledge, 99–118.

Boundas, Constantin V. 1996: 'Gilles Deleuze (1925–95)'. *Special issue of Man and World*, 29, 3.

Boundas, Constantin V. and Olkowski, Dorothea (eds) 1994: *Gilles Deleuze and the Theatre of Philosophy*. New York and London: Routledge.

Brah, Avtar 1993: 'Re-framing Europe: En-gendered racisms, ethnicities and nationalisms in contemporary Western Europe'. *Feminist Review*, 45, 9–28.

Braidotti, Rosi 1991: *Patterns of Dissonance*. Cambridge: Polity; New York: Routledge.

Braidotti, Rosi 1993: 'Discontinuous becomings. Deleuze and the becoming-woman of philosophy'. *Journal of the British Society of Phenomenology*, 24, 1, January, 44–55.

Braidotti, Rosi 1994: 'Of bugs and women: Irigaray and Deleuze on the becoming woman'. In Carolyn Burke, Naomi Schor and Margaret Whitford (eds), *Engaging with Irigaray*, New York: Columbia University Press.

Braidotti, Rosi 1994a: *Nomadic Subjects. Embodiment and Sexual Difference in Contemporary Feminist Theory*. New York: Columbia University Press.

Braidotti, Rosi 1994b: 'Toward a new nomadism: feminist deleuzian tracks; or, metaphysics and metabolism'. In Constantin Boundas and Dorothea Olkowski (eds), *Gilles Deleuze and the Theatre of Philosophy*, New York and London: Routledge, 157–186.

Braidotti, Rosi 1996: 'Signs of wonder and traces of doubt: on teratology and embodied differences'. In Nina Lykke and Rosi Braidotti (eds), *Between Monsters, Goddesses and Cyborgs*, London: Zed Books.

Braidotti, Rosi 1997: 'Comments on Felski's 'The Doxa of Difference': working

through sexual difference'. *Signs. Journal of Women in Culture and Society*,
23, 1, autumn 1997, 23 – 40.

Braidotti, Rosi 1998: 'Sexual difference theory'. In Iris Young and Alison Jaggar
(eds), *A Companion to Feminist Philosophy*. Oxford: Blackwell, 298 – 306.

Bray, Anne and Colebrook, Claire 1998: 'The haunted flesh: corporeal feminism
and the politics of (dis)embodiment'. *Signs*, 24, 1, Autumn 1998, 35 – 68.

Brennan, Teresa 1989: 'Introduction'. In T. Brennan (ed.), *Between Feminism
and Psychoanalysis*. London: Routledge, 1 – 23.

Broadhurst, John (ed.) 1992: 'Deleuze and the transcendental unconscious'. In
Warwick Journal in Philosophy, University of Warwick.

Brown, Wendy 1991: 'Feminist hesitations, postmodern exposures'. *Differences*,
3/1, 63 – 84.

Bruno, Giuliana 1990: 'Ramble City: postmodernism and Blade Runner'. In A.
Kuhn (ed.), *Alien Zone*, London: Verso.

Bryld, Mette and Lykke, Nina 1999: *Cosmodolphins. Feminist Cultural Studies
of Technology, Animals and the Sacred*. London: Zed Books.

Buchanan, Ian 1997: 'The problem of the body in Deleuze and Guattari, or,
What can a body do?'. *Body & Society*, 3, 3, 73 – 92.

Buchanan, Ian 2000: *Deleuzism. A Metacommentary*. Edinburgh: Edinburgh
University Press.

Buchanan, Ian and Colebrook, Claire (eds) 2000: *Deleuze and Feminist Theory*.
Edinburgh: Edinburgh University Press.

Bukatman, Scott 1993: *Terminal Identity. The Virtual Subject in Post-modern
Science Fiction*. Durham, NC: Duke University Press.

Burchill, Julie 1998: *Diana*. London: Weidenfeld & Nicolson.

Burger, Christa 1985: 'The reality of "machines", notes on the rhizome –
thinking'. *Telos*, 64, 33 – 44.

Butler, Judith 1987: *Subjects of Desire. Hegelian Reflections in Twentieth-
Century France*. New York: Columbia University Press.

Butler, Judith 1990: *Gender Trouble*. New York: Routledge.

Butler, Judith 1992: 'The lesbian phallus and the morphological imaginary'.
Differences, 4, 1, 133 – 171.

Butler, Judith 1993: *Bodies that Matter: On the Discursive Limits of 'Sex'*. New York: Routledge.

Butler, Judith 1997: *The Psychic Life of Power: Theories in Subjection*. Stanford, CA: Stanford University Press.

Butler, Judith 1999: 'Preface 1999'. In *Gender Trouble. Feminism and the Subversion of Identity*. London and New York: Routledge.

Butler, Judith and Scott, Joan W. 1992: *Feminists Theorize the Political*. New York: Routledge.

Calame, Claude 1985: 'Les figures Grecques du gigantesque'. *Communications*, 42, 147–172.

Califia, Pat 1988: *Macho Sluts*. Boston: Alyson Publications.

Campbell, Beatrix 1998: *Diana, Princess of Wales. How Sexual Politics Shook the Monarchy*. The Women's Press: London.

Campbell, Marion 1985: *Lines of Flight*. Freemantle: Freemantle Arts Centre.

Canguilhem, Georges 1966: *Le Normal et le pathologique*. Paris: Presses Universitaires de France.

Canning, Peter 1985: 'Fluidentity'. *Sub-Stance*, 44/45, 35–45.

Carroll, Noël 1990: *The Philosophy of Horror: Paradoxes of the Heart*. New York and London: Routledge.

Carter, Angela 1985: 'The company of wolves'. In *Come unto These Yellow Sands*. Newcastle upon Tyne: Bloodaxe Books.

Castel, Robert 1976: *Le Psychoanlysme*. Paris: Union Générale d'Editions.

Castells, Manuel 1996: *The Rise of the Network Society*. Oxford. Blackwell.

Cavarero, Adriana 1990: *Nonostante Platone*. Rome: Editori Riuniti.

Caygill, Howard 1997: 'The topology of selection: the limits of Deleuze's philosophy'. In Keith Ansell Pearson (ed.), *Deleuze and Philosophy. The Difference Engineer*. London and New York: Routledge, 149–162.

Céard, Jean 1977: *Le Normal et les prodiges. L'insolite en France au XVIeme siècle*. Geneva: Droz.

Chanter, Tina 1995: *Ethics of Eros. Irigaray's Rewriting of the Philosophers*. New York and London: Routledge.

Chasin, Alexandra 1995: 'Class and its close relations: identities among women, servants and machines'. In J. Halberstam and I. Livingston, *Post-Human Bodies*, Bloomington, IN: Indiana University Press.

Châtelet, François 1970: *La Philosophie des professeurs*. Paris: Grasset.

Cixous, Hélène 1975: 'Le Rire de la Meduse', L'Arc 61, 245–264. English translation 1980: 'The Laugh of the Medusa'. In E. Marks and J. de Courtivron (eds), *New French Feminism*, Amsterst: University of Massachussetts Press.

Cixous, Hélène 1977: 'Le Sexe ou la tête'. *Les Cahiers du Grif*, 5, 5–15.

Cixous, Hélène 1986a: *Entre l'écriture*. Paris: Des Femmes.

Cixous, Hélène 1986b: 'L'Approche de Clarice Lispector'. In Cixous, *Entre l'écriture*, Paris: Des Femmes, 115–199.

Cixous, Hélène 1987: *Le Livre de Promethea*. Paris: Gallimard.

Clément, Catherine 1972: 'Les Petites filles', *L'arc*, 29, 1–2.

Clément, Catherine 1991: 'Lacan et l'Europe'. *Le Magazine litteraire*, 288, May.

Code, Lorraine 1991: *What Does She Know?*. Cambridge, MA.: Harvard University Press.

Cohen, Leonard 1966: *Beautiful Losers*. New York: Random House.

Colebrook, Claire 2000a: 'Introduction'. In Buchanan, Ian and Colebrook, Claire (eds), *Deleuze and Feminist Theory*, Edinburgh: Edinburgh University Press, 1–17.

Colebrook, Claire 2000b: 'Is sexual difference a problem?'. In Buchanan, Ian and Colebrook, Claire (eds), *Deleuze and Feminist Theory*, Edinburgh: Edinburgh University Press, 110–127.

Colombat, André 1996: 'November 4, 1995: Deleuze's death as an event'. *Man and World*, 29, 3, July 1996, 235–249.

Corea, Gena 1985a: *The Mother Machine: Reproductive Technologies from Artificial Insemination to Artificial Womb*. New York: Harper & Row.

Corea, Gena 1985b: 'The reproductive brothel'. In *Man-made Women: How New Reproductive Technologies Affect Women*, London: Hutchinson, 38–51.

Creed, Barbara 1990: 'Gynesis, postmodernism and the science fiction horror film'. In A. Kuhn (ed.), *Alien Zone*, London: Verso.

Creed, Barbara 1993: *The Monstrous-Feminine. Film, Feminism, Psychoanalysis*. New York and London: Routledge.

Davies, Jude and Smith, Carol R. 1999: 'Figuring white femininity: critique, investment and the example of Princess Diana'. In Heloise Brown, Madi Gilkes and Ann Kaloski-Naylor (eds), *White? Women. Critical Perspectives on Race and Gender*, York: Centre for Women's Studies/Raw Nerve Books.

Deleuze, Gilles 1953: *Empirisme et subjectivité*. Paris: Presses Universitaires de France. English translation 1991: *Empirism and Subjectivity. An Essay on Hume's Theory of Human Nature*. New York: Columbia University Press; translation by C. V. Boundas.

Deleuze, Gilles 1962: *Nietzsche et la philosophie*. Paris: Presses Universitaires de France. English translation: 1983: *Nietzsche and Philosophy*. New York: Columbia University Press; translation by Hugh Tomlinson and Barbara Habberjam.

Deleuze, Gilles 1964: *Proust et les signes*. Paris: Presses Universitaires de France. English translation 1972: *Proust and Signs*. New York: G. Braziller; translation by R. Howard.

Deleuze, Gilles 1966: *Le Bergsonisme*. Paris: Presses Universitaires de France. English translation 1988: *Bergonism*. New York: Zone Books.

Deleuze, Gilles 1968a: *Différence et répétition*. Paris: Presses Universitaires de France. English translation 1968: *Difference and Repetition*. London: Athlone.

Deleuze, Gilles 1968b: *Spinoza et le problème de l'expression*. Paris: Minuit. English translation 1990: *Expressionism in Philosophy: Spinoza*. New York: Zone Books; translation by M. Joughin.

Deleuze, Gilles 1969: *Logique du sens*. Paris: Minuit. English translation 1990: *The Logic of Sense*. New York: Columbia University Press; translation by M. Lester and C. Stivale.

Deleuze, Gilles 1972a: 'Les Intellectuels et le pouvoir. Entretien Michel Foucoult – Gilles Deleuze'. *L'arc*, 49, 3-10. English translation 1973: 'Intellectuals and power'. In D. Bouchard (ed.), *Language, Counter-memory, Practice*, Ithaca, New York: Cornell University Press; 205-217, translation by D.

Boudiano.

Deleuze, Gilles 1972b: *Un Nouvel archiviste*. Paris: Fata Morgana. English translation: 'A new archivist'. In Peter Botsman (ed.) 1982: *Theoretical Strategies*. Sydney: Local Consumption.

Deleuze, Gilles 1973a: *La Pensée nomade*. Paris: Union Génerale d'Edition.

Deleuze, Gilles 1973b: 'La Pensée nomade'. In *Nietzsche Aujourd'hui*, vol. 1, Paris: Union Generale d'Edition, 159–174. English translation 1985: 'Nomad thought'. In David B. Allison (ed.), *The New Nietzsche: Contemporary Styles of Interpretation*, Cambridge MA.: MIT Press.

Deleuze, Gilles 1978: 'Philosophie et minorité'. *Critique*, 369 (Paris), 154–155.

Deleuze, Gilles 1981: *Francis Bacon: Logique de la sensation 1*. Paris: Editions de la différence.

Deleuze, Gilles 1983: *Cinéma I: L'Image-Nouvement*. Paris: Minuit. English translation 1986: *Cinema I: The Movement-Image*. Minneapolis: University of Minnesota Press; translation by Hugh Tomlinson and Barbara Habberjam.

Deleuze, Gilles 1985: *Cinéma II: L'Image-Temps*. Paris: Minuit. English translation 1989: *Cinema I: The Time-Image*. Minneapolis: University of Minnesota Press; translation by Hugh Tomlinson and Robert Galeta.

Deleuze, Gilles 1986: *Foucault*. Paris: Minuit. English translation 1988: *Foucault*. Minneapolis: University of Minnesota Press; translation by Sean Hand.

Deleuze, Gilles 1988a: *Le Pli*. Minuit, Paris. English translation 1992: *The Fold: Leibniz and the Baroque*. Minneapolis: University of Minnesota Press.

Deleuze, Gilles 1988b: *Périclès et Verdi: Le Philosophy de Fransois Châtelet*. Paris: Minuit.

Deleuze, Gilles 1989: 'Qu'est-ce qu'un dispositif?' In *Michel Foucault Philosophe*, Paris: Seuil, 185–195.

Deleuze, Gilles 1995: 'L'immanence: une vie . . .'. *Philosophie*, 47, 3–7.

Deleuze, Gilles and Guattari, Felix 1972a: *L'Anti Oedipe. Capitalism et Schizophrénie I*. Paris: Minuit. English translation 1977: *Anti-Oedipus. Capitalism and Schizophrenie*. New York: Viking Press/ Richard Seaver;

translation by R. Hurley, M. Seem and H. R. Lane.

Deleuze Gilles and Guattari, Felix 1972b: 'Capitalisme énurgumène'. *Critique*, 306, Nov. 1972.

Deleuze, Gilles and Guattari, Felix 1975: *Kafka: pour une litérature mineure*. Paris: Minuit. English translation 1986: *Kafka: Toward a Minor Literature*. Minneapolis: University of Minnesota Press; translation by Dana Polan.

Deleuze, Gilles and Guattari, Felix 1976: *Rhizome*. Paris: Minuit. English translation: 'Rhizome', *Ideology and Consciousness*, 8, spring 1981, 49 – 71; translation by Paul Foss and Paul Patton.

Deleuze, Gilles and Guattari, Felix 1980: *Mille Plateaux. Capitalism et Schizophrénie II*. Paris: Minuit. English translation 1987b: *A Thousand Plateaus: Capitalism and Schizophrenia*. Minneapolis: University of Minnesota Press; translated by Brian Massumi.

Deleuze, Gilles and Guattari, Felix 1986: *Nomadology*. New York: Semiotexte; translation by Brian Massumi.

Deleuze, Gilles and Guattari, Felix 1991: *Qu'est-ce que la philosophie?* Paris: Minuit. English translation 1992: *What is Philosophy?* New York: Columbia University Press.

Deleuze, Gilles and Parnet, Claire 1977: *Dialogues*. Paris: Flammarion. English translation 1987a: *Dialogues*. New York: Columbia University Press; translation by Hugh Tomlinson and Barbara Habberjam.

Delphy, Christine 1975: 'Pour un materialisme feministe'. *L'Arc*, 61, 61 – 67.

Delphy, Christine 1984: *Close to Home*. London: Hutchinson.

Dement, Linda 1995: *Cyberflesh Girlmonster*, CD-ROM, Sidney, Australia.

Derrida, Jacques 1980: *La Carte postale de Socrate à Freud et au-delà Paris*. Paris: Flammarion.

Derrida, Jacques 1987: 'Women in the beehive: a seminar'. In Alice Jardine and P. Smith (eds), *Men in Feminism*, London and New York: Methuen, 189 – 203.

Descombes, Christian 1979: *Le Même et l'autre*. Paris: Minuit. English translation 1980: *Modern French Philosophy*. Cambridge: Cambridge University Press; translation by L. Scott-Fax and J. M. Harding.

Dews, Peter 1995: 'The tremor of reflection: Slavoj Zizek's Lacanian dialectics'. In *Radical Philosophy*, 72, July/August 1995, 17–29.

Diacritics: Nuclear Criticism (1984).

Diamond, Irene and Quinby, Lee (eds) 1988: *Foucault and Feminism*. Boston: North Eastern University Press.

Dinnerstein, Dorothy 1977: *The Mermaid and the Minotaur. Sexual Arrangements and Human Malaise*. New York: Harper & Row.

Doane, Janice and Hodges, Devon 1987: 'Monstrous amazons'. In *Nostalgia and Sexual Difference: The Resistance to Contemporary Feminism*, London: Methuen.

Doane, Mary Ann 1987: *The Desire to Desire: The Women's Film of the '40's*. Bloomington: Indiana University Press.

Donzelot, Jacques 1977: *Le Police des familles*. Paris: Minuit. English translation 1979: *The Policing of Families*. New York: Pantheon; translation by Robert Hurley.

Duchen, Claire 1986: *Feminism in France*. London: Routledge and Kegan Paul.

Dworkin, Andrea 1976: *Our Blood*. London: The Women's Press.

Ehrenreich, Barbara and English, Deirdre 1979: *For Her Own Good: 150 years of her Experts' Advice to Women*. London: Pluto Press.

Einersen, Dorrit and Nixon, Ingeborg 1995: *Woman as Monster in Literature and the Media*. Copenhagen: Copenhagen University Press.

Eisenstein, Hester 1983: *Contemporary Feminist Thought*. Boston: G. K. Hall & Co.

Eisenstein, Zillah 1998: *Global Obscenities. Patriarchy, Capitalism and the Lure of Cyberfantasy*. New York: New York University Press.

Eliot, George 1973: *Middlemarch*. London: Penguin.

Emerton, Karin 1986: 'Les femmes et la philosophie: la mise en discours de la différence sexuelle dans la philosophie contemporaine'. Unpublished doctoral dissertation, Paris: Pantheon–Sorbonne University.

Epps, Brad 1996: 'Technoasceticism and authorial death in Sade, Kafka, Barthes and Foucault'. *Differences*, 8, 3, 79–127.

Eribon, Didier 1989: *Michel Foucault (1926–1984)*. Paris: Flammarion. English translation 1991: *Michel Foucault (1926–1984)*. Cambridge, MA: Harvard University Press; translation by Betsy Wing.

Essed, Philomena 1991: *Understanding Everyday Racism*. London: Sage.

Estés, Clarissa Pinkola 1992: *Women Who Run With the Wolves*. New York: Ballantine Books.

Fausto-Sterling, Anne 2000: *Sexing the Body. Gender Politics and the Construction of Sexuality*. Basic Books, Persens Books Group.

Fedida, Pierre 1980: 'Le philosophe et sa peau'. *L'Arc*, 49, 61 – 69.

Felski, Rita 1997: 'The doxa of difference'. *Signs*, 23, 1, 1 – 22.

Fiedler, Leslie 1979: *Freaks: Myths and Images of the Secret Self*. New York: Simon and Schuster.

Fiedler, Leslie 1996: *Tyranny of the Normal. Essays on Bioethics, Theology and Myth*. Boston: David R. Godine.

Firestone, Shulamith 1970: *The Dialectic of Sex: the Case for Feminist Revolution*. Toronto: Bantam Books.

Flax, Jane 1987: 'Postmodernism and gender relations in feminist theory'. *Signs*, 12/4, 621 – 643.

Flax, Jane 1990: *Thinking Fragments*. New York: Routledge.

Force Inc. Music Works 1996: Frankfurt, Mille Plateaux MP CD 22, EFA 00672-2, GEMA LC 6001.

Foster, Hal 1996: *The Return of the Real*. Cambridge, MA: MIT Press.

Foucault, Michel 1961: *Histoire de le Folie*. Paris: Gallimard. English translation 1965: *Madness and Civilization*, trans. Richard Howard, New York: Vintage Books.

Foucault, Michel 1966: *Les mots et les choses*. Paris: Gallimard. English translation 1980: *The Order of Things*. New York: Pantheon Books.

Foucault, Michel 1975: *Surveiller et punir*. Paris: Gallimard. English translation 1977: *Discipline and Punish*. New York: Pantheon Books.

Foucault, Michel 1976: *Histoire de la sexualité I. La volonte de savoir*. Paris: Gallimard. English translation 1978: *The History of Sexuality*, vol. I, trans. Robert Hurley, New York: Pantheon Books.

Foucault, Michel 1977a: 'Preface'. In Gilles Deleuze and Felix Guattari, *Anti-*

Oedipus. New York: Viking Press (English original).

Foucault, Michel 1977b: *L'ordre du discours*. Paris: Gallimard.

Foucault, Michel 1984a: *Histoire de la sexualité II: L'usage des plaisirs*. Paris: Gallimard. English translation 1985: *History of Sexuality, vol. II The Use of Pleasure*, trans. Robert Hurley, New York: Pantheon Books.

Foucault, Michel 1984b: *Histoire de la sexualité III: Le souci de soi*. Paris: Gallimard. English translation: *History of Sexuality vol. III: The Care of the Self*, trans. Robert Hurley, New York: Pantheon Books.

Foucault, Michel and Cixous, Hélène 1979: 'A propos de Marguerite Duras'. *Cahiers Renaud Barrault*, 8–22.

Fouque, Antoinette 1982: 'Notre pays, notre terre de naissance, c'est le corps maternel', *Des femmes en mouvement/Midi Pyrennees*, 1, 9–15.

Fox Keller, Evelyn 1985a: *Reflections on Gender and Science*. New Haven, CT and London: Yale University Press.

Fox Keller, Evelyn 1985b: *A Feeling for the Organism*. New York: Freeman.

Fox Keller, Evelyn 1989: 'From secrets of life to secrets of death'. In Mary Jacobus, Evelyn Fox Keller, Sally Shuttle Worth (eds), *Body/Politics. Women and the Discourses of Science*, New York and London: Routledge.

Fox Keller, Evelyn and Grontowski, C. R. 1983: 'The mind's eye'. In Sandra Harding and M. B. Hintikka (eds), *Discovering Reality*, Dordrecht: Reidel, 207–224.

Frank, Manfred 1989: *What is Neostructuralism?* Minneapolis: University of Minnesota Press.

Frankenberg, Ruth 1993: *White Women, Race Matters: the Social Construction of Whiteness*. Minneapolis, University of Minnesota Press.

Franklin, Sarah 1997: *Embodied Progress: a Cultural Account of Assisted Conception*. London: Routledge.

Franklin, Sarah, Lury, Celia and Stacey, Jackie 1991: *Off-centre: Feminism and Cultural Studies*. London: Cornell University Press.

Fraser, Nancy 1996: 'Multiculturalism and gender equity: the US "Difference" debates revisited'. In *Constellations*, 1, 61–72.

Frye, Marilyn 1996: 'The necessity of differences: constructing a positive category of women'. *Signs*, 21, 4, 991–1010.

Fuss, Diane 1989: *Essentially Speaking. Feminism, Nature and Difference*. New York and London: Routledge.

Gallop, Jane (ed.) 1989: 'The monster in the mirror: the feminist critic's psychoanalysis'. In R. Feldstein and J. Roof (eds), *Feminism and Psychoanalysis*, Ithaca: Cornell University Press.

Gallop, Jane 1997: *Feminist Accused of Sexual Harassment*. Durham, NC: Duke University Press.

Gatens, Moira 1996: *Imaginary Bodies: Ethics, Power and Corporeality*. London and New York: Routledge.

Gatens, Moira and Lloyd, Genevieve 1999: *Collective Imaginings: Spinoza, Past and Present*. London and New York: Routledge.

Gedalof 1996: 'Can nomads learn to count to four? R. Braidotti and the space for difference in feminist theory', *Women: a Cultural Review*, VII, 2, 189–201.

Giddens, Anthony 1994: *Beyond Left and Right: The Future of Radical Politics*. Cambridge: Polity.

Gilbert, Sandra and Gubar, Susan 1977: 'The female monster in Augustan satire'. *Signs*, 380–394.

Gilbert, Sandra and Gubar, Susan 1979: 'Horror's twin: Mary Shelley's monstrous Eve'. In *The Madwoman in the Attic*, New Haven, CT: Yale University Press.

Gilman, Sander (ed.) 1985: *Difference and Pathology. Stereotypes of Sexuality, Race and Madness*. Ithaca: Cornell University Press.

Gilroy, Paul 1987: *There Ain't No Black in the Union Jack: the Cultural Politics of Race and Nation*. London: Hutchinson.

Gilroy, Paul 1993: *The Black Atlantic. Modernity and Double Consciousness*. Cambridge, MA: Harvard University Press.

Glamister, T. W. 1964: 'Fantasies, facts and foetuses. The interplay of fancy and reason in teratology'. *Medical History* 8, 15–30.

Goicoechea, David 1999: 'Irigaray's transcendental sensuotics, between Deleuze's rhizomatics and Derrida's deconstruction', paper delivered at the conference 'Rhizomatics, Genealogy, Deconstruction', Trent University, May 1999.

Goodchild, Philip 1996: *Deleuze & Guattari. An Introduction to the Politics of Desire*. London: Sage.

Goux, Jean Joseph 1977: *Les iconoclastes*. Paris: Seuil.

Greenberg, Harvey R. 1991: 'Reimagining the Gargoyle: psychoanalytic notes on *Alien*'. In Constance Penley, Elisabeth Lyon, Lynn Spigel, Janet Bergstrom (eds), *Close Encounters. Film, Feminism and Science Fiction*, Minneapolis: University of Minnesota Press.

Greer, Germaine 1999: *The Whole Woman*. London: Doubleday.

Grewal, Inderpal and Kaplan, Caren (eds) 1994: *Scattered Hegemonies: Postmodernity and Transnational Feminist Practices*. Minneapolis: University of Minnesota Press.

Griggers, Camilla 1997: *Becoming-Woman*. Minneapolis: University of Minnesota Press.

Grossberg, Lawrence 1997: *Dancing in Spite of Myself. Essays on Popular Culture*. Durham, NC, and London: Duke University Press.

Grosz, Elizabeth 1987: 'Notes towards a corporeal feminism'. *Australian Feminist Studies*, 5, 1–16.

Grosz, Elizabeth 1994a: 'A thousand tiny sexes: feminism and rhizomatics'. In C. V. Boundas and D. Olkowski (eds), *Gilles Deleuze and the Theatre of Philosophy*. London and New York: Routledge.

Grosz, Elizabeth 1994b: 'The hetero and the homo: the sexual ethics of Luce Irigaray'. In C. Burke, N. Schor, M. Whitford (eds), *Engaging with Irigaray*, New York: Colombia University Press.

Grosz, Elizabeth 1994c: 'The labors of love. analyzing perverse desire: an interrogation of Teresa de Lauretis' The Practice of Love'. *Differences*, 6, 2–3, 274–295.

Grosz, Elizabeth 1995a: *Space, Time and Perversion. The Politics of Bodies*. Sydney: Allen and Unwin.

Grosz, Elizabeth 1995b: 'Animal sex. Libido as desire and death'. In Elizabeth Grosz and Elspeth Probyn (eds), *Sexy Bodies. The Strange Carnalities of*

Feminism. London and New York: Routledge.

Grosz, Elizabeth 1999: 'Darwin and feminism: preliminary investigations for a possible alliance'. York: Routledge. *Australian Feminist Studies*, 14, 29, 31–45.

Grosz, Elizabeth (ed.) 1999: *Becomings. Explorations in Time, Memory and Futures*. Ithaca: Cornell University Press.

Grosz, Elizabeth 2000: 'Deleuze's Bergson: duration, the virtual and a politics of the future'. In Ian Buchanan and Claire Colebrook (eds), *Deleuze and Feminist Theory*, Edinburgh: Edinburgh University Press.

Grosz, Elizabeth and Probyn, Elspeth (eds) 1995: *Sexy Bodies. The Strange Carnalities of Feminism*. London and New York: Routledge.

Gundermann, Christian 1994: 'Orientalism, homophobia, masochism: transfers between Pierre Loti's *Azyadé* and Gilles Deleuze's "Coldness and cruelty"'. *Diacritics*, Summer–Fall 1994, 151–167.

Halberstam, Judith 1991: 'Automating gender: postmodern feminism in the age of the intelligent machine'. *Feminist Studies*, 3, 439–460.

Halberstam, Judith and Ira Livingston (eds) 1995: *Posthuman Bodies*. Bloomington, IN: Indiana University Press.

Hall, Kira 1996: 'Cyberfeminism'. In Susan C. Herring (ed.), *Computer-mediated Communication. Linguistic, Social and Cross-cultural Perspectives*, Amsterdam: John Benjamins.

Hall, Stuart 1990: 'Cultural Identity and Diaspora'. In J. Rutherford (ed.), *Identity: Community, Culture, Difference*, London: Lawrence and Wishart.

Haraway, Donna 1988: 'Situated knowledges: the science question in feminism as a site of discourse on the privilege of partial perspective'. *Feminist Studies*, 14, 3, 575–599.

Haraway, Donna 1990a: *Simians, Cyborgs and Women. The Reinvention of Nature*. London: Free Association Books.

Haraway, Donna 1990b: 'A manifesto for cyborgs: science, technology and socialist feminism in the 1980's'. In *Simians, Cyborgs and Women. The Reinvention of Nature*, London, Free Association Books, 149–182.

Haraway, Donna 1991: 'Cyborgs at large: Interview with Donna Haraway'. In Constance Penley and Andrew Ross (eds), *Technoculture*, Minnesota and London: University of Minnesota Press, 1–20.

Haraway, Donna 1992: 'The promises of monsters: a regenerative politics for inappropriate/d others'. In L. Grossberg, C. Nelson and A. Treichler (eds), *Cultural Studies*, London and New York: Routledge.

Haraway, Donna 1997: *Modest_Witness@second_Millennium. FemaleMan8_ meets_ oncomouseJ*. London and New York: Routledge.

Harding, Sandra 1986: *The Science Question in Feminism*. London: Open University.

Harding, Sandra 1987: *Feminism and Methodology*. London: Open University.

Harding, Sandra 1991: *Whose Science? Whose Knowledge?* Milton Keynes: Open University Press.

Hardt, Michael 1992: *Gilles Deleuze. An Apprenticeship in Philosophy*. Minneapolis: University of Minnesota Press.

Hardt, Michael 1998: 'The withering of civil society'. In Eleanor Kaufman and Kevin Jon Heller (eds), *Deleuze and Guattari. New Mappings in Politics, Philosophy and Culture*, Minneapolis: University of Minnesota Press.

Hartsock, Nancy 1990: 'Foucault on power: a theory for women?' In L. J. Nicholson (ed.), *Feminism/Postmodernism*, New York and London: Routledge.

Hartsock, Nancy C. M. 1983: 'The feminist standpoint: developing the ground for a specifically feminist historical materialism'. In Sandra Harding and M. B. Hintikka (eds), *Discovering Reality*, Dordrecht: Reidel.

Hawkesworth, Mary 1997: 'Confounding gender'. *Signs*, 22, 3, Spring 1997, 649–686.

Hayles, Katherine 1999: *How We Became Posthuman. Virtual Bodies in Cybernetics, Literature and Informatics*. Chicago: The University of Chicago Press.

Hayward, Phillip and Wollen, Tana (eds) 1993: *Future Visions: New Technologies of the Screen*. London: British Film Institute.

Heidegger, Martin 1993: *Basic Writings*. San Francisco: HarperCollins.

Helman, Cecil 1991: *The Body of Frankenstein's Monster. Essays in Myth and Medicine*. New York and London: W. W. Norton Company.

Holland, Eugene W. 1998: 'From schizophrenia to social control'. In Eleanor Kaufman and Kevin Jon Heller (eds), *Deleuze and Guattari. New Mappings in Politics, Philosophy and Culture*, Minneapolis: University of Minnesota Press.

Holland, Eugene W. 1999: *Deleuze and Guattari's Anti-Oedipus*. New York and London: Routledge.

hooks, bell 1990: 'Postmodern blackness'. In *Yearning*, Toronto: Between the Lines, 25-32.

hooks, bell 1995: 'Representations of whiteness in the black imagination'. In *Killing Rage. Ending Racism*, New York: Holt.

Huet Marie-Hélène 1983: 'Living images: monstrosity and representation'. *Representations*, 4, fall 1983, 73-87.

Hurley, Kelly 1995: 'Reading like an alien: posthuman identity in Ridley Scott's *Aliens* and David Cronenberg's *Rabid*'. In Judith Halberstam and Ira Livingston (eds), *Posthuman Bodies*, Bloomington, IN: Indiana University Press.

Huyssen, Andreas 1986: 'The vamp and the machine: Fritz Lang's Metropolis'. In *After the Great Divide. Modernism, Mass Culture and Postmodernism*, Bloomington and Indianapolis, IN: Indiana University Press, 65-81.

Irigaray, Luce 1974: *Spéculum. De l'autre femme*. Paris: Minuit. English translation 1985a: *Speculum of the Other Woman*, transl. Gillian Gill, Ithaca, NY: Cornell University Press.

Irigaray, Luce 1977: *Ce Sexe Qui N'en Est Pas Un*. Paris: Minuit. English translation 1985b: *This Sex Which Is Not One*, transl. Catherine Porter, Ithaca, NY: Cornell University Press.

Irigaray, Luce 1980: *Amante Marine. De Friedrich Nietzsche*. Paris: Minuit. English translation 1991: *Marcine Lover of F. Nietzsche*, transl. Gillian Gill, New York: Columbia University Press.

Irigaray, Luce 1983: *L'Oubli de l'air chez Martin Heidegger*. Paris: Minuit. English translation 1991: *The Forgetting of Air in Martin Heidegger*.

Irigaray, Luce 1984: *L'Éthique de la différence sexuelle*. Paris: Minuit. English translation 1993a: *An Ethics of Sexual Difference*, transl. Carolyn Burke and Gillian Gill, Ithaca, NY: Cornell University Press.

Irigaray, Luce 1987a: 'Egales à Qui?' In *Critique. Revue Générale des Publications Françaises et étrangères*, 43, 480, 420 – 437. English translation 1988: 'Equal to Whom?' In *differences. A Journal of Feminist Cultural Studies*, 1, 2, 59 – 76.

Irigaray, Luce 1987b: *Sexes et parentés*. Paris: Minuit. English translation 1993: *Sexes and Genealogies*, transl. Gillian C. Gill, Ithaca, NY: Cornell University Press.

Irigaray, Luce 1989: *Le Temps de la Différence. Pour Une Révolution Pacifique*. Paris: Hachette. English translation 1994: *Thinking the Difference. For a Peaceful Revolution*, transl. Karin Montin, London: Athlone Press.

Irigaray, Luce 1990: *Je, Tu, Nous, Pour une Culture de la Différence*. Paris: Grasset. English translation 1993b: *Je, Tu, Nous. Towards a Culture of Difference*, transl. Alison Martin, New York and London: Routledge.

Irigaray, Luce 1991: 'Love between us'. In E. Cadava, P. Connor, J. L. Nancy (eds), *Who Comes After the Subject?* New York and London: Routledge, 167 – 177.

Jagger, Alison Marion and Young, Iris Marion (eds) 1998: *A Companion to Feminist Philosophy*, Malden, MA and Oxford: Blackwell.

Jameson, Fredric 1981: *The Political Unconscious: Narrative as a Socially Symbolic Act*. Ithaca, NY: Cornell University Press.

Jameson, Fredric 1982: 'Progress versus Utopia, or: can we imagine the future?' *Science Fiction Studies*, 9, 147 – 158.

Jameson, Fredric 1992: *Postmodernism or the Cultural Logic of Late Capitalism*. Durham, NC: Duke University Press.

Jardine, Alice 1984: 'Woman in Limbo: Deleuze and his (Br)others'. *Sub-Stance*, 44 – 45.

Jardine, Alice 1985: *Gynesis*. Ithaca, NY: Cornell University Press.

Jarry, Alfred 1993: *Le surumâle*. Paris: A.D.L.

Jeffords, Susan 1989: *The Remasculinization of America. Gender and the*

Vietnam War. Bloomington, IN: Indiana University Press.

Johnson, Barbara 1980: 'Le Dernier homme'. In P. Lacoue-Labarthe and J. L. Nancy (eds), *Le Fins de l'homme*, Paris, Galilee.

Johnson, Barbara 1982: 'My monster/My self'. *Diacritics*, 12.2, 2-10.

Johnson, Richard 1999: 'Exemplary differences. Mourning (and not mourning) a princess'. In Adrian Kear and L. Deborah Steinberg (eds), *Mourning Diana. Nation, Culture and the Performance of Grief*, London and New York: Routledge.

Jordan, Jim 1995: 'Collective bodies: raving and the politics of Gilles Deleuze and Felix Guattari'. *Body & Society*, 1, 1, 125-144.

Jung, Carl G. 1982: *Aspects of the Feminine*. Princeton, NJ: Princeton University Press ARK Paperbacks.

Kafka, Franz 1988: 'The metamorphosis'. In *The Collected Short Stories of Franz Kafka*. London: Penguin.

Kallas, Aino 1990: 'La fiancée du loup'. In *La fiancée du loup*, Paris: Viviane Hamy, 107-172.

Kappeler, Susan 1987: *The Pornography of Representation*. Cambridge: Polity.

Kavanagh, John H. 1990: 'Feminism, humanism and science'. In Annette Kuhn (ed.), *Alien Zone*, London, Verso.

Kear, Adrian 1999: 'Diana between two deaths. Spectral ethics and the time of mourning'. In Adrian Kear and L. Deborah Steinberg, *Mourning Diana. Nation, Culture and the Performance of Grief*, London and New York: Routledge.

Kelly, Mary 1984: *Post-partum Document*. New York: Routledge & Kegan Paul.

Ketterer, David 1976: 'The apocalyptic imaginary, science fiction and American literature'. In Mark Rose (ed.), *Science Fiction. A Collection of Critical Essays*, Englewood Cliffs, NJ: Prentice-Hall.

Kolbowski, Silvia 1995: 'Introduction' and 'A conversation on recent feminist art practices', *October*, 71, Winter 1995, 49-69.

Kristeva, Julia 1980: *Pouvoirs de l'horreur*. Paris: Seuil. Translated as 1982: *Powers of Horror*. New York: Columbia University Press.

Kristeva, Julia 1981: 'Women's time', *Signs* 7/1, 13–35; also reprinted in N. O. Keohane, M. Z. Rosaldo & B. C. Gelpi (eds) 1982: *Feminist Theory: a critique of ideology*. Chicago: Chicago University Press.

Kroker, Arthur 1987: 'Panic value; Bacon, Colville, Baudrillard and the aesthetics of deprivation'. In John Fekete (ed.), *Life After Postmodernism. Essays on Value and Culture*, New York: Saint Martin's Press.

Kroker, Arthur and Marilouise Kroker 1987: *Body Invaders. Panic Sex in America*. New York, St Martin's Press.

Kruger, Barbara 1983: *We Won't Play Nature to Your Culture*. London: ICA.

Kunneman, Harry 1996: *Van de emutscultuur naar walkman-ego: contouren van postmoderne individualiteit*. Amsterdam: Boom.

Laclau, Ernesto 1995: 'Subjects of politics, politics of the subject'. *differences*, 7/1, 146–164.

Land, Nick 1995: 'Meat (or how to kill Oedipus in cyberspace)'. *Body & Society*, 1, 3–4, November 191–204.

Larvelle, François 1986: *Les Philosophies de la différence: introduction critique*. Paris: Presses Universitaires de France.

Lauretis, Teresa de 1980: 'Signs of w(a)onder'. In Teresa de Lauretis, Andreas Huyssen, Karin Woodward (eds), *The Technological Imagination: Theories and Fictions*, Madison: Coda.

Lauretis, Teresa de 1984: *Alice Doesn't*. Bloomington, IN: Indiana University Press.

Lauretis, Teresa de 1986: *Feminist Studies/Critical Studies*. Bloomington, IN: Indiana University Press.

Lauretis, Teresa de 1987: *Technologies of Gender*. Bloomington, IN: Indiana University Press.

Lauretis, Teresa de 1990a: 'Eccentric subjects: feminist theory and historical consciousness'. *Feminist Studies*, 16, 1, 115–150.

Lauretis, Teresa de 1990b: 'Upping the anti (sic) in feminist theory'. In M. Hirsch and E. Fox Keller (eds) *Conflicts in Feminism*, New York: Routledge, 255–270.

Lauretis, Teresa de 1990c: 'Introduction'. In *Sexual Difference: A Theory of*

SocioSymbolic Practice, Bloomington, IN: Indiana University Press.

Lauretis, Teresa de 1990d: 'The essence of the triangle, or: taking the risk of essentialism seriously'. *differences*, 1/2.

Lauretis, Teresa de 1994: *The Practice of Love: Lesbian Sexuality and Perverse Desire*. Bloomington, IN: Indiana University Press.

Lefanu, Sarah 1988: *In the Chinks of the World Machine. Feminism & Science Fiction*. London: The Women's Press.

Lichtenberg, Ettinger Bracha 1992: 'Matrix and metramorphosis'. *differences*, 4, 3, 176–208.

Lingis, Alphonso 1994: 'The society of dismembered parts'. In Constantin V. Boundas and Dorothea Olkowski (eds), *Gilles Deleuze and the Theatre of Philosophy*, New York and London: Routledge.

Lingis, Alphonso 1998: Paper delivered at the conference of the Society for Phenomenology and Existential Philosophy. University of Colorado, Denver, 8–10 October 1998.

Lispector, Clarice 1978: *La Passion selon G.H.* Paris: Des Femmes. English translation 1989: *The Passion According to G.H.* Minneapolis: University of Minnesota Press; translation by Ronald W. Souse.

Llosa, Mario Vargas 1997: *The Notebooks of Don Rigoberto*. Harmondsworth: Penguin Books.

Lloyd, Genevieve 1985: *The Man of Reason*. London: Methuen.

Lloyd, Genevieve 1994: *Part of Nature: Self-knowledge in Spinoza's Ethics*. Ithaca, NY and London: Cornell University Press.

Lloyd, Genevieve 1996: *Spinoza and the Ethics*. London and New York: Routledge.

Lorraine, Tamsin 1999: *Irigaray and Deleuze. Experiments in Visceral Philosophy*. Ithaca, NY: Cornell University Press.

Lury, Celia 1998: *Prosthetic Culture. Photography, Memory and Identity*. London and New York: Routledge.

Lutz, Helma, Yuval-Davis, Nina, and Phoenix, Anne (eds) 1996: *Crossfires. Nationalism, Racism and Gender in Europe*. London: Pluto Press.

Lyotard, Jean-François 1979: *La Condition postmoderne*. Paris: Minuit.

Lyotard, Jean-François 1984: *Tombeau de l'intellectuel*. Paris: Galilée.

Lyotard, Jean-François 1986: *Le Postmoderne expliqué aux enfants: correspondance 1982–1985*. Paris: Galilée.

MacCormack, Patricia 2000: 'Pleasure, perversion and death: three lines of flight from the viewing body', Ph.D. dissertation, Monash University, 31 January 2000.

Macintyre, Ben 1992: *Forgotten Fatherland: the Search for Elizabeth Nietzsche*. London: Macmillan.

Madonna 1992: *Sex*. New York: Warner Books.

Marshall, Bill 1997: *Guy Hocquengem: Beyond Gay Identity*. Durham, NC: Duke University Press.

Martin, Biddy 1994: 'Sexualities without genders and other queer utopias'. *Diacritics*, Summer/Fall 104 – 121.

Massumi, Brian 1992. *A User's Guide to Capitalism and Schizophrenia*. Boston: Massachussets Institute of Technology Press.

Massumi, Brian 1992a: *First and Last Emperors, the Absolute State and the Body of the Despot*. Brooklyn: Autonomedia.

Massumi, Brian 1992b: 'Anywhere you want to be: an introduction to fear'. In Joan Broadhurst (ed.), *Deleuze and the Transcendental Unconscious*, Warwick Journal of Philosophy.

Massumi, Brian 1998: 'Requiem for our prospective dead! (toward a participatory critique of capitalist power)' in Eleanor Kaufman and Kevin Jon Heller (eds), *Deleuze and Guattari. New Mappings in Politics, Philosophy and Culture*, Minneapolis: University of Minnesota Press.

McClary, Susan 1991: *Feminine Endings: Music, Gender and Sexuality*. Minneapolis: Minnesota University Press.

McNay, Lois 1992: *Foucault and Feminism*. Cambridge: Polity.

Miller, Christopher 1993: 'The postidentarian predicament in the footnotes of A Thousand Plateaus: nomadology, anthropology, and authority'. In *Diacritics*, Fall, 6 – 68.

Miller, Nancy K. 1986: 'Subject to change'. In T. de Lauretis (ed.), *Feminist Studies/Critical Studies*, Bloomington, IN: Indiana University Press.

Miller Frank, Felicia 1995: *The Mechanical Song. Women, Voice and the Artificial in Nineteenth-Century French Narrative*. Stanford: Stanford University Press.

Mills Norton, Theodore 1986: 'Line of flight: Gilles Deleuze, or political science fiction'. *New Political Science*, 15, 77–93.

Minh-ha, Trinh T. 1989: *Woman, Native, Other*. Bloomington, IN: Indiana University Press.

Modleski, Tania 1986: 'The terror of pleasure'. In *Studies in Entertainment*, Bloomington, IN: Indiana University Press.

Modleski, Tania 1991: *Feminism Without Women: Culture and Criticism in a 'Postfeminist' Age*. New York and London: Routledge.

Mohanty, Chandra 1984: 'Under Western eyes: feminist scholarship and colonial discourse'. In *Boundary*, 2, 3, 333–358.

Moi, Toril 1994: *Simone de Beauvoir: the Making of an Intellectual Woman*. Oxford: Blackwell.

Morrison, Toni 1993: *Playing in the Dark. Whiteness and the Literary Imagination*. New York: Vintage Books.

Morton, Donald 1999: 'Birth of the cyberqueer'. In Jenny Wolmark (ed.), *Cybersexualities*, Edinburgh: Edinburgh University Press.

Muecke, Stephen 1984: 'The discourse of nomadology: phylum in flux'. *Art & Text*, 14, 24–40.

Newman, Michael 1989: 'Revising modernism, representing postmodernism: critical discourses of the visual arts'. In *ICA Papers; Postmodernism*, London: Institute of Contemporary Arts.

Nicholson, Linda 1991: *Feminism/Postmodernism*. New York and London: Routledge.

Nixon, Mignon 1995: 'Bad enough mother'. *October*, 72, 71–92.

Nussbaum, Martha C. 1999: *Cultivating Humanity: a Classical Defense of Reform in Liberal Education*. Cambridge, MA: Harvard University Press.

Olkowski, Dorothea 1994: 'Nieztsche's dice throw'. In Constantin V. Boundas and Dorothea Olkowski, *Gilles Deleuze and the Theatre of Philosophy*, New York and London: Routledge, 119–140.

Olkowski, Dorothea 1999a: *Gilles Deleuze and the Ruin of Representation*. Berkeley, CA: University of California Press.

Olkowski, Dorothea 1999b: 'Writers are dogs'. Paper delivered at the conference 'Rhizomatics, Genealogy, Deconstruction', University of Trent, Peterborough, Ontario, 20–23 May 1999.

Olkowski, Dorothea 2000: 'Body, knowledge and becoming–woman, morpho–logic in Deleuze and Irigaray'. In Ian Buchanan and Claire Colebrook (eds), *Deleuze and Feminist Theory*, Edinburgh: Edinburgh University Press.

Patton, Paul 1984: 'Conceptual politics and the war–machine in *Mille Plateaux*'. *Sub-stance*, 13, 3–4, 51–80.

Patton, Paul 1994: 'Anti–Platonism and art'. In Constantin V. Boundas and Dorothea Olkowski (eds), *Gilles Deleuze and the Theatre of Philosophy*, London and New York: Routledge, 141–156.

Patton, Paul 1996: *Deleuze: A Critical Reader*. Oxford: Blackwell.

Patton, Paul 1999: 'Difference and multiplicity'. Paper delivered at the conference 'Rhizomatics, Genealogy, Deconstruction', Trent University, Peterborough, Ontario, 20–23 May 1999.

Patton, Paul 2000: *Deleuze and the Political*. New York and London: Routledge.

Pearson, Keith Ansell 1997: *Viroid Life. Perspectives on Nietzsche and the Transhuman Condition*. London and New York: Routledge.

Pearson, Keith Ansell 1999: *Germinal Life. The Difference and Repetition of Deleuze*. London and New York: Routledge.

Penley, Constance 1985: 'Feminism, film theory and the bachelor machines'. *M/F*, 10, 39–59.

Penley, Constance 1986: 'Time travel, primal scene and the critical dystopia'. *Camera Obscura*, 15, 67–84.

Penley, Constance and Ross, A. (eds) 1991a: *Technoculture*. Minneapolis: University of Minnesota Press.

Penley, Constance, Lyon, Elisabeth, Spiegel, Lynn and Bergstrom, Janet (eds) 1991b: *Close Encounters. Film, Feminism and Science Fiction*. Minneapolis and Oxford: University of Minnesota Press.

Petchesky, Rosalind P. 1987: 'Fetal images: the power of visual culture in the politics of reproduction'. In M. Stanworth, *Reproductive Technologies*, Cambridge: Polity.

Pisters, Patricia 1998: *'From eye to brain. Gilles Deleuze: refiguring the subject in film theory'*. Ph.D. dissertation: Amsterdam.

Plant, Sadie 1997: *Zeros and Ones: Digital Women and the New Technoculture*. New York: Doubleday Books.

Pliny: *Natural History*, vol. III, books VIII–XI. Loeb Classical Library, Cambridge, MA: Harvard University Press and London: William Heinemann Ltd 1983.

Plumwood, Val 1993: *Feminism and the Mastery of Nature*. London and New York: Routledge.

Polysexuality. Semiotext(e) 1981: IV, 1, special issue.

Post-human 1993: Catalogue of the exhibition at Deichtorhallen, Germany.

Probyn, Elsbeth 1990: 'Travels in the postmodern: Making sense of the local'. In Linda Nicholson (ed.), *Feminism/Postmodernism*, London and New York: Routledge.

Probyn, Elsbeth 1995: 'Queer belongings. The politics of departure'. In E. Probyn and E. Grosz (eds), *Sexy Bodies. The Strange Carnalities of Feminism*, New York and London: Routledge.

Propp, Vladimir 1968: *Morphology of the Folktale*. Austin: University of Texas Press.

Rheingold, Howard 1990: 'Teledildonics: reach out and touch someone'. Mondo 2000, Berkeley, CA: Fun City Megamedia.

Rich, Adrienne 1977: *Of Woman Born*. New York: W. W. Norton.

Rich, Adrienne 1979: *On Lies, Secrets and Silence*. New York: W. W. Norton.

Rich, Adrienne 1985: *Blood, Bread and Poetry*. New York: W. W. Norton.

Rodowick, Darid N. 1990: 'Reading the figural'. *Camera Obscura*, 24, 10–45.

Rojola, Lea 1995: 'The body which is not one'. In Dorrit Einersen and Ingeborg Nixon (eds), *Woman as Monster in Literature and the Media*, C.A. Reitzel Publishing and the University of Copenhagen.

Rose, Hilary and Rose, Steven (eds) 2000: *Alas, Poor Darwin. Arguments against Evolutionary Psychology*. London: Jonathan Cape.

Rose, Jacqueline 1986: 'Femininity and its discontents'. In *Sexuality in the Field of Vision*, London: Verso, 83 – 103.

Rosler, Martha 1990: Catalogue of the 'Decade Show' at the New Modern Art Museum, New York.

Rossiter, R. M. 1982: 'Life with artificial organs: renal dialysis and transplantation'. In Eric Shepherd and J. P. Watson (eds), *Personal Meanings*, New York: John Wiley and Sons.

Rouch, Hélène 1987: 'La Placenta comme tiers'. In *Languages*, 85, 71 – 79.

Rubin, Gayle 1975: 'The Traffic in Women: Notes towards a Political Economy of Sex'. In Reiter, Rayner (ed.), *Toward an Anthropology of Women*, New York: Monthly Review Press.

Ruppersberg, C. 1990: 'Alien Messiah'. In A. Kuhn (ed.), *Alien Zone*, London: Verso.

Rushdie, Salman 1997: 'Crash. Was Diana's death the result of sexual assault?'. *The New Yorker*, September 15, 68 – 69.

Russ, Joanna 1985: *The Female Man*. London: The Women's Press.

Russo, Mary 1994: *The Female Grotesque. Risk, Excess and Modernity*. New York and London: Routledge.

Sandoval, Chela 1999: 'Women prefer a choice'. In Jenny Wolmark (ed.), *Cybersexualities*, Edinburgh: Edinburgh University Press.

Sassen, Saskia 1994: *Cities in a World Economy*. Thousand Oaks and London: Pine Forge Press and Sage.

Sawicki, Jane 1991: *Disciplining Foucault. Feminism, Power and the Body*. London and New York: Routledge.

Scholes, Robert 1975: *Structural Fabulations. An Essay on Fiction of the Future*. London and Notre Dame: University of Notre Dame Press.

Schor, Naomi 1987: 'Dreaming dissymmetry. Barthes, Foucault, and sexual difference'. In Alice Jardine and Paul Smith (eds), *Men in Feminism*, New York: Methuen.

Schor, Naomi 1995: 'French feminism is a universalism'. *differences*, 7, 1, 15 – 47.

Scott, Joan Wallach 1996: *Only Paradoxes to Offer: French Feminism and the*

Rights of Man. Cambridge, MA: Harvard University Press.

Scott, Joan Wallach and Butler, Judith (eds) 1992: *Feminists Theorize the Political*. New York: Routledge.

Semetsky, Inna 1999: 'Reterritorialization: drawing an archetypal map'. Paper delivered at the conference 'Rhizomatics, Genealogy, Deconstruction', Trent University, Peterborough, Ontario, 20–23 May 1999.

Shaviro, Steven 1995: 'Two lessons from Burroughs'. In Judith Halberstam and Ira Livingston (eds), *Posthuman Bodies*, Bloomington, IN: Indiana University Press, 38–56.

Showalter, Elaine 1990: *Sexual Anarchy: Gender and Culture at the Fin de Siècle*. New York: Viking.

Silverman, Kaja 1992: 'The Lacanian phallus'. *differences*, 4, 1, 84–115.

Smelik, Anneke 1996: 'Middeleeuwse maillots en de passie van Ripley. Verfilmingen van Jeanne d'Arc'. In *Jaarboek voor Vrouwengeschiedenis*, 16. Amsterdam: IISG, 133–141.

Smelik, Anneke 1998: *And the Mirror Cracked: Feminist Cinema and Film Theory*. Basingstoke: Macmillan.

Smith, David W. 2000: 'The place of ethics in Deleuze's philosophy'. In Eleanor Kaufman and Kevin Jon Heller (eds), *Deleuze and Guattari. New Mappings in Politics, Philosophy and Culture*, Minneapolis: University of Minnesota Press.

Smith, Nicholas (ed.) 1982: *Philosophers Look at Science Fiction*. Chicago: NelsonHall.

Snitow, Ann, Stansell, Christine, Thompson, S. (eds) 1983: *Powers of Desire. The Politics of Sexuality*. New York: Monthly Review Press.

Sobchack, Vivian 1995: 'Beating the meat/surviving the test or how to get out of this century alive'. *Body & Society*, I, 3–4, November 1995, 209–214.

Sofia, Zoë 1984: 'Exterminating fetuses: abortion, disarmament, and the sexosemiotics of extraterrestrialism'. *Diacritics*, Summer 1984, 47–59.

Sofia, Zoë 1992: 'Virtual corporalities: a feminist view'. *Australian Feminist Studies*, 15, Autumn 1992, 11–24.

Sontag, Susan 1976: 'The imagination of disaster'. In Mark Rose (ed.), *Science*

Fiction. A Collection of Critical Essays. Englewood Cliffs NJ: Prentice-Hall.

Spivak, Gayatri Chakravorty 1976: 'Translator's preface', Of Grammatology. Baltimore: Johns Hopkins University Press.

Spivak, Gayatri Chakravorty 1983: 'Displacement and the discourse of woman'. In Mark Kupnick (ed.), Displacement: Derrida and After, Bloomington, IN: Indiana University Press, 169–195.

Spivak, Gayatri Chakravorty 1988: 'Can the subaltern speak?' In Cary Nelson and Lawrence Grossberg (eds), Marxism and the Interpretation of Culture, Basingstoke: Macmillan. Reprinted in Patrick Williams and Laura Chrisman (eds) 1994: Colonial Discourse and Post-colonial Theory, New York: Colombia University Press, 66–111.

Spivak, Gayatri Chakravorty 1989a: 'In a word'. differences, 1/2, 124–56.

Spivak, Gayatri Chakravorty 1989b: In Other Worlds. New York: Routledge.

Spivak, Gayatri Chakravorty 1992: 'French feminism revisited: ethics and politics'. In Judith Butler and Joan Scott (eds), Feminists Theorize the Political, New York: Routledge.

Springer, Claudia 1991: 'The pleasure of the interface'. Screen, 32:3 (Autumn), 303–323.

Springer, Claudia 1996: Electronic Eros: Bodies and Desire in the Postindustrial Age. Austin: University of Texas Press.

Spurlin, William J. 1999: 'Exemplary differences. Mourning (and not mourning) a princess'. In Adrian Kear and L. Deborah Steinberg, Mourning Diana. Nation, Culture and the Performance of Grief, London and New York: Routledge.

Squier, Susan 1995: 'Reproducing the posthuman body: ectogenetic fetus, surrogate mother, pregnant man'. In Judith Halberstam and Ira Livingston (eds), Posthuman Bodies, Bloomington, IN: Indiana University Press, 113–34.

Stacey, Jackie 1997: Teratologies: A Cultural Study of Cancer. London and New York: Routledge.

Stanton, Domna C. 1980: 'Language and revolution: the Franco-American

disconnection'. In Hester Eisenstein and Alice Jardine (eds), *The Future of
Difference*, Boston: G. K. Hall & Co.

Stengers, Isabelle 1987: *D'Une science à l'autre. Des concepts nomades*. Paris:
Seuil.

Sterbak, Jana 1991: *States of Being/Corps-a Corps*. National Gallery of Canada,
Ottawa.

Stivale, Charles 1984: 'The literary elements in *Mille Plateaux*: the new
cartography of Deleuze and Guattari'. *Sub-Stance*, 44/45, 20–34.

Stivale, Charles 1991: 'Mille/Punks/Cyber/Plateaus: science fiction and
DeleuzoGuattarian "becomings"'. *Sub-Stance*, 66, 66–84.

Tamblyn, Christine 1994: Paper delivered at the conference 'Seduced and
abandoned: the body in the virtual world' at the Institute of Contemporary
Arts, London, 12–13 March 1994.

Theweleit, Klaus 1987: *Male Fantasies I: Women, Floods, Bodies, History*.
Minneapolis: University of Minnesota Press.

Theweleit, Klaus 1989: *Male Fantasies II: Male Bodies: Psychoanalyzing the
White Tenor*. Minneapolis: University of Minnesota Press.

Thomas, Louis-Vincent 1979: *Civilization and its Divagations. Mort, Fantasmes,
Science-Fiction*. Paris: Payot.

Todd, May 1995: *The Moral Theory of Poststructuralism*. Pennsylvania:
Pennsylvania State University Press.

Todorov, Tzvetan 1975: *The Fantastic. A Structural Approach to a Literary Genre*.
Ithaca, NY: Cornell University Press.

Tredell, Nicholas (ed.) 1986: *Conversations With Critics*. Carcanet: Sheep
Meadow Press, 58–74.

Tucker, Marcia 1994: 'The attack of the giant Ninja mutant Barbies'. In *Badgirls*,
Cambridge, MA: New Museum of Contemporary Art, New York and MIT
Press, 14–46.

Turkle, Sherry 1995: *Life on the Screen. Identity in the Age of the Internet*. New
York: Simon & Schuster.

Unabomber 1995: *The Unabomber Manifesto: Industrial Society and its Future*.
Berkeley, CA: Jolly Rogers Press.

Vance, Carol 1984: *Pleasure and Danger. Exploring Female Sexuality*. Boston: Routledge & Kegan Paul.

Vance, Carol 1990: 'The pleasures of looking. The Attorney General's Commission on Pornography versus Visual Images'. In Carol Squier (ed.), *The Critical Image. Essays on Contemporary Photography*, Seattle: Bay Press.

Van Oldenburg, Helene 1999: 'From spider-to-cyberfeminism and back'. In Mariva Cezinic (ed.), *From Elsewhere to Cyberfeminism and Back*, Maribor, Slovenia, Festival of Computer Arts.

Verma, Jatinder 1999: 'Mourning Diana, Asian style'. In Adrian Kear and L. Deborah Steinberg (eds), *Mourning Diana. Nation, Culture and the Performance of Grief*, London and New York: Routledge.

Villiers de l'Isle-Adam, Auguste 1977: *L'Eve future*. Paris: José Corti.

Vinci, Leonardo da 1988: *Il Bestiario*. Milan: Marinoni.

Violi, Patrizia 1987: *L'Infito singolare*. Verona: Essedue.

Vuarnet, J.-N. 1980: 'Métamorphoses de Sophie'. *L'Arc*, 49 Gilles Deleuze, 31–38.

Walkerdine, Valerie 1999: 'The crowd in the age of Diana. Ordinary inventiveness and the popular imagination'. In Adrian Kear and L. Deborah Steinberg (eds), *Mourning Diana. Nation, Culture and the Performance of Grief*, London and New York: Routledge.

Walters, Margaret 1997: 'American gothic: feminism, melodrama and the backlash'. In Ann Oakley and Juliet Mitchell (eds), *Who's afraid of Feminism? Seeing Through the Backlash*, Penguin Books, London.

Warner, Marina 1994: *Managing Monsters: The 1994 Reith Lectures*. London: Vintage Books.

Warner, Marina 1995: *Six Myths of Our Time: Little Angels, Little Monsters, Beautiful Beasts, and More*. New York: Vintage Books.

Weed, Elizabeth (ed.) 1989: *Coming to Terms*. New York and London: Routledge.

Weldon, Fay 1983: *The Life and Loves of a She-Devil*. London: Coronet.

West, Cornel 1994: *Prophetic Thought in Postmodern Times*. Monroe MF:

Common Courage Press.

White, Eric 1995: 'Once they were men, now they're landcrabs: monstrous becomings in evolutionist cinema'. In Judith Halberstam and Ira Livingston (eds), *Posthuman Bodies*, Bloomington, IN: Indiana University Press, 226–244.

Whitford, Margaret 1991: *Luce Irigaray, Philosophy in the Feminine*. London: Routledge.

Wiener, Norbert 1948: *Cybernetics: or Control and Communication in the Animal and the Machine*. New York: John Wiley.

Wilding, Faith 1999: 'Monstrous domesticity'. http://www-art.cfa.cmu.edu/wwwwilding/monstr.html.

Williams, Linda 1989: *Hard Core. Power, Pleasure, and the Frenzy of the Visible*. Berkeley, CA: University of California Press.

Williams, Patricia J. 1993: *The Alchemy of Race and Rights*. London: Virago Press.

Wittig, Monique 1973: *Le Corps lesbien*. Paris, Minuit.

Wittig, Monique 1979a: 'La Pensée straight'. *Questions Feministes*, 1980, 7.

Wittig, Monique 1979b: 'Paradigm'. In George Stambolian and Elaine Marks (eds), *Homosexualities and French Literature*, Ithaca, NY: Cornell University Press, 114–121.

Wittig, Monique 1982: 'Postface'. In Djuna Barnes, *La Passion*, Paris: Flammarion, 111–121.

Wright, Elizabeth 1992: *Feminism and Psychoanalysis. A Critical Dictionary*. Oxford: Blackwell.

Wright, Elizabeth and Wright, Edmonds (eds) 1999: *The Žižek Reader*, Oxford: Blackwell.

Wolf, Naomi 1991: *The Beauty Myth*. London: Vintage.

Woolf, Virginia 1977: *The Waves*. London: Grafton Books.

Yuval-Davis, Nira and Floya, Anthias (eds) 1989: *Woman-Nation-State*. London: Macmillan.

Žižek, Slavoj 1992: *Enjoy your Symptom! Jacques Lacan in Hollywood and Out*. London and New York: Routledge.

로지 브라이도티는 뤼스 이리가레와 질 들뢰즈의 통찰을 거쳐, 페미니즘의 주체화를 유목적 주체화로 제시한 페미니스트 철학자이다. 브라이도티는 『유목적 주체』(1994)에서 출발해, 새로운 유물론의 입장에서 포스트휴먼의 조건을 고찰한 『포스트휴먼』(2013)에 이르기까지 동시대의 주체화를 윤리적 주체화로 제시해왔다.

『변신』(2002)은 이 여정의 중간에 있는 저서로, 도래한 밀레니엄의 상황에서 동시대의 담론을 살피며 '유목적 주체'의 새로운 지평을 그려낸다. 브라이도티에 따르면, 『변신』의 주요한 테제는 "우리가 누구인지를 아는 것이 아니라, 우리가 어떻게 돌연변이, 변화, 변형을 재현하고 무엇이 되기를 원하는가를 아는 것"이다. 이러한 변신의 주요한 관심사는 되기의 욕망을 탐색하고 새로운 형상화figuration를 모색하는 것에 있다.

브라이도티는 새로운 형상화를 에이드리언 리치의 '위치의 정치학'을 거쳐 들뢰즈와 가타리가 『천 개의 고원』에서 제시한 '카르토그라피cartography(지도 제작)'로 제시한다. 위치의 정치학과 결합한 카르토그라피는 윤리적 책임을 지고 정치적 힘 기르기를 하는 유목적 주체를 설명하는 방법이다. 『변신』은 유목적 주체의 비통일성과 비선형성을 주창하면서, 동시대를 문화, 정치, 인식, 윤리의 측면에서 카르토그라피적으로 읽어내기인 것이다. 이 점에서 새로운 형상화는 사회, 경제, 상징 위치들에 대한 권력관계의 카르토그라피를 통해 저항 가능한 자리와 전략을 모색하면서, 체현된 위치들의 유물론적 지도 그리기mapping를 행하는 것이기도 하다.

*

'변신metamorphoses'이라는 제목으로 대중에게 널리 알려진 책은 로마의 시인 오비디우스가 지은 『변신 이야기』이다.[1] 오비디우스의 『변신 이야기』가 신과 인간, 님프, 식물, 동물 등의 탄생을 다루면서 카오스에서 로고스로 이행하는 이야기라면, 브라이도티의 『변신』은 '되기의 유물론을 향해'라는 부제에 알맞게, 물질로부터 도피하지 않는 육화된enfleshed 유물론 또는 체현된embodied 유물론의 개념을 제시한다.

[1] 푸블리우스 오비디우스 나소Publius Ovidius Naso의 저서 『변신 이야기』는 서양 문화에 지대한 영향을 끼친 책이다. 인본주의에서 이 책은 기독교적 세계관에서 벗어나는 상상력과 신화적 풍부함으로 찬양되기도 한다. 하지만 『변신 이야기』는 저자가 유배 시절에 지은 일종의 용비어천가이기도 하다. 『변신 이야기』는 그리스 문화의 적자로서 로마 문화의 위상을 확인하며, 로마의 황제 아우구스티누스가 그리스의 제우스이자 로마식으로는 유피테르의 직계 자손임을 거듭 강조한다.

『변신』의 구성은 크게 두 부분으로 나누어 이해해볼 수 있다. 첫 번째로 1~2장에서는 브라이도티 사유의 계보학을 엿볼 수 있다. 브라이도티는 이리가레가 제시한 '타자의 타자'로서 여성 성차 sexual difference의 입장을 수용하고 육체 페미니즘과의 연결을 강조하는 한편, 질 들뢰즈의 내재론과 되기를 통해 새로운 유물론을 거친 변신과 페미니즘 주체화의 비전을 드러낸다. 두 번째로 3~5장까지는 타자의 귀환으로 부를 수 있는 동시대의 상황을 분석하면서, 타자를 착취가 아니라 윤리적 주체화의 역량으로 긍정하고 페미니즘 주체화를 다양한 되기의 양상으로 제시한다.

　이를 좀 더 자세히 살펴보면, 『변신』 1장은 특히 성차의 비대칭성과 물질로서 여성을 설명한다. 이는 성차 이론의 중심에 있는 유물론materialism의 어근인 라틴어 '어머니mater'를 통찰하면서 주체의 일차적, 구성적 자리에 있는 물질을 강조하고, 페미니즘 사상에서 섹슈얼리티의 중요성을 제기하는 것이다. 1장의 마지막 부분에서, 브라이도티는 유럽과 미 대륙 간의 성차 이론 수용에서의 격차를 짚고, 체현을 일종의 부담으로 여기는 상황을 검토한다. 이는 타자의 타자로서 여성성을 재정의하는 이리가레의 성차 개념을 재평가하는 작업이기도 하다. 2장에서는 이리가레의 성차를 들뢰즈의 물질, 되기 개념을 거쳐 여성 되기이자 변신의 사유로 확장한다. 브라이도티는 들뢰즈를 신성시하는 오이디푸스적 철학 구조에서 그의 사유를 구출하여, 철학적 유목주의의 다른 경로로 흐르게 한다. 브라이도티에 따르면, 들뢰즈의 사유는 여성성을 상징적 부재로 설명하는 정신분석의 전제에서 벗어나, 팔루스중심주의에 묶인 열정을 변형시켜서 비오이디푸스적 방식으로 윤리적 실천을 행한다. 또한, 되기의 긍정적 힘을 여성성의 자리에서 찾는다는 점에서 페미니즘과 높은 관련성을 가지고 있다. 이 점에서, 브라이도티는 들뢰즈의 되기 개념을 지배적 주체 위치(남성/백인/이성애자/표준어 사용자/재산 소유자/도시 거주자)를 해체하고, 주체를 비인격화하는 복잡하고 개방적인 과정으로 향하는 디딤돌로 평가한다.

3장에서 5장까지는 괴물, 신체, 타자에 몰입되고 매혹되어 있는 동시대의 상황에서 사유를 시작한다. 브라이도티에 따르면, 포스트모더니티는 근대가 저평가한 '타자들'의 귀환으로 특징지어진다. 즉, 여성, 남성의 성적 타자, 유럽 중심적 주체의 민족적 또는 토착적 타자, 그리고 기술 문화의 자연적 또는 지구적 타자가 반주체성으로 출현한다. 동일성의 구조에서 기능하는 '타자들'의 역할을 감안할 때, 이들의 '귀환'은 바로 고전적 주체성의 구조와 경계에서 벌어지는 위기와 일치한다. 그러나 이와 더불어 동시대의 문화는 귀환한 괴물, 돌연변이 또는 혼종과 같은 타자들에 매혹되어 있다. 브라이도티는 이러한 상황 변화를 보수주의나 노스탤지어로 접근하는 방식 모두를 경계하고, 되기 이론을 도구 삼아, 타자를 착취가 아니라 창조적이고 긍정적인 잠재력으로 제시한다. 3장에서 브라이도티는 다양한 되기들의 다른 전개 그리고 배치를 '여성 되기'와 분리하는 입장을 비판하면서, '여성 되기'가 동물을 가로지르며 '지각할 수 없는 것 되기'와 그 너머에 들어가는 '되기'의 문턱을 나타낸다는 점을 분명히 한다. 4장 사이버 기형학은 동시대 문화의 지평에서 타자들의 귀환을 분석한다. 그러나 주체성의 장치로서의 대문자 '그He'로 지칭되는 팔루스로고스중심주의는 표준적 주류 주체의 척도로 타자들을 의미 있는 차이들로 조직하면서 여전히 작동한다. 정상성은 결국 괴물성의 영도zero로 제시되는 것이다. 5장은 되기를 급속한 변화를 일으키는 디지털과 생명공학 기술에서 검토하면서, 포스트휴먼적 변화가 일어나는 신체와 물질이 바로 권력의 카르토그라피의 자리임을 확인한다. 브라이도티는 신체와 물질에 접붙인 권력 비판을 성들 간의 비대칭성을 강조하는 성차와 위치의 정치학에서 재기입하고, 철학적 유목주의 내에 확고한 페미니즘적 개입의 필요성을 제기한다.

*

"바위들 사이에 작은 샘이 있고, 그 샘은 마르지 않죠.
이 철없지만 집요한 낙관주의는 제 행복의 원천이기도 해요."

아녜스 바르다[2]

이 책을 처음 만난 때는 대학원 박사과정에서였다. 당시에 나는 『변신』을 읽으면서, 어려웠지만 매력적인 내용에 흠뻑 빠져들었던 기억이 있다. 시간이 흐른 후, 이 책을 다시 읽고 번역하면서 텍스트에 담긴 통찰에 감탄하며, 보다 깊은 감회를 느낀다. 『변신』은 나로 하여금 다른 페미니스트 이론가들의 글 읽기를 요구한 책이었다.

---

2 아녜스 바르다 지음, 제퍼슨 클라인 엮음, 『아녜스 바르다의 말』, 오세인 옮김, 마음산책, 2020.

번역 덕분에 페미니즘의 다양한 사상을 짚으면서, 나는 그 이론들이 등장한 각각의 상황과 위치 그리고 시간에 대한 이해가 비로소 생겨났다.

브라이도티 읽기의 난해함이 있다면, 그의 동시대 문화에 대한 감각, 애정 그리고 우리 시대의 읽기 텍스트에서 필수적인 동시대 사상가들의 사상과 함께 나아가는 방식 때문일 것이다. 하지만 그의 글의 속도감에 빠져들면, 환희와 나락 그리고 안도에 이르는 과정을 경험하고 완전히 새로운 관점에 서 있는 자신을 발견하게 된다. 언제나 그렇듯, 이러한 브라이도티의 글은 나에게 어떤 강력한 힘과 열정, 아녜스 바르다가 말한 집요한 낙관주의를 선사한다.

이 책을 번역하기에 앞서, 함께 읽어준 이화여자대학교 여성학과 대학원의 산하, 상애, 연화, 유진, 은교에게 고맙다는 말을 전한다. 추운 겨울 먼지 가득 찬 세미나실에서 발제문을 읽던 시간이 새삼 새록새록하다. 덕분에 번역할 힘을 많이 얻었다. 그리고 마지막으로, 읽을 만한 글로 다듬고 빈틈을 메워낸, 그 누구보다 학구적인 심하은 편집자에게도 감사를 전한다. 페미니스트가 된다는 것은 놀라운 인연을 만난다는 것을 의미하고, 그 과정에서 만난 훌륭한 만남이었다.

이제, 이 책이 흘러가는 다른 곳을 바라본다. 변신하며, 되어가는 이 시간이 기쁘다.

김은주

찾아보기

변신: 되기의 유물론을 향해

1판 1쇄 발행 2020년 8월 12일
1판 3쇄 발행 2023년 8월 14일

지은이 로지 브라이도티
옮긴이 김은주
펴낸이 채세진
디자인 김서영

펴낸곳 꿈꾼문고
등록 2017년 2월 24일 · 제353-251002017000049호
팩스 (032) 465-0238
전자우편 kumkunbooks@naver.com
블로그 blog.naver.com/kumkunbooks 페이스북 /kumkunbks 트위터 @kumkunbooks

ISBN 979-11-90144-07-0 (04100)
　　　979-11-961736-8-5 (세트)

이 도서의 국립중앙도서관 출판예정도서목록(CIP)은 서지정보유통지원시스템 홈페이지(http://seoji.nl.go.kr)와
국가자료공동목록시스템(http://www.nl.go.kr/kolisnet)에서 이용하실 수 있습니다.(CIP제어번호 : CIP2020031279)